침묵하는 산

일제강점기 조선 산악인의 그림자

A Silent Mountain: Shadow of a Korean Mountaineer in Japanese Colonial Era

By Ahn Chiwoon

Published by Hangilsa Publishing Co. Ltd., Korea, 2023

침묵하는 산

일제강점기 조선 산악인의 그림자

안치운 지음

한길사

침묵하는 산

산의 영원은 책의 현재가 되었다

• 책을 펴내며

나타내지 않고 비밀히|Non manifeste sed in occulto

—라틴어 격언

등반은 침묵의 혁명이다

오랜 세월 사람이, 삶이 산으로 향한다. 높은 곳에 오를수록 새로운 세상을 보고, 새로운 사람을 만난다. 산에 오르는 일이 자유스러워지는 이유는 여기에 있다. 오늘날 알피니즘L'alpinisme의 의미는 무엇이고, 알피니스트L'alpinist는 어떤 존재인가? 알피니즘에서 산을 오르는 속도와 난이도 그리고 높이는 그리 큰 문제가 아니다. 가능하지 않다고 여기는 고독한 단독 등반처럼 도전을 선택하는 것이 등반가가 지니는 최고의, 최후의 자유일 터다.

알피니즘이 단순한 스포츠가 아니게 된 지금, 알피니즘은 새로운 지평을 열어야 할 때를 맞이한 것 같다. 1953년 프랑스 원정대의 안나푸르나 등정은 서구 등반사에 새로운 알피니즘의 개념, 이를 실천하는 놀라운 알피니스트들의 출현을 가능하게 했다. 등반은 더이상 '산을 오르는 행위'가 아닌 자리에 놓였을 테니까 말이다. 산은 1952년에 출간된, 프랑스 초현실주의 시인이었던 르네 도말René Daumal, 1908-44이 쓴 소설 『르 몽 아날로그』*Le Mont Analogue*처럼 하나만의 산으로 정의되지 않는다. 여기서 산은 하나의 언어일 뿐, 산이라는 언어를 통해서 또 다른ana 산, 즉 삶을 말하고 있다. 이 소설의 제목처럼 산은 하나의 상징이며, 산은 삶의 근원이다. 미완성인 이 소설에서 매혹적인 진술은 "나는 산을 말하지 않고, 산을 통해서 (무엇인가를) 말할 것이다"Je ne parlerai pas de la montagne mais par la montagne라고 하면서 삶에 대한 질문을 던지는 부분이다. 예컨대 산 속의 나무들은 땅과 하늘을 잇는 자연의 유기체며, 우리 심장에도 나무가 있다는 깨달음이다.

프랑스의 저명한 알피니스트였던 루시앙 드비Lucien Devies, 1910-80가 폴 발레리의 글을 빌려, 알피니즘과 알피니스트들은 앞으로만 나아가지 말고, 오히려 이 세상과 자기 자신을 되돌아보아야 한다는 뜻으로 "등산가들에게 유한한 세계의 시간이 다시 시작된다"Pour les alpinistes, le temps du monde fini commence라고 거듭 경고했다. 이는 더 높은 곳에 오르고, 더 빨리 오르고, 더 힘들게 오르는 새로운 도전으로서의 등반 행위를 재고할 필요가 있다는 뜻일 게다. 산을 오르는 이들은 결코 늙지 않는, 과학철학자 에티엔 클렝Étienne Klein, 1958-의 정의처럼, '무한한'incommensurables 존재다. 이처럼 알피니즘과 알피니스트라는 존재 의미는 하나로 정의되지 않고 끊임없이 확대 재생산된다. 등반은 '침묵의 혁명'révolution silencieuse을 말한다.

등반가의 기록은 강요된 기억이 아니다. 등반가의 행위가 사물처

럼 흔적을 남기지 않기에, 등반가는 기억을 남긴다. 등반가의 기록
이 중요한 것은 등반의 기억이 "알려지지 않은 채 남아 있게 되는
것을 두려워하기 때문이다."[1] 우리는 산에서 내려와 등반가의 기록
이나 산에 관한 책을 읽는다. 산들이 모여 책을 이루고, 사람들이 홀
로 혹은 함께 책을 읽으며 산의 깊이로 향한다. 산과 책이 거주하는
또 다른 공간이 사람인 셈이다. 책을 읽는 이의 시선을 산으로 향하
게 한 것이 등반이고, 산과 책을 간직하고 소유하고자 했던 존재가
사람이다. 여기서 (산에 오르는) 사람과 (산을 담고, 산을 말하는) 책
은 한편이지만, 산은 하나로 규정되지 않는, 있는 그대로의 자연일
뿐이다.

'산'이라고 말하지 않고, '이 산' '저 산' '나의 산' '너의 산' '우
리의 산'이라고 말하는 것처럼, 하나만의 산을 여러 개의 산으로 복
제할 수 있는 이유는 발로 산을 오르고, 말로 산을 규정하고, 글로
산을 기록하며 그것을 읽어내는 사람들의 존재 덕분이다. 그리하여
모든 것을 드러내지 않고 있는 산은 풍요로운 상징과 자유의 산이
된다. 산은 오르는 이들의 시선 속에서 그들만의 고유한 산이 된다.
산에 관한 글쓰기는 몸의 산에서 말의 산으로 그리고 글의 산으로,
산을 이리저리 옮겨놓고, 이어놓으면서 산을 낳고, 산을 깊게 하고,
산의 사유를 쌓아 또 다른 산이 된다.

나는 산을 책으로 읽고, 산을 책 안에 저장하고, 책에서 산을 다시
꺼내, 산을 달리 놓아두고 읽고 본다. 산은 책으로 들어가서 제 모습
을 찾고, 책은 높이의 산을 평면의 산으로 이끌어 내려 깊이를 갖게
한다. 이제 높은 산에 오르지 못하는 내게 산은 오르는 산보다는 서

재의 등산학처럼 읽는 산에 가깝다. 산서山書를 읽는 일은 산의 높이가 아니라 산의 깊이를 따지는 독서행위다. 산을 오르는 일이 자일과 피켈 그리고 크램폰에 의지하는 것이 아니라 오르는 이의 태도로 결정[2]되는 것처럼 알피니스트들과 산에 대해서 글 쓰는 일도 어떤 '태도'를 필요로 한다. 그 하나가 산의 높이가 아니라 산의 깊이고, 다른 하나가 글을 쓴 등반가에 대한 사유의 깊이다. 이것은 책을 읽는 독서행위의 일반적 형태와 같다. 대상을 읽음으로써 읽는 자기 자신을 읽어가게 되는 독서의 원리와 일치한다.

산의 높낮이를 따져 오르는 일이 경쟁이 된 슈퍼알피니즘의 시대, 산의 책을 읽는 일을 통해서 공감과 성숙이라는 내재적 원리를 주장하는 일은 산악문학에서 중요한 덕목이 될 것이다. 산의 책에서는 높이와 위치가 별반 중요하지 않다. 실제 등반에서는 산을 자로 재듯 오르겠지만, 읽고 있는 산의 책에서 산의 위치와 높이는 측정 불가능한 것이 된다. 오래전부터 "높아야만 산인 것은 아니다"라는 뜻으로 '산불재고'山不在高라고 하지 않았던가!

산악문학이라는 장르의 탄생은 산에 오른 다음에 글을 쓰는 등반가와 그의 책에 덧붙여지는 공감과 성숙의 결과다. 우리는 적어도 서구 등반 역사에서 등반가라는 이름 앞에 항상 작가라는 말이 붙어 있는 바를 주목해야 할 것이다. 그것은 등반가와 작가는 등가이고, 등가여야 한다는 뜻일 테다. 세계 등반사 전체가 그런 것은 아니지만, 그곳은 히말라야 고산에 오르는 초등初登 신화를 낳는 영웅의 전설, 제국주의와 알피니즘을 일치시키는 자민족 우월주의 범벅의 장이다.

그러나 산의 책, 산악문학에서는 산의 위치가 물리적 좌표로만 정의되지 않을 뿐만 아니라, 등반가의 사회적 지위도 정해져 있지 않다. 산의 정상, 그 높이 끝자락은 하늘을 향한 어떤 떠돎, 떠 있기와 같은 상징이다. 히말라야의 높이 8,848미터가 어떤 무한함의 극치, 진실함의 정상이 되는 것은 산악문학 속에서다. 어떤 산에서라도 높은 곳에 이르면 아래를 내려다보는 행위를 하기 마련인데, 그것이야말로 자기 자신과 공간 사이, 그 거리를 두는 풍경의 산실이다. 그러므로 풍경은 저 스스로 만들어야 하는 하나의 구축이며 재구성의 산물, 즉 능산能産이다.[3]

산에 대한 글쓰기와 읽기는 산과 책을 내 안에 옮겨놓는 길을 내는 일이고, 산을 발견해서 내 안을 융성하게 만드는 정신적 노동이다. 그런 면에서 산에 관한 글쓰기는 산의 '덧'보기에 있다. 현실로서의 산행과 그 현실 너머 산행을 사유하는 행위는 '덧'없는 행위와도 같다. 오르고 또 오르지만 끝이 없고, 흔적조차 남기지 않는 행위다. 오르고 내려오지만 삶처럼 지속되고, 죽음처럼 한순간, 끄트머리에 이르는 뜻에서 삶의 덧, 즉 생의 근원과 같은 상처다.

산이 글과 사진과 같은 기록 방법으로 책에 들어가면, 산은 그 안에서 제 모습을 다시, 달리 잉태한다. 히말라야 안나푸르나가 '누구'의 안나푸르나가 될 때 비로소 일반적 의미를 떠나 새롭고 특별한 의미를 지니게 되는 것처럼 말이다. 그래서 누군가는 산을 책의 제목처럼 "엄마의 마지막 산"(제임스 발라드), "아버지의 산"(릭 리지웨이), "죽음을 부르는 산"(김병준), "벌거벗은 산"(라인홀트 메스너), "타오르는 산"(오마르 카베싸), "사람의 산"(박인식)으로 말할 수 있는 것이다. 설악산 노적봉을 '한 편의 시를 위한 길'이라고 할 때, 우리는 그 길을 처음으로 오른 김기섭이라는 등반가를 기억하고, 그를 추억하고, 그가 낸 길을 따라 바위에 손을 얹고, 발자국을 포갠다. 최근에 그는 자신의 블로그에 "한 편의 시를 위한 길에 근무"라고 썼다. 알피니스트는 이처럼 산을 거주지로 여기며 제 삶을 살고 있는 존재일 터다.

산악문학의 큰 부분은 보이지 않는 마음의 문제에 관한 진술이다. 이 책에서 인용한 『새로운 알피니스트』*Les nouveaux alpinistes* 『풍경을 돌아보다』*Arpenter le paysage*와 같은 책들은 고급한 등반 기술이 아니라 산과 자기 자신에 대한 산악인들의 내밀한 고백과도 같다. 이 책들은 산악인들이 강건함, 강인함 같은 용기와 의지를 크게 앞세우는 것은 마음의 문제가 지닌 무게를 덜어내기 위해서라고 곳곳에서 밝히고 있다. 등반가가 세상과 일정한 거리를 두고, 나아가 세상의 일에 관심이 없다고 하면서 세상과 자기 자신 모두에게 길고 혹은 짧은 거리를 두고 사는 것도 같은 맥락이라고 쓰고 있다. 동시에 세상의 폭력 앞에 주저앉게 되는 경우, 그러니까 그런 일에 취약한 것도 언급하고 있다.

산에 관한 글쓰기는 산과 등반가 그리고 세상을 하나로 '연결'하는 것임을 깨닫는다. 산의 아름다움을 말하고, 등반가의 고독을 위로하고, 그의 권리를 보호하면서 산과 산에 오르는 이들의 또 다른 세상을 우리들이 사는 이 세상에 말해야 한다는 것도 알게 된다.

등반은, 고독한 등반가처럼, 저 높은 산, 그러니까 세상에 혼자 있기 위해서 여기를 떠나 저기로 가는 떠남이다. 등반가는 힘들게 오르기 전에 이미 지금, 여기에 혼자 있다는 고립감을 견뎌내고 있는 존재다. 앞엣것이 몸의 문제라면, 뒤엣것은 마음의 문제일 테다. 벽과 같은 바위에 붙어 있는 고독한 등반가들의 모습은 얼마나 매혹적인가. 등반은 강력한 쾌락이다. 1941년, 당대 최고의 소설가 이태준은 「벽」이라는 제목의 수필에서 이렇게 썼다.

넓고 멀쩍하고, 광선이 간접으로 어리는, 물속처럼 고요한 벽면 … 파리 하나 머물러 있지 않았다. … 모두 여백인 채 사막처럼 비어 있었다. … 그 사막 위에 피곤한 시선을 달리고 달리고 하다가는 머무를 곳이 없어 그만 눈을 감아버리곤 했다. … 벽이 그립다. 멀쩍하고 은은한 벽면에 … 그 아래 고요히 앉아보고 싶다.[4]

등반가에게 그 '벽'은 "얼마나 생활이, 인생이 의지할 수 있는 것일까!"[5] 군더더기 없는 아름다운 오름짓이 황홀하기만 하다. 산은 책 읽는 이들을 어디로 데리고 가는 것인가.

대학에 들어가, 산을 오르기 시작했고, 산에 관한 책을 읽기 시작했다. 산에 들어갈 때마다 맨 먼저 배낭에 넣고 꺼내 읽은 책이 박태순이 쓴 『국토와 민중』(한길사, 1983)이었다. 이 책은 기행문집으로, 젊은 내게 준 감격과 충격은 컸다. 책날개에 쓰인 문장은 나를 들뜨게 하고도 남았다.

산길을 잃어 헤매고 불심검문을 당하고 풀이름, 나무 이름을 몰라 애를 태우고 달라진 땅 이름에, 터무니없이 바뀌어버린 지리의 뒤죽박죽에 한탄을 하게 되었다.

이 책 머리글에 있는 문장은 내 모든 산행, 내 모든 공부의 원천이 되었다.

찾지 않는 한 현장은 어디에도 없으며 깨닫지 않는 한 현실은 존재하지 않는다. 우리 시대의 황홀은 힘을 필요로 하며, 문학은 문학 아닌 것이 없게 한다. 여기에 풍성한 고통이 있어 감동이 아니면 아무것도 볼 수 없기 때문에, 오늘의 우리 땅의 몸부림이 도리어 냉연해진다.[6]

그런 깨달음처럼 배낭은 점점 커져갔고, 오지로 찾아드는 산행은 길어졌다. 박태순의 국토 인문지리지는 『나의 국토, 나의 산하』(전 3권, 한길사, 2008)로 완성되는데, 그가 책 겉표지에 남긴 "나의 신체로 국토의 육체를 찾아 나선다"라는 문장은 내 산행의 중심축이 되었다. 더불어 "국토 육체" "국토 언어" "국토 읽기" "부드러운 국토" "길의 문예학" "길의 과학" "길의 철학"과 같은 단어들, "오래된 길을 걸으며 인간의 도리, 역사 도리, 시대의 도리를 생각하게 된다"는 문구는 필자가 산에 대해서 글을 쓰면서 흔들릴 때마다 큰 힘이 되어주었다. '천리안'을 통해서 처음으로 문자를 보낼 수 있었을 때, 주저하지 않고 아이디를 '옛길'via antica이라고 할 수 있었던 것도 이러한 박태순의 문구 덕분이었다.

Pierre-Henry Frangne

De l'alpinisme

Postface de Baldine Saint Girons

PUR

피에르 앙리 르랑뉘는 『알피니즘에 대하여』에서
산에 오르는 것과 책을 통해서 상상한 산을 오르는 것은 "하나를 열등으로,
다른 하나를 우등으로 평가하지 않고 서로 같은 것"이라고 말한다.

길이 끝나는 곳에서 등산은 시작된다

2019년 12월, 우리가 잘 쓰는 용어 '알피니즘'L'alpinisme이 유네스코 인류무형문화유산으로 확정되었다. 이미 우리나라의 농악, 김장, 아리랑, 강강술래, 처용무, 남사당놀이 등이 너그러움의 상징인 아랍의 커피, 인도의 요가, 중국의 경극, 나폴리의 피자 요리, 튀르키예의 휘파람 언어, 벨기에의 맥주 등과 함께 등재되어 있다. 알프스Alps에서 온 '알피니즘'이란 용어는 1877년 프랑스 알파인 클럽Club alpine français이 처음 사용했다고 어원사전에 쓰여 있다. 고산에서의 등반 활동을 지칭하는 이 용어는 1898년 사전에 처음으로 실렸고, 지금은 바위·눈·얼음을 포함한 산에서의 모든 활동을 뜻한다. 이와 비슷한 뜻을 지닌 영어가 1803년부터 쓰이기 시작한 '마운티니어링'Mountaineering인데 산마을·산사람 등을 뜻하는 단어에서 온 것으로, 프랑스 산악계는 이와 비슷한 뜻이 있는 '몽태니즘'Montagnisme 같은 용어 대신 '알피니즘'이란 용어를 쓴 덕분에 이 용어를 인류무형문화유산으로 남길 수 있게 되었다.

피에르 앙리 프랑뉘Pierre-Henry Frangne가 쓴 『알피니즘에 대하여』De l'alpinisme, 2019에서는 산에 오르는 것과 책을 통해서 상상한 산을 오르는 것을 두고 "하나를 열등으로, 다른 하나를 우등으로 평가하지 않고, 서로 같은 것"이라고 말한다.[7]

산에 오르는 이들에게 산은 현실이며 동시에 현실 너머의 존재다. 현실로서의 산은 온몸으로 오르는 행동을 요구하고, 현실 너머의 산은 바라보고 상상한 산, 오르고 내려온 산에 대한 명상과 사유를 낳고 지닌다. 산에 오르는 행동이란 미지의 땅, 정상에 이르고자하는 의지와 용기의 땀, 기술, 스트레스, 공포 등을 담고 있는데, 만족과 성취, 기쁨과 나눔, 자기 절제 등의 보상을 통하여 지속적으로산행을 이어나갈 수 있는 동력을 얻는다.

등반과 글쓰기, 등반가와 작가라는 주제는 서로 엉켜 있어 흥미롭다. 등반과 글쓰기는 서로 공통된 부분이 있다. 무엇보다도 서구산악계는 등반가와 작가를 등가로 본다. 등반가는 글을 써야 진정한 등반가가 될 수 있다는 것이 전통이고 일반론이다. 울주세계산악영화제에서 매년, 비록 외국 등반가를 초청해서, 상을 주는데 그것은 위험한 등반을 성공적으로 이룩한 공로보다는 그 경험을 글로옮겨 책으로 출간한 필력과 책을 통한 공감과 소통의 자장을 인정하는 일이다.

글쓰기와 등반의 공통점은 어떤 위험과 장애를 넘어서는 일이라는 것이다. 글쓰기가 이 삶과 세계를 통하여 더 나은 삶과 세계를바라보는 것이라면, 등반도 마찬가지로 위험을 극복해서 정상을 향하여 오르고, 그 과정을 통해 새로운 공간과 시선을 지니게 한다. 여기서 저곳을 향하는 것, 이것은 공간만의 변화가 아니라 새로운 관점과 사유를 갖도록 한다. 현실에서 상상으로의 전이를 경험하게한다는 면에서 작가와 등반가, 글쓰기와 등반은 생래적으로 서로닮았다. 전이의 경험은 무엇보다도 자신의 안으로 들어가는 내재적경험이다.

산행은 평면으로의 길을 통하여 입체로서의 태도를 지니고, 행동과 명상, 현실과 현실 너머의 위상을 갖는다. 등반가는 작가라는 일체성과, 산은 오를 수 있는 베이스와 더 이상 오를 수 없는 정상이라는 양면성을 지녔다. 산 아래가 현실이라면, 산 위는 상상력의 세계다. 산 아래가 산 위를 알지 못하는 것에 비하면, 산 위가 지니는 산 아래에 대한 무지는 그보다 훨씬 적다. 이런 이유로 산 위는 산 아래보다 더 상징적인 존재가 된다.

현실의 언어가 평면의 언어 즉 산문이라면, 산 위의 언어는 시 즉 운문이 된다. 가벼운 산행이나 무거운 등반이 정신의 고양, 정신의 진보라는 표현은 이렇게 해서 생출된 것으로 보인다. 『산의 영혼』The spirit of the hills, 1935 『산의 환상』The mountain vision, 1941과 같은 프랑크 스마이드Frank Smythe, 1900-1949의 책 제목이 그러할 것이며, 프랑스 산악인 알랭 드 샤텔뤼Alain de Chatellus, 1907-87가 『그대, 알피니스트인가?』Alpiniste, est-ce toi?, 1953에서 산에 오르는 공포에 대하여 언급하면서 구사한 '텅 빈 영혼' '벌거벗겨진 몸' '영혼의 힘' '죽음이라는 고귀한 실패'와 같은 유려한 문구가 그러할 것이다. 서구의 산악문학 고전을 많이 번역한 김영도는 등반의 의미를 말할 때마다, "길이 끝나는 곳에서 등산은 시작된다"[8]라는 알랭 드 샤텔뤼의 글귀를 인용했다.

"길이 끝나는 곳에서 등산은 시작된다"라는 문구를 되새기게 된 계기는, 클로드 가르디앙Claude Gardien이 쓴 『새로운 알피니스트』Les nouveaux alpinistes, 2019를 읽으면서부터였다. "길이 끝나는 곳에서 등산은 시작된다"와 루시앙 드비가 "등산가들에게 유한한 세계의 시간이 다시 시작된다"고 한 말이 서로 같아 보였기 때문이다.

이 책은 1953년 에베레스트 등정 이후, 등반 기술에서부터 멘탈에 이르기까지, 하나뿐인 지구와 인간의 삶을 중심으로 한 새로운 알피니즘과 알피니스트들을 찾지 않을 수 없게 되었다는 것으로부터 출발한다. 이 책은 1950년대부터 프랑스 산악연맹에서 고산 원정대 산파역을 했고, 1950년 안나푸르나 원정대를 준비했던 루시앙 드비가 제기한 질문, 즉 히말라야 등정의 역사 이후 알피니스트들이 무엇을 해야 하는지, 그 근원적인 질문에 실천적으로 대답하는 새로운 알피니스트들에 관한 내용을 담고 있다.

조선의 산에서 일본 제국의 산으로

일제의 한반도 강점과 식민지배로 인한 피해는 이 땅의 수많은 산과 산악인도 피할 수 없었다. 평생 산에서 살던 존재를 알아가는 일은 산에서 길을 잃어버린 경험과도 같았다. 한 사람의 과거를 거슬러 올라가 고고학적 탐사를 통해서 진실을 불러내는 이 일이 과연 가능한 것인지, 글 쓰는 이로서 책임을 크게 느끼지 않을 수 없었다. 일제강점기, 조선총독부 철도국, '조선산악회' 그리고 산악인 김정태를 중심으로 한 한국 근대 알피니즘의 역사에 관한 연구서를 세상에 내놓는다. 이 책은 산악인의 삶을 통해서 명확하게 규명되지 않은 한국 근대 등반의 연원을 묻는다. 조선시대 이후, 지식인들이 산을 오른 답사기는 많아도, 일제 식민 침탈과 산에 관한 실상을 알리는 연구는 거의 없다.

한국 근대 산악계의 태산준령이라고 불리는 김정태金鼎泰, 1916-88

는 대구에서 태어나, 줄곧 경성에서 살았다. 그는 일제강점기와 해방 이후 내내 특출했고, 예외적인 산악인이었다. 일제강점기에 조선총독부 철도국과 일본인 중심의 '조선산악회'에 가입하여 조선인으로서 가장 왕성한 등반 활동을 했으며, 1942년부터 1945년까지는 김정태라는 이름을 버리고 타츠미 야스오辰海泰夫란 이름으로 일제의 '조선체육진흥회' 경성부(지금의 서울) 등행단의 백운대 등행연성登行鍊成*을 지도했다. 그리고 일제강점기 말기까지 만주 침략, 중국에 대한 전면전 개시, 진주만 습격으로 태평양전쟁을 일으켜 조선인을 전쟁의 일선과 후방에 동원하는 일제의 강제동원 책동에도 그는 예외였다. 금강산, 백두산, 북수백산 등을 초등하면서 산악 활동에 앞장섰던 인물이었다. 해방 이후에는 한국 산악계에서 가장 유서 깊은 '한국산악회'의 태두이기도 했다.

그가 남긴 글과 책은 강요된 기억에 가깝다. 그는 산이 아니라 자신이 살아 있는 기억으로서 '역사'이고자 했던 산악인이었다. 등반가는 흔적을 남기지 않는 대신 기억을 남긴다. 등반가의 기록이 중요한 것은 지나간 것을 흘러가게 하지 않고 어디선가 존재했다는 것을 알 수 있게 하기 때문이다. 흔적과 같은 기록은 "추적, 탐색, 탐사, 연구의 방향을 잡아준다. 역사란 바로 그 모든 것이다."[9] 이 책은 일제강점기, 조선총독부, 조선산악회, 재조 일본 산악인, 조선 산

---

* 서양 알피니즘 방식으로 산에 올라 일본 천황 폐하 만세를 기원하는 제사 등을 치르는 등반 행사를 일제강점기에는 일본식 단어인 연성, 연성등반, 등행이라고 일컬었다.

악인들의 자취 속에 남아 있는 침탈의 잔재, 그 흔적의 의미를 거슬러 올라, 우리 산과 근대 알피니즘의 "역사적"historique 혹은 "생기적"生起的, historial[10] 의미성을 호소하는 작업이기도 하다.

김정태는 주위의 시선 따위는 아랑곳하지 않았고, 살길을 찾아 오로지 산에 올랐다. 그의 유고 일기를 보면, 1940년 스물여섯 청년이었던 시절, 일본의 신흥종교인 천리교를 신봉했고, 그 종교적 예식에 따라 가족행사를 치렀다고 했다. 1938년 지원병 제도가 시행되었고, 1943년 3월 조선인 징병제 시행이 공포되고 나서도, 김정태는 이를 피할 수 있었다. 1942년과 1943년에 김정태는 조선인 대표로서 메이지 신궁 대회에 참가해서 "일본 내란과 막부에서 희생된 이들을 신으로 떠받드는, 러일전쟁 이후에는 대외 침략전쟁에서 사망한 일본군의 죽음 즉 침략전쟁을 정당화하는"[11] 곳인 야스쿠니 신사에 참배했다. 해방 이후에는 학벌 좋고 재력 있는 엘리트 산악인들의 견제와 무시를 견뎌야 했다. 그럴수록 그는 높은 산과 바위에 올랐고, 자신이 등반한 이론적 근거들을 뒤늦게나마 마련하느라 애썼다. 여기에 초등과 같은 등반 경력의 오류와 왜곡이 뒤따랐다.

이 책을 쓰게 된 계기는 1940년 11월 3일, 김정태를 비롯한 58명이 한꺼번에 인수봉 정상에서 찍은 빛바랜 사진 한 장을 본 것이다. 이날 서로 모르는 여러 사람이 한꺼번에 인수봉 정상에 올랐다. 이때 조선에는 75만 명의 일본인이 있었고, 논밭에서 일하던 조선인을 강제로 연행해서 규슈의 탄광에 보내는 강제연행이 시작되었다. 국민학교 4학년 이상 학생들은 근로보국대에 동원되면서 황민

血脈ɔ通ふ岩友　　仁壽峰にて　　15.11.3.

1940년 11월 3일 인수봉 정상. 사진 속 58명은 곁눈질하며 만나 재빨리 점심을 먹고 하강했다.

화 정책은 더욱 강화되었다. 그리고 2월부터 창씨개명이 실시되었다. 1939년부터 전쟁무기 생산을 위한 공출의 공포가 극대화되었고, 병작반수並作半收를 넘어서 조선인 소작농에 대한 일본인 지주의 횡포도 심했다. 이후 1942년 5월에는 '위안 특무'라는 이름을 내세워 조선총독부 지원하에 조선인 여성을 강제로 징집하는, 국가적 차원에서 군 '위안부' 동원이라는 반인륜적 범죄가 기획·실행되었다. 흑백의 질감이 과거의 시간을 압도하고 있는 1940년 인수봉 등반 사진을 보면서, 사진이 기록을 넘어 삶의 역사적 풍경일 수 있다는 것을 깨닫게 되었다.

일제강점기, 김정태와 엄흥섭嚴興燮, 1909-45 말고는 조선인인지 재조 일본인인지 확인할 수 없는 이들은 왜 인수봉에 올랐을까? 어떻게 올랐을까? 인수봉 정상 왼쪽 아래에 있는 너른 바위 위에 한 순간 앉은 채로 있었던 이유는 무엇 때문이었을까? 58명의 얼굴들, 우울한 시선들, 웃는 이들은 없었다. 김정태가 일기에 쓴 것처럼, 이들이 곁눈질하면서 만나, 재빨리 점심을 먹고 하강한 이유는 무엇 때문이었을까? 약속한 듯 아무도 이 등반에 대해 말하지 않은 이유는 무엇 때문이었을까? 이들이 조선 산악인들이었다면 일본 제국주의에 저항하는 태도를 증명해줄 법한 확실한 사진인데, 이름을 밝히지 않았고, 등반했던 사실에 대해서 모두 침묵했던 이유는 무엇 때문이었을까? 이런 의문을 지니게 되면서 일제강점기 알피니즘 연구는 산행에 머물지 않고, 일제강점기의 역사와 알피니즘에 관한 제국주의 등과 폭넓게 만나게 되었다. 사진 속에 머물고 있는 이들이 지닌 시간의 부피와 신체의 아우라는 내게 커다란 울림을 주었다.

사진 속에 있는 58명 가운데 두 명을 뺀 나머지 사람들은 재조 일본 산악인들이었을까? 피식민지에서 억압받고 살아야 했던 조선 산악인들이었을까? 1940년에 인수봉에 오를 수 있었던 근대적 등반의 패러다임은 무엇이었을까? 그런데 이 사진의 출처를 비롯해서 사진의 내용을 이해할 수 있는 단서와 증거는 하나도 없다.

근대 등반 역사는 이렇듯 복잡하고, 어떠한 알리바이도 찾아낼 수 없는 '애매모호함'으로 가득하다. 모호함이 사진의 해석과 부활을 낳았다. 그로 인하여 사진 속 시간으로 들어가 밝혀내고 싶은 것들이 생겨났다. 그곳에는 식민지 역사와 일본 제국주의의 그림자가 드리워져 있었다. 조선 산악인들의 빛과 어둠이 있었다. 조선 민중들의 삶이 어둠이었을 때, 조선 산악인들의 삶은 빛처럼 대조를 이루었다. 식민지 암흑의 세계에서 이 둘은 서로 공존하고 있었다. 북한산 인수봉, 도봉산 주봉, 백두산 병사봉(장군봉), 금강산 집선봉, 묘향산, 관모봉, 마천령, 북수백산 등은 식민지와 피식민지의 경계가 무화되고, 일본 제국주의와 나라를 잃은 조선이 비시대적으로 공존하는 곳이었다.

한국 근대 알피니즘 역사를 식민지 근대의 산물이라고 여기는 글은 많다. 근대 알피니즘의 방식으로 금강산 집선봉에 오를 수 있었다고 주장하는 이들의 글을 읽었다. 최근에는 산악 문화의 연구에서도 식민지 근대화론에 입각한 주장들이 나타나기 시작했다. 일제 강점기의 한국 근대 알피니즘 연구를 본격적으로 시작해야 하는 이유가 여기에 있다. 일본 제국주의와 그들의 선진화된 알피니즘으로 높은 산을 오를 수 있었다는 통념을 극복하는 일은 매우 어렵다. 그래서 다시 묻는다. 근대 등반, 알피니즘이란 무엇인가? 일제강점기 식민지에서 산악운동, 산악인의 존재는 무엇이었던가? 재조 일본인 알피니스트들과 조선 산악인들의 차이는 무엇이었는가?

조선 산악인 사이에서도 지식과 사회 계급의 차이는 분명하게 있었다. 일제강점기, 경성제국대학과 세브란스 의전에서 고등교육을 받은 엘리트 산악인들과 변두리로 쫓겨난 산악인들이 있었다. 일제 하 피식민지 조선인으로서의 존재가 낭비되고 있다는 내재적 울분과 시대와의 불화 때문에 산으로 향한 것은 같았겠지만, 앞의 사람들은 위험 부담 없는 엘리트 등반의 지혜를, 뒤의 사람들은 강박과 같은 발동으로 등반의 쾌락을 추구했다. 쾌락은 집요의 산물일 테니, 근대 등반사에서 조선의 산하는 이들의 놀이터였다. 그들 곁에는 일본 제국주의의 달콤한 유혹이 있었다. 그리고 김정태와 같은 조선 산악인들은 이를 인식하지 못한 채 조선총독부가 주관한 백두산 '등행'登行과 같은 일본 제국주의의 산행에 길들여져갈 수밖에 없었다.

1장 '산의 실재와 환상'은 일제강점기 조선산악회와 근대 산악인들에 관한 문제제기와 개관이다. 식민지 근대화론에 의거한 등반 역사, 산악인 연구에 대한 문제점들을 열거한다. 이를 위해서 조선 알피니즘의 탄생, 일본 제국주의의 지배권력 속에서 펼친 산악운동, 알피니스트의 경험과 삶에 대한 관계, 그 연대기를 정리했다.

2장 '일제강점기 조선의 산과 브로커들', 3장 '인수봉 등반 사진의 비밀', 4장 '산 아래에서의 삶'으로 나뉜 본론에서는 조선산악회와 제국의 브로커들이 지녔던 산의 권력과 대표적인 근대 산악인 김정태가 남긴 글과 책을 중심으로 구체적인 등반 역사를 논의의 대상으로 삼았다. 책 속 내러티브를 통해서, 일제강점기 한 근대 산악인의 삶, 조선의 산이 어떻게 인식되었는지, 그 안에 살고 있는 피식민지자의 생활, 알피니즘에 관한 오리엔탈리즘적 시선이 어떻게 자리 잡고 있는지를 살펴보고자 했다. 여기에는 1940년 11월 3일, 58명이 인수봉을 오르고 찍은 사진의 진실을 규명하는 내용이 들어 있다. 이 등반의 허와 실, 삶과 역사의 왜곡을 파헤치고자 했다. 그리고 전시체제 속, 조선총독부가 실시했던 국민연성과 백두산 등행을 통해서 일제강점기 동안 제국주의가 이 땅의 산에 가한 폭력적 행사와 등반의 상관관계, 등행이라는 이름의 산행이 일본 제국주의의 선전 스펙터클이었다는 것을 분석했다. 그리고 재조 일본인으로, 산악 브로커들이었던 이이야마 다츠오, 이즈미 세이치, 이시이 요시오 등에 관한 글을 자료와 함께 더했다.

결론 부분에 해당하는 4장의 끝부분 '서자에서 적자로'는 한국 근대 등반사의 올바른 서술을 위하여, 해방 이후 제국주의적 알피니즘의 효과를 극대화하고자 한 조선 산악인들의 정체성을 옹호한 글을 비판의 대상으로 삼고, 우리가 해야 할 바를 반론 형식으로 다뤘다. 이 책은 한국 근대 알피니즘 연구 방법론에 관한 것이라고 할 수 있다. 그것은 알피니즘의 역사 서술에서 출발해 알피니즘의 사회학에 이른다. 그 끝은 알피니즘을 너른 공공의 장, 이른바 "공적인 유용성을 갖는 공공사회학"[12]적 차원으로 이끄는 것이다. 지금은 일제강점기에 시작된 우리나라 알피니즘에 관한 기존의 기록이나 서술을 다시 재고하는 태도, 이를 위한 글쓰기, 연구의식이 절실한 때다. 알피니즘에 관한 사회학적 연구 태도는 "의도한 것intended과 공식적인formal 관계에 한정되지 않는다. 비의도적인 것unintended과 비공식적informal인 관계에도 관심을 기울이는 것"[13]이다.

시인 박두진은 「설악부」에서 "왜 이렇게 자꾸 나는 산만 찾아 나서는 걸가? 내 영원한 어머니"라고 읊었다. 불행한 시대를 산 김정태는 순수하고 외로운 등반가였는가? 그가 등반 기록을 구성하는 시도와 능력에 비하면, 일제강점기 함께 등반했던 산악인들의 기록은 거의 없다. 연구하는 입장에서는 비교하고 매개하는 바가 없다는 뜻이다. 등반은 두 사람 이상이 하는 행위인데 기록이 하나일 경우, 즉 사회적 객체의 부재는 기록이 사회적이고 규범적인 영향력을 획득하는 데 결격 사유가 될 수밖에 없다.

김정태의 기록은 사실의 기록으로서도 받아들이기 어려운 점이 있다. 김정태는 자신의 등반 역정에서 생존과 정상 사이의 균형이라는 것을 과연 찾았을까? 죽음이 동료를 앗아간 경험이 그에게도 있었을까? 산에 오르면서 미지의 세계를 보는 경험을 했을까? 산을 오르는 감수성이나 일제강점기 조선인으로서 지녀야 했던 산과 등반에 관한 사회적 상상력은 어디서 찾아볼 수 있는가?

단언컨대 그의 글과 책에서 일제에 저항하거나 비판하는 바는 찾기 어렵다. 등반이 개인적 성취의 결과라고 하지만, 알피니스트로서 그가 남긴 기록은 삶의 수단에 가까웠다. 시인이면서 산악인인 박인식은 바위에 몸을 밀어 넣거나, 비밀스럽게 바위에 발을 딛고 오르는, 순수하고 절대적인 클라이밍을 시로 풀어쓰면서 "벽에 건 것은 장비가 아니라 목숨"이고, 벽에 오르는 일은 "절대고독을 심호흡하는" "고독한 영혼에 육신을 입히는 춤사위"[14]라고 했다. 바위의 벽은 "반쪽 하늘 끝에" 있는 "더 높은 자유와 고독의 문을 열어젖히"는 문과 같다고 했다.[15] 그리하여 새처럼, 꽃처럼, 동물처럼 오르고 오른 바위에서 "새로워지는 자신을…자신 바깥의 자신"[16]을 볼 수 있었던 클라이머, 그 행위의 끝자리에서 "벽에게 목숨을 주는…달과 별의 목에 목숨을 걸어놓는"[17] 등반의 꿈을 꾸었던 클라이머들을 노래했다.

이 책을 통하여 등반은 일상과 분리된, 사회로부터 격리된 채 은밀하게 하는 것이라고 여겼으면 좋겠다. 산이 다시 사람의 산으로 되돌아오고, 산의 인문학이 우리들 영혼을 일깨우면 더할 나위 없겠다. 일제강점기 때부터 잃어버린 우리 산과 알피니즘의 근본을 회복하고, "산의 자연적·인문적 가치를 토론하고 연구하는 본격적인 산 연구"[18]가 절실하다.

이 책이, 학생 때 읽고 가슴에 새긴 박태순의 『국토와 민중』과 『나의 국토 나의 산하』그리고 최원석의 『사람의 산 우리 산의 인문학』에 이은 희망의 디딤돌이 되면 더할 나위 없이 좋겠다. 이 책을 준비하면서 많은 도움을 준 '한국산서회' 최중기·홍하일 교수, 조장빈·김진덕 회원, '한국산악회' 이영준 학술문헌위원장과 변기태 회장에게 깊은 감사의 인사를 드린다. 한국 근대 등산사 연구에 있어서 선학이라고 할 수 있는 홍하일 교수는 그가 모은 관련 자료들을 서슴없이 보내주었다. '한국산서회' 산서 선정위원으로 홈페이지에 산서에 관한 글을 쓸 수 있었던 것도 큰 도움이 되었다. 우이동에 있는 한국산악회 산악문화센터는 김정태 유고집과 같은 귀중한 자료들을 열람할 수 있도록 해주었고, 한국과 일본의 근대 등반사에 관한 자료들을 선뜻 제공해주었다. 산을 닮은 이분들의 정성에 크게 감사드린다.

울주세계산악영화제가 매년 시상하는 세계산악문화상의 선정위원회 위원으로 위촉되면서부터, 더 많은 산서와 훌륭한 알피니스트들의 영혼을 만날 수 있게 되었다. 그것도 내게는 새롭게 산과 맺는 관계의 자리가 되어주고 있다. 이제 산의 역사, 산의 문화, 역사의 산, 문화의 산이라는 주제는 나와 친연의 관계로 보인다. 이 책에 들어 있는 모든 일본어 번역은, 서울대학교 대학원 공연예술 협동과정에서 만난 이홍이 선생과 우라카베 쇼이치浦壁詔一, 아게타 유키네上田ゆきね, 두 일본인의 도움을 받았다.

서울에서, 파리에서 늘 한결같은 산악인이며 시인인 박인식 형의 따뜻한 정성과 배려에 감사드린다. 그가 쓴 『사람의 산』(말과글, 1988)을 읽으면서 산에 관해서 글을 쓰고 싶었다. 오래전, 나를 높은 산으로 데려다준, 바위에 아름다운 길을 새겨놓은, 지금은 불구의 몸으로 꿈을 언어로 옮기는 클라이머 김기섭 기자에게도 고마운 인사를 전한다. 이 책의 원고를 마무리할 즈음에 그와 함께 올랐던 백운대 '신동엽길', 설악산 '별을 따는 소년들' '한편의 시를 위한 길' '몽유도원도'를 등반했다. 최근에 그의 시집 『달빛 등반』(솔, 2021)이 출간되었다.

오래전, 함께 등반하려고 코오롱 등산학교 정규반을 나온 제자

배강달과 이선우가 다시 산에서 생의 다짐으로 태어나는 모습을 보고 싶다. 수평의 춤이 수직의 춤과 동일한 것임을 보여주는 안무가 정영두에게도 고마움을 전한다. 이 책을 쓰는 동안 많은 자료를 찾아주고 정리해준 신정민 군에게도 고마운 인사를 제대로 하지 못했다. 그들의 정성은 어둠에 묻히지 않을 것이다.

책 출간을 결정해주신, 오랜 인연을 지닌 한길사 김언호 대표님께 고마운 인사를 드린다. 오래전 프랑스 유학을 마치고 돌아왔을 때, 첫 번째 책 계약을 하고 계약금까지 받았지만 그동안 약속을 지키지 못했다. 은퇴 즈음에 이를 말씀드리고 약속을 지킬 수 있게 되었다. 뒤늦은 감사를 드린다. 백은숙 편집부 주간님을 비롯해서 꼼꼼하게 원고를 읽어준 편집부 이한민 씨의 정성 덕분에 이 책이 세상에 나오게 되었다. 크게 감사드린다.

이 책의 출간과 더불어 대학에서 정년퇴임을 한다. 이제 가두리 양식장과 같았던 대학과 전공에서 벗어나 산과 인문 그리고 고전음악과 더불어 삶에 대해서 너른 글을 쓰고 싶다.

산에 매혹된 알피니스트가 인수봉을 등반하면서 오아시스라고 불리는 곳에서 혹은 정상 언저리에서 두 다리 펴고 이 책을 뚫어지게 읽는 모습을 볼 수 있다면 좋겠다. 바위와 분리되지 않는 모습을 보면 참 좋겠다. 이 책을 출발로 삼아, 근대 알피니즘, 근대 산악인 김정태에 관한 보다 많은 연구서들이 출간되길 기원한다. 산은 결코 오래된 집이 아닐 것이다. 바위는 결코 낡은 가구가 아닐 것이다. 등반은 똑같이 반복하지 않는 것이고, 최초가 유일한 것이 되는, 늘 새롭게 태어나는 것이라고 여긴다.

산을 바라보는 시선이 오래되었다. 그때부터 산에 굶주렸고, 산에 매혹되었고, 산을 앓았고, 산에 올랐다. 그리고 침묵하는 산에서 내려와 글을 썼다. 산의 영원은 글의 과거가 되었고, 책의 현재가 되었다. 알피니스트는 어떤 사회에서 어떤 삶을 사는 존재인가? 젊은 날에는, 알피니스트들이 모이는 동네는 1970년대 미국의 클라이머 공동체, 스톤마스터Stone Master의 이념처럼 "작지만a small, 반문화counter-culture, 사회에서 소외된 공간outcast society"[19]이라고 믿었고, 지금은 "나타내지 않고 비밀히"Non manifeste sed in occulto, 조용히 산에 오르고 가차 없이, 흔적 없이, 가뭇없이 사라지는 것이 산에 오르는 원칙이라고 믿는다.

2023년 4월
북악산녘에서
안치운

1

산의 실재와 환상

1 산과 알피니스트의 삶

산을 오른다는 것은 과거를 정면에서 오르는 것과 같다.

—프랭크 스마이드, 『산의 환상』

산과 알피니스트 그리고 등반의 역사

이 글을 쓰기 전과 쓰는 동안에, 한국의 근대 등반이란 무엇인지 자문했다. 침묵과 같은 산에 대해서 무엇을 알고 있는지. 여기를 떠나 다른 세계를 찾아가는 존재인 산악인 혹은 등반가, 산에 가는 준비, 산에 가서 하는 행동, 산에 같이 가는 이웃들과의 관계, 산을 말하고, 숭고한 산의 실제를 알고, 산길을 걷고, 바위를 오르는 등반 그리고 산에 관한 독서와 글쓰기까지 제대로 알고 있는지.

그리고 다시 이렇게 물었다. 왜 산으로 가는지. 산에 관한 사유들은 어디서 왔는지. 산에서의 행위와 산에 관한 글쓰기는 우연의 산물인지. 산에 가는 것은 필연과 맞닿아 있는지. 산을 오르는 등반가들은 모두 같은 존재인지를 자문했다.

일제강점기에 있었던 조선산악회를 비롯한 한국 근대 알피니즘의 역사와 근대 산악인 김정태에 대해서 필자는 2000년대 초까지 알지 못했다. 서양의 알피니즘 역사에 대해서는 책과 영화를 통해서, 실제 등반을 통해서 배웠지만, 일제강점기 일본 제국주의 알피니스트들이 조선의 산하를 어떤 태도로 올랐는지는 어디서도 배운 바가 없었다. 그런 역사는 산에 관한 책을 읽을 때에도 없었다. 일본 제국주의와 조선총독부 철도국 중심의 조선산악회를 통해서 서양의 알피니즘을 배운 조선의 산악인들이 있었다는 것도 거의 모르고 있었다.

일제강점기 조선 산악인을 대표했던 근대 산악인 김정태를 알게 된 것은 그가 쓴 책을 읽고 나서부터인데, 무엇보다도 그에 대한 평가가 여러 가지로 나뉘어 있었다. 김정태는 당대 조선인으로서 가장 많은 산을 올랐고, 가장 먼 곳까지 갔고, 가장 높은 곳까지 올랐던 매우 유능한 인물이었다. 일제 통치 아래, 고통받는 조선인들에 대한 동정조차 산을 오르면서 지워야 했던, 예외적인 그에게 등반은 꿈의 여행과도 같았다. 김정태는 조선의 독립을 생각하기보다는 현실에 적응하려고 1927년 열한 살 때 백운대를, 1930년 열네 살 때 인수봉을 등반했다고 썼다. 일제가 민족말살통치로 한민족의 정체성을 말살하고, 일본에 동화시켜 전쟁에 협력하도록 유도했던 때였다.

그를 일제강점기 훌륭한 등반 업적을 이룩한 태산준령과 같은 선구자로 추켜세우는 이들도 있고, 김정태가 남긴 글을 재평가해야 한다고 잘라 말하는 이들도 많다. 그에 대한 정론이 분명하게 있는 것처럼 여겨졌지만, 그가 주장하고, 쓰고, 책에서 언급한 것들에 오류와 은폐한 것이 많다는 주장도 있다. 일제 식민지 수탈의 역사 자장에서 그가 이룩한 등반은 대부분 조선총독부 철도국 재조 일본 인들과 함께한 친일 산행이라는 것이었고, 그것이 감추어져 있다는 주장도 많다. 김정태가 해방 이후에 이르러, '백령회'를 민족주의 등반을 한 조직이라고 강조하면서, 친일부역을 지우고, 과거를 미화했다는 비판도 많았다.

일본인 중심의 조선산악회를 비롯해서 김정태의 등반 이력에 대한 상이한 평가는 일제가 한국에 투자하여 한국의 경제 성장을 비롯한 모든 분야의 발전을 도모했다는 식민지 근대화론과 식민지 수탈의 역사라는 수탈론의 대립과도 같다.

필자의 핵심은 무엇보다도 근대 산악인 김정태의 삶을 자율적으로 다시 읽고, 역사적 자료와 더불어 그가 남긴 글과 책을 평가하는데 있다. 이를 위해서는 일제강점기 '조선산악회'와 '백령회', 김정태의 백두산·금강산 등반, 조선총독부의 백두산 등행, 조선체육진흥회의 등행연성 등에 관한 증거와 해석이 필요했다. 이 일은 쉽지 않고 무거운 일이다. 일제강점기, 피식민지 조선의 산하를 등반했고 지원했던 조선총독부뿐만 아니라, 일제의 연성등반에 앞장섰던 김정태는 자신의 등반 과거를 합리화하면서 일방적인 자료들만을 남겨놓았고, 그가 감춘 사실들을 발견하는 일은 매우 어려웠다. 특히 일제강점기라는 사회·정치적 상황 아래 등반의 의미를 규정하는 일은 더욱더 그러했다.

조선총독부와 일본인 중심이었던 조선산악회가 남긴 자료들을 보면, 일제강점기 등반은 서구 알피니즘을 조선에 이식해서 백두산, 금강산, 묘향산, 북수백산, 북한산 등에 초등의 역사를 개척한,

매우 긍정적인 역사였다는 판단이 들 정도다. 이것이 오늘날 한국 현대 등반의 역사 서술에까지 영향을 미친, 식민지 근대화론에 입각한 등반 역사의 입론이다.

알피니즘과 등반에 관한 기록은 이질적인 것의 묶음이다. 산악 역사는 이 둘의 결합으로 시작되고, 이를 통해서 등반 문화의 올바른 소비를 추구한다. 알피니즘 연구는 사회학 연구이면서 문화생산이라는 구도 안에서 이루어진다. 등반가의 개인적인 등반 행위와 나머지 사회관계 사이의 상호의존성을 바탕으로 한다.

알피니즘 연구는 그것 자체로만 연구·평가되는 것은 아니고, 알피니즘 안의 역사와 바깥 역사를 분리하지도 않는다. 알피니즘 '안의 역사'histoire interne라는 것은 등반가 개인의 능력에 비중을 두고, 등반의 욕망과 결과 등을 그것의 산물로서 여기는 태도를 말한다. 이에 반해 '바깥 역사'histoire externe는 등반을 넓은 인간의 행위 가운데 상징적 절차로 여기는 태도를 뜻한다.[1] 이에 관한 연구는 알피니즘과 알피니스트의 계급화hiérarchie로 귀결된다. 그 구체적인 내용은 높은 산의 정상을 정복하는 것과 권력에 관한 근본적인 구조를 확인하는 과정이고, 몸이라는 물리적 실천과 등반이라는 스포츠에 관한 사회적 정의에 관한 연구로 펼쳐진다. 동시에 등반가는 사회적 엘리트인가, 탁월함을 지닌 존재인가를 묻는 것으로 나아간다.

여기서 말하는 알피니스트의 탁월함이란 산에 오르는 등반 능력에 관한 탁월함un rapport à la pratique, 다른 등반가들과 관계에 관한 탁월함un rapport aux autres individus, 자기 자신에 관한 탁월함un rapport à soi-même을 뜻한다.[2] 이를 위해서 알피니즘의 이론théorique과 알피니스트의 경험empirique이 비교된다. 또한 오늘날 알피니즘과 국가의 서열에 관한 연구도 이에 해당되는데, 필자는 조선총독부와 조선산악회 그리고 김정태의 관계를 통해서 일본의 알피니즘과 제국주의 형태의 경쟁을 사회·경제·문화적 전이현상으로 파악하려고 했다.

오늘날 알피니즘은 계급화된 사회의 중심축처럼, 권력이 수평이 아니라 산이라는 또 다른 공간에서 수직의 형태로 높고 낮은 자기 자신을 시각화하는 형태와 같다. 사회에서의 계급화와 산에서의 계급화는 오늘날 아무런 반성 없이 같아지고 있다.[3] 등반은 비가시적 활동 영역이다. 등반하는 이의 주관적 실재와 등반이라는 객관적 실재는 충돌할 수도 있고, 변증법적으로 상호 작용을 불러올 수도 있다. 히말라야 고산 등반에 있어서, 등정 사실에 대한 진위를 집요하게 묻는 것은 비가시적 활동인 등반이 설득력이 있는지를 확인하고 그것에 상징적 권력을 부여하는 절차다. 등반이 자율적 미학이라면 등반사, 등반 연구는 실천으로서 등반을 되돌아보고, 등반을 객관적으로 분석하는 검토와 통찰의 미학이다.

이를 위해서 일제강점기 역사, 식민지 수탈에 관한 역사서부터 읽어야 했다. 재조 일본인 연구, 조선산악회가 참여한 조선총독부 '등행'과 조선총독부 철도국과 조선산악회 회원, 일제강점기 철도 개발의 역사, 전시체제 문화정책, 김정태가 징용에서 벗어날 수 있게 해준 친일 기업 등에 관한 책이나 논문을 많이 보았다. 조선총독부가 발행한 문서 기록들도 찾아야 했다. 재조 일본인 알피니스트들의 등반과 식민지 역사에 관한 한국의 연구자들뿐만 아니라 일본의 양심적인 학자들이 쓴 책들도 구해서 읽었다.

클라이머는 자신의 등반 기록을 서술할 때 사라진, 보이지 않는 등반의 흔적을 거짓으로 덧씌우는 것과 은폐로 방기하는 일을 경계해야 한다. 등반 준비와 등반 과정 그리고 등반에 의미를 부여하고, 자기 것으로 남기는 글쓰기에 이르기까지, 이것이 잘못되면, 오류가 교정되지 않으면 등반의 역사는 왜곡과 날조의 역사로 남을 수밖에 없기 때문이다. 과거의 잘못된 역사가 오늘날까지 거짓의 역사로 남게 되고, 의구심을 지닌 역사가 현재 진행형의 과거가 되는 것이다. 이 시대 우리들에게는 잘못된 역사를 계속해서 허위 속에 영원히 가두어두는 무지와 폭력이다.

참회의 형식으로 환원되는 글쓰기는 어려운 일이다. 생존하는 일제강점기 산악인은 거의 없지만, 기록되어야 할 등반의 역사에 제외되고, 소외된 근대 산악인들도 많다. 이 책에서 필자는 그 부분까지 이르지 못했다. 한국 근대 알피니즘 역사가 새롭게 쓰이기 위해서는 산행 기록을 비롯해서 증거 자료를 바탕으로 한 깊고 다양한 인식이 선행되어야 할 것이다. 자료를 중심으로, 조선총독부를 비롯해서 조선산악회 그리고 김정태가 감춘 사실들을 발굴하고자 했다. 이 부분은 당시 등반의 실상을 제대로 밝히는 것이었지만, 그가 남긴 글에 대한 해석으로 귀결되었다.

산, 알피니스트, 책

이 글을 쓰면서부터 지금, 여기 산에 들어가서 혼자 있고 싶었던 고독한 산책자, 자유로운 방랑인의 욕망을 다시 생각한다. 내 안에 어떤 유전자가 있어서 산에 다닐 수 있었는지를 말하는 것은 어려운 일이다. 영화『알피니스트』(2021)의 주인공 마크 앙드레 르클렉Marc-André Leclerc, 1992-2018처럼, 산이라는 절대적으로 고독한 공간을 제 삶의 방식대로 홀로 올랐던 알피니스트를 우러러본다. 그는 고독했고, 산이라는 은밀한 구석에서 더 고독하고자 온 힘을 쏟았다. 장비 없이 바위를 오르는 것과 추락해서 죽을 수 있는 것은 그에게서 구분되지 않았다.

버스나 기차에서 산에 오르기 위하여 무거운 배낭을 짊어진 이들을 볼 때가 있다. 일상의 삶에서 벗어나서, 산에 오르는 욕망은 무엇일까? 두려움? 새로운 것을 창조하는 것? 나도 배낭을 메고 그들처럼 산에 오를 텐데, 그들과 나는 어떤 이유로 산을 오르고 내려오는 것인지를 고민한 적도 많았다.

젊은 시절에는 산을 도피처 혹은 은신처로 알고 무턱대고 들어갔다. 산에 유폐되고 싶었다. 산에 들어가고 싶은 충동이 일어나면 주저하지 않고 배낭을 메고 산으로 들어간 적도 많았다. 두려운 서울에서부터 자유로운 프랑스에까지 가서 공부하고 살면서도 줄곧 산에 다녔다. 프랑스 파리로 갔던 1982년 가을, 산은 황홀했다. 1980년 민주화 운동이 있었지만, 군부정권과 유신정권의 폐해는 사회 곳곳에 그대로 잠재되어 있었던 때였다. 먼 곳으로 가면 얼굴을 숨길 수 있다고 여겼다. 싫어하고 증오하는 이들을 멀리하면서 어떤 내밀함 속에서 지내고 싶었다. 사람과 멀어지고, 집이 보이지 않을 때, 산이 눈에 익숙해지기 시작했다. 쌓인 눈 위에, 흐르는 물위에 비친 나 자신을 볼 수 있었다.

젊은 날, 매일 방황할 때, 산은 나를 집어삼키는 것 같았다. 산에 들어가면 여럿이 함께 있어도 혼자라는 생각을 했다. 걷거나 오르거나 할 때도, 화전민의 자식들이 떠난 외딴집에서 군불을 지펴 한겨울 내내 지냈던 고독한 시간은 나를 떨리게 했고, 그 전율은 복원할 수가 없다. 산에서는 언제 어디서나 나 자신에게로 돌아가 있는 것처럼 느껴졌다. 산에 있는, 틀어박혀 있는 모든 생명체에 다가갈 수 있었던 때였다.

그즈음, 군부정권에 맞서서 싸우다 대학에서 쫓겨난 해직교수들과 같이 산으로 떠났다. 우리들은 사회가 갈라놓은 존재들이었다. 산에서는 누구도 우리를 알아보지 못했다. 70년대 중반 대학에 들어간 이후부터 지금까지 산을 오르고, 다닐 수 있었던 것은 주변 관계를 끊지 않고 고립되고 싶었기 때문이다. 우연히 산에서 만나는 이들은 나보다 훨씬 더 산에 빠져 있어 홀로 된 존재들이었다. 산에는 나보다 더 산을 좋아하고, 구석진 곳에 혼자 있기를 선호하는 고독한 존재들이 많았다. '나타내지 않고 비밀히' 등반하는 이들도 많았다. 나는 그들과 함께 체념하고 바위에 올랐다.

70년대 중반, 도처에 검문소가 있었다. 대학은 군인들이 무기를 들고 주둔하는 곳이었고, 강의실에는 정보원들이 『타임』지를 끼고 들어와 강의를 듣고, 교수와 학생들을 염탐하던 때였다. 유신독재 기간에 대학의 대부분 강의는 휴강이었다. 그나마 강의가 있던 날, 학교에 가도 그만이고, 안 가도 아무런 문제가 없었던 시절이 계속되던 때였다. 교수도 학생도 모두 땅만 보고 걸어 다녔다. 말들은 책

속으로 숨었고, 책은 읽을 수 있는 책과 읽어서는 안 되는 금서로 구분되어 있었다. 정지용, 브레히트의 책처럼 읽어서는 안 된다는 금서를 지녔다가는 금세 학적 변동자가 되어 군대에 끌려가야 했다. 하늘은 우리들 위에 없었다. 말들은 가슴속 저 밑에 가라앉아 있었다. 숨어서 책을 보거나 산에 가지 않으면 젊음은 그 어디에서도 불안했고, 생을 견딜 수 없었다. 셰익스피어의 『햄릿』에 나오는 대사처럼, "젊음은 곁에 뉘 없어도 자기에게 반항해"(1:3:44)야 했다. 자신에게 진실할 수 있는 길은 지상에 없었다. 산으로 간다고 해도 되지만, 산으로 도망간 것이라고 해야 옳을 것이다.

그즈음 세상에는 화전민처럼 이곳저곳을 떠돌며 삶을 살았던 불온한 이들이 많았다. 영혼의 활기는커녕, 모든 것이 소멸되고 있었다. 시대의 어둠은 말과 글과 몸을 모두 소멸시키고 있었다. 배낭을 시외버스 바닥에 깔고, 오지 산골에 들어가곤 했던 것이 유일한 기쁨이었다. 강원도, 경상북도, 전라도 오지의 산에 들어가 화전민들이 짓고 살았던 귀틀집에서 눈이 다 녹아 길이 다시 드러날 때까지 머물렀던 적도 있었다. 삶은 어디서나 침묵과 맞닿아 있던 추운 겨울이었다. 사시사철 말문은 닫히고, 몸은 길 위를 떠다니던 겨울이었다. 산에서는 여명이, 일상에서는 황혼만이 보였다.

오지의 산을 다녔던 경험들을 글로 묶어 『옛길』(학고재, 1999), 『그리움으로 걷는 옛길』(열림원, 2003), 『길과 집과 사람 사이』(들린아침, 2005), 『시냇물에 책이 있다』(마음산책, 2009)라는 책으로 출간하기도 했다. 산자락 끄트머리에서 오래전부터 산에 살고 있던 이들을 만났다. 그곳에 세상과 등진 삶을 사는 그들보다 더 나이가 많은 역사적 바위들이 있었다. 바위는 말하지 않는 언어였다. 긴장과 희열로 고통스러운 암벽등반을 하게 된 계기였다. 명백한 것은 움직이는 몸이었다. 침묵하는 많은 바위들을 연속적으로 오르고 내리면서 부박한 삶을 실험했다. 바윗길에서 땀 흘리고, 손과 무릎이 바위에 쓸려 다쳐가면서도 오르고 올랐다. 바위 꼭대기에 올라 더 높고 깊은 산을 바라볼 수 있었고, 그곳에 하늘이 있었다. 하늘과 맞닿은 바위는 절망이 아닌 희망으로 오르는 계단과도 같았다. 산은 시원적이었다. 산이 유일한 언어가 되길 간절하게 소원했다.

프랑스 유학 시절에도 틈만 나면 산으로 들어갔다. 긴 여름방학 때만 되면, 샤모니Chamonix 아르장티에Argentière에 있는 숙소에 머물면서 프랑스, 이탈리아, 스위스 산에 더욱 결착되었다. 산에 가는 양식은 최초의 인간이 되는 것, 그것은 한국에서나 프랑스에서나 매한가지였다. 산에서의 삶은 고독의 선택이었다. 기차를 타고 샤모니에 가서 아르장티에 마을에 있는 대학생을 위한 레지던시에 묵으며 주변의 산들을 다녔다. 꽃봉오리 같은 바위를 오르며 등반의 절정을 맛보았다. 전공 공부와 언어에 대한 압박에서 벗어날 수 있었다. 학교와 기숙사 언저리에서는 늘 긴장했었고, 산과 산 아랫마을에서는 긴장이 풀려 오히려 말이 없어지고, 우울해지기도 했다. 산 아래에서 저 멀리 눈 덮인 산을 올려다보면 스스로가 작은 존재로 여겨졌다. 혼자 있다고 위험을 느끼지는 않았다. 사람과의 소통이 산과 자연과의 소통으로 바뀌었을 뿐이었다.

파리에서는 산행 모임인 '자연의 친구들'Les amis de la nature에 가입해서 퐁텐블로Fontainebleau 숲에 가서 볼더링 연습도 했었다. 산에 가

센 강변에 있는 알프스 산악전문서점(Librairie des Alpes).
이 산악전문서점은 산의 모든 것이 기다리는 침묵이었고, 빛이 스며드는 통로였다.

지 못할 때나 논문을 준비하면서 좌절할 때는 센 강변에 있는 알프스 산악서점에 가서 산악문헌, 산악문학, 등반 사진이 들어 있는 출판사 아르토Arthaud의 책들을 구입해 읽었다. 산악전문서점은 산의 모든 것이 기다리는 침묵이었고, 빛이 스며드는 통로였다. 그 시절, 파리 지하철역 입구에 있는 지하철을 뜻하는 약자 'M'이 언제나 산Montagne의 첫 글자로 여겨졌다. 땅 밑에도 산이 있었다.

젊은 날, 산은 내게 손을 내밀어준 아주 오래된 보금자리와 같았다. 내 안의 텅 빈 자리를 마련해주었고, 산행은 그 빈자리를 들여다보게 해주었고, 산서는 학교에서 배운 것과 다른 언어와 감각으로 나를 풍성하게 채워주었다. 아무것도 보이지 않는 세상과 달리, 그곳에는 살아 움직이는 감각과 기호의 계절이 있었다. 좋은 장비를 가지고 좋은 시설을 이용하면서 눈 쌓인 높은 산을 오를 수도 있었다.

높은 산을 오를수록 눈은 부셨다. 그러나 유명한 산을 오른 발자취는 그리 길지 않았다. 알프스의 산들은 벌거벗은 몸처럼 아름다웠고, 바위 봉우리는 침묵으로 뚜렷하고 높았지만, 반드시 올라야 하는 이유를 찾기 어려웠다. 몽블랑 산자락, 프랑스와 스위스 국경을 사이에 두고 론강에서 라인강까지 활 모양으로 펼쳐져 있는 쥐라Jura산맥의 산자락에서 설악산이나 지리산을 우러러보아야 했다. 산은 어떤 시선을 요구했다. 프랑스에서 출발해서 이탈리아의 높은 산으로 옮겨 다닐수록 서글펐다. 산과 시대, 산과 사람, 산과 역사에 대한 알맹이를 얻을 수 없었기 때문일 테다. 그 산들과의 과거가 없었던 탓이었으리라.

파리 소르본대학에서 공부하고 있을 때 자주 간 책방은 전공인 연극전문책방과 산악전문책방이었다. 오데옹 극장 앞에 있던 예술서적 전문책방 '쿠 드 파피에'coup de papier는 2층으로 되어 있었는데 연극, 오페라, 등반에 관한 책들을 다루고 있었다. 매장 뒤쪽 창고에서 더 많은 책을 가지고 나와 보여주기도 했다. 책방 출입문에는 극작가 장 지로두Jean Giraudoux가 쓴, "모든 것이 형편없어, 그러나 연극이 있잖아"Tout irait mal, mais il y a le théâtre라는 문장이 인쇄되어 붙어 있었다. 나는 언제나 그 문장에서 '연극'Le théâtre을 '산'La montagne으로 달리 읽었다. 나아질 게 없는 세상, 산을 유일한 희망으로 여겼던 젊은 날이었다.

산에서는 가을이 겨울과 같다. 늦가을에 눈이라도 내려 산꼭대기에 쌓인 것이 보일라치면 산에 오르는 이들은 겨울의 복판에 있다는 것을 실감하게 된다. 가을 산은 이미 겨울을 맞고 있다. 낙엽 진 나무와 나무 사이로 나 있는 침묵하는 길은 여름보다 훨씬 훤하다. 멀리 있는 풍경이 눈앞에 바투 있는 것 같다. 이맘때가 되면 산은 정갈하기 이를 데 없다. 소리 내는 많은 것들이 제 모습을 감춘다. 계곡에 흐르는 물도 겨울에는 얼음 속으로 모습을 감출 것이다.

산행은 늘 어떤 삶에의 초대와 같다. 내가 세운 자신을 무너뜨리고 빈자리를 만들어놓는 산행, 그곳에는 눈을 감고 보아야 하는 희망도 있고 우리를 절망하게 하는 절대적 아름다움도 있다. 산행은 한 존재에 두 겹의 자아가 벌이는 모험이기도 하다. 산에 가지 못하고 집에 있으면 시선은 두 개로 나뉜다. 하나는 집 안에 갇혀 지내는 자신에 대한 침묵하는 시선이고, 다른 하나는 갇혀 살면서 바깥을 바라보는 춤추는 시선이다. 안정감과 조화로움을 지닌 산에 오르는 것을 좋아하는 내게 집 안에 갇혀 산다는 것은 결핍이다. 그럴 때가 되면, 갇혀 있으면서 바깥의 산을 바라보게 된다. 산으로 올라가는 태도와 시선은 이때 태어난다. 그것은 산에 관한 책을 읽으면서 더욱 빛난다. 산서를 읽으며, 바위를 오르는 허수아비와 같은 공허한 몸짓과 보이지 않는 먼 산을 향한 초점 없는 시선에 무한한 어떤 것들이 깃들게 된다.

산에 관한 책 가운데, 내가 곁에 놓고 자주 읽는, 영국의 산악인인 프랭크 스마이드Frank Smythe, 1900-49가 쓴 『산의 환상』(1941)[4]은 김정태가 일제강점기 피식민지 조선에서 가장 왕성한 등반을 할 즈음에 쓰였다. 내용은 산행에 관한 것이되, 길 안내가 아니라 자연을 사색하고 명상하는 이의 독백이다. 이 책을 읽으면 내 안에 하나의 산이 자리 잡는다. 이제는 자주 읽어 외우고 있는 구절도 있다. 가령, 이런 글귀는 절창이다.

산은 소박한 사람들을 위해서 창조되었다. 산을 오르고, 이성과 육체가 완벽하게 일치하고 조화를 이루며 일하는 것을 느끼고, 아름다움을 본다는 것은 기분 좋은 일이다. 그곳에는 발견해야 할 건강이 있고, 철학과 평화로운 이성과, 고요한 영혼도 있다. 등산에는 추적이나, 피에 대한 굶주림이나, 고통에 뿌리를 박지 않고, 그보다는 인간과 자연 사이에 개별적이고 밀접한 무엇에, 그리고 자연을 통해 신에게 뿌리를 박은 그런 목적의 힘이 존재한다.[5]

이런 글을 주문처럼 반복해서 읽으면, 산행은 삶의 결정체처럼 여겨진다. 산길을 걸어 오르고 내리는 일이 자연과 일치하고 신성을 깨닫는 경험임을 알게 된다. 그리고 이런 글귀는 새롭다.

산에서 어떤 다른 시간보다도 더 아름다운 시간을 꼽는다면 그것은 해가 지는 시간이다. 이 시간은 정신적인 아름다움과 평화와 이해의 시간이다. … 그대는 아름다움을, 산과 꿈꾸는 바다의 아름다움을, 밤새도록 살아 있을 빛의 아름다움을 볼 것이며, 고요한 황무지 너머 더욱 고요한 바다의 침묵을 건너다보며 그대는 모든 창조의 영혼으로부터 유래하는 평화를 알게 될 것이다.[6]

정말 그렇다. 산에서 야영을 하면 산과 하늘이 구별되는 하늘금이 순간 사라질 때를 보게 된다. 이 순간 우리들 자신은 자연 속에 물들어간다. 추위와 침묵의 깊이와 산의 높이가 하나가 된다. 돌아올 수 없는 여행이 그곳에 있었다.

겨울이 되면 산에서 암벽등반을 하는 것이 힘들다. 바위가 차갑게 얼어붙기 때문이다. 젊은 시절 산꼭대기에 눈을 두고 산에 올랐다. 이제는 산의 풍경을 형성하는 모든 것에 시선이 간다. 지금은 산에서 야영하는 것이 힘들어졌지만, 암벽등반과 더불어 야영은 많은 영향을 미쳤다. 그것들은 스스로에게 위험을 강요하는 모험이기도 하다. 암벽등반은 사람들이 상상하듯 그렇게 가혹한 것은 아니다. 암벽등반은 본질적으로 통제되고, 질서정연한 몸 전체의 움직임으로 오르는 평화스러운 모험이다. 바위를 수직으로 오르는 춤이다.

클라이머는 "대지와 하늘의 비밀을 터득한 인간이다."[7] 스마이드는 "암벽등반에서는 인간과 산 사이의 공감대를 느낄 수 있어야 한다"[8]고 했다. 암벽등반은 매우 탐미적 행위다.

산행은 삶의 미래가 아니라 과거를 마주하는 섬세한 여정이다. 산을 오르며 되새겨본 과거는 그 어떤 것도 경멸의 대상이 되지 않았다. 그런 탓일까, 스마이드의 이런 글귀를 읽다보면 앞으로 나아가지 못하고 책을 잠시 덮고 깊은 생각에 빠진다. "산을 오른다는 것은 과거를 정면에서 오르는 것과 같다. 황량한 능선들을 향한 바위산들은 우리들이 아끼고 존중하는 모든 것의 탄생과 성장"[9]을 지켜보아왔기 때문이다.

산에 눈이 내리면, 불의 기운을 가진 바위와 나무 그리고 계곡이 온통 눈을 이불처럼 덮고 있을 것이다. 겨울 눈은 산을 더 단순하고, 더 아름답게 만들 것이다. 겨울 산행은 이렇게 말하는 것 같다. "등산이란 정성을 다 바쳐서 해야 하는 것이지, 인간과 산이 벌이는 전쟁은 절대로 아니야."[10] 프랭크 스마이드의 말을 받아 이렇게 쓴다. 산에서의 발걸음은 늘 새로운 길이라고. 그렇게 "대지와 하늘의 비밀을 터득한 인간"[11]이 되는 것이라고. 모든 사물의 본연은 불안하다. 등반도 예외가 아니다. 위대한 클라이머의 유일한 선택은 산에 오를 것인가, 죽을 것인가이다. 등반은 그렇게 하는 것이다. 클라이머에게 산에 오르는 일은 자발적이면서도 매혹적인 노동이다.

유학을 마치고 돌아온 후, 나는 조용한 산행을 추구했다. 새로운 알피니즘이니, 고산 등반이니, 난도가 높은 능반이 아니라 혼자서 가던 산길을 다시 가고, 산이 내게 주는 감흥을 내 안에 고스란히 담아내고 싶었다. 불편하지만 고독한 산행과 단독 등반이 좋았다. 산에 관한 책을 본격적으로 읽으면서 글을 쓰기 시작할 무렵이었다. 산악문학에 관한 글과 서평을 발표하면서, 이를 묶어 책을 내고 싶다는 생각에 이르렀다. 이왕이면 다른 나라 등반가, 서양 등반문학보다는 우리나라 산악인이 쓴 산서를 융숭하게 읽고 의미를 보태고 싶었다.

그렇게 몇 해가 지났고, 나는 아주 우연히 한국 근대 등반의 역사를 들춰보면서 이런 의문을 지니게 되었다. 누가 이 바윗길을 어떻게, 언제 올랐을까? 이 물음은 시선을 과거로 옮겨주었다. 오르는 바윗길은 과거를 담고 있는 역사와 같았다. 근대 이전, 옛사람들이 산에 오른 글들이 꽤 많이 번역되어 출간된 것도 도움이 되었다. 그러나 일제강점기 때, 일본 제국주의에서 배운 서양의 알피니즘 등반 형태로 산에 오른, 근대 산악인들의 삶과 등반에 대한 공부는 알면 알수록 근원적인 의문이 솟구쳤다.

산과 알피니스트의 시선

클라이머가 산을 보는 시선은 타자를 배제한 시선이다. 그 시선은 복구되는 것이 아니라 다른 시선들로 분열된다. 클라이머는 산에 대해서 차별적 시선을 지닌 이를 말한다. 클라이머는 자신을 들여다보는 시선으로 타인과 거리를 두지만 타자를 배제하지도 않고, 산을 독점하는 권력을 지니고 있지도 않다. 프랭크 스마이드는 등산에서 배워야 할 가장 위대한 가르침을 "산을 존경하는 태도를 몸에 익혀, 그 존경심에서 생겨난 애정을 죽는 날까지 이어"[12)가는 것이라고 했다.

근대 산악인 김정태도 처음에는 그러했을 것이다. 등반을 하고 싶은 조선인이든 일본인이든 언제든지 그들과 줄을 묶었고, 그들을 하늘 가까이 높은 곳으로 데려다주는 일이 불편하고 고통스러운 일임에도 불구하고 이를 마다하지 않았을 것이다. 일제강점기 혹독한 결핍과 무시 그리고 생의 불안 속에서 그는 바람이 불고 싶은 대로 부는 것처럼 이웃들과 함께 산에 올랐던 적이 있었을 것이다. 누구에게도 자신의 산행 흔적을 자랑하지 않았던 때가 있었을 것이다. '숨길 줄 모르는 이는 사랑할 줄 모른다'Qui non celat amare non potest라는 라틴어 경구처럼, 그에게 산이라는 열정에 사로잡혀 고독했던 때가 분명 있었을 것이다. 이제 그는 평평하게 다진 땅속에 누워 있다. 죽음 이후 그는 산에서도 사라졌다. 살아 있는 우리들은 그를 기억할 뿐이다. 그가 아주 멀리서 우리들을 괴로워할 것이다. 그는 처음부터 혼자였다.

알피니즘은 서양 근대의 산물이다. 체육이 그러하듯. 학교에 들어가서 처음으로 체육을 경험했다. 체육시간이 즐거웠던 적은 한 번도 없었다. 교사는 쓸데없이 엄격했고, 운동장에서 진행된 체육시간은 군대 훈련소와 같았다. 그 가운데 가장 힘들었던 것은 똑같은 체육복을 입고, 규율 속에 몸을 구겨 넣는 일이었다. 체조도 그때 처음 배운 것 같은데, 혼자 하는 것이 아니라 여럿이서 구령에 맞춰 똑같은 동작을 반복해야 했다. 한 사람이라도 틀리면 다시 해야 했던 터라, 사람마다 다른 동작의 범위·모양·리듬 등은 무시되었다. 체력장이라는 시험이 있어서 그 기준에 어긋나면 점수를 잃었다.

체육시간은 처음부터 규율과 기준에 의해서 진행되었다. 그것에 미치지 못하면 체육 점수는 형편없었다. 신체를 재단하는 체육시간은 놀이가 아니라 악몽이었다. 체육교사는 미리 정해놓은 100미터 달리기 시간, 뜀틀 뛰어넘기 높이, 턱걸이 개수 등 표준화된 것을 내세워 닦달을 했다. 처음으로 내 자신이 기계의 부품처럼 여겨졌다. 체육시간을 괴로워했던 내게 교사가 명령하는 선착순 뛰기는 악몽의 절정이었다. 맨 앞에 들어오는 이를 빼놓고, 늦게 들어오는 이들끼리 다시 뛰어야만 하는 악순환의 달리기, 이것은 상대방을 나쁜 경쟁자로 만들어놓는 악행이었다. 철이 들어 산에 들어가고, 등반을 시작했을 때의 분위기도 앞에 쓴 학교 체육시간과 크게 다르지 않았다. 등산·등반을 하는 학교 산악부, 일반 산악회는 학교보다야 나았지만, 경쟁과 승복이 중심이었다.

서양 근대 알피니즘도 제국주의의 산물 즉 경쟁의 산물일 것이다. 등반 역사에서 초등의 역사를 강조하는 이유는 여기에 있다. 제국주의의 우월주의는 자본주의의 경쟁주의로 이어졌다. 등반은 비싼 장비를 들고 하는 고급한 육체 활동으로, 여럿이 함께해야 하는 괴로운 동행이 되었다. 그럼에도 1970년대 이후 경제적 성장과 더불어 여가로서 등반이 확대되어 산악회 활동은 폭발적으로 늘어났지만, 내게 산악회 조직 활동은 점점 회의를 낳는 기계가 되었다. 그동안 오른 산과 산행 이념의 토대는 무엇일까? 반은 자본주의적이었고, 나머지 반은 보헤미안적이었다. 산은 그저 앞에 있으니까 오른 것이 아니라, 산에 오를 수 있는 여유와 몸을 지녔다는 것을 내세울 수 있는 기회의 장소로 여겼던 터라 올랐을 수 있었다. 다행스럽게도 산에 다녀와서는 그것을 말해도 되는, 산행의 전부가 일상적 삶의 조건이 되어도 하등 문제될 것이 없었던 것은 산에 관한 책을 읽었던 덕분이었다.

한국 근대 산악계의 큰 인물, 김정태는 태어난 일제강점기 때부터 산에 오르면서 존재할 수 있었던 '청년'이었다. 등반청년 김정태는 빼어난 용기로 산에 올라 조선의 알피니스트, 한국 근대 등반의 선구자라는 반열에 오른 독특한 존재였다. 일제강점기, 조선인 클라이머로서 그의 체력과 등반 능력은 돋보이는 것임에 틀림없다. 그것이 김정태의 의식 속에서는 저항적 민족주의의 산물도, 상징도 되지 않았다. 김정태에게는 높은 산에 오르는 일이 자발적 유배는 아니었다. 그에게 일제강점기는 어두운 시대가 아니었다. 그는 그의 방식대로 산에 오른 당대 유일한, 탁월한 산악인이었다.

1916년 대구에서 태어난 김정태 앞에는, 1904년 일본에서 태어나 1910년에 조선에 온, 조선총독부 철도국 소속이자 당대 최고의 클라이머였던 이이야마 다츠오飯山達雄, 1904-93와 1915년 일본에서 태어난 이즈미 세이치泉晴一, 1915-70가 있었다. 이들은 당대 조선산악회 회원으로 조선의 산들을 수없이 올랐던 대표적인 일본인 클라이머였지만, 이들 삶의 궤적은 김정태와 달라도 크게 달랐다. 이이야마와 이즈미는 김정태와 함께 조선총독부의 백두산 등행에 참가하고 금강산 등을 등반했지만, 자신들의 글과 책에 김정태를 거의 언급하지 않았다. 이이야마는 제2차 세계대전 이후에도 산악인, 사진가로서 전 세계 수많은 곳을 방랑으로,『제주도』[13]를 쓴 이즈미는 경성제국대학 교수였던 아버지처럼 경성제국대학을 나와 문화인류학을 전공하고 메이지대학과 도쿄대학 교수로, 김정태는 한국산악회를 비롯한 산악계의 권력으로, 각자 생의 그림자를 따랐다.

1919년 3·1운동에서 한국인 약 7,500여 명이 살해되었고, 1만 6,000명이 부상을 당했다. 체포 투옥된 이들은 4만 6,000명이 넘었다.[14] 그 후 1920년에 창립된 "조선 인민의 생명을 원숙 창달하는 사회적 통일적 기관"으로서 태동한 '조선체육회'의 이념과 1931년 경성제국대학 의학부 교수였던 나카무라中村兩造 같은 재조 일본 지식인들과 이이야마 같은 조선총독부 철도국 직원 그리고 박래현, 배석환, 임무 등의 조선인들이 창립회원으로 등기하고[15], 젊은 김정태가 1937(1938)년에 가입해서 활동한 '조선산악회'[16]의 이념은 서로 달랐다. 일제강점기 조선 내 체육단체는 조선인들로 구성된 '조선체육회'와 재조 일본인들로 구성된 '조선 체육협회'로 이원화되어 존재했으나, 1942년 일제는 '조선체육진흥회'朝鮮體育進興會를 수립하고 양대 단체를 통합·관리하려는 안을 추진했다. 조선총독부는 조선체육회를 해산하고, 일본인 단체에 강제로 합병했다. 그리고 1942년 2월 14일, 조선체육진흥회라는, 제2차 세계대전·태평양전쟁 이후 조선 내 스포츠 부문을 통제하고 "전력 증강에 도움이 되는 황국 신민을 연성하기 위한"[17] 관제 체육단체를 만들었다. 이 단체는 국민총력연성을 내세워 도·부·군·읍·면에 각 체육진흥회를 설립했고, 일제강점기 말기 조선의 "모든 체육활동을 주도, 통괄

관리"[18]했다.

그사이에 조선산악회는 조선총독부의 지속적인 지원 아래, 조용한 발전을 거듭했다. 김정태는 조선산악회에 가입하고 활동한 바를 토대로 조선 산악인들 가운데서 우월적 지위를 누릴 수 있었다. 조선체육진흥회 경성부 체육진흥회는 백운대 등을 비롯해서 수차례 등행연성을 했고, 1943년 1월 24일 제7회 백운대 등행연성에서 김정태는 타츠미 야스오辰海泰夫라는 이름으로 지도와 강의를 맡았다. 100여 명이 참여한 이 등행연성의 목표는 "건민건병健民健兵이 속히 성취할 수 있"게 하는 것과 "비록 총은 메지 않았을망정 북방수호의 용사에 지지 않는 연성"이었고, 이 등행단의 지도는 김정태 즉 '타츠미 야스오'가 담당했다.[19]

1857년, 세계 최초로 조직된 영국의 알파인 클럽을 모방해 1905년에 설립된 '일본산악회'는 1925년 회지인 『산악』山岳에 '조선 금강산'이란 제목으로 특집을 실었다.[20] 내용은 "1924년 6월 2일 부산에 도착해 여정을 시작한 오다이라 아키라大平晟, 1865-1943가 금강산을 박물학적 견지에서 학술조사한 결과 … 자원 조사 성격이 강했다. 그 결과 1931년에 재단법인 금강산협회가 설립되어 금강산 개발이 시작되었다. 이는 일본산악회의 산악연구가 식민지 수탈과 환경파괴를 방기한 부정적인 사례"에 속한다는 것이다.[21] 이처럼, 일제강점기 재조 일본인 중심의 조선산악회 역시 조선의 산을 오르는 등반과 탐험으로 포장된 식민지 확장을 위한 협력 수단이었고, 김정태는 그 협력에 앞장선 인물이었다.

해방 이후, 그는 한국 산악계에서 '태산준령'이라고 불렸다. 김정

白雲台登行鍊成
24日京城府體振指導

止中キス宮神　薦推은團表代

海州神社奉替體育

白雲臺를踏破
府體振主催、登行鍊成

▲「백운대 연성등반」, 『대한매일』1943년 1월 19일자,

▼「백운대를 답파」, 『대한매일』1943년 1월 25일자.

태는 산이라는 고독을 외면했고, 산에 오르는 고독한 이가 되고 싶지 않았다. 산 아래에서 잊히지 않는 대표적인 클라이머가 되고 싶었을 뿐이었다. 이를 위해서는 산행을 계속해야 했고, 그에게는 일제강점기 피식민지 조선인으로서 자기 비하가 없었다. 현실에 의존했지만, 산에서만큼은 체념은커녕 패배적이지도 않았다. 그는 산에 오를 때와 전시체제 군수물자를 생산하는 곳에서 일할 때에만 식민지 백성으로서 근면했고 전투적이었다. 그가 많은 등반 기록을 글로 남길 수 있었던 이유는 여기에 있다.

일제강점기 내내 김정태는 혼자이기를 포기하고, 산행을 자신이 힘을 발휘할 절호의 기회로 삼아, 그 안에 고스란히 정주했던 인물이었다. 그가 생애 동안 쓴 글을 정리한 『천지의 흰눈을 밟으며』(1988, 이하 인용문 괄호 속 숫자는 이 책의 쪽수임)에서 아내, 형제, 자식이라는 가족적인 연결을 비롯해서 가장으로서 생애를 말하지 않은 이유도 여기에 있다. 일제강점기 내내, 그는 김정태가 아니라 일제가 교학 진작과 정신 함양이라는 명목으로 조선인들에게 암송을 강요한 맹세인 황국 신민 서사를 실천한 타츠미 야스오라는 조선 일본인이었다.

산의 욕망과 산의 권력

1940년부터 1941년, 마천령-백두산 종주 등반의 대장은 이시이 요시오石井吉雄가 맡았다. 함께 참여했고 실제로는 리더와 같았던 조선총독부 철도국 소속 이이야마 다츠오는, 김정태를 비롯한 조선 클라이머들을 '황국의 장정'이라고 하면서 지배와 피지배의 틀을 분명하게 구분했다.[22] 이시이와 이이야마는 조선을 일본이라고 여겼지만, 조선의 사람들을 천황의 적자라거나 대등한 일본의 신민으로 여기지는 않았던 것이다. "일반적으로 일본인 식민자들은 내지의 일본인들보다 조선인에 대한 편견과 차별의식이 강했다."[23] 나중에 언급하겠지만, 이이야마가 1971년 10월에 한국을 방문했을 때, 그에게 한국은 외지 고향이었을 것이다. 이이야마가 그때 설악산 대청봉(1708m, 남한에서는 한라산·지리산에 이은 세 번째로 높은 봉우리)에 가서 사진을 촬영하며 보인 '감개무량한 표정'은 그에게 옛 일본이었던 조선에 대한 망향 때문이었을 것이다. 옛 고향 '조선'에는 그를 기억하고, 기다리고, 맞이해주는 이들이 있었다.

이이야마는 백두산의 가장 높은 봉우리인 '병사봉'을 일제강점기 시절에 천황의 연호를 딴 '대정봉'大正峰이라 불렀다. 북한에서는 '장군봉'이라고 부르는데, 김정태는 이 등반 기록에서 "한반도의 절정 장군봉으로 올라갔다"(216쪽)라고 표기했고, 그 후 1942년과 1943년 조선총독부 백두산 연성등행에 대해서 쓴 글에서도 장군봉이라고 썼다. 이러한 '장군봉' 표기는 등반을 끝내고 바로 한 것이 아니라, 나중에 한 것임을 증명한다.[24]

산에서의 고독한 은둔과는 아주 먼 인물이었던 김정태에게 산은 무리 지어 다닐 수 있는, 고독하지 않을 수 있는 빛나는 공간이었다. 그는 언제나 산길을 혼자 걷지도, 오르지도 않았다. 그는 일제강점기 재조 일본인들이 중심이었던 조선산악회, 해방되었을 때 같은 이름의 조선산악회에 이어서 백령회 조직을 말하면서 아무렇지도 않게 그 의미의 자장 안으로 빨려 들어갔다. 손경석孫慶錫, 1926-2013은 전자의 조선산악회에 대하여 "조선산악회의 설립은 근대적인 스포츠 알피니즘을 부르짖고 조직된 것이 아니고, 남의 땅에 와서 탐험해보는 식의 요소를 갖춘 데 불과했다고 생각된다. … 1910년대에는 그 악명 높던 조선총독부가 '토지조사사업'이라는 미명하에 측량을 한답시고 8년간에 걸쳐 이 나라 구석구석을 두루 살피고 다녔으니 … 이것은 그들이 남긴 초등반이 되니 말이다"[25]라고 했다. 후자의 "조선산악회는 일제하 조선산악회의 계승이 결코 아닌, 어디까지나 한국 산악인들의 자체적 창설임이 분명했다"[26]라고 썼다. 그가 그렇게 말할 수 있었던 바는 1945년 9월 15일 조선산악회 재결성 후 결성 취지문에 실린 "사회생활을 정화하고, 민족정신의 앙양과 국가지상의 이상을 조성함을 겸하야, 문화발전에 공헌함을 기하려 함"[27]이라는 문구 때문이다.

김정태, 그는 생의 끝자락에 이를 때까지 자신과 산의 관계를 한 치도 후회하지 않았다. 누구에게서나 볼 수 있는 산에 대한 절망, 회환, 무기력 같은 것을 찾아볼 수 없다. 그의 온 삶을 지배했던 것은 산에 관한 욕망이었고 권력이었다. 그는 다른 사람이 오를 수 없는 산을 오르기 위해서 무슨 일이든지 할 수 있었다.

산을 내려온 김정태는 산에 대한 영원불변성보다는, 자신이 그 산에 올랐다는 기록이 결코 변하지 않을 것을 항상 염두에 두었고, 그것을 야사가 아니라 정사로 기록하고자 노력했다. 그가 남긴 기록은 초등初登의 역사를 말하려고 했을 뿐이고, 산에 대한 철학, 등반 행위에 대한 사유는 기대할 수 없는 것이었다. 그는 산이 무엇인지를 한 번 생각하고, 두 번 생각하지 않았다. 그는 올랐다는 기록이야말로 자신을 다시 태어나게 하는 원천이라고 여겼다. 스스로 그렇게 자신을 만들어갔다. 그의 유일한 삶의 가치는 누구보다도 먼저 이 산과 저 산을 올랐다는 기록이었다. 산보다는 산에 있었다는 사실이 그에게 가장 익숙한 감각이며, 경험이며, 상상력이었다.

서구 알피니즘과 조선 산악인 김정태

원천源泉은 침묵하는 법, 그러나 김정태는 침묵보다는 글을 많이 썼고, 똑같은 글을 이곳저곳에 여러 번 게재했다. 그는 국민학교 졸업 후, 제대로 된 제도 교육과 실천적인 등반 교육을 받지 않았지만, 놀랍게도 스스로 터득해서 산에 오르고 내렸다. 알피니즘과 등반에 관한 제도적인 기반이 없었던 김정태에게 그것을 만회할 실마리는 그가 어릴 적에 본 두 편의 독일 산악영화와 일본의 산악도서였다. 그가 『천지의 흰눈을 밟으며』에서 설명한 독일 산악영화의 추억은 자신에게 등반의 기능을 내적·외적으로 환원시킨 의미심장한 문화적 징표였다. 그는 등반 교육, 등반 경험을 다루는 객관적 도구가 필요했다. 독일의 산악영화가 열네 살 김정태에게 등반 체험의 지배적인 요소가 되었다는 것은 흥미로운 연구 주제다.

물리적으로 등반 기술은 영화를 보는 것으로 습득되지 않을 뿐만 아니라 가능하지 않다. 김정태가 등반의 원초적 체험과 기술 습득을 합리화하는 객관적 증거로서 위 영화를 매개로 하는 것은 그의 삶의 빈약성과 결핍을 뜻한다. 그가 히틀러 제국주의 시대에 만들어진 영화를 통해서 본 알피니즘은 독일 제국주의와 부르주아 문화의 질서 안에 있는 것으로, 영화는 그것을 재생산하는 정치적 도구였다. 그는 서구 제국주의와 알피니즘을 이해하지 못했다. 김정태에게 등반은 부르주아 취향이었던 셈이다. 영화를 본 것으로 끝나지 않고, 감독·배우·줄거리를 내세워 알피니즘에 접근했고, 자신의 등반 체험을 정당화했던 김정태의 글(29, 32쪽)은 허위와 허세에 불과했다. 1930년대 독일 산악영화에 대한 김정태의 흥미로운 고백, 어설픈 내용이 이를 증거한다. 김정태는 산악영화를 자신의 알피니즘 등반의 시작으로 말하면서 자신의 계급을 영화 속 인물들에게 종속시키고 싶었다. 그들의 등반 방식에 복종하고자 했다. 이것을 푯대로 삼아 클라이머로서의 기원을 드러내고자 했다. 영화 속, 등반하는 이들이 지닌 고유한 향기에 매혹되었고, 그들의 감정과 자신의 감정을 동일한 것으로 여기고자 했다.

김정태는 1931년 만장봉 추락 이후 "등산 서적만을 탐독하다가 1932년 가을부터 다시 슬슬 산에 나가기 시작했다"[28]라고 썼다.

시험 공부하러 간 도서관에서 … 산 서적을 탐독했다. … 총독부 도서관에 근무하고 있던 사촌 형에게 도서 구입을 부탁하기도 했다. 구해 본 책 중에 영 G. W. Young의 『마운틴 크래프트』*Mountatin Craft*, 1931, 후지키 쿠조藤木九三의 『암등술』岩登り術[29] 같은 것은 마치 주린 눈에 고깃덩어리 같이 보여서 읽고 또 읽고 했다."(37-

38쪽)

그가 열다섯 살 때였다. 이 책을 통해서, 그는 "그때까지 모험식 등산에서 출발하여 야생적으로 자라난 나의 등산 방식에 다시없는 밑거름이 되고 이론의 뒷받침을 해주어 스스로를 가꾸어나가는 듯 했다"(38쪽)라고 덧붙였다. 이와 똑같은 글이 1935년 겨울 금강산 으로 갔을 때를 언급하면서 반복된다.

마치 슈미트 형제가 하듯, 스텝 … 연습을 추운 겨울에 땀흘리 며 반복했다. 그때 교본은 후지키 쿠조의 『암등술』(빙설편) 외에 영국의 윙스로프 영의 『마운틴 크래프트』였다."(93쪽)

이 책의 저자는 윙스로프 영Winthrop Young이 아니라 제프리 윈스 롭 영Geoffrey Winthrop Young, 1876-1958이다.[30] 김정태가 이 책의 저자 이름을 '윙스로프 영'이라고 쓴 것은, 일본어로 번역된 책을 읽고, 그 번역본에 쓰인 이름을 그대로 옮겼기 때문이다.

1925년에 출간된 일본 최초의 암벽등반 이론서인 후지키 쿠조의 『암등술』은 등반 기구 사용법, 확보법, 암벽등반에서 봉우리를 잇 는 릿지 등반, 높은 곳에서 밧줄을 타고 내려오는 현수하강懸垂下降 등 등반에 필요한 기초적인 내용을 담고 있는데, 이 책에 빙설편氷 雪篇은 들어 있지 않다. 1925년에 출간된 『암등술』의 맨 앞쪽에 있 는 글은 책 속에 있는 사진 설명문이다. 후지키는 이 책을 집필하면 서 'G. W. Young'의 『마운틴 크래프트』를 참조했고, 원문을 그대로

1925년 출간된 일본 최초의 암벽등반 이론서 『암등술』. 후지키 쿠조가 쓴 이 책에는 등반에
필요한 기초적인 내용이 담겨 있다.

본문에 옮겨 적었다고 '서문'의 두 번째 쪽에 썼다.

김정태가 1925년에 출간된 이 『암등술』을 1931년에 읽었다면, 『암등술』에 적혀 있는 것처럼 『마운틴 크래프트』라는 책의 제목을 알았을 확률이 높다. 1931년, 그때 김정태는 열다섯 살이었고, 1920년 초판이 아닌 1931년판 『마운틴 크래프트』를 읽었다고 괄호 속에 썼다. 1925년 후지키가 책을 출간했을 때 1920년에 나온 『마운틴 크래프트』를 읽고 인용했다는 것은 납득이 되지만, 1931년에 김정태가 이 두 책을 같이 읽었다는 것은 이해가 되지 않는다. 김정태는 'G. W. Young'의 『마운틴 크래프트』의 경우, 처음 읽었다고 한 1931년에는 저자와 책 제목을 원문 그대로 썼고, 두 번째로 읽었다는 1935년에는 저자의 이름을 지우고 윈스로프 영의 『마운틴 크래프트』라고 썼다. 그렇다면 1931년에 열다섯 살이었던 김정태는 같은 해에 나온 영어 원서를 읽었던 것일까?

『마운틴 크래프트』의 일본어 번역본은 『등산의 지도와 감독』 (1932)이다. 김정태는 이 번역본을 읽었다고 하는데, 이 번역본 에는 저자의 이름 Geoffrey Winthrop Young에서 가운데 이름인 'Winthropウィンスロ─プ・ヤング'만을 표기했다.* 그리고 1932년 에 나온 일본어 번역본은 1920년에 출간된 『마운틴 크래프트』 전체

---

* 번역자 마치다 다츠오(1892-1978)는 1932년에 출간된 자신의 이 번역본의 첫 번째 장만 따로 떼어서 『登山の指導』, ウインスロープヤング, 町田立穂譯, 山岳新書 2, 體育評論社, 1942로 재출간했다. 이 책에서도 역자는 저자 이름을 'Winthropウインスロープヤング'라고만 했다.

를 번역하지 않고, 제1장 'Management and Leadership'登山の指導と
監督과 제6장 'Corrective method'登山事故の正しき處置만을 번역했다.
일본어 번역본은 첫 장의 제목을 번역본의 이름으로 붙였다. 김정
태는 이것을 확인하지 않았고, 일본어 번역본에 있는 저자 이름을
그대로 옮겨와, 'Winthrop'를 '윙스로프'라고 쓰고, 이 책을 읽었다
고 한 것이다. 일본어 번역본은 1932년에 출간되었으므로 1931년
에 이 번역본을 읽었다고 쓴 것은 오류다.

김정태가 어린 나이에 조선총독부 도서관에서 빌렸거나 구입해
서 읽었다고 한 『마운틴 크래프트』(초판은 Geoffrey Winthrop Young
이름으로 1920년 Alpine club에서 300쪽으로, 재판은 1934년에 Eds.,
Methuen and Company에서 603쪽으로 출간되었다)는 영국 산악계에
서 산악도서의 고전으로 평가받는, 등반과 산악 역사를 다룬, 글이
중심인 이론서다.* 김정태는 영어본이 아니라 일본어 번역본을 알
았고, 1931년쯤에 읽었다고 했다. 그래서 저자 이름을 번역본에 있
는 그대로 옮긴 것이다. 그의 책 읽기는 그가 말한 것처럼, "얄팍한
겉핥기식 외서 상식"[31]이었다.

제프리 윈스롭 영은 제1차 세계대전에 참전, 1917년 10월 오스
트리아-헝가리 제국과 이탈리아 왕국의 국경지대인 이손초Isonzo
강(현 슬로베니아의 소차Soča강)에서 벌어진 전투에서 한쪽 다리를

---

* 이 책은 제프리 윈스롭 영 이외에 여러 명이 쓴 글을 담고 있다. 총 19장으로
등반의 이론부터 빙설에서의 기술, 스키, 산 사진, 북극, 코카서스, 피레네, 히
말라야, 노르웨이, 뉴질랜드, 록키산 등을 기술하고 있다. 책 끝에 색인과 사진
설명이 들어 있다.

잃어버렸지만, 의족으로 등반을 계속했다. 그는 영국 알파인 클럽 회장(1941-44)을 역임했던 시인이자 교육자였고 유명한 산악인이었다.

후지키 쿠조의 『암등술』은 등반 기술과 장비 해설 그리고 사진이 첨부된 일본 최초의 클라이밍 텍스트라고 불리는 책으로, 후지키 쿠조가 1924년에 주도한 록클라이밍 클럽(R.C.C) 회원들에게 배포되었던 책이다. 후지키 쿠조는 저널리스트로 출발하여, 1934년 12월 20일부터 1935년 1월 22일 교토제국대학 산악부의 백두산 동계 원정에 보도부 대원으로 참가했고, 1959년에 일본산악회 고문이 됐다. 손경석의 『한국 등산사』에도 이름[32]을 확인할 수 있는 그는 많은 산서를 출간했고, 그 가운데 고희 기념 선집 『수직의 산보』 (명문당, 1958)와 『옥상 등반자』(흑백합사, 1929), 『설선산보』(삼성당, 1935)가 유명하다. 김정태는 앞의 두 책을 읽고 나서, "책에서 보고 생각했던" 것은 단독행이었고, "일본이나 구미의 젊은이들이 하고 있는… 나중에 옥상 등반자니 하는 용어는 글이나 책에서 보고"(39쪽)라고 '옥상 등반자'라는 용어를 인용했을 뿐, 책의 제목 이외에 내용에 대해서는 언급하지 않았다. 그는 책을 읽지 않았거나, 내용을 틀리게 적어놓았다.

김정태는 자신의 등반 기원을 말할 때 항상 '원서'를 언급했고, 앞에 언급된 책들을 읽고 "실습에 열을 올렸다"[33]고 했으며, 이를 통해서 성장한 산악인이고자 했다. 그래서 영국과 일본의 등반 전문서 제목을 적어놓고 싶었다. 자신의 등반이 '모험식 등산'이 아니라 "뼈대 있는 활동"(132쪽)으로 읽혀지길 원했다. 그것은 점차 스스로 만든 용어인 '슈미트이즘'으로, '서구적인 알피니즘 등반'으로, '국제적인 히말라야이즘'으로 나아갔고, "민족적 주체성이 있는"[34] 등반이라는 과도한 의미 부여로 귀결되었다. 그 근거가 위에서 언급된 두 권의 등반서적에 있다.

후지키 쿠조의 『암등술』은 일본 록클라이밍 클럽의 회원이었던 미즈노 요타로水野洋太郎에 의해 1939년에 개정판으로 출간되었다. 김정태는 이 책을 읽었을 확률이 매우 높다. 그 이유는 1940년 9월 14일 앞뒤 일기에, 이 책을 읽고 있다는 것과 책 내용을 그대로 적어놓았기 때문이다. 1940년 9월 20일 김정태 일기를 보면, 이즈음 그가 가장 숙독하고 있었던 등반 이론서는 『바위와 빙설의 등반 기술』岩と氷雪への登攀技術(삼성당, 1939)이었다.

김정태가 일본 등산서를 읽고 공부한 부분은 『한국등산사』를 쓴 손경석이 자신의 등반 원천을 말하면서, "일제하의 등산은 나에게 아름다움의 추구였고, 산에서 느끼는 다시없는 즐거움에 … 장 코스트의 『알피니스트의 마음』을 처음 읽었다"[35]라고 한 것과 비교된다. 김정태가 열셋 혹은 열네 살에 본 두 편의 독일 산악영화와 열다섯 살에 읽었다고 한 책은 신들린 목소리와 같았고, 그 나이 때 손경석이 읽은 알프스를 오른 한 젊은이의 책은 황홀경과 같았다.

손경석은 이 책을 영어본과 일어본을 텍스트로 삼고 『알피니스트의 마음』이란 제목을 달아 1978년 성문각에서, 1981년에 사현각에서, 1994년에는 평화출판사에서 번역 출간했다. 손경석은 번역본에 철저하게 산행에 관한 글만 실었다. 그러니까 의학도로서, 당시 정치·사회상에 대한 장 코스트의 글들, 졸업을 앞둔 시험, 교수와의 관계 등 개인적 일상에 관한 글들은 책에서 지웠다. 제1부에 간헐적으로 두 개의 단상을 하나의 글로 이어놓은 것과 더불어 글의 내용을 아예 생략한 단상이 하나 있고,[36] 제2부에는 글 전체를 생략한 단상들이 꽤 많았다.[37]

번역은 대부분 직역이 아니라 의역이었다. 그 의역이 때로는 산과 등반에 관한 과도한 의미를 애써 낳기도 했다. 곳곳에 알프스 지명과 봉 이름에 대해서도 수정해야 할 것이 있지만, 전체적인 내용을 위협하는 수준은 아니다. 손경석은 "두 권의 일역문과 런던판 『The spirit of Alpinist』 영문 역"을 가지고 번역했다고 썼다. 프랑스한 젊은 의학도로서 등반의 감수성과 젊은이의 순수성을 이 책에서 먼저 발견했고, 이를 자신의 출발로 여기고 독자와 산악인들과 나누고 싶었던 것이었으리라. "젊은 산악인들에게 이 역서를 아낌없이 보내고 싶다. 하루속히 산으로의 청순한 정을 북돋아주기 위한 뜻"이라고 쓰면서. 선생은 책 말미에 다시 이렇게 썼다.

필자도 원어가 아닌 일어 역으로 된 이 책을 20대에 처음 읽었을 때, 잠들지 못했던 여러 날의 밤을 기억하고 있다. 어느 때는 숲속에서, 또 어느 때는 산봉에서 … 우리 젊은 산악인들에게 다시없는 공감을 줄 수만 있다면 다행이라고 생각한다.

2 산의 그림자 같은 삶의 궤적

> 나는 항상 산을 보기 위해 잠이 드는 동안에도
> 텐트에 작은 구멍을 뚫기도 했다.
> ─데이비드 로텐버그, 『생각하는 것이 왜 고통스러운가』

알피니스트 김정태와 등반사를 연구하는 손경석의 차이

김정태와 손경석은 한국 근대 등반사에 큰 자리를 차지하는 중심인물로서, 각자가 자신을 재생산하고 기억하게 하는 서술 장치는 사뭇 달랐지만, 의지했던 이념적 표상은 같았다. 이들의 사회적 계급은 달라도 아주 달랐지만, 산악·등반의 계몽주의자였던 것은 같다. 이를 위해서 한 사람은 영화라는 대중적 이미지와 당대 산악고전인 책 제목에, 다른 한 사람은 주류 문자의 고유성에 의지했다. 두 사람 모두 원전이라는 책을 필요로 했다. 한 사람은 책의 존재를, 오류가 있는지도 모른 채 암기·인용했고, 다른 한 사람은 책의 내용을, 불필요한 것은 생략한 채 자신에게 투영·일치시켰다.

일제강점기 때, 동대문구 신설동에 살았던 1916년생 김정태와 1928년생 손경석, 두 사람은 손경석의 증언대로라면 손경석의 집에서 어린 시절 함께 지내기도 했지만 같이 찍은 사진을 남기지 않왔다. 1969년 즈음에 김정태가 쓴 글에서는 열두 살 아래인 손경석을 "산 동지인 손경석 군"[38]이라고 불렀다. 이들의 만남은 계급이나 권력의 제약에 굴복했던 것으로 보인다. 국가의 정체성을 잃어버린 일제강점기에서나 해방 이후에나, 한국 산악계에서 이들이 서로 연대하거나 결합한 모습은 거의 찾아볼 수 없다. 김정태에게 등반의 상상력은 산과 산을 오르는 육체에, 손경석에게 등반의 질서는 지적 메커니즘에 있었다. 산에 오르는 육체라는 현실과 산을 기록하는 글이라는 합리는 서로 등반의 상징적 권력으로 대항했다. 현실이 합리를 감당하지 못한 것이 그 끝이었다. 김정태는 산에서 등반의 진보를 확보할 수 있었지만, 나이가 들면 들수록 지상에서는 자신마저 확보하기 어려웠다. 등반했던 예술가는 누가 뭐라고 해도 김정태였고, 등반의 역사를 내 안의 역사로 확보한 작가는 손경석이었다.

김정태와 손경석은 서로 무시했다. 김정태는 손경석을 "허실할 수밖에 없는 구변행세로 알피니즘, 아카데미즘을 구두선하는 엘리트 냄새만을 풍기는"[39]으로, 그 행적을 "쥐꼬리만 한 선등先登 행적에 머리 없는 필설, 구설"[40]이라고 경멸했다. 급기야 그 비판은 "청교도적인 알피니즘의 귀족주의, 영웅주의, 유아독존의 구변자는 이미 낡아빠진 유물이고, 쓸모없는 기생충적 존재에 지나지 않는다"[41]에까지 이르게 되었다. 손경석은 선배인 김정태를 "등산이 관중이 없고, 심판이 없는 고고한 운동이기 때문에 등산자가 발표하는 것은 신사다운 운동의 명예로서 추호의 거짓이 없는 것"[42]이어야 하고, "기록의 허구가 용서될 순 또한 없는 것이다"[43]라고 하면서 김정태의 초등 기록을 에둘러 비판했다.

이들의 등정 기록에 관한 논쟁은 김정태의 「한국 등산사 고찰」에서 계속 이어졌다. 손경석이 1982년 1월호부터 5월호까지 『월간 산』에 「한국 산악등반사의 발굴」을 5회 연재했고, 김정태는 1982년 7월호부터 1983년 12월호까지 반론 형식으로 「한국 등산사 고찰」을 12회 연재했다. 손경석의 글을 읽은 김정태는 "등반사 정립에 적지 않은 혼선을 빚고 있으며 본인으로서도 매우 난처했다"[44]고 썼다. 손경석은 근대 등반의 초등 기록에 있어서 이이야마 다츠오와 1920년대 조선인 최초의 알피니즘과 스키 등반의 선구자로 일컬어지는 임무林茂를 주로 내세웠고, 김정태의 기록을 거짓이라고까지는 하지 않았지만 중요하게 여기지 않았다. 김정태는 손경석의 등반사를 "일본인 이이야마飯山 씨 등으로부터 전문傳聞한 바에 따라 어느 봉의 무슨 코스를 언제 누구누구가 초등반을 했다는 기록만을 열기列記식으로 소개하고 있어서 신빙성이 있는 납득과 이해에 어려운 점이 있었다"[45]라고 반박했다. 김정태로서는 1976년에 한국산악회 산악문고로 『등산 50년』을, 1976년에 『월간 산』에 「한국 산악운동의 생성과 발전」을 이미 발표했던 터라, 그 후에 손경석이 등반사를 쓰면서 자신의 기록을 소외시키자, 이를 견뎌낼 수 없었다.

김정태의 반론은 등반의 역사를 언급하며 매우 길고 장황하게 시작했다. 내용은 연도에 관한 기억의 싸움이었다. 들은 것과 본 것 그리고 기억하는 것들이 서로 달랐다. 사용된 동사들을 보면, "등반했다는 것이다, 결론을 내렸었다, 얘기를 들었다, 보여주었다, 알았다고 했다, 짐작케 하는 것이 있다, 틀림없다고 본다, 그해였다고 했다, 들려주었다, 듣지 못했다, 전해지고 있었다, 생각된다, 보아왔다, 곤란하다고 본다, 인정해도 좋으리라 생각한다, 인정해도 무방할 것이다, 초등반을 했었다고 했다, 전문했다, 근거가 없다고 본다, 알지 못하고 하는 소리라고 생각한다, 틀림없다, 반성해야 되리라 생각한다, 새로운 사실이 나타날지 모른다"[46] 등이다.

손경석의 주장에 한발 물러난 김정태는 "등산사와 같은 지난날의 기록의 발굴이나 고찰 등은 이에 관여하는 모든 이들의 공동의 과제로 하고, 서로 형통·협조해서 보다 넓고 올바르게 밝혀지고 정립해나가게 되기를 충심으로 바라고 싶다"[47]라고 했다. 그러면서도 "일본인의 양자인 임무를 한인 클라이머로 볼 수는 없다"[48] "한인이라고 하지만, 일본인하고 등반했으나 한인과의 등반은 없었다. … 한인답지 않은 점이 있다"[49]고 하면서 손경석이 중요하게 여긴 임무의 존재를 부정했고, 백령회를 비밀조직이라고 하면서 민족주의적 입장으로 한인만의 자립적인 등반을 했다고 썼다. 그리고 "어릴 적에 독일 산악영화 『몽블랑의 폭풍』을 보고 영향을 받고 자습적인 등반을"[50] 했다는 주장을 이어나갔다.

이즈음 김정태는 산을 오르기에는 늙어가고 있었고, 산의 권력에서 멀어져만 갔다. 김정태가 이미 발표한 자신의 글 내용을 반복하는 반론을 읽은 손경석은 더 이상 대꾸하지 않아도 된다고 여겼을 것이다. 자신의 어린 시절 등반 경험을 다시 반복한 김정태의 반론은 주장이 아니라 애원에 가까웠기 때문이다. 김정태의 반론문에도 오류는 많았다. 그가 자신을 옹호하기 위하여 어린 시절에 읽었다고 쓴 조지 자벨의 『산의 명상』은 1913년에 나온 에밀 자벨Emile

Javelle의 『어느 등산가의 회상』*Souvenirs d'un alpiniste*을 잘못 쓴 것이다. 그리고 "윈스롭 영의 『마운틴 크래프트』*Mountain Craft* 등을 모조리 탐독했었다"라고 얼버무렸다.[51] 김정태는 언제나 "한반도의 근대적인 알피니즘 등산 풍조가 전래되고, 그것이 육성 자립하여 발전해나가는 데 있어서 일본인들과는 전혀 다른 독자적인 과정과 계통으로 이루어온 사실을 뚜렷이 해두"[52]는 것을 자신의 목표로 삼았지만, 울림은 크지 않았다.

1916년에 태어난 김정태는 1927년에 출생지 대구에서 서울로 전학, 1929년에 교동국민학교를 졸업했다. 이 초등교육 이후에 그가 경험한 공교육의 윤곽은 거의 알려진 바가 없다. 분명한 것은 김정태가 받은, 일제강점기 피식민지 조선에서의 교육은 처음부터 끝까지 일본 제국주의에 충성하는 것이었고, 황국 신민화를 위한 것이었다는 사실이다. 이 시기, 그가 남긴 일기와 등반 기록은 모두 일어로 쓰였다. 일제강점기 내내, 조선총독부는 사람의 개별적 특성을 중시하는 것이 아니라 식민지 치하에서 전시체제에 충성할 수 있는 전체적 목적을 교육의 맨 앞자리에 놓았다. "교육은 지와 덕을 중심으로 하는 것이 근본이었다. 그러나 일제 교육은 개개인의 몸을 통제하는 것으로 출발했고, 개별적 개성을 통제해서 집단적 통일성을 구현하려"[53]는 것이 그 목적이었다. 몸동작을 중시하는 체육 교육의 중심목표는 "개인의 몸에서 개성을 지우고 그 자리에 집체성을 새겨넣는 것"[54]이었다.

이 집단적 동작의 리듬은 평균적 인간의 평균적 동작을 감안해서 만들어진 리듬이다. 일단 기준이 추출되면, 그 기준에 미달하거나 넘치는 것에 대해서는… 늘이거나 자른다. 사람들은 기계의 규칙성과 정확성에 자기 몸의 리듬을 맞출 수 있었다. 그런 사람이어야 기계를 중심으로 돌아가는 자본주의적 생산 과정에 투입될 수 있었다.[55]

김정태는 그 안에서 통제되어 빠져나오지 못했다. 서구의 근대 제국주의 알피니즘이나, 일본 제국주의가 식민지 조선에서 자행한 교육은 그 가운데 등행, 등반, 산행이라는 내용과 더불어 국가 체제에 걸맞은 몸의 재구성이었다. 김정태가 일본 제국주의 전시체제에서 군수물자를 생산하는 공장에서 일할 수 있었던 것은 그런 맥락에서 이해할 수 있다. 그는 전시체제에 필요한 노동을 할 수 있는 몸을 지녔고, 그 공장 노동을 통해서 징용·징집을 피할 수 있었고,[56] 그의 말대로 "민족애를 구가할 수 있었"(132쪽)다. 광기로 휩싸인 일본 군국주의가 식민지 침략을 확대하면서 전면적인 전쟁을 치르고 있었고, 조선인들이 단말마와 같은 소리를 내면서 살아야 했을 때, 김정태의 등반은 그 소리에 아랑곳하지 않은 채, 침묵하는 조선 민중의 신음소리를 외면한 채 동물적으로 산을 올라 자신을 특별한 존재로 만들었다. 그때 그는 피식민지라는 억압과 착취의 어둠 속으로 내려가는 것이 아니라 현실 너머 인수봉, 백두산, 금강산 등의 높은 봉우리 위로 올라갔다. 주변인으로 남는 것이 아니라 피식민지 삶과 동떨어진 식민지 부르주아 입장에 놓이고 싶었다. 등반이 김정태의 지위를 구축했고, 김정태는 등반한 산의 높이와 자신의 계급을 혼합시켜놓았다. 급기야 김정태는 이 땅의 모든 알피니즘의 역사를 파편화시키고, 황무지로 여기고, 자신이 새롭게 조직할 수 있다고까지 믿게 되었고, 그 역사적 성취에 자신을 입혀 글로 썼다. 그리고 자기 자신과 산에서의 모든 행위에 대한 기록을 한 치도 의심하지 않았다.

1941년 조선산악회가 중심이 되어 마천령-백두산을 종주했을 때, 김정태는 이 산행이 조선총독부가 혜산진과 나진에 철도를 개설하기 위한 준비 산행이었다는 것을 알지 못했거나 말하지 않았다.[57] 근대 산악인의 주체라고 여겼던 김정태는 그런 해고 없는 삶을 선택했다. 일제강점기 내내, 알피니스트로서 그는 괴로워하지 않았다. 그는 스스로를 등반의 정전이라고 믿었다. "1930년 전후부터 기록적이고 개척적인 초등반에 여념이 없었던"[58] 김정태는 존재하기보다는 제국주의 브로커들에게 소비되고 있었다. 일본 제국주의에 피식민으로서 대응하거나 저항할 수 없었던 그에게 유일한 자기 발현은 '창작적 등반'(219쪽)이라는 모호한 표현뿐이었다. 일본 제국주의는 그에게 식민모국植民母國이었다. 그가 그토록 일제강점기 내내 조선산악회를, 해방 이후에는 조선산악회 대신 조금씩 백령회 활동을 강조하면서 자신의 등반 역정에 민족적 의미를 부여하려 했던 것은 그런 이유 때문이었다. 백령회의 리더였던 엄흥섭(1909-45)의 사망 이후, 김정태는 백령회에 더 큰 의미를 부여했고, 의지했고, 복종했다.

1977년 9월 15일, 고상돈이 한국인 최초로 에베레스트에 올랐다. 김정태는 1978년에 영국산악회『알파인 저널』에 기고한,「남한의 산들과 등반」에서, 1940년부터는 한국인이 일본인들보다 더 앞선 등반을 했고, 그것은 백령회라는 알파인 클럽의 도움 덕분이라고 썼다. 그리고 1940년대에 백령회가 설악산 울산바위 초등을 했다고 썼다. 이것은 김정태가 1937(1938)년에 조선산악회에 가입하고 인수봉, 금강산 등 수많은 초등을 했다고 말하는 것처럼 애매모호하기 이를 데 없는 기술이다. 조선산악회에 가입해서 활동한 것에 대해서 스스로 내걸었던 저항적 등반의식과, 백령회 참가에 대해서 내세운 민족주의적 등반의식으로 김정태는 해방 이후, 어떤 비판도 맞닥뜨리지 않고 한국 산악계에 안착할 수 있게 됐을 뿐만 아니라 한국 산악의 제도를 만들 수 있었다.

김정태는 자신의 생애사를 제외하고, 등반에 관해서는 어떤 경우에도 침묵하지 않았다. 그것을 글로 쓰고, 다시 옮겨 발표하면서 조금씩 내용을 전략적으로 고쳐나갔다.* 김정태는 자기 자신에게 매혹된 산악인이었다. 우리가 알고 있는 김정태의 신화는 스스로를 복제한, 각색한 초상화일 수도 있다. 그 장면은 음산하다.

한국 근대 등반사에서 빼놓을 수 없는 김정태가 쓴 『천지의 흰눈을 밟으며』[59]를 읽으면서, 일제강점기의 산악운동, 산악인들의 친일행적을 알게 되었다.(이 책 2.1장 참조) 김정태의 책에는 백두산, 금강산, 북수백산, 관모봉, 북한산 등 1930년대 이후, 근대 등반 역

---

* 한 가지 예가 정당한 준거로서 연도가 변경되는 것이다. 김정태는 조선산악회에 1937년에 가입했다고 하고, 손경석은 그가 1938년에 가입했다고 썼다. 아울러 초등한 연도, 백령회 가입 연도 등이 그러하다.

사에 관한 집요하고 왜곡된 내용들이 많이 있지만, 누구도 이를 터놓고 언급하지 않고 있다. 그런 논의의 자리도 마련되지 않고 있다. 그 이유는 김정태가 한국 산악계에서 '태산준령'이라는 이름으로 자리 잡고 있기 때문이다.

지금까지 우리는 김정태를 공식적인 자리에서 친일 인사로 구분하지도 않았고, 친일파 산악인으로도 말하지 않았다. 그가 등반의 업적을 앞뒤 가리지 않고 내세운 나머지 그가 말하고 기록한 등반 기록의 본질에 대해서도 의문만을 제기할 뿐, 그 흔적을 자세하게 추적하거나 들여다보려고 하지 않았다. 김정태와 우정을 나누었던 사진작가 김근원은 김정태가 불손하게 중상모략과 비판의 대상이 되는 것을 매우 옳지 않은 것이라고도 했다.[60] 김정태 사후, 대답할 수 없는 그의 공간은 더욱 커져만 간다. 그가 남긴 글들은 파편으로 흩날린다.

일제강점기 알피니즘과 김정태

김정태가 일제강점기인 1916년에 태어나, 1930-40년대에 조선총독부의 수혜자로 가장 활발한 등반 활동을 했던 것은 숨길 수 없는 사실이다. 그는 1945년 해방을 맞고 1988년까지 근대 등반의 주체로서, 스키계의 우두머리로서 산악계의 근대화를 두루 경험했던 인물이었다. 그의 몸과 영혼을 모두 사로잡은 일본의 근대 제국주의는 일본이라는 국가권력의 팽창과 영토의 침략, 수탈을 정당화하는 도구였다. 1910년 8월 29일, 일본 제국주의가 칙령 제318호로, "한국의 국호를 고쳐 지어 지금부터 조선이라 한다"고 공표한 이후, 1916년에 태어난 김정태의 나라는 일본의 통치를 받는 나라였다. 김정태는 자신이 일본의 식민지 노예라는 지위를 깨닫고 있었을까? 조국인 대한제국이 주권을 잃고 조선으로 바뀐 것을 통렬하게 깨닫고 있었을까? 일본 군국 제국주의가 한반도를 발판으로 삼아 대륙을 침략하려는 야욕을 알고 있었을까?

김정태는 일본인들이 지닌 우월적 지위와 자부심을 우러러 보았다. 그런 이유로 김정태는 일본인들이 설립한 조선산악회에 가입한 것을 어떤 죄책감도 없이 자랑스러워했고, 해방 이후에는 그 반대로 크게 말하지 않았을 뿐만 아니라 감추었다. 일기마저 죄다 일본어로 쓰면서 성인이 된 김정태는 민족적 차별보다는 또 다른 제국 의식으로 무장했다. 하나는 산에 오르는 강인함이었고 다른 하나는 조선총독부와 재조 일본인 중심인 조선산악회의 일원이 되었다는 것이었다.

1927년에 백운대에 올랐던 열한 살 김정태는 열세 살이 된 1929년 5월에 "백운대 정면벽 상중부를 처음으로 등반"(20쪽)했다. 그리고 "1930년 봄 인수봉을 등정하게 되었다"(25쪽)고 썼다. 1919년 3·1운동 이후, 광주학생운동을 출발로 해서 학생운동이 전국적으로 일어나고 계속되던 때였다. 국내뿐만 아니라 간도와 일본 등 국외로까지 확대되어나갔던 때였다. 당시 식민지 현실 속, 민족적·계급적 모순이 극명하게 드러났던 때였다. 학생운동은 그해 원산 총파업으로 전 노동자가 파업을 단행한 사건으로 이어졌다. 학생운동은 노동운동으로 이어지고, 항일운동으로 발전하는 결과를 낳았다.

1931년 9월 18일, 일제 관동군이 만주철도 노선을 자신들이 폭파하고 중국군의 공격이라고 날조하여 중국 동북인 만주지방을 점령하고 대륙 침략을 개시한 만주사변 사건이 있었다. 이미 1905년 러일전쟁에서 승리한 일본은 조선에 대한 완전한 독점적 지배력을 확립·행사하고 있었던 터라, 일제는 관동주까지 세력을 뻗쳐, 이곳에 관동청을 설치하고, 관동군 사령관을 두어 독립군을 토벌하고 대륙 침략을 재개했다. 그 후에는 이탈리아·독일과 동맹을 맺고, 전시체제를 강화하여 1937년 중일전쟁과 1941년 태평양전쟁을 일으켰다. 1937(1938)년에 김정태는 일본인 중심의 조선산악회에 가입하고, 그의 생애 가운데 가장 활발한 등반 활동을 펼쳤다.

등반은 위로 오르되 반드시 밑으로 내려와야 하는 수직의 춤이다. 정상을 중심이라고 여기며 오르는 매혹적인 기쁨이다. 김정태의 등반 역사를 살펴보면, 의뭉스러운 것이 많다. 어찌하여 김정태는 일제강점기, 피식민지 조선 사람들의 저항에 대해서 언급하지 않았는지 되묻게 된다. 그가 직립하는 인간의 중력을 거부하는 등반을 펼칠 때, 세상에는 인간임을 호소하는 춤 이전의 몸부림과 같은 고통과 억압, 몸서리쳐지는 격렬한 저항이 있었다.

1932년 1월 8일 이봉창 의사의 사쿠라다몬 의거, 4월 29일에는 윤봉길 의사의 홍커우 공원 의거가 있었다. 이봉창 의사가 그해 10월 비공개 재판에서 사형을 선고받고 이치가야 형무소에서 사형이 집행되었다. 윤봉길 의사는 그해 12월 19일 가네자와 육군 형무소 교외에 있는 작업장으로 끌려가 온몸에 총을 맞고 순국했다. 이 때, 김정태는 "1932년과 1933년 도봉산 뒤편, 만장봉, 우이암, 오봉, 주봉을 혼자 올라 다녔다."(46쪽) 그의 나이 열여섯 살 때였다. 그리고 1934년 도봉산 주봉 아래에서 클라이머 엄흥섭 동지를 만나고부터 "그와 함께 본격적인 암벽등반 행각이 시작되었다."(46쪽)

1935년부터 일제의 신사참배 강요가 시작되었고, 1937년 중일전쟁 이후 일제의 황민화 운동이 더욱 강화되었다. 일제는 1940년 6월부터 9월까지는 신사참배를 거부하는 이들을 검거해서 재판에 회부하고 옥고를 치르게 했다. 1944년 일제의 어용단체인 국민총력조선연맹 등에 의한 황민화 정책, 민족말살 정책은 더욱 확대되었고, 이에 거부하는 이들을 치안유지법, 보안법, 불경죄 등을 적용하여 탄압했다. 일제의 강제와 만행이 치열했던 이 시기, 김정태는 1935년에 만경대와 병풍암, 인수봉 정면벽 B 코스, 1937년에 선인봉 정면벽 A 코스, 노적봉, 금강산 바위 등에서 일본인 베테랑들과 개척적인 초등반 경쟁을 계속했다고 썼다. 돌격과 같은, 여태껏 한 번도 없었던 등반의 컬렉션이다. 1936년 8월 손기정 선수가 제10회 베를린 올림픽 마라톤 우승을 차지했을 때, 8월 13일자 『조선중앙일보』에 먼저 실리고, 8월 25일자 『동아일보』에 나중에 실린 한 장의 사진, 즉 손기정 선수의 가슴에 있던 일장기가 말소된, 일장기 말소사건이 있었다. 일제는 거듭해서 '조선불온문서 취체령' '조선사상범 보호관찰령'과 같은 악법을 공포하여 민족운동, 사회운동을 제압했다.

일제가 언론탄압 정책을 구체화하던 이때에 관해서 김정태는 자신의 등반 기록만을 오롯이 남겼다. 1936년에는 "내가 진학관계로 일본 가서 꼼짝 못 한 한 해"(44쪽)였다고 책에 썼지만, 이 내용은 분명하지 않다. 다른 글에서 그는 1936년 7월 25일 서울역을 떠나 금강산 집선봉 등반을 위해서 온정리로 들어갔다고 썼다.(106쪽) 그해 8월에는 베를린 올림픽에 손기정을 비롯해서 조선인 선수들이 참여했지만, 김정태는 이에 대한 언급이 일절 없을 만큼 민족의식이 부족했다. 이즈음 그는 자신의 삶을 친일과 항일로 범주화하려는 의도가 전혀 없었다. 1937년 중일전쟁이 일어난 후부터 황국신민화 정책은 더욱 노골적으로 시행되었지만, 김정태의 등반은 자신이 목소리를 듣는 듯 멈춤이 없었고, 산을 오르는 그의 얼굴은 일그러지지 않았다.

일제강점기 내내 그에게 삶의 주류는 무엇이었고, 지류는 무엇이었을까? 그가 받은 교육은 무엇이었을까? 그때 그가 본 것은 무엇이었을까? 보지 못한 것은 무엇이었을까? 이 시기, 등반 활동의 진화 과정을 김정태는 이렇게 묘사하고 있다.

1937, 38년께부터 등산 인구가 차차 늘어나 한국에서도 등산의 대중화가 시작되었다. … 1935년께부터 아침에 청량리역으로 나가면 눈에 익은 서너 그룹을 만나게 되더니, 1937년 봄에는 열댓 그룹으로 늘어났고, 1940년께엔 휴일마다 구 청량리역 광장이 가득할 정도가 되었고 봄, 가을에는 기차가 등산객들로 만원을 이뤘다.(72쪽)

그 무렵 만주사변, 지나사변* 등 대륙전쟁을 도발해나가면서
국방적인 보건운동을 권장했는데 이것이 등산 인구 증가의 촉진
제가 되기도 했다. 다년간 일정의 압박만을 받아오던 조선인들은
이러한 때 마치 숨이라도 돌리려는 듯 등산과 하이킹하는 인구가
일본인들을 능가할 만큼 늘어났다.(72쪽)

창동역 광장 주변의 잔디밭은 초창기 산악인들의 사교장이 되
었다. 아침저녁 모이면 산행의 약속이나 등반 체험, 장비의 교환
등으로 늘 명랑한 담소가 이루어졌다. … 육당, 민세, 노산 등의 백
두를 비롯하는 명산 행각과 1936년부터 『조선일보』 주최의 백
두산, 한라산, 지리산 탐사행 전후, 각 신문사에서도 금강산, 묘
향산, 속리산 등에 명산 탐승 행사를 개최하여 연례행사가 되다
시피 함으로써 이러한 일련의 일들이 사회적으로 일정하의 1차
적인 등산 보급과 대중화의 주도적인 역할을 하게 되었다.(72-
75쪽)

위와 같은 글을 읽으면, 김정태는 일제강점기 때 살았던 산악인
이 아니라, 1970년대 한국이 경제적 호황을 누렸던 때, 그것을 만끽
하면서 살았던 인물로 보인다. 위 글은 김정태의 계급적 기반과 민
족적 정체성을 의심하지 않을 수 없게 하는 진술이기도 하다. 그에
게는 일본 제국주의에 나라를 잃은 설움과 핍박받는 고통이 아니라
등산의 대중화와 보급이 더 반가웠고, 그것만이 그의 눈에 들어왔

---

* 중일전쟁.

던 것이다. 그 시대 살아 있던 작은 생물들은 산에 가는 이들을 어떻게 보았을까? 김정태 곁에 조선산악회 회원이었던 이이야마 다츠오 같은 제국의식을 지녔고, 일본 제국을 위하여 조선총독부에서 근무했던 재조 일본인들이 있었다. 일본 제국과 식민지 조선은 김정태 안에서 어떻게 공존할 수 있었을까?

1930년대부터 1940년에 이르는 시기를 조선에서 등산 대중화가 시작되었다고 김정태처럼 말한 것은 피식민지 조선의 대다수 조선 민중과 동떨어진 이야기일 수밖에 없다. 이런 회고는 산악인으로서 당대를 읽는, 당대를 사는 정신적 모순에 해당된다. 이때 산에 가는 것을 사교의 놀음처럼 묘사한 것은 김정태의 역사적 인식을 확인할 수 있는 잣대이기도 하다. 역에서 만난 이들이 아무렇지 않게 초롱초롱한 눈으로 산행 약속을 하고, 등반 체험을 나누고, 장비를 교환할 수 있었던 때였다고 김정태처럼 말하는 것은 역사적 몰염치와 무지에 해당된다. 단언컨대, 이때는 일정日政의 압박이 느슨해졌거나 끝나서 숨을 돌릴 수 있었던 때가 결코 아니었다. 실상은 더욱 노골적으로 강화된 식민지 통치정책으로 민족 고유의 문화가 거의 말살되고, 많은 이들이 전장으로 끌려가 총알받이가 되던, 일제강점기 역사에서 조선과 조선인들이 가장 비극적인 질곡 속으로 빠져들어가고 있었던 때였다.

피식민지 조선에서 조선인으로서 김정태는 죽음의 운명과 같은 삶의 근거를 잊어야 했다. 그리고 일본 제국을 우러러보아야 했다. 김정태에게 그 방식은 조선의 높은 산을 자동적 기계처럼 오르는 것이었다. 김정태의 삶과 등반의 역사를 정리하면 그가 책에서 기록한 것과 같다. 이 문장에 김정태의 실제와 한계가 고스란히 담겨 있다.

　서울 북한·도봉의 바위산에서 서구적 알피니즘의 암벽등반을 하면서 자란 나는 금강산 연봉의 빙설·암벽등반으로 보다 질량이 큰 알프스 암벽등반의 조건에 접근을 추구했으며, 북한 고산에서는 북수백산과 3차의 백두산 등반을 거쳐 내 나름대로 국내 산의 히말라야이즘을 자주적으로 정착시키려고 노력했었다. 이 밖에도 북한 고산에는 운수백산, 두운봉, 두류산, 남·북포태산 등 기록적인 등반이 있었고, 금강산에는 1351봉, 서북릉과 집선 7연봉 역상연등 등 큰 규모의 초등반이 있었다. 그사이 만주 안동의 고려산, 희양산, 일본의 후지산, 북알프스, 시가志賀고원 연산 등의 등반, 일본 등산 지도자 대회, 스키 지도자 연수회 등에도 나가서 옆 나라의 산과 산악인, 등반 스키계와 접촉, 우리와 비교해볼 기회를 가졌다. 8·15 해방과 더불어 이 땅에 온통 기쁨이 넘쳤다. 온 겨레가 자유와 자립의 의욕에 불타서 그때까지 탄압만 받아오던 사회단체, 정치인들의 활동이 활발히 전개되었다.… 그때 우리들의 직장은 태창공업(사장 백낙승)으로 개편되어 나는 운영부위원장을 맡아 바쁜 속에서도 산악회 발족과 그 운영에 전력을 기울였다. 일정 때 있은 조선산악회 하라구치原口 사장, 이이야마, 가토 등으로부터 연락이 와서 방현, 박래현, 나 셋이 만나 백여 권 장서와 기록물들을 인수했으나 이것은 조선산악회를 계승하는 것이 아니라 따로 발족한 한국인 자립의 산악회에 전달하는 것이라고 해서 받았을 뿐이다. … 한편 등산이 산놀이로 오인되어 발전할 길이 없었던 학교, 일반 단체 산악부의 육성과 자극을 주기 위한 대회 행사가 젊은 학생들의 소망에 따라 효과 있게 진행되었으며, '알피니즘'의 본질적인 사업 행사로 계절에 따라 조촐히 전개돼나갔다.(225-228쪽)

이 글은 김정태가 『중앙일보』에 연재했던 「남기고 싶은 이야기들」 가운데 1976년 1월 19일자에 연재했던 글의 일부이고, 김정태의 책에 그대로 옮겨 실려 있다.

일제강점기, 조선산악회뿐만 아니라, 1934-35년, 1935-36년에 교토제국대학 산악부가 백두산과 대흥안령大興安嶺을, 1935년과 1936-37년에 경성제국대학 스키 산악부가 관모봉을, 1936-37년, 1940-41년에 와세다대학 산악부가 동계 관모봉을, 1940년 오사카 상대 산악부가 백두산을 서양 알피니즘 방식으로 극지법 등반이란 이름을 내세워 소비했다.[61] 산 정상에 올라서는 당연히 일본 천황 폐하 만세를 기원하는 제사, 황국군 신민으로 전쟁 승리의 기원식을 치르기도 했다. 이런 등반 행사를 일제강점기에는 일본식 단어인 연성練成, 연성등반, 등행이라고 일컬었다. 조선총독부는 이 등행 기록을 『등행』(1942)이란 책으로 출간했다. 김정태는 이런 역사를 숨기고, 당시 등반을 민족적 저항, 민족적 등반이라고 기술했다.

1935년 인수 B 코오스. … 이후 한인과 일인 사이에는 경쟁이 벌어졌으며 그 당시 아직 루우트가 없던 노적봉에서 한일 클라이머가 경쟁을 벌여 일인이 3코오스를 내고, 한인이 정면벽 클랩 코오스와 가장 난코오스인 코바위 코오스를 내어 한인이 차츰 리이드하기 시작했다.[62]

이것이 그가 지닌 모던한 등반의 관심거리였고, 내세우는 업적이었다.

1940년, 김정태는 타츠미 야스오辰海泰夫たつみ·やすお로 창씨개명을 했다. 1935년 2월, 김정태는 금강산 가는 기차에서 일본인 이시이 요시오石井吉雄를 처음 만났다. 김정태는 그를 "일본인 대학생"(102쪽)이라고 썼고, 그를 따라 경성에서 기차를 타고 백두산·금강산에 올랐다. 1935년 즈음에는 금강산 집선봉의 동북릉을 고유한 이름 대신 S1-S7으로 부르고, 중앙봉을 CⅠ, CⅡ라고 나누어 이름을 붙이면서 등반했다. 집선봉集仙峯을 일본어식으로 읽으면 슈센보しゅうせんぼう가 되는 것으로 보아, S 표기는 슈센보의 첫 알파벳이고, C 표기는 중앙Center의 첫 알파벳으로 여겨진다.[63] 고유한 집선봉을 이렇게 알파벳으로 표기한 것은 서구 알피니즘의 정점인 제국주의적 형식화이기도 하다.

김정태는 일본 알피니즘을 전수받아 이 땅의 봉우리를 지배적이고 배타적으로 해석했다. S1, CⅡ라는 명명이 신비하고 세련된 것처럼 보이지만, 이는 한 조선 산악인이 무의식적으로 견지하고 있는 제국주의적 오리엔탈리즘의 한 예에 속한다. 이것이 김정태가 집선봉을 기억하는 타자의 인식, 즉 착종된 자기 정체성이다.

조선총독부의 백두산 등행과 백령회

1942년 7월 23일부터 16일간, 조선총독부가 지원하는 조선체육진흥회가 주관한 1차 백두산 등행단에서는 이시이가 주무 간사를, 김정태는 장비 보급 등 기획을 맡았다. 김정태는 조선산악회에서 등반 실력을 인정받아, 1942년 10월에는 메이지 신궁 국민단련회(연성회) 행군 부분 조선 대표로 참가해서 야스쿠니 신사, 메이지 신궁 등을 먼저 참배했다.[64] 1943년 7월 25일부터 14일간, 2차 백두산 등행단에도 김정태는 간사로 참가했다. 이때 김정태는 자신의 소속을 이시이石井가 운영하던 '석정 공업소'라고 썼다. 그리고 김정태는 1943년 전쟁 훈련을 전제로 한 양정중학의 백두산 등행을 주도해서, 조선 청년들의 황국 신민화를 위하여 혼신의 노력을 다했다. 그는 산 아래에서나, 산 위에서나 어슬렁거리지 않았다. 그의 글에는 산행에 대한 회의 같은 것이 없다. 단 한 번이라도, 자신의 생애에 친일등반을 한 것에 대해서 어떠한 언급도 없다. 그는 체념하고 있었다.

김정태는 일제강점기 동안 여러 번 일본을 다녀왔다. 1942년에 조선인 대표로 갔던 메이지 신궁에서 열린 국민단련회에 이어서 1943년에는 백령회 엄흥섭의 재정적 지원으로 주형렬, 박순만, 방봉덕과 함께 스키 연수도 다녀왔다. 그때마다 그는 일본 산악계의 중요한 인사들을 만나려고 노력했지만, 백령회 리더였던 엄흥섭의 도움 등에 관해서는 자세하게 언급하지 않았다. "일본 등산 지도자 대회, 스키 지도자 연수회 등에도 나가서 옆 나라의 산과 산악인, 등

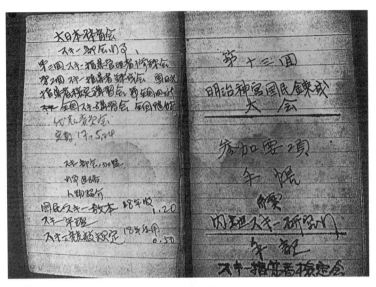

김정태 일기: 1942년 10월 제13회 메이지 신궁 국민연성대회 참가 요항.
1943년 제2차 백두산 등행 연성대.

반 스키계와 접촉, 우리와 비교해볼 기회를 가졌다"(225쪽)라고만 썼다. 여기서 일제강점기, 그에게 일본은 "옆 나라"였다. 그는 이렇게 '관존민비'의 태도를 분명하게 보여준다. 자신의 주변 환경이 유지될 수 있기 위해서는 '관'을 받들어야 했고, '민'을 그 아래에 놓아야 했다.

일본 제국주의 상징인 철도를 개설하고, 영업하는 데 앞장 선 총독부 철도국 직원들이 만든 조선산악회는 말이 산악회지, 실제로는 조선의 산하를 침탈하는 제국의 브로커였고, 전진기지였다. 김정태는 조선인으로서 조선산악회에 가입한 것을 자랑스럽게 여겼다. 김정태는 이이야마 다츠오 등 조선산악회의 실질적 구성원들이었던 일본인들에게 등반 능력을 인정받았고, 일본어를 국어라고 여겼고, 일본어로 일기를 썼던 조선 클라이머였다. 이때부터 그는 자신의 개인사를 거의 숨겼고, 학력도 들쭉날쭉이다. 시대와 이렇게 교착되었던 김정태는 자신의 자서전과 같은 책에서 가족사를 거의 생략했다. 그가 기술한 어린 시절과 등반의 연원을 보여주는 학력은 확인할 수 없는 불분명한 것들이다.

1945년 8월, 일본 제국이 패전하고 조선을 떠나자, 일제의 잔재인 조선산악회를 이름도 그대로 한 '조선산악회'로 이어받았던 그에게는 일제 강점과 해방 사이의 구별이 없었다. 김정태와 손경석은 앞 조선산악회와 뒤 조선산악회가 다른 것으로 말하고 있지만 쉽게 이해되지 않는 부분이다. 치욕의 일제강점기를 끝내고 해방을 맞아 다른 세상에서 살고 싶었다면 절망스러웠던 과거를 지우기 위해 이름부터 바꾸어야 했을 것이고, 일제의 패망을 받아들여 그 잔재를 청산했어야 했다.

이름은 상상력의 증거이면서, 살아 있는 기억의 실체가 부여하는 의미이기도 하다. 만약 같은 이름이지만 다른 단체였다고 한다면, 그것은 김정태가 일제 패망이라는 폐허의 잔해들 속에서, 일제의 죽음을 부정하고 계속 살고 싶었다는 뜻이 된다. 미군정 아래 혼란 속에서, 그가 경험한 일제강점기 조선산악회의 파편과 잔해를 생생히 기억하고 있다는 뜻이 된다. 해방된 조국에서 산악인 집단 공동체를 꿈꾸었다면, 일제강점기 조선산악회를 그의 기억에서 사직해야 했다. 그는 천국은 아니었겠지만 조선산악회를 물려받았다고 여겼을 것이다. 그가 조선산악회에서 받은 유물은 책만이 아니었다. 그는 분절이 아닌 연속적인 이력을 중요하게 여겼다. 1945년 일제의 패망과 한국의 해방은 결코 부드러운 역사의 선율이 아니었다.

"일본인들과 잘 어울"[65]렸던 김정태는 해방 이후, 이름을 그대로 가져온 조선산악회에서 실제 우두머리 노릇을 했고, 그 당시 소소하게 활동했던 백령회라는 산악 동호회에 리더였던 엄흥섭을 내세워 민족주의적 저항 산악단체로 색깔을 입혔다. 그는 백령회를 "1937년에 발족을 본, 한인 산악인들만의 조직적 모임으로서 일정에 반발해서 평소에는 산을 도장으로 심신을 단련하면서 민족적인 자립 자결을 다짐하고, 일조―朝유사시에는 언제나 앞장서 싸운다는 맹세를 나눌 만큼 투철한 민족적인 비밀결사였다. 이곳 재일 일본인 산악인들과 맞서 등반했으며 1940년을 전후해서는 그들을 완전히 리드할 만큼 활기찬 실적을 가졌다"[66]라고 정의했다. 그러나 조선산악회 회원으로 김정태와 함께 등반했던 방현은 "백령회는 무슨 사상적 이념을 추구하거나, 지하 독립운동을 하는 단체는 아니고, 일본 산악인들과 겨루는 한국 산악인들의 모임일 뿐"[67]이라고 잘라 말했다.

김정태는 일제강점기에는 일본인 중심인 앞 조선산악회의 서자로 있었고, 해방 이후에는 조선인 중심인 뒤 조선산악회의 적자가 된 것이었다. 이름이 같은, 두 개의 조선산악회는 펼쳤다 닫히는, 서로 이어진 경첩과도 같았다. 이것이 김정태에 있어서 수수께끼와 같은, 핵심적인, 텍스트의 혼용이다. 1945년부터 1948년까지 조선산악회 초대 회장이었던 진단학회 위원장 송석하(1904-48)가 1948년 8월에 사망한 후에는 현동완, 홍종인, 이은상 등이 회장을 맡았다. 1948년 9월, 뒤 조선산악회는 '한국산악회'가 되었고,[68] 김정태는 부회장을 맡았다. 한국산악회는 한국에서 가장 오래된 산악단체로, 지금까지 지속되고 있고, 김정태를 비롯한 지난 역사를 우뚝 세우고 있다. 김정태가 1962년 제11회 서울시 문화상 체육부분 수상자가 되었을 때, 서울시 기록원에 보관되어 있는 수상자 관리카드에 적힌 그의 직책은 한국산악회 상무이사였다.

일제강점기 때, 김정태는 몇몇 조선인들과 함께한 등반 행위를 일본 제국주의자들과 겨루는 경쟁적 의식의 산물로, 해방 이후부터는 자신의 과거 등반을 민족적 저항운동의 상징으로 자신의 책에서 조금씩 그러나 과감하게 탈바꿈시켜 놓았다. 그가 쓴 『등산사 50년』이 『등산사 60년』이 되는 것처럼. 여기에 김정태가 대표적으로 내세우는 것이 앞에서 언급한 작은 산악 동호회 백령회였다. 지금까지도 이 모임이 단체로서 규모를 지녔는지, 몇몇 조선 클라이머들의 친목단체인지, 설립 연도가 언제인지에 대한 논의가 분분하다. 그럼에도 김정태는 "우리들의 등산은 남다르게 국내 바위산에 알프스적인 악조건을 설정해서 질량 있는 등반을 해나갔고 눈과 얼음의 북한 고산에 히말라야 스케일을 구성해서 서구적인 알피니즘을 국내 산에 토착화시켜 나갔다"[69]라고 거창하게 말했다.

김정태는 백령회白嶺會를 조선의 흰白 산봉우리嶺라고 의미를 부여하고 있지만, 일본 제국주의자들이 전시 동원에 필요한 체위 향상을 위하여 자주 쓴 용어인 '은령 연성회'銀嶺練成會[70]에서 하얀 눈이 쌓인 봉우리를 뜻하는 '은령'銀嶺을 '백령'白嶺으로 달리 쓴 것으로도 읽힌다. 백령이란 단어에 민족적 자치의 의미를 부여하는 것은 해방 이후에 김정태가 필요에 따라 덧붙인 왜곡일 가능성이 농후하다. 이승만 정부 때는 국토구명사업에 뛰어들어, 친일 과거를 잊고, 민족부흥운동의 선구자 노릇을 했던 김정태는 프란츠 파농의 책 제목처럼, 검은 얼굴에 흰 가면을 쓴 존재였다. 그때 그는 직업란에 얼토당토않게 『평화신문』사 기자라고 썼다.

이 글을 쓰는 말미에 김정태가 어떻게 1942년에 메이지 신궁 국민연성대회에 조선인 대표로 갈 수 있었는지를 그가 쓴 일기를 통해서 알고 싶었다. 그는 국민복을 입고, 조선 신궁에 모여 출발했다. 도쿄에 도착해서는 야스쿠니 신사, 메이지 신궁을 참배했다. 국민연성대회에 참여하면서 전장훈련, 행군훈련 등을 했고, 부지런히 일본 산악계 사람들을, 대표적으로 구로다 마사오黑田正夫 박사, 운노 하루요시海野治良, 미즈노美津濃, 요시자와 이치로吉沢一郎 등을 만나고자 했다. 특히 구로다 마사오 박사의 사택*을 방문하기 위하여 버스와 기차 시간표를 세밀하게 검토해서 노트에 적어놓기도 했다. 그렇게 해서 자신의 입지를 굳게 하려고 했다. 그러나 그는 만나고자 하는 이들이 자리를 피해, 도쿄의 거리를 거닐고 영화를 보면서 돌아갈 날을 기다렸다. 그는 일기에 쓴 대로 "결국 전보도 없고, 배웅해주는 이도 없이 쓸쓸하게" 도쿄역으로 가야 했다.

김정태 등반의 기원과 오류

옛 선인들은 산수 기행문에서 맨 먼저 올랐다는 것을 결코 내세우지 않았다. 백두산에서 한라산에 이르기까지, 자연과 인간, 삶과 역사가 겹겹으로 쌓인 꽃잎 같은 감각들이 중심이었다. 산을 닮고 싶어서 산으로 들어갔던 것과 달리, 김정태가 쓴 일제강점기, 근대 등반 기록에는 정상 정복을 위한 슈미트이즘, 알피니즘, 히말라야 이즘을 내세워 알피니스트로서의 전문성을 드러내고 있지만, 그 속에는 불분명함과 왜곡 등이 많다. 김정태가 1935년 금강산 등반을 서술하면서부터 여러 번 말하기 시작한, 자신의 등반과 등가로 놓는 슈미트이즘이 그 예다. 즉 "슈미트이즘의 선풍을 일으킨 데 강렬한 영향"(90쪽), "슈미트 형제가 하듯 스텝, 커팅 없이 경사를 오르내리는 연습을 반복"(93쪽), "1938년 1월, 슈미트이즘이 발동, 자전거를 타고 갔다"(90쪽), "우리는 슈미트이즘을 추구"(100쪽), "한

---

* 김정태의 일기에는 사택을 '土宅'이라고 한자로 썼다.

국 최초의 슈미트이즘의 구현"(104쪽), "자전거로 시작한 우리의 슈미트이즘"(104쪽), "우리의 슈미트이즘에 확고한 기반을 구축"(106쪽), "우리가 비록 서구적인 슈미트이즘을 주창"(139쪽), "슈미트이즘의 영향으로 겨울 등반을 하려고 스키를 시작"(238쪽) 등이 그 예에 속한다. 김정태가 강조했던 슈미트이즘이란 프란츠와 토니 슈미트 형제Franz Schmid, Toni Schmid가 한 "1931년 마터호른Matterhorn 벽등반"(47쪽)을 뜻하는데, 그는 슈미트 형제의 등반 내용을 알지도 못했고, 말하지도 않았다. 그리고 이것을 통해서 "부지중 일인들과 맞서 나가게 되었"71)다고 했다.

김정태가 한 등반의 기원을 살펴보기 위해서는 그가 그토록 강조한 자신과 슈미트 형제와의 친연성을 확인할 필요가 있다. 김정태는 "우리들은 마치 슈미트 형제가 마터호른 북벽을 대하듯 하고서 올랐다"(50쪽)라고, 자기 자신과 슈미트 형제를 동일시했다. 그리고 이를 스스로 슈미트이즘이라고 이름 짓고, "패전 독일의 불우했던 청년들이 스스로 만들던 수제 등반구를 슈미트 형제가 과학적으로 실험, 훈련, 개량하고 … 전무후무한 올림픽 산악상(1936, 베를린)의 영광을 차지했을 때 일정하의 불행했던 젊은 우리들은 크게 감동했다. 그 무렵, 암벽 등반을 갈 때 곧잘 자전거로 내왕, 슈미트이즘을 흉내냈다"(90쪽)라고 의미를 확대해서 부여했다. 독일이 제1차 세계대전에서 패전한 때는 1918년이었고, 슈미트 형제가 마터호른에 오른 해는 1931년이었다. 동생 토니 슈미트가 오스트리아 비스바하혼Wiesbachhorn 북벽에서 400미터를 추락해 시신으로 발견된 때는 1932년 5월 16일이었다. 1932년 로스앤젤레스 하계 올림픽 위원회는 그에게 마터호른 등반 성공을 기념하면서 올림픽 알피니즘 상을 두 번째로 수여했다. 김정태는 여러 글에서 이를 '1936년 백림 올림픽 산악상 수상'이라고 썼다. 이 상의 첫 번째 수상자는 1924년 샤모니 동계 올림픽에서 1922년 영국 에베레스트 2차 원정대였고, 마지막 세 번째 수상자는 1936년 베를린 올림픽에서 1930년, 1934년에 히말라야에 오른 스위스 귄터 디렌푸르트Günter Dyhrenfurth 부부였다.

슈미트이즘은 김정태가 만든 용어다. 한국 근대 등반사를 다룬, 미발표된 어떤 글에는, 김정태의 슈미트이즘을 "김정태는 주어진 사회적·물리적 조건 속에서 등반의 질량을 높여가는 슈미트이즘을 택해 등반 진화의 고리를 연장할 수 있다고 보았다"라고 과도하게 썼다. 등반의 질량이란 쉽게 이해가 되지 않는 표현이다. 김정태는 다른 글에서, "1931년 당시 16세와 18세의 소년들이었던 슈미트 형제가 마터호른 북벽 초등 시 직접 대장간에 가서 아이젠을 종래의 8발에서 16발로 개량하여 스텝 연습을 과학화하고 나서 마터호른에 올랐던 것"[72]이라고 했다. 또 다른 글에서는 "1931년 마터호른 북벽 초등반으로 슈미트이즘을 알게 할 만큼 세상을 놀라게 한 슈미트 형제(토니 18세, 프란츠 16세)"[73]라고 버젓이 썼다. 자전거 타기와 아이젠 개발과 이에 덧붙인 등반의 질량과 진화를 말하는 진술들은 애매하기 이를 데 없다. 김정태의 말대로, "자전거로 알프스로 달려간 것이 그럴듯해"[74] 보였던 것처럼, 그에게 슈미트이즘은 흉내에 불과했다.

다른 한편으로 김정태는 이들에게서 귀족 등반에 반하는 가난한 등반이란 동질성을 발견했을 수도 있다. 그것은 그가 쓴 여러 글에서 드러난다. 1934년 1월 겨울 화악산을 오르면서도 "슈미트이즘과 첫 겨울산"[75)]이라고 했다. 올림픽 산악상이라고 한 시상식 연도와 장소도 틀렸다. 형인 프란츠 슈미트가 1905년 출생이고, 동생 토니 슈미트가 1909년 출생이니까, 이들이 마터호른에 올랐던 1931년에는 각기 26세, 22세였다.

김정태는 왜 슈미트 형제에게 '이즘'ism을 붙여서 슈미트이즘이란 용어를 만들고, 자신의 등반의 연원처럼 말했을까?[76)] 1931년 7월 31일부터 8월 1일까지 이틀에 걸쳐 마터호른을 오른 이 형제의 무엇이 그와 동일한 가치였고, 그가 우러러보는 등반 이념이었을까? 1931년에 형제가 마터호른을 오르고, 1932년에 추락사한 동생 토니 슈미트에 이어서 슈미트이즘이란 것이 있는 것일까? 1931년 슈미트 형제가 마터호른(불어로는 세르벵Cervin)의 북벽을 올랐다. 기록을 보면, 이들은 단지 가난했던 탓으로, 자전거에 장비를 싣고 뮌헨에서 체르마트로 왔고, 등반한 후 다시 자전거를 타고 뮌헨으로 돌아갔을 만큼 클라이머로서의 영혼은 빛났다. 이 형제들이 오른 길, 등반 방식에 대한 기술 없이, 김정태는 슈미트 형제가 자전거를 타고 이동한 사실을 알고, '자전거로 시작한 우리의 슈미트이즘'이라고 하면서 자신과 슈미트 형제를 일상적 삶의 등가로 놓았다. 이들 형제가 오른 북벽 길을 '슈미트 길'Voie Schmid로, 1865년 7월 14일에 에드워드 휨퍼Edward Whymper가 오른 마터호른 초등 100주년을 기념하기 위하여 1965년에 발터 보나티가 오른 북벽 길을 보나티 직등루트Directe Bonatti라고 부르고 있지만,[77)] 슈미트이즘이란 용어는 알피니즘 역사와 사전에서 찾아볼 수도 없고, 사용한 경우도 없다.

김정태는 일본의 문헌들을 통해서 슈미트 형제의 마터호른 북벽 등반을 귀동냥했을 것으로 짐작하는데, 아무렇지도 않게 이들의 이름과 아이젠 개발을 언급함으로써 등반과 그 서술에 있어서 지적 허영심을 드러내려고 했다. 자전거를 타고 다닐 수밖에 없었던 슈미트 형제처럼 김정태의 영혼은 가난했다. 물질의 가난함과 영혼의 빈곤함, 앞엣것은 산의 영혼을 빛나게 했지만, 뒤엣것은 등반가의 이념을 왜곡했다.

김정태 등반의 연원을 알기 위해서는 일제강점기, 일본 제국주의 교육을 제대로 알아야 한다. 체육을 비롯한 등행, 등산, 알피니즘은 서구 근대의 산물이며 동시에 일본 제국주의의 강령이었다. 백두산 등행을 주최한 조선체육진흥회는 팽창주의 식민시대에 조선의 체육 교육을 관장하는 기관이었다. 제국주의 알피니즘은 민족주의로 불붙었고, "등산가들을 국가와 국민의 품격을 높이는 사람"[78]으로 여겨 경쟁을 낳았고, 등반 문화에서 초등의 개념을 우선시하는 결과를 낳았다. 김정태는 이런 등반 문화에 반성 없이 빠져들었고, 그것을 자랑스럽게 여겼다. 그의 초등 기록은 일본 제국주의의 황국신민화 정책에 적극적으로 승복했던 결과라고 할 수 있다. 그는 경쟁하는 것에 익숙할 뿐만 아니라, 그 경쟁을 통해서 자신의 존재 이유를 지닐 수 있었다. 만약 김정태가, 그 당시 프랑스 산악클럽Club Alpin Francais이 내세운 표어가 "조국애는 산을 통하여"Pour la patrie, par la montagne라는 것을 알았다면 이를 잊지 않고 인용했을 것이다. 초

프랑스 산악클럽(Club Alpin Francais)이 내세운 표어는 "조국애는 산을 통하여"
(Pour la patrie, par la montagne)였다.

등 기록을 자랑스럽게 여긴 것은 경쟁에서 살아남은 자신의 우월함을 증거할 수 있다고 믿었기 때문이었다. 그만큼 그는 열등감이 많은 인물이었다.

김정태 연구는 일차적으로 근대 산악인에 관한 연구이면서, 식민지와 피식민지가 확연하게 구분되었던 근대라는 시대를 살아야 했던, 한 산악인의 삶의 총체에 관한 연구이기도 하다. 김정태의 삶과 등반 역사는 매우 복잡한 사회적·역사적 환경 속에서 이루어졌다. 지배자인 일본 제국주의에게 조선의 강탈은 "일본이라는 근대 국가권력의 팽창이자 영토의 침략적 확대이며, 민족적 우위의 자부심이었다. 강력한 군사력을 행사하며 … 일본인의 제국의식 또한 형성되었고, 그 기저에는 강한 민족적 차별감이 자라나고 고정화되어 갔"[79]다. 반면에 피식민지 조선인들은 제국주의에 저항하는 삶과 제국의식의 전형에 물들어갈 수밖에 없는 삶, 이 두 가지 피할 수 없는, 전형적인 삶 속에 있어야 했다.

조선산악회와 김정태

김정태는 조선산악회가 이끈 백두산, 금강산과 같은 큰 등반에 필요한 인물이었다. 그는 조선 산하를 두루 오르고 싶었고, 올라야 했던 재조 일본인들의 등반에 참여했다. 김정태가 서구 알피니즘 용어를 사용하거나, 몽블랑 등정과 같은 초등의 역사를 전면에 내세워 등반의 의미와 가치를 부여하려 했던 것은 일본 제국주의 지배 아래에서 한 것이지만, 재조 일본인들과 함께하면서 그것을 알 피니즘의 국제화·보편화라고 스스로 여긴 증좌라고 할 수 있다. 그 것은 다른 한편으로 김정태에게 다른 조선인들과 비교해서 잘못된 민족적 우월감을 안겨주기도 했다. 여기서 '민족적'이란 용어는 매 우 복잡하다. 조선산악회를 구성하고 있는 지배적인 일본인들 사 이에서 김정태는 하급자가 되었고, 조선인들과의 관계에서는 탁월 한 상급자가 될 수밖에 없었다. 그가 이러한 식민지적 환경에 깊이 침윤되어 있을수록, 그는 자기 자신과 일본인, 조선과 일본 제국주 의를 구분하지 않게 되었다. 그에게 중요한 것은 자신의 입지를 지 탱시켜주는 체제를 긍정하는 것과 그것이 유지되는 것이었다. 그 는 조선에서 개척자, 선구자, 선등자라는 이름을 지니면서 안정된 등반 활동을 할 수 있었다. 그에게 등반은 절대적인 순간이었고, 삶 에서 가장 큰 자리였다. 평생 뚜렷한 직업이 없었던 그에게 등반은 자유롭게 선택한 직무가 아니라 피할 수 없었던 운명으로 짓눌러 왔다.

김정태의 책에서는 산 아래 사람들, 산에 사는 사람들 그러니까 클라이밍과 무관한 조선의 민중들에 대한 언급이 일절 없다. 자신 의 일상적 삶을 언급하지 않은 것과 더불어 당대 피식민지 조선 민 중들의 삶에 대해서 관심도 없었고, 어떤 설명도 하지 않았다. 김정 태는 일제강점기 내내 클라이머로서 풍요로운 생활을 했고, 이이야 마, 이시이, 백령회 리더였던 엄흥섭의 도움 등으로 선진 알피니즘 문화 혜택을 받았다. 해방 이후에 그가 남긴 글과 달리, 일제강점기 내내 그는 일본 제국주의를 의심하지 않았다. 그의 책 가운데 해방 이후 서술에 이르면, 김정태는 조선산악회를 만든 탁월한 등반가였던 이이야마 다츠오를 사진작가로 축소해 말하려고 했다. 그것은 해방 이전 내지인에 대한 맹성, 충성과는 사뭇 다른 태도였다. 그때 그는 일제강점기에 한 친일 등반을 비롯해서 지난 과거에 대해서는 기억과 망각을 구분하면서 한 치의 의구심도 없었고, 오늘에 이르러서는 우두머리 역할을 하고자 하는 것뿐이었다. 이것이 김정태가 보여준 "전투적 민족주의"[80]였다.

김정태는 누군가의 강요에 의해서 산을 오른 것이 아니라 스스로 산에 올랐다. '서양식 클라이머'로서의 권력을 몸 구석구석에 심고, 등 뒤에 업고 산에 올랐다. 1941년 이후에는 조선총독부가 주관한 백두산 연성대회에 빠지지 않고 기획 등의 일을 도맡았다. 김정태는 1942년에 그가 일본 도쿄 메이지 신궁 국민연성회에 조선 대표로 참가하면서, 구로다 박사의 인연을 한 번은 "일본 유학에 연고가 있"(54쪽)었던 것으로, 그다음에는 "일본대학에 다닐 때"(132쪽) 만났던 것처럼 썼다. 그는 누군가의 도움이 절실했던, 영혼이 가난한 인물이었다. 김정태는 그의 생애에 몇 번 일본을 방문했는데, 오래 머물지는 않았던 것으로 보인다. 그럼에도 일본 유학이라고 쓰면서 자신을 애써 위로했다.

김정태는 등반에서 선등을 섰을 뿐만 아니라 친일에서도, 창씨개명에서도 자신의 기원을 잊고 달리 되고자 했다. 1937년 일본이 아시아 패권을 차지하려는 야욕으로 중국대륙 침략을 시작한 중일전쟁 이후, 전시체제 아래 군수물자를 생산하는 곳에 적을 두고서도, 최선봉에 있었던 것을 한 치의 후회도 없이 자랑스러워했다.

1941년 대동아 공영권 결성을 내세운 침략정책과 태평양전쟁 이후, 1945년까지 김정태의 클라이머로서의 전성시대는 계속되었다.

한국 근대사가 일제가 죽음으로 끌어들인 오욕의 역사라면, 근대 등반사는 뒤틀린 역사이며, 그 복판에 있었던 김정태의 삶의 절반은 왜곡된, 거짓의 삶이었다. 그것은 대한제국이라는 국가 정체성의 몰락이 가져다준 불행했던 역사적 전환의 결과로 볼 수도 있을 것이다. 일제강점기 조선의 산하를 제멋대로 오른 일본인들의 오만과 패악은 컸다. 이들과 함께 산에 오르고, 일본 제국주의를 위해서 부역했던 조선의 청년 산악인들의 정신은 어지러웠고, 배움이 짧았고, 가난하기 이를 데 없었던 이들이 감추어야 할 것들은 많았다. 김정태의 책을 보면 백두산, 금강산, 북수백산, 묘향산 등에서부터 북한산, 도봉산에 이르기까지 경쟁의 기록들만이 화려하다. 김정태와 함께했던 백령회 회원들, 그들 사이에는 자신들의 행위를 숨긴 이도 있고, 진실을 감추고 허위와 왜곡을 일삼았던 이들도 있었고, 그것을 숨김없이 들춰낸 이들도 있었다.

김정태의 업적은 일제강점기 때부터 그가 생을 다할 때까지 누구보다도 먼저, 많이 조선의 산하를 발로 찍고 오른 데 있다. 일제강점기 내내, 조선총독부 철도국에 근무하면서 조선을 수탈하기 위한 철도를 개설하고 운영했던 일본인들과 함께했고, 해방 이후에는 명성을 그대로 지닌 채 한국 산악계 원로였다. 그는 산악인으로서 자신의 생을 한 번도 후회한 적이 없어 보였다. 일제강점기 내내 용감하게 산에 오르는 조선인 '긴상'*으로 불리다 창씨개명을 하고, 일본인 중심의 조선산악회 회원·간사·이사 등을 맡으면서 등반에 앞장선 것에 대해서, 그리고 조선인 대표로 야스쿠니 신사, 메이지 신궁 등을 참배한 친일 행위를 제대로 밝히지도 않았고 부끄러워하지도 않았다.

김정태는 자신의 삶 내내, 왜 산에 오르는지를 전혀 묻지 않았다. 일제강점기 내내, 산에 오르는 민족적 정체성에 대해서도 자문하지 않았을 뿐만 아니라 오히려 사실을 왜곡했고 숨겼다. 김정태 삶의 고삐를 쥔 것은 산이 아니라 피식민지의 가난하고 배운 바가 없는 한 조선 청년을 이용한 일본 제국주의와 일본인으로서 조선에 살던 일본인들, 일본 산악인들의 간교함이다. 김정태는 일본 제국주의에 나라를 빼앗긴 피식민지였던 조선을 체념했고, 그 상실감을 일본의 모방과 충성으로 메꾸었다. 김정태는 산을 동경한 것이 아니라 앞서 나가는 근대의 표상으로서 알피니즘을 동경했다. 이를 위해서 그에게 조선과 일본의 구분은 중요하지 않았다. 그는 산에서 이리저리 떠돌았다. 등반이 자신에게 방황이었다는 것을 결코 깨닫지 못했다. 김정태는 조선인으로서 자신의 체념을 숨겼고, 알피니스트로서 자신의 순응을 지나치게 포장했다. 그렇게 그의 거품과 같은 정체성이 만들어져갔지만, 그럴수록 그는 많은 실수를 야기했고, 그 실수를 더 많은 실수로 포장해야 했다. 그런 면에서 그는 일제강점기 내내 일본인도 아니었고, 조선인도 아니었다. 그는 산을 맴돌던 주변인이었다. 그에게는 당위가 없었다. 그의 욕망은 현실에 따라 얼마든지 조정 가능한 것이었고, 삶의 불행과 좌절은 필연적으

---

* 김씨의 일본식 발음.

로 망각할 수 있는 것이었다. 백령회를 설립이 아닌 조직이라고 말하는 것은 그 예다.

김정태가 쓴 산악회 조직에 대해서는, 일제의 조선산악회(1931년 창립)를 그대로 이어받아 1945년 9월 15일 "백령회 멤버가 주동이 된 설립위원회를 거쳐 종로 YMCA에서 창립총회를 개회"했다고 썼다. 이때 김정태는 창립총회의 전형위원(송석하, 최승만, 김상용, 김정태, 김정호 등)으로 참석하여 간사가 되었다. 그리고 산악회에 대하여 "아무리 고매한 또 특수한 알피니즘의 산악운동일지라도 우리 사회의 배경 없이는 있을 수 없으며 그 사회의 문화적인 환경에 입각해서 산악운동의 전반을 고루 이루어나가야 우리나라의 대표적인 산악회다운 올바른 것이 되리라"[81]고 썼다. 그리고 그가 주장한 것은 "사회 동향과 문화적인 지향에 산악인다운 개척적인 사업, 선구적인 활동의 전개"[82]였다.

그는 무리를 지어 조직을 만들었고, 끝까지 이어갔다. 그리고 그 안에 묻혀 외로웠다. 예컨대 우리나라 히말라야 최초 원정대라고 할 수 있는, 1971년 마나슬루 1차 원정대에서 김기섭 대원이 해발 7,600미터 5캠프용 천막에서 돌풍을 맞아 15미터 크레바스에 빠져 추락사했다. 1972년 2차 원정대에서는 김호섭을 비롯한 등반대원 5명과 현지 셰르파 10명이 눈사태에 의해 해발 약 7,000미터 지점에서 전원 사망하는 비극이 있었다.

김정태는 1970년 초기 해외 원정에 대하여, "츄렌 히말 원정 계획을 『조선일보』사와 공동으로 추진(제반계획, 대원선발 등등), 1970년 제1차 이사회에서 동 계획 추진 중지 결정(이유: 본회 해외 원정 추진위원회의 공식 추진이 있음에도 불구하고 김정섭 대원이 대장, 대원 김호섭, 김기섭 등 3형제를 중심으로…『조선일보』사와 일방적으로 추진함에 대하여 이를 인정치 않고… 중지하기로 결정했다)"[83]이라고 썼다.

그리고 1971년, 1972년 김정섭의 마나슬루 원정 실패와 히말라야 원정 등반에 관해서 "어려운 것을 갈 수 있게 하고…모로 가도 서울만 가면 된다는 식으로 가기 위해서만 급급했던 피상적인 일에 집중한 나머지 어떻게 가야 하고, 어떻게 할 것인가의 내면적인 대비가 전연全然 없는 듯했다.…국내 선발의 편성 과정에서부터 국내산에서의 합숙, 훈련, 교육, 평가, 재평 등의 단계적이고 과학적인 강화, 상승 없는 직행식 출정에서 기본적인 체력, 기술, 장비, 식량 등의 극한적인 맹점에 마이너스가 한두 가지가 아닌 듯했다. 또 독점적인 영웅주의도 치명적인 뼈를 아프게 했다"[84]라고 매우 부정적으로 썼다. 1971년 히말라야 원정 등반에 관해서도, "일부 다녀온 뒷말이 곱지가 않다" "또 히말라야 성과 하나에 외국에서 의문성이 있다"고 한다. "이것은 개인이나 집단에만 관계되는 일이 아니라 국가 체면 문제이기도 하므로 매우 불쾌한 일이 아닐 수 없다"[85]고 했다.

고상돈의 히말라야 등정 시비에 관해 김정태는 다음과 같이 썼다.

"등산은 심판과 관중 없는 자율적인 고상한 스포츠란 말도 있지만 개인이고 집단이고 간에 그 진실성은 평소의 실천과 업적에 따라 평가될 수 있고, 그 성과는 스스로 보고, 입증하는 데서 인정될 수 있다.… 이에는 세상 없어도 우리네 명예의 회복과 확보가 재삼 요망시되며 다시는 이런 전철을 되풀이해서는 안 될 것이다."[86] 이를 두고, 그는 "한마디로 나라 망신이요, 온 겨레 산악인의 치명적인 치욕이 아닐 수 없다.… 위정자의 적절한 조치가 있어야 하겠"[87] 다고 말하면서, "사대주의적인 원정식 모방에 지나지 않는다"[88]라고까지 썼다. 그가 두려워한 것은 죽은 이들의 수명보다 기록의 전설이었다. 이때 위정자란 일제강점기 때 그가 알고 지냈던 조선총독부, 조선산악회 일본인들의 환영이었을 것이다. 그 당시 그는 한국 산악계에서 소외된 존재였고, 과거에 사로잡힌 영혼이었다.

삶과 등반 그리고 산악인

이 책은 김정태에 대한 정의가 아니라 물음이다. 과거를 들추어 습격하는 것이 아니라 그가 말할 수 없었던 삶의 흔적들을 찾아내려는 시도에 불과하다. 김정태가 한 모호한 진술은 이미 한국산서회의 홍하일, 김진덕 등에 의해서 밝혀지고 있다. 이들은 꼼꼼하게 1940년 전후 김정태를 비롯한 근대 산악계의 이모저모, 그 왜곡된 역사를 바로잡으려고 숨겨진 자료를 찾아냈고, 이를 바탕으로 관련된 글을 발표했다. 필자의 이 책은 많은 부분 그들이 찾은 자료와 글에 빚을 졌다.

그들의 질문은 이렇다. 김정태, 그는 정말 어떤 인물이었는가? 그가 오른 산행은 무엇인가? 그가 남긴 글과 책은 과연 진실인가?

김정태, 그는 왜 자신을 아무렇지도 않게 왜곡하고 숨겼던 것일까? 그의 욕망의 뿌리는 무엇이었을까? 왜 김정태의 노년은 존경받지 못한 채 쓸쓸하게 사그라져야 했던 것일까? 모두들 그의 뒤틀린 삶을 알고 있었던 것이었을까? 그가 왜곡하고, 거짓으로 기록한 것들을 다 알고 있었을까? 이 글을 쓰는 내내 필자는 어지러웠다. 손경석의 가족들처럼, "아버지의 마음을 빼앗아갔던 산에 대한 질투와 원망의 마음"[89]을 지녔을 김정태 가족들을 떠올리면 더더욱 혼란스러웠다. 왜곡된 사실은 논의도 없었고, 수정도 없이 그대로 놓여 있다. 산을 오래 다닌 한국 산악계의 많은 이들의 몸과 마음속에 김정태는 수정할 수 없고 비판할 수도 없는 전설적 인물로 남아 있다. 그가 은폐하고, 왜곡하고, 거짓으로 진술한 것들을 어떻게 바로잡을 수 있을까? 그것은 비밀을 밝히는 일인데, 한국 근대 산악 역사의 미궁 속으로 빠져드는 일이기도 했다.

김정태의 행적을 복원하는 일은 사실상 불가능하다. 우리가 참고할 수 있는 것은 그가 쓴 책에 적혀 있는 내용과 손경석의 증언 그리고 한국산악회에 있을 가입 원서와 1962년 서울시 문화상을 받았을 때 제출한 공적서 등이다. 문제는 이런 기록들이 서로 같지 않다는 데 있다. 기록 내용이 상이한 것을 어떻게 이해해야 할지 모르겠다. 김정태가 자신의 생애를 은폐했고, 사실을 왜곡한 것은 분명해 보인다. 그 내용이 일제강점기 말기에 있었던 일들이라서 더더욱 행적 복원은 어렵다. 전체적으로 보면, 김정태는 자신의 책에서 생애는 가능하면 숨겼고, 등반 기록은 자세하게 언급했다. 그가 오르고 남긴, 굳어진 등반 기록을 확인할 방법은 없을 뿐만 아니라 진위에 대한 의문이 뒤따르는 것도 사실이다.

일제강점기 이후, 그의 정치적 입장은 사실 변화하지 않았다. 누구보다도 일제강점기 내내 일본인들과 친했고, 그들과 친일 색채가 농후한 등반을 했고, 이를 통하여 자신의 우월적 지위를 견고하게 했다. 일제강점기 동안, 그는 피식민지 한국의 현실이나 민중들의 고통, 독립운동에 대한 견해 같은 것을 표현한 적이 없다. 그는 아무렇지도 않게 산을 내세워 민족적인 성찰에서 벗어나 있었다. 해방 이후, 1978년부터 『중앙일보』에 자신의 생애를 연재할 때부터, 김정태는 일본인들과 경쟁적 관계를 지녔고, 민족적 등반을 했다고 강변했다. 조선인 클라이머로서의 자존감을 잃지 않으려고 했다고 등반 기록에 덧붙였다. 해방 이후, 일제의 조선총독부, 조선산악회에 협력했던 전력은 지우고 싶은 과거였을 것이다. 특히 일제강점기 말기, 전시체제 아래에서 군수물자를 생산하는 회사, 공장에서 일한 것을 자랑했던 바도 그로서는 아픈 과거일 수밖에 없었을 것이다.

그러나 김정태는 자서전과 같은 『천지의 흰눈을 밟으며』를 출간했을 때에도 반성적 성찰이 전혀 없었다. 그는 이런 행적들을 오히려 자랑스러워했다. 그는 일제강점기 동안 그가 이룩한 행적을 말하면서 자신의 치부를 숨겼고 또는 왜곡했다. 그 가운데에서도 출생과 학력 그리고 스무 살 때 한 결혼 이후 4남 2녀를 낳은 가족사, 일제의 패망 이후 1945년 조선산악회를 이어받아 이름 그대로 조선산악회를 운영했던 1948년까지의 감춘 행적이 정점을 이룬다.

한국산악회가 출간한 설립 70주년을 기념하는 『한국산악회

70년』에는 김정태에 관해서 두 쪽을 할애했다. 이 문장에 한국산악회뿐만 아니라 한국 산악계가 김정태를 어떻게 받들고 있는지 그대로 드러난다.

한국산악회의 태산준령 김정태. 평생을 한국산악회와 함께 살다 간 김정태는 그 자신이 곧 한국산악회라 해도 부족함이 없다. 그의 자서전『등산 50년』에 따르면, 김정태는 11살 되던 해인 1927년 봄 처음 북한산 백운대에 올라갔으며, 이때부터 산에 관심을 갖기 시작해 1929년 처음 암벽등반을 시작했다. 1937년 조선인들만의 등산 모임인 백령회에 가입하고 이 무렵 일본인들이 만든 조선산악회에서도 활동을 시작했다. 일제강점기 금강산 집선봉과 북한산 인수봉, 노적봉 등 수많은 봉우리를 초등하거나 개척 등반했으며 동계 백두산과 부전고원 종주에 참가하는 등 초창기 탐험시대를 열었다. 초기 금요회와 여기에서 발전한 백령회 활동에서 김정태의 합류는 강력한 견인차가 되었다.

김정태는 1937년 9월 엄흥섭, 양두철 등과 함께 북한산 노적봉을 초등반한 데 이어 1938년 1월에는 금강산 집선봉 서북릉 동계 등반에 성공했다. 또 서울 근교 오봉 역종주 초등을 비롯 선인봉과 주봉 초등에도 참가했으며 1939년 이듬해 정월에 걸쳐 북수백산 동계 초등에도 참가해 역량을 발휘했다. 1945년 봄 광복을 3개월 앞두고 백령회의 리더였던 엄흥섭이 타계하고 이어 혼란스러운 사회 상황 속에서도 김정태는 우리만의 산악단체를 새로 일으키고자 노력했다. 기존 백령회 회원들을 규합하고 송석하, 도봉섭, 김상용 등 당시 사회 저명인사들을 영입해 새로운 한국산악회(조선산악회)를 탄생시키는 데에 노력했으며 결국 1945년 9월 15일 창립을 주도했다.

1945년 한국산악회 설립 이후 1946년에는 대한스키협회 발기인으로 참여했으며 초기 국토구명사업을 비롯한 많은 행사를 주도했다. … 1976년에는 일제강점기부터 자신이 참여한 한국 산악운동사를 정리한 『등산 50년』을 발간하기도 했다. 1978년 안나푸르나 4봉 원정대 단장을 역임했으며, 1972년부터 1985년까지 한국산악회 부회장으로 봉사했다.

김정태는 글을 쓰고 책을 낼 때 자신의 기억을 떠올렸고, 회상했고, 그것을 글로 재구성했다. 그가 쓴 글과 글들이 모인 책은 그가 자신의 삶을 전승하고, 계승하고자 한 결과일 터다. 우리는 그것들을 모조리 무효로 여기거나 부정할 수 없다. 누구나 자신의 삶을 정의할 수 있는 권리가 있는 법. 이 책에 담긴 글이 김정태의 과거를 불러오는 것으로부터 시작해서, 그를 오늘에 되살리려는 노력의 산물로 읽히면 좋겠다.

등반과 삶은 따로 떼어놓을 수 없다. 삶과 등반을 별개로 나눠놓는다면 등반의 가치는 반쪽으로 동강나는 결과를 초래할 것이다. 그것은 등반과 삶, 그 진실과 허위가 아무렇지도 않게 섞이는 것을 허락하는 죄악이라고 여긴다. 등반은 심판이 없는 고독한 정진이다. 등반 기록은 오른 이가 남긴 원초적 기록을 존중하고, 그것을 단서로 삼고, 의존할 수밖에 없는 환원 불가능함이다. 알피니스트들에게 명예를 부여하고 동시에 등정의 시비, 왜곡, 거짓에 대한 논쟁을 끊임없이 야기하는 바는 이러한 등반의 원칙을 지키려는 알피니즘 고유의 의무 때문일 것이다.

누가 뭐라고 해도, 김정태는 그가 살아 있었을 때나 사후, 지금까지도 한국 산악사를 지배하는 인물이다. 살아 있는 우리들이 그를 달리 보거나 읽어내지 않는다면, 그는 박제된 인물로 있게 될 것이다. 그런 면에서 김정태의 삶의 주변을 언급하는 것은 그를 만든 실천적 영역에 해당된다. 김정태는 그가 살았던 시대와 환경의 산물이라고 할 수 있다. 필자는 김정태를 이런 사람이라고 규정하는 것은 애초부터 불가능한 일이라고 믿었고, 그가 만든 삶의 역사, 그 궤적을 들여다보고 싶었다.

김정태는 태어날 때부터 친일을 한 것도 아니고, 등반에 탁월한 재능을 지닌 것도 아니었을 것이다. 일제강점기, 그는 피식민지 조선인으로 살면서, 알게 모르게 자신의 삶을 형성하고 변형하면서 산악인으로서의 삶의 연대기를 쌓았다. 그는 인문과 윤리의 가치를 먼저 세워 삶을 그 안에 예속시킨 것이 아니라, 현실적 삶을 살면서 영민하게 자신의 입지를 만들어나갔다. 김정태는 산에 오르면서 산을 생각하지 못했다. 산은 그가 좋아하는 바깥 이상이었다. 산이 삶의 한구석이 아니라 광장이 될수록 김정태는 삶의 본연을 잃어버렸다. 김정태, 그는 경쟁이라는 등반 활동을 통해서 자신을 잃고, 그것이 삶을 사는 것이라고 여기며, 그 끄트머리에 허위의 덮개를 씌웠다. 그는 시대를 역행할 삶의 의지가 없었을 뿐만 아니라, 해방 이후에도 자신의 삶을 반성하려고 하지 않았다. 그는 언제나 산으로 나아갔지만 산의 메아리는 듣지 못했다. 산에 오르는 일이 언어를 면제하는 것이라고 한다면, 김정태는 말하고, 글 쓰고, 책을 출간하면서 자신을 구제하려고 했다. 근대 산악인이라는 명예를 얻고, 지위를 누리고자 했던 그는 늘 불안했을 것이고, 누구보다 힘들었을 것이다. 글로 쓴 것보다 쓰지 못한 것이 더 많았을 것이다. 그는 자신이 조직한 단체들을 사회에 통합시키고 싶었다. 김정태 삶에 공식이 있다면 산 앞으로 걸어가고, 산을 올라 산을 통과하는 것이었을 뿐이다. 그 흔적을 초등이라는 기록으로 남겼고 자랑스러워했다. 일상적 삶을 제외한 언어, 그것이 그에게는 등반이었다. 하여, 김정태의 삶과 등반은 서로 외면했다. 삶과 등반은 서로 조응하지 못했다. 상응하는 것도 없었다. 산에서 문제될 것이 없었다고 믿었던 그는 산 위와 아래에서 누구도 미워하지 않았다. 손경석처럼, "산은 언제나 내게 있어서 영혼의 선장이었다"[90]라고 태를 부려 말할 수 있는 지적 능력도 없었다.

언어가 결여된 김정태. 그는 직업이 없었고, 노년에 이르러 얼굴이 창백해지고 파리해졌다. 더 이상 자신을 방어할 도구가 없었다. 산에 오른 그림자 같은 인생만 있었을 뿐이다. 두려웠을 것이다. 그에게 등반 유산으로 "남은 건 침묵일 뿐"[91]이었다.

2

일제강점기
조선의 산과 브로커들

1 산과 권력

나에게 보름달은 빛이 아니라 밝은 어둠이다.

—프리모 레비, 「늙은 두더지」

조선총독부 철도국과 제국의 폭력

일제강점기, 알피니스트는 직업은 아니었다. 김정태는 아마추어에서 시작해서 직업인으로서 알피니스트가 되고자 했던 인물이었다. 이를 위해서 일제강점기라는 시대적 우울은 그에게 끼어들 여지가 없었고, 친일과 민족적 저항 같은 이항대립도 필요하지 않았을 것이다. 창씨개명도 어려운 일이 아니었듯, 과도하게 포장한 백령회에 대한 서술도, 자기 자신에 대한 명료한 증명도 무시할 수 있었다.

그의 책을 보면 성장, 성숙, 관계 등 생업에 관한 정보가 도무지 확실하지 않다. 부모, 형제, 출신 학교, 등반과 연계된 최초의 입문 과정, 일본 유학, 직업(공업소에서 시작해 수도여자사범대학 총무과장 겸 교수를 거쳐 한국산학회 부회장), 생몰 기간에 따르는 구체적 내용이 거의 없다. 오로지 그가 구술한 산행 기록이 사실 확인이 되지 않은 채 업적으로 남아 있고, 그것이 정설로 회자되고 있다. 가장 궁금한 것은 그가 산 아래에 살면서, 산 안으로 들어가고 바위를 오르면서 한 생각이다. 지금 이것을 밝혀줄 자료는 그가 쓴 글과 책 그리고 주위의 증언들뿐이다. 김정태의 글과 책은 일제강점기에 등반하면서, 대우받지 못한 직업 등반가의 행복한 과거로 보인다.

등반은 지켜보는 이가 없는, 기준이 없는 스포츠에 속한다. 비판받는 것을 가장 싫어하는 알피니스트들은 자신들의 행위에 어떠한 비판 혹은 그것에 가까운 암시만 받아도 자존심에 상처를 받는다. 자존심 때문에, 오른 산을 다시 오르기도 하듯이, 끊임없이 노력하는 존재가 알피니스트지만 스스로 자존심을 왜곡하기도 한다. 산행은 결국 자기 혼자 아니면 같이 간 사람들만의 행적, 기록, 기억에 의존할 수밖에 없기 때문이다. 등반문학은 사실과 기억 사이를 메꾸는 그리하여 사실을 사실 이상으로, 기억을 가치의 보루로 삼게 하는 역할을 한다. 그런 면에서 김정태의 『천지의 흰눈을 밟으며』는 한 알피니스트의 문학 작품이라고 할 수 있다. 얼마든지 사실을 왜곡할 수 있는 권리를 보장받은 공간을 얻는 것이다. 승인받고자 하는 노력이 구술이다.

서양의 등반문학과 김정태가 쓴 이 책과 같은 기록을 앞세우고 그것을 주장하는 문학 사이에는 큰 차이가 있다. 문학은 사실, 몽상, 상상에 대한 용인된 허구라고 한다면, 허구의 문학으로서 등반문학은 해석을 낳는 반면에, 기록만을 내세우고 그것을 자신의 앞가림으로 삼는 문학은 문학이기보다는 구술에 가깝다. 이 부분에 있어서는 사실이 사실로서 확인되어야 한다. 이 책에 대해서는 다음 장에서 다루었다.

김정태는 1973년 6월 1일 일기에 이렇게 적었다.

1937년 백령회 조직, 민족 자각, 자립, 자결정신, 양인洋人, 일
인日人과 판이한 실천, 라이벌 오쿠노와 맞선 등반, 1942년 백두
산 동계 등반에 일인 이시이, 오쿠노, 이이야마 등의 포용 리이드.

이 내용은 김정태가 클라이머로서 자신의 삶을 통틀어 내세울 수
있는 집약된 최대값이다. 과연 1931년 10월 28일에 창립한 조선산
악회에 1937년 혹은 1938년에 가입한 김정태가 그즈음 백령회를
조직했고, 그것이 민족주의 자각과 자결의 산물인지, 탁월한 등반
을 한 조직이었는지는 의문이다. 앞에서 언급한 것처럼, 서울역 염
천교 부근에서 공업소를 운영했던 이시이 요시오石井吉雄는 여러모
로 김정태를 경제적으로 도왔다. 금강산 협회 오쿠노 마사이奧野正
亥, 1911-2002는 조선산악회에 1933년에 가입한 김정태보다 다섯 살
이 많은 회원이었다. 조선산악회 창립회원이면서 이사였고, 조선총
독부 철도국에 근무하던 이이야마 다츠오飯山達雄, 1904-99는 김정태
보다 열두 살이 많은, 당대 최고의 클라이머였다. 이들보다 나이도
어렸고, 등반 경험도 적었던 김정태가 이들을 포용하면서 이끌었다
는 것은 가능한 일인가?

일제강점기, 조선의 산악인 김정태와 등반 그리고 조선산악회는
조선총독부 철도국과 밀접하게 연결되어 있다.[1] 박찬모는 "창립총
회에서 주목해야 할 것은 창립 회원 다수가 조선총독부 철도국에

근무하고 있다는 점이다. 창립총회 이후 1933년까지 두 차례에 걸쳐 가입한 신입 회원 13명 중 철도국 소속은, 경성운수사무소와 영업과에서 근무했던 다나베田邊多聞와 철도국 공작과 기계과에서 근무했던 후지이藤井仁吉 단 2명뿐이다. 이에 비해 창립 회원 23명 중약 40퍼센트인 9명이 철도국에 근무하고 있었던 것이다. 이는 총독부의 관광 정책이 철도국에 의해서 주도적으로 시행되고 있었던 점과 깊은 관련을 맺고 있는 것으로 판단된다"[2]고 썼지만, 조선산악회와 철도국의 연관성은 이보다 더욱 깊었다.

조선산악회 회장이었던 나카무라 료조中村兩造는 경성제국대학 의학부 교수로서, 조선총독부가 1930년 금강산 국립공원을 계획했을 때 만든 '금강산 탐승시설조사위원회'(1937) 위원이었다.[3] 조선총독부는 이 위원회를 "1937년부터 학무국 사회교육과에 설치했다. 이후 기본적 조사에 착수한 결과 1939년부터 향후 3개년 계획으로 국비 약 300만 원"[4]의 예산을 배정했다. 이처럼 식민지 조선의 산하를 옮겨 다니고 백두산, 금강산 등을 쉽게 오르고 내려올 수있게 한 철도 개설은 1899년에 일본 제국주의가 획득한 경인철도의 부설권으로 시작되었다.

철도 개설은 대륙 공략과 경제 수탈을 목표로 한 일본 제국주의식민지 침투, 경영의 출발이었다. 1904년 2월 8일 러일전쟁을 시작한 일제는 인천에 임시군용철도감부를 설치했다. 1899년 대한철도회사(박기종)가 부설특허를 받고, 1900년 9월 서북철도국이 착공한 용산-신의주 간 경의선과 삼랑진-마산포 간의 마산포선 건설에 일본군 철도대대를 투입하여 접수했으며, 임시군용철도감부는 1905년 '철도관리양성소'라는 철도학교를 만들었다. 1905년 을사조약 체결로 설치된 일제의 통감부는 철도관리국을 설치했으며, 철도관리국은 1909년 3월 16일 철도청으로 변경되었다. 1906년에 설치된 통감부의 철도 사업은 1910년에 설치된 조선총독부로 이관되었다. 1910년 8월 22일 조인된 한일병합조약이 8월 29일부터 발효되면서 10월 1일 조선총독부 산하에 철도국을 설치하여 1917년 7월 30일까지 조선 철도를 총괄했다. 철도 부설권과 철도망 건설의 중심에 조선총독부 철도국이 있었고, 재조 일본인들에게 식민지 조선의 등반 역사는 이때를 계기로 특별한 것이 되었다.

철도 부설은 산을 허물어 토지를 확보하고, 철도를 지키기 위한 군대의 주둔, 철도 운영을 위한 제반 시설을 전제로 하는 것이므로, 이는 제국주의의 세력이 구체적으로 확장된다는 것을 의미했다.[5] 이를 위해서는 산을 올라야 했고, 길을 내어야 했다. 조선은 일제의 전진 기지가 되었고 일제의 국유철도, 사유私有철도 그리고 일본인 경영의 사유궤도를 포함한 조선의 철도는 수탈뿐만 아니라 군사적 팽창을 위하여 대륙을 잇는 지리적 공간을 낳았다. 조선총독부 철도국은 언제나 흑자 경영을 했던 터라 조선총독부의 금고 역할을 했다. 재조 일본인이면서 등반가였던 이이야마 다츠오는 철도국 영업국 소속으로, 식민지 경영에 앞장서 있던 인물이었다.

반면에 철도는 피식민지 조선인들에게는 곡선의 길을 직선의 길로 만든 유력한 근대 체험이었다. 우리가 비주체적으로 맞이한 기차의 굉음은 탄성을 불러일으켰지만 동시에 "이 땅의 주인이 주변인의 자리로 밀려나는 비극을 그리고 인간이 기계와 자본에 밀려

도구로 전락하는 비극"[6]을 낳기도 했다. "일제강점기 내내 이 땅에 살던 이들이 경험한 것이 이러한 소외였"다.[7]

1899년에 개통한 경인선을 비롯해서 1905년 경부선, 1910년 경원선과 호남선 등 조선의 철도는 일본 "제국의 욕망이었고 야심을 실현하게 하는 수단"[8]이었다. 높은 산을 오르는 것은 제국의 욕망을 확장하고 전시하는 것과 같았다. 식민지 조선을 경영하기 위해 일본 제국주의가 맨 먼저 파견한 것은 측량사를 비롯한 철도 기술자들이었다. 그들의 발과 손은 식민지 조선을 떡 주무르듯 했다.[9] 그들은 조선의 산하를 경계 없이 다닐 수 있었고, 제국주의 행로를 확장하기 위하여 철도를 설계했고, 뱀처럼 기차가 다닐 수 있도록 했다. 철도 사업은 일본 제국주의의 침략을 실험한 것이며, 제국주의 횡포의 시작이었고, 뒤엉킨 식민지의 모순이었다.[10]

철도 건설은 조선의 경제를 수탈하는 일제의 광포한 폭력이었다. 기록을 보면, 1877년 부산 개항에 이어, 1883년 강화도 조약을 체결한 후, 일본은 인천의 제물포항의 개항을 요구했고, 관철했다. 1905년 경부선, 1912년 군산선, 1914년에는 호남선과 경원선이, 1915년에는 함경선이 개통되었다. 도로를 만들기 위해 일제는 1907년에 남대문 성곽을 허물었고, 1923년에는 조선물자 공진회 개최를 빌미로 광화문을 없애버렸다. 1905년 조선총감부 이후, 1910년부터 1945년까지 조선총독부가 조선을 피식민지로 점령하여 본격적으로 철도를 개설하면서, 조선으로 이주하는 일본인들이 증가했고, 백두산을 비롯해서 조선의 산하를 등반하는 이들도 늘어났다. 1914년에는 조선총독부 관측소장이 백두산을 등반한 후, 『매

조선총독부 철도국은 1910년 10월 1일에 설치해 1917년 7월 30일까지 조선 철도를 총괄했다.

조선산악회가 발행한 기관지 『조선 산악』.
1932년 4월부터 1937년 3월까지 총 4번 발간되었다.

일신보』에 탐험기를 연재하기도 했다.[11]

1914년에 경성과 원산을 잇는 경원선이 개통되었다. 1914년 원산에서 외금강의 장전항까지는 조선총독부가 지원하는 조선우선주식회사 기선이 다니면서 금강산 등반도 새롭게 시작되었다. 그즈음 1915년에는 조선총독부 철도국이 온정리에, 1924년에는 장안사 쪽에 호텔을 지어 영업을 시작했다. 이 경원선 개통으로 금강산 등반이 본격적으로 확장될 수 있었다. 1921년에 착공해서 1931년에는 사철私鐵인 금강산전기철도 주식회사가 철원, 김화, 내금강까지 금강산전기철도 전 구간을 개통해서, 금강산은 일본인들의 휴양지가 되었다. 구메 산장과 비로봉 산장을 거쳐 금강산 비로봉을 쉽게 오를 수 있게 된 것이다.

1930년에 이르러서는, 조선총독부가 황국 신민화를 위한 체력 증진 등을 내세워 등행·등산을 적극 장려하기 시작했다.[12] 대표적인 백두산 등반 기록을 보면, 1926년 조선교육회 190명 회원이 백두산을 올랐고, 이에 참여했던 최남선이 「백두산 근참」이라는 글을 『동아일보』에 89회 연재했다. 1930년에는 일본 제국주의가 임산자원 개발 사업을 본격화하기 위하여 1929년 무산선과 산림철도인 백무선을 개설한 무산군茂山郡에 있던 무산수비대 200여 명이 백두산에 올랐다. 이에 참여했던 안재홍이 『조선일보』에 「백두산 등척기」를 연재했고, 이 글은 1931년에 같은 이름의 책으로 출간되었다. 1934-36년에는 교토제국대학 산악부가, 1935-37년에는 경성제국대학 산악부가, 1936-41년에는 와세다대학 산악부가, 1940년에는 오사카 상대 등산부가 철도를 타고 조선을 횡단했고, 백두산에 올랐다.

조선총독부 철도국은 일본 철도성 소속이면서 알피니스트였던 가와카미 마에다河上壽雄, 카가미 요시유키쏨務良幸를 초청해서 금강산 암벽등반 홍보영상을 제작하기도 했다. 이들은 『매일신보』부사장이었던 박석윤과 함께 금강산 집선봉과 비로봉에 올랐다. 대표적인 친일파 박석윤은 1927년 7월, 조선인 최초로 몽블랑에 오른 것으로 유명한 인물이다.[13]

조선총독부 철도국과 조선산악회는 일본 제국주의의 식민지 침략·침탈을 위한 철도를 따라 밟으며 조선의 산하를 추적했다. 이이야마 다츠오를 비롯해서 당시 조선산악회를 만든 재조 일본인 회원들 대부분이 조선총독부 철도국과 재조 일본인 기업에 근무했다는 사실은 무엇을 뜻하는가? 철도는 근대 도시의 설계자였고, 식민지 지배의 대표적인 실체였고, 상징이었다. 1904년 한일의정서 이후, 철도를 중심으로 일제의 침탈은 시작되었다. 철도용지를 수용한다는 이유를 내세워 토지를 약탈했고, 강화도 수호 조약을 체결함으로써 이 땅의 경제력도 잠식했다. 철도망의 유지가 곧 제국의 실체였다. 이를 위해서 일제는 "1906년부터는 통감부 철도관리국에서 시작하여 통감부 철도청, 일본철도원 한국철도관리국, 1910년 이후에는 조선총독부 철도국, 1917년 이후 남만주철도주식회사(만철) 운영 시에는 조선총독부 관방철도부, 경성철도관리국으로, 1926년 이후에는 다시 조선총독부 철도국으로, 1943년에는 철도국이 교통국으로 변화하여 교통 전반을 관할하는 조직"[14]을 또 다른 군대로 운용했다.

철도 노선은 1927년 이후 「조선철도 12년 계획」에 의해 급격하게 확장되었는데, 1925-37년에는 산업선의 확충, 1937-45년에는 수송력 증강을 위해 복선화, 자동신호등 설치가 이루어졌다. 또한 「조선철도 12년 계획」에 의해 경전선, 도문선, 혜산선, 만포선, 동해선 등이 건설되어 물자 수탈과 군대 이동 등에 활용했다. 복선화는 경부선이 1936년부터, 경의선은 1938년에 시작되어 1943년에 완성되었는데 이는 시기적으로 전쟁 수행을 위한 것이었다.[15] 일제강점기, 철도국 직원은 더욱 확대되었는데, 특히 철도국이 조선 여행에 관한 책을 출판하고, 호텔까지 운영했다. 이를 위하여 철도국 직원으로는 "일본 천황이 직접 임명하는 고등관, 천황이 소속 장관에게 위임하여 임명하는 판임관이 있었다. 고등관에는 칙임관과 주임관으로 나누어지고 고등관 대우가 있었다. 칙임관에는 국장, 이사(국장 유고시 대리, 현직은 감독과장)가 있고, 주임관 및 주임관 대우는 참사, 부참사, 기사, 철도의, 철도약제사가 있었다. 판임관 및 판임관 대우에는 서기, 기수, 교유, 철도수, 철도의, 철도약제사가 있으며(계원, 사무소원, 역장, 조수, 역원, 현장의 중견간부) 그 밑에는 고원과 용인이 있었다."[16] 피식민지 조선인이 철도국 하급 직원인 고원이 되는 일은 철도학교나 철도종사원 양성소 같은 철도국 산하 교육기관을 나와야 가능했던 힘든 일이었다.

조선산악회 소속인 일본인 이이야마 다츠오는 식민지 조선에 기찻길을 건설하고 운영하는 데 앞장선 조선총독부 철도국 소속이었다. 1938년 조선총독부 철도국은 『반도의 근영』半島の近影이란 제목의 책자를 출간했다.[17] 이 책자에는 이이야마 다츠오가 찍은 사진

写真集

北朝鮮の山

飯山達雄・編

国書刊行会

조선산악회 소속 일본인 이이야마 다츠오의 사진집 『북조선의 산』.

들도 실려 있다. 번역본 41쪽의 묘향산, 45쪽의 삼방 협곡, 47쪽의 금강산, 49쪽의 외금강 집선봉, 52쪽의 외금강 삼선암, 56쪽의 관모봉 등은 이이야마 다츠오의 사진집 『북조선의 산』北朝鮮の山에서도 볼 수 있는 사진들이다.[18]

1940년 초, 조선총독부 철도국은 9월 18일을 철도의 날로 제정·공표했고, 이날 신사참배를 함께 강행했다.[19] 김정태는 이 비정한 기차를 타고 아무렇지도 않게 정상 정복을 중시하는 근대 알피니즘의 복판에 섰고, 조선의 산하를 질주했다. 일본인 중심의 조선산악회에서는 조연으로, 기차를 타고 백두산과 금강산을 향할 때는 자신을 한국 근대 알피니즘의 중심인물로 여겼다. 일제강점기, 철도의 시대에 조선의 산하는 가혹했다. 철도는 피식민지 조선과 김정태에게 "위험한 축복이었고, 태풍 같은 가혹한 축복이었다."[20] 조선산악회를 비롯한 재조 일본인 산악인들 그리고 김정태는 일본 제국주의의 브로커들이었다. 그들은 "식민지 지배의 부당성을 인정하지 않았고, 따라서 그것에 대한 죄악감도 별로 없었으며, 전쟁 책임에 대한 자각도 희박했"[21]고, "철저한 자기중심주의, 이익중심주의에 사로잡혀서 피지배자, 피식민자를 물건으로써 취급하고 그에 동정을 보내지 않을 뿐만 아니라 인간으로서의 아픔을 느끼지도 못했다."[22]

손경석이 "한국 등산사에서 별 의의는 찾을 수 없다"[23]고 한, 1931년 10월에 창설된 조선산악회 중심인물인 이이야마 다츠오를 비롯한 그들은 왜 산에 오르려고 했던 것일까? 왜 조선의 산 사진을 그토록 많이 찍어 남긴 것일까? 김정태와 이이야마 다츠오를 비롯한 조선산악회 회원들은 백두산 등반·등행이라는 이름으로 조선 수탈의 야욕을 숨긴 채 산을 오른, 일본 제국주의의 부역자들이었다. 그들은 알피니스트라는 탈을 쓰고 조선 산하를 멋대로 올랐다. 그리고 조선과 조선의 산을 사랑했다고 위장했다.

특히 이이야마 다츠오는 해방 이후에 자신의 등반 기록을 책 『북조선의 산』으로 남겼고, 1971년 10월에는 서울을 방문해서 한국의 산악인들에게 환대를 받으면서 자신이 남긴 유산을 보았다. 1973년에는 『월간중앙』에 백두산, 금강산, 설악산 등 한국의 명산을 사진으로 12회 연재하기도 했다. 그는 아직도 한국 근대 알피니즘의 역사에서 전설적 인물로 등장한다. 많은 이들이 그를 근대 등반의 선구자로 우러러본다. 아직까지도 그의 등행 기록을 정리하고, 그의 초등 발자취를 기념비처럼 여기는 이들이 많다.

김정태와 북한의 산

조선인 김정태는 1940년에 창씨개명을 해서 타츠미 야스오辰海泰夫가 되었다. 창씨개명 이후, 그는 조선산악회 소속으로, 조선총독부 철도국에 근무하는 일본인들, 조선산악회 회원들과 산에 올랐고, 그들을 친절하게 안내했다. 타츠미 야스오의 국어는 일본어가 되어갔다. 그즈음, 철도와 도로 개설에 박차를 가한 일본 제국주의는 조선의 물자들을 일본 본토로 악착같이 운반해 가져갔다. 일본 제국주의의 침략과 찬탈의 역사는 이미 오래되었지만, 김정태의 산행에는 아무런 영향을 미치지 않았다. 철도가 일제 무단통치의 핵심이었다면, 등반은 제국주의의 화려한 꽃과 같았다. 철도를 개설하기 위하여 조선의 노동자들은 일본 제국주의자들의 군홧발과 채찍질 그리고 저급한 임금으로 차츰차츰 죽어가고 있었다.

김정태는 1935년 2월, 서울역에서 밤 기차를 타고 금강산으로 향했다.* 1937년 10월에도 엄홍섭, 주형렬 등과 함께 "밤 기차로 서울역을 떠나 철원에서 전철을 갈아탄 후 이른 아침에 내금강역에 내려"(113쪽) 금강산을 등반했다. 1938년에 이어서 1939년에도 이재수, 방봉덕, 채숙, 양두철 등과 함께 올랐다.(105, 123쪽)

"우리가 설악산을 가게 된 또 하나의 이유는 마침 그때 철도가 외금강에서 남으로 연장, 양양까지 개통되었기 때문이었다. 금강의 그늘에 가려 소박받던 설악이 철도의 가설로 외부 세계와 다소 가까워진 것이다. … 밤 열차로 서울을 떠나 안변, 외금강을 지나 1939년 1월 2일 낮 가역사 하나가 덩그러니 서 있는 속초에 내렸다. 썰렁한 철둑에 내려선 여객이라고는 우리 세 사람이 전부였다. 짐을 챙기고 있는데 일본 경관이 나타나 불심검문, 파출소까지 끌려갔다."(140쪽)

이어서 3월에는 혼자서 "서울역을 저녁 7시에 떠나 이튿날 아침

---

* 이 등반에서 김정태는 그의 삶의 스폰서 역할을 한, 경성에서 철공업소를 운영하던 일본인 이시이를 만나게 되고, 나중에도 등반을 함께한다.(157쪽)

10시에 함경선 주을역에 내려"(148쪽), 함경북도에 있는 관모봉에 올랐다. 1940년 김정태는 경원선을 타고 일본인들과 함께 금강산, 설악산 등행에 나섰다. 그리고 1941년 12월에는 엄흥섭, 주형렬, 양두철, 유재선, 구로다 등 일본인들과 함께 "국경 경비대 일본 대장의 호의"(197쪽)와 더불어 백두산 마천령산맥 연봉에 올랐다.

　김정태는 이 등반에서도 '전인미답'이라는 말을 썼다. 1942년과 1943년에 김정태는 조선체육진흥회가 주최한 백두산 등행단의 간사로 백두산에 올랐고, 그것을 자랑스럽게 여겼으며 해방 이후에는 이 행적을 거의 언급하지 않았다. 이렇게 식민지의 어둠과 억압과 수탈의 빗장을 뚫고, 김정태는 일본인들과 함께 아무렇지도 않게 일본 제국주의자들이 만들어놓은 막힘없는 기차를 타고 이 땅의 산으로 들어갔다. 아니 산으로 빨려 들어갔다는 것이 옳은 표현일 것이다. 김정태가 타고 백두산, 금강산에 가까이 간 기차는 시인 오장환의 표현을 빌리면 "슬픔으로 통하는 모든 노선"(「The last train」)이었다. 일본 제국주의가 개설한 기차는 제국주의 수탈의 정념과도 같았던 것, 조선 산하의 자원들이 그 기차에 실려 일본 제국주의 본토로 옮겨졌다. 해방 전까지, 일본은 조선에 6,362킬로미터에 이르는 철도 노선을 장악했다.[24] 김정태는 편리한 기차를 타고 빼앗긴 조국의 수도 경성을 빠져나와 산으로 갔고 자신의 신분을 잊었다. 그리고 조국의 처참한 비극을 애써 외면했다. 산에서는 제국주의자들의 수탈, 찬탈, 지배, 탄압, 차별, 분열과 같은 식민지의 모순, 숨막히는 풍경을 더 이상 보지 않아도 되었다.

　일본 제국주의가 조선의 철도 부설권을 찬탈해서 기차를 조선 산하에 개설한 것이 공간적으로 조선을 지배하기 위한 것이라고 한다면, 김정태가 산에 오른 것을 초등이라고 명예처럼 기록해놓은 것은 공간의 정점에 오른 쾌감 같은 것이었다. 경인철도합자회사가 세운 경인철도회사가 기차 사업을 시작했을 때는 노량진과 제물포 사이 33.2킬로미터를 오가는 기차가 진동한 1899년 9월 18일이다.[25] 명성황후 시해가 일어난 지 4년이 지난 후였다. 1940년, 그 당시 조선의 민중 대부분은 농촌에 살고 있었고, 일본인 대부분은 도시에 살고 있었다. "1938년 통계에 따르면, 일본인 가운데 71퍼센트는 50개 도시에 거주하고 있었다. 하지만 이들 도시에 거주하는 조선인은 조선인 전체 인구의 11.5퍼센트에 지나지 않았다. 일본인들은 자신들이 정착한 도시를 편리하게 개조했다."[26] 산은 그들에게 도시를 벗어나는 유락의 즐거움을 주는 곳이었다. 탐험을 내세워서 수탈을 확장하려는 또 다른 대상이었다.

김정태가 1940년 11월 3일 인수봉 등반을 위하여, 경성에서 창동역까지 타고 간 전차는 그 가운데 하나의 노선이었다. 전차의 효시는 1899년에 서대문에서 청량리까지 개설된, 한성전기회사가 완성한 전차였다. 여기서 전차는 식민지 조선의 거대한 상징이라고 할 수 있다. 김정태가 타고 간 전차의 "기적 소리는 식민지 백성의 신음소리를 묻어버렸다."[27] 그사이, 김정태는 일제의 관광 기차를 타고 백두산·금강산 등행을 했고, 근대 등반에서 빼놓을 수 없는 조선인 임무林茂처럼 온천이 있는 관광단지에서 묵었다. 정말 그 시대, 그를 달래줄 것은 산행뿐이었을까? 이런 의문이 풀리지 않는 이상, 한국 근대 등반사는 영원히 "미제의 기획"[28]으로 남을 수밖에 없다.

　김정태는 1940년 11월 3일, 일본 제국과 진보의 상징인 경원선을 타고 창동역에 내려, 당당하게 자신의 미래를 향해 걸어갔다.[29] 그가 도착한 것은 인수봉 정상, 조선총독부가 강제한 창씨개명을 확인하는 행사였다. 클라이머들 혹은 암벽훈련(손경석 주장)을 내세운 '명자교환회'名刺交換會가 자신의 운명을 어떻게 바꿔놓을지 모른 채, 그는 엄흥섭의 제안으로 합류해 리더처럼 등반을 지도했다. 인수봉 정상에서 거대한 기념사진을 찍은 후, 급하게 내려온 그는 아주 짤막하게 일기 한 단락을 써서 그날을 기록하고 망각했다. 그리고 40년쯤 지난 후 회고록을 쓸 때, 이 명자교환회는 민족적 대집단 등반이란 관념적이고 추상적인 이름으로 탈바꿈한다. 그날 인수봉 정상에서 찍은 사진은 그의 책 어디에도 없다. 그는 이것마저 기억에서 호출하고 싶지 않았다. 명자교환회라는 이름의 등반을 망각하고 싶었을 뿐이었다. 그는 사진을 자신의 책에서 배제했다. 그것이 그가 지닌 마지막 자존심과도 같았으리라. (이 부분에 대해서는 이 책 3장 '인수봉 등반 사진의 비밀'을 볼 것).

　김정태는 19세가 되던 1935년 2월 엄흥섭과 함께 금강산 등반을 하러 갔을 때, 기차 안에서 이시이 요시오石井吉雄라는 일본인 학생을 만나 그에게 스키 지도를 받았다. 그리고 이시이와 함께 금강산 등반을 했다. 그때 이시이는 일본 대학생이었다. 그리고 1937년 1월 금강산 집선봉 등반 때는 일본에서 장비를 가져온 이시이와 함께했다. 이 시기, 김정태는 "젊은 나이에 빠지기 십상인 영웅심과 우월감을 느낀 나"(110쪽)라고 썼다. 그는 산에서 만난 여자들에 대해서도 꼼꼼하게 그 감흥을 기억하고 글로 옮겼다. 이시이에 대하여 "1935년 금강산에 스키 코치로 사귄 후, 나의 일본 유학에 연고가 있으며 … 모든 일본인이 그러하듯 우월감이나 거만한 데 없이 우리를 좋아해서 산을 허물없이 다닐 수 있었다. 키가 6척 장신에다… 곧잘 웃기는 애교가 있었다. 가끔 어딘가 비어 있는 듯 어린애 같은 짓을 해서 법석을 떨고 웃겨서 재미있는 친구였다"(54쪽)라고 썼다.

김정태는 엄흥섭을 비롯해서 그가 일했던 직장, 직위, 직종에 대해서는 무척 자세하게 언급하고 있다. 그 곁에 자신의 지위도 끼워 넣었다. 그 지위는 그가 일했던 직장의 성격을 살펴보면 도무지 이해가 되지 않는 직책들이었다. 그는 엄흥섭의 도움으로 이런저런 회사에 근무한 것처럼 낮은 노동자가 아니라 위원장이니, 운영부장이니 하는 직책을 그의 책에서 썼다. 소형용광로 사업이 그의 책에서 나오는데, 그는 이 사업의 특징조차 알지 못했다. 전시체제 일본이 전쟁을 하기 위한 국책사업이라는 것을. 그러나 그는 그 일을 맡았다는 것을 자랑스러워했다.

이시이가 주인이었던 '석정 공업사', 일본 회사였던 '삼국석탄', 친일기업인 백낙승의 '일본무연탄제철주식회사'의 청부업체라며 김정태가 근무했다고 스스로 밝힌 엄흥섭의 '삼화연료 공업소' 등은 전문성이 턱없이 부족한 김정태가 운영부장과 같은 직책을 수행할 수 있는 허접한 곳이 아니었다. 전시 막바지, 일제가 총력을 기울여야 했던 소형용광로 국책사업 기업이었던 바, 김정태는 항상 이런 식으로 자신의 위치를 상향시켰다. 이 시기에 하청업체인 '삼화연료 공업소' 정도의 소규모 하청 회사는 많았을 것이다. 문제는 김정태가 전시 군수산업에 적을 두고서 징병을 면했는데 '민족애를 구가했다'고 할 수 있는지를 해석하는 데 있을 것이다. 이때 민족이란 그가 창씨하고 개명한 일본인으로서 말하는 것일 터다.

김정태를 비롯한 근대 등반사는 한국 산악계의 친일 잔재를 확인하고, 그 문제를 공유하는 시도라고 할 수 있다. 김정태는 자신이 책에서 제13회 일본 메이지 신궁 체전에 지도자 대표로 파견되었다고 썼다. 이 대회는 1942년 10월 31일부터 11월 3일까지 열린 대회였고, 김정태는 10월 24일 대구, 부산, 시모노세키를 거쳐 도쿄에 도착했다. 10월 27일 야스쿠니 신사를 참배, 10월 29일 메이지 신궁을 참배했다.

1940년 1월, 김정태는 방현, 이시이, 엄흥섭 등과 함께 인공호수인 부전호수가 있는 북수백산 2,500미터를 오른다. 김정태는 이 산이 "처녀봉이라는 데 이끌려 등반 대상으로 정"(156쪽)했다고 썼다. "북수백산 못 미쳐 있는 차일봉은 1935년 3월 경성제대 산악부가 동계 초등반을 했었다"라고 명기했다. 그에게 중요한 것은 언제나 초등에 관한 것이었다.

"함흥에서 조그마한 경편 기차를 (타고) 서너 시간 걸려 송흥리로 간 후, 1,200미터 높이의 부전령 도안역까지 인클라인으로 끌어 올려지고 또 한 번 장난감 같은 경편 열차로 달린 다음 광대한 내륙고원호수 부전호를 모터보트로 가로질러 16킬로미터 호수의 북안 한대리를 거치게 된다. 이 같은 근대화한 교통 시설도 자연의 폭위에는 맥을 못 추어 엄동의 북수백산 등반은 초입부터 난행이었다. 그러나 산 아래 발전소는 24시간 쉴 새 없이 가동하고 있었다. … 압록강을 북류하는 부전강을 여기서 가로막아 반대방향인 개마고원 남단 1천여 미터 단애로 떨어뜨려 50만 킬로와트의 발전을 하고 있었다. 일본은 벌써 근대화 건설을 노구치 재벌口財閥로 하여금 이같이 험한 심산에 상상도 할 수 없는 시설을 투입하여 흥남 질소공장을 비롯한 북한 중공업화를 실현시키고 있었던 것이다. 신과 자연의 섭리를 이용한 웅휘한 구상과 시설은 새삼 인간의 왜소하고 위대함을 함께 실감케 했다.(157-161쪽)

이렇게 글 쓰는 김정태는 어느 나라 사람이었는가? 1942년 7-8월, 1943년 7-8월, 조선총독부 소속 조선체육진흥회가 주최한 백두산 등행에 대해서, 김정태는 도무지 이해할 수 없는 설명을 하고 있다. 그러니까 1941년 등반 이후, 그는 조선산악회에서 실력을 인정받았다고 했고, 이 등행단의 계획과 진행을 맡은 간사 역할을 했다. 1942년에는 참가 인원이 75명, 1943년에는 85명이었다. 단장은 모두 일본인이었다.

그런데 그때까지 백두산을 주로 우리 쪽에서 올라갔는데 그 무렵 일본의 괴뢰인 만주국이라는 것이 있어 건국 10주년 사업이라고 하여 백두산 국립공원 설치 등을 서두르면서 여름이면 안우현, 통화성, 신경대학 등 학술 조사대가 연달아 만주 쪽의 백두산을 올라다녔다. 이러한 그들 자행에 분기한 것은 젊은 우리들 백령회 멤버였다. 그들 자행에 맞장구를 치며 서둘러야겠다고 일본인 지도층에 바람 부치고 권고해서 2회 계속 백두산행을 실현시킨 것이다. 두 번 다 서울역에서 목단행 기차를 타고 다음 날 새벽 길주에 도착, 전장 141킬로미터의 혜산선을 달려 정오쯤 혜산진에 닿아 입산했는데, 1942년엔 7월 23일 출발하여 15일간, 1943년에는 7월 25일 출발하여 14일간이 각각 소요되었다.(217쪽)

이 글은 김정태가 지닌 역사의식의 수준, 친일행위의 정도를 판단할 수 있는 증좌다. 김정태는 일본 제국주의와 일본의 괴뢰 만주국을 전혀 구분하지도, 제대로 이해하지도 못하고 있다. 1905년 일본 제국주의는 러일전쟁에서 승리한 후, 만주에 진입했다. 1931년 만주사변에 이어서, 1932년에 만주국을 건립했고, 일본 관동군 사령관이 장악한 터라 '친일 만주국'이라고 칭했다. 만주국은 이곳을 독립운동의 기지로 삼고 배일운동, 독립운동을 했던 조선 독립군과 조선 농민들을 살상하고 몰아냈다. 독립운동 단체들이 만주를 떠나 중국 본토로 가게 된 이유는 여기에 있다.

1942년 7월과 8월 사이 김정태가 조선총독부가 지원한 백두산 등행에 참가했을 무렵, 정확하게 1942년 4월 26일에는 만주국 랴오닝성 번시 탄광 폭발사고가 있었다. 이 탄광 사고는 일본 제국주의의 무차별적 착취로 생겼으며, 동종의 사고에서 가장 많은 희생자를 낸 사고로 역사에 기록되어 있다. 공식적인 사망자는 1,549명이라고 하지만, 이보다 훨씬 더 많았을 것이다. 일본의 오쿠라大倉 재벌이 운영하던 탄광이었는데, 희생자 가운데 일본인은 31명, 조선인 희생자의 수는 알려진 바가 없다. 김정태는 이 사고로 인하여 만주국, 번시 탄광에 대해서 들은 바가 없지 않았을 것이고, 석 달이 지난 후에 백두산에 오른 것이다.

필자가 앞에서 기술한 것처럼, 1940년 1월 김정태가 부전호수가 있는 북수백산을 올랐을 때, 그는 노구치 재벌이 건설한 흥남 질소 공장을 북한 지역의 중공업화를 실현한 바와 북수백산 발전소 건설에 대해서, "신과 자연의 섭리를 이용한 웅휘한 구상과 시설"이라고 치켜세웠고, 이를 통하여 "새삼 인간의 왜소하고 위대함을 함께 실감"(161쪽)했다고 쓰지 않았던가! 김정태는 백두산 개발에 대해 "만주국의 자행에 맞장구를 치며 서둘러야겠다고" 썼는데, 이는 무슨 뜻인가? 김정태는 도대체 누구인가? 조선인인가, 창씨개명한대로 타츠미 야스오인가? 그에게 조선 독립군을 몰아낸 일본의 괴뢰였던 만주국은 무엇이었던가? 조국인 조선을 찬탈한 식민국 일본 제국주의는 그에게 무엇이었던가?

김정태는 만주국을 일본의 괴뢰라고 했다. 맞는 말이다. 김정태는 만주국보다 먼저 일본 제국이 백두산 국립공원을 설치해야 한다고 믿었고, 그것을 주장했다. 이것은 피식민지 조선 청년의 가슴에 내면화된 분열의 모습일 터다. 백두산 국립공원을 위해서 일본인 중심인 조선산악회가 먼저 서둘러야 한다고 말하고 있는 것을 보면, 그는 전형적인 친일 성향을 지닌, 타율적인 존재였다. 조선인으로서 백두산 국립공원 설치를 방해하여 미루거나 불가능하게 만드는 것이 아니라, 조선을 강탈한 일본 제국주의가 만주국에 앞서야 된다고 말하고, 이를 위하여 앞잡이 노릇을 한 것은 식민지 일상이 내면화되어 정체성을 잃어버린 청년의 초상이다. 그는 만주국이 제 멋대로, 함부로 했다는 뜻인 '자행'恣行했다고 말하면서 분기했고, 조선산악회의 일본인 지도층에 바람을 부쳤던 것이다.

　김정태가 쓴 문장에서 나오는, '분기한 것'은 제대로 의미가 닿지 않는다. 분기奮起하다는 말은 분발하여 일어나다, 즉 부당한 처사에 저항한다는 뜻이다. 만주국의 자행에 분기한 김정태와, 만주국 '자행에 맞장구를 쳤다'라고 쓸 수 없는 것임에도 이렇게 쓴 김정태의 뜻은 조금 복잡해진다. 우선 김정태는 백두산 국립공원 건설을 해야 한다는 입장이었고, 만주국이 일본 제국주의보다 먼저 하려 한 것을 '제멋대로 해나감' 또는 '삼가는 태도가 없이 건방진 행동'으로 여겼다는 뜻으로 미루어 짐작할 수 있다. 그래서 김정태는 "일본 인 지도층에 바람 부치고 권고해서 2회 연속 백두산행을 실현시"킬 수 있었다. 여기서 '바람 부치다' '권고하다'라는 단어도 문맥으로 보면, '우리가 먼저 해야 된다'는 뜻으로 새길 수 있다. 그다음으로, 분기하다를 나눠서 갈라지는 뜻인 분기分岐하다로 새기면, 김정 태는 '우리가 먼저 해야 돼'라는 뜻에 더 가깝게 닿는다. 여기서 '우 리'는 조선이 아니라 일본 제국주의를 뜻하고, 자기 자신이 어떤 역 할이라도 맡을 수 있다는 뜻이 된다. 그는 이미 1941년에 있었던 백 두산 등반을 통해서, "겨울 백두산 등반의 실력을 인정받아 일본 중 심의 이 단체의 유일한 한인 간사로 피선"(217쪽)되었다는 사실을 잘 알고 있었다.

김정태에게 중요했던 것은 일본인들의 인정이었다. 김정태는 만주국의 백두산 국립공원 계획을 일러바치고, 일본 제국주의가 나서서 먼저 해야 하며, 이것이야말로 더 많은 인정을 일본인들에게서 받을 수 있는 기회라고 여겼다. 일제강점기, 근대 산악인의 내면은 이렇게 파괴되고 있었다. 그는 백두산 등반을 성공이라고 했지만, 그의 영혼은 몰락하고 있었다. 그것을 모르고 있었을 뿐이었다. 그는 초대받지 않은 사람이었지만, 내쫓기지 않기 위하여 스스로 걸어 들어간 사람이었다. 이 땅의 주인으로서 보면, 그가 침입자였던 셈이다. 해방 이후에는 "통일되는 날, 이 백두산과 간도 문제는 기필코 해결되고 되찾아야 할 우리 국가의 가장 큰 과제의 하나라 아니할 수 없다고"[30] 했다.

김정태의 이런 태도와 맥락을 어떻게 이해해야 하는가? 그가 서둘러야 했던 것은 일본인들보다 먼저 나서서 조선 최고의 명산 백두산 국립공원 계획을 실행하는 것이었다. 그가 백령회를 설명하면서 붙인 의미는 거짓에 가깝다. 그는 백두산을 일본 제국주의가 파괴하도록 돕는 앞잡이였다. 일본 제국주의가 조선의 정령과 같은 백두산을 파괴하는 것에 분기했어야 하는데, 그는 만주국이 먼저 그렇게 하려는 것에 분기했다. 앞잡이는 이럴 때 쓰는 용어다.

김정태는 몸과 마음을 모두 잃어버린 꼭두각시였고, 일본 제국주의의 앞잡이였다. "제국주의적 통치의 가장 거칠고도 가장 무자비"[31]했던 일제강점기, 그는 영혼 없는 타츠미 야스오였다. 식민지 서자로서 그의 몸은 왕성했지만 쓸모를 찾지 못했고, 그의 몸은 산을 오르기에 탁월했지만 영혼은 부적절했다. 김정태는 적극적 친일

140

행위에 앞장선, 백령회 회원 6명을 "백령회 별동대"(218쪽)라고 명명했다. 그들은 백두산에 올라, 초등 혹은 "5개 루트를 동시에 초등반"(219쪽)한 것에, "일생일대의 가장 보람 있는 창작적인 등반을 시험해본 것"에 "참담한 고난과 황홀한 기쁨을 가졌다"(217쪽)고 썼다. 부역의 결과는 그에게 정신적 착란을 안겨주었다.

1943년 11월 5일자 일기에 김정태는 다음과 같이 썼다.

> 반성회 초두 이와코시(엄홍섭) 씨가 사적史的 민족성을 설명하고, 향후의 방향을 암시했던 점. 크게 여러 가지 시사가 되어 흥미 깊었다. 그러나 이와코시 씨의 혈맹단식적血盟団式的 단결에 있어서는 무조건 승복은 할 수 없는 일. 그의 인격을 존경하여 신뢰할 뿐. 하는 것에 각성했으면 한다.

이 부분만 보면, 백령회 결성 초기인 1941년, 정신적 리더였던 엄홍섭이 말한 사적 민족성이 무엇인지 모호하다. '혈맹단식적 단결'이 일제와 혈맹을 뜻하는 것인지, 일제 치하 조선인들끼리의 혈맹을 뜻하는지 확실하게 해석하기 어렵다. 혈맹단식적이라는 말은 무슨 뜻인지 분명하지도 않다. 다만 연장자였던 엄홍섭과 등반의 실질적 리더였던 김정태가 일제와 조선과의 관계에 있어서 의견이 일치하지 않는다는 것은 확실해 보인다. 그리고 며칠 후, 김정태는 11월 18일자 일기에서, "일본 뉴스 177호 감상"을 했고, 이에 대하여 "서남태평양 호넷형 공모(미국 항공모함)를 폭격하는 실황이다. 다음으로 동반 상영 179호는 대동아 회의실황이 실로 감명 깊다"고 썼다.

그리고 11월 19일자 일기에서는 이렇게 썼다.

지금의 치열한 시세에 있어서 나는 동료에게 처음으로 기탄이 없는 자신의 견해와 신념의 일편을 피력했다. 먼저 자기 건설과 신념 투철. 이것을 위해 부동부급의 태세가 필요. 가장 건전한 방법으로 대동아 건설의 의의, 대동아 성격과 우리들의 위치. 그 가장 추구할 대세로 봐야 할 학도병 출진 문제. 이것 등에 대한 우리 동료들의 최근 동향에 대한 감상과 의견. 우리들은 이것을 한층 더 결의해서 신중과 건전함으로써 그릇됨이 없는 태세를 위해 살아야 할 것. 그것을 위해, 현재 우리들에게는 절대적인 강력한 마치 태양과 같은 지도자를 필요로 하는 것.

이 내용을 보면, 김정태가 앞에서 서술한 혈맹 관계는 일제와의 혈맹을 뜻하는 것으로 볼 수 있다. 그리고 엄흥섭은 조선인에 대한 민족성을, 김정태는 그와 달리 일제와의 혈맹, 대동아전쟁에 대한 조선인의 의무를 내세웠던 인물로 볼 수 있다.

1942년 1차 백두산 등행과 1943년 2차 백두산 등행 사이에, 그는 "일본 메이지 신궁 체전에 지도자 대표로 파견되는 등 바삐"(220쪽) 살아가게 되었다. 1942년 제13회 대회였고, 김정태는 총독부 지원금 이외에도 엄흥섭으로부터 40원, 이시이로부터 10원 지원을 받아[32] 도쿄에 도착했다. 조선인으로서, 조선을 대표해서 이 대회에 가는 것은 예사로운 일이 아니었을 것이다.

김정태가 이 당시 어떤 계기로 조선인 대표로 메이지 신궁 대회에 참석했는지는 알려져 있지 않다. 그가 남긴 기록을 보면, 10월 27일 일본 군국주의의 상징인 야스쿠니 신사에 참배했다. 야스쿠니 신사에 참배를 올렸다는 것은 황국 신민, 즉 일본 천황의 백성임을 다짐하는 것을 의미했다. 10월 29일에는 메이지 신궁을 참배했다. 여러 신궁 가운데 메이지 신궁明治神宮, 이세 신궁伊勢神宮, 야스쿠니 신사靖国神社 등은 역사적으로 천황가와 직결되는 특별한 위상을 지녔을 뿐만 아니라, 근대 이후 형성된 일본 내셔널리즘의 상징적인 종교시설이기도 하다. 김정태는 아무렇지도 않게 그곳을 갔고, 대회 기간에 일본 산악연맹 사람들을 만나려고 노력했다.

1942년 메이지 신궁 대회는 단순히 체전이 아니라 황국 신민으로서 충성과 전쟁의 승리를 기원한 '국민단련회'였다. "메이지 신궁 자체가 메이지 천황을 기리기 위함이었기 때문에 그에 대한 존경을 표하면서 국민의 체육 성과를 신궁에 봉납奉納하는 것을 전제로 하고 있다. 또한 신궁 대회를 계기로 하여 국민의 신체를 단련하고, 정신을 작흥하는 것이 궁극적 목표였던 것을 확인할 수 있다."[33] "국민총력 조선연맹이 매년 성지 참배와 선진지(일본)의 시찰을 통해 일본정신을 조선인에게 체득시키고자 한 것은 성지 참배가 식민지 지배 정책의 일환으로 이루어졌다는 것을 의미한다."[34]

다음의 글에서도 김정태의 역사인식을 확인할 수 있다.

1940년께엔…그 무렵 만주사변, 지나사변 등 대륙전쟁을 도발해 나가면서 국방적인 보건운동을 권장했는데 이것이 등산 인

구 증가의 촉진제가 되기도 했다.(72쪽)

1939년 전후부터, 김정태는 해방될 때까지 엄흥섭이 근무하던 일본 제국주의 전쟁물자 생산 회사에 이름을 걸어놓고 자신의 삶에서 가장 빛나고 자랑스러운 백두산, 금강산, 북수백산, 연화산, 묘향산 등을 조선총독부 지원 아래 조선산악회 회원들과 함께 등행했다. 이에 관하여 김정태는 이렇게 썼다.

해방 전, 백두산 등반은 등반대의 규모가 매머드라는 것과 일본 경비대가 동행한다는 점이 특징이었다.…(그 이유는) 적은 인원으로는 장비 수송과 막영이 어렵고, 맹수·마적 떼의 출몰로 재난의 위험이 있으며 또 독립군과 일군의 충돌이 잦았기 때문이다.(186쪽)

독립군을 마적, 비적이라고 하고,[35] 독립군과 일군의 충돌이라니. 그러면서 김정태는 백두산에 올라, "덴노 헤이카 반자아"라고 하면서 천황 폐하 만세를 외쳤다. 중일전쟁 이후에는 이름을 일본식으로 바꾸었고, 일본 도쿄에 가서 야스쿠니 신사에 절을 올리며 조선인 대표로 참배했다.

지금까지 한국 산악계를 지배하고 있는 역사는 고정되어 있다. 기존의 사실과 가치에 어긋나는 것은 받아들여지지 않았다. 지난 등반사를 조작된 역사라고 말하는 것을 용납하지 않았고, 조작된 역사를 제자리로 되돌리려는 것을 회피하거나 거부했다. 한국 근

144

대 등반사는 몇몇 명망가들이 쓴 승자의 기록이다. 손경석이 쓴 등반사는 고전으로 남아 있다. 그렇게 한국 산악계의 등반 역사는 세대를 이어가고 있고, 똑같이 교육되면서 단선적인 역사관을 지니고 있을 뿐이다.

일제강점기, 근대 알피니즘의 기원

일제강점기 근대 등반은 어떤 담론과 맞닿아 있는 것일까? 1930년대에 이르러 피식민지 조선에 일본 제국주의를 통해 서구 알피니즘이 보급되면서, 김정태는 근거 없이 만들어 내세운 슈미트이즘과 히말라야이즘 같은 용어들을 등반의 기원으로 삼았다. 그렇게 해서 자신의 등반을 "뼈대 있는 등반"(132쪽), "독창적이고 개성 있는 등반"(169쪽)으로 치켜세웠다. 김정태는 해방 이후 자신의 등반을 돋보이게 하기 위하여 금강산, 백두산 등을 글과 책에 크게 기술했다. 자신이 오른 백두산을 "위대함과 신비성을"(171쪽) 지닌 "최고의 산"이라고 했고, 백두산 등반기를 "최대 등반기"(169쪽)라고 썼다. 이를 위하여 단군신화와 『삼국유사』에서부터 세종, 영조, 숙종에 이르는 조선시대 백두산 등반 기록을 두루 인용했다. 이어서 최남선, 안재홍, 민태원의 백두산 등반기까지 소개했다.

김정태는 일제강점기에 왜 산에 올랐을까? 백두산을 비롯한 조선의 명산들은 일제강점기 교양 담론의 잣대이기도 했다. 그 시대 등반은 1926년부터 1934년까지 발행된 대중잡지 『별건곤』의 제목처럼, 새로운別 세상乾坤, 별천지였을까, 교양이었을까, 문화적 풍속이었을까. 김정태에게 산과 등반은 자연의 앎과 체험을 넘어서서 자신이 근대 사회로 편입하는 기획과도 같았다. 그것은 산과 등반에 관한 그가 남긴 글이 해방 전과 후로 확연하게 구분되기 때문이다. 전체적으로 보면 등반 체험은 김정태의 개인적 삶 속에 존재하지 않았다. 산에 맨 먼저 올랐다는 기록은 있지만, 일제강점기에 태어나 겪어야 했던 삶의 균열과 갈등에 대해서는 전혀 언급하지 않았다. 그의 글에서 자연과 교감하고, 소통하는 내용을 찾기 어렵다. 피식민지 조선에서 살아야 하는 불안 같은 것을 엿보기 어렵다.

김정태는 어린 나이에 '특정 공간'인 큰 산과 바위를 올랐다. 그런 행적을 선진화된 문명으로 여겼다. 그가 세련되게 보이려고 향유했던 독일의 산악영화, 일어로 번역된 등반 기술에 관한 책들 그리고 서구의 알피니즘, 슈미트이즘, 히말라야이즘 등은 피식민지 대중의 문화체험과 구별되었다. 이를 통해서 차별화된 지위를 지닐 수 있다고 여긴 등반가로서 그의 삶에 결여와 결핍은 없어 보인다. 그가 재조 일본인들과 백두산에 여러 번 등정하면서 자연과 인간의 전일적 관계 등을 아예 사유하지 않을 수 있었던 이유는 여기에 있다. 그는 전통적 공동체 문화에서 벗어나 있었고, 알피니즘이라는 서구적 교양에 주목했다.

일제강점기 등반 체험과 초등을 비롯한 금강산·백두산 등반기에서 그는 자신의 맨얼굴을 숨겼다. 1939년 12월 31일부터 1940년 1월 8일까지 김정태는 이시이, 방현, 엄흥섭, 김효중, 오가오 사다오小川定夫와 함께 북수백산을 등반했다. 이 등반에 관한 김정태의 기록(156-162쪽)과 이시이의 기록[36]을 보면, 김정태의 의도와 이시이가 대상화하는 것의 차이를 확연하게 알 수 있다. 김정태는 대원 이외에 동행한 인부 4명과 소와 말로 짐을 옮기면서 등반한 내용을 아예 언급하지 않고, 모든 것을 스스로 한 초등이라는 역사성에 포섭되어 있었다. 이 등반의 스폰서였던 재조 일본인 이시이의 기록 대상은 부전고원과 북수백산의 꽃, 바람을 비롯한 자연경관과 한대리漢垈里의 화전민가 같은 장소였다.

이처럼 김정태는 1916년에 태어나 경성에 사는 도시민으로서 정체성 혼란, 피식민지 현실의 모순과 민족의 아픔, 재조 일본 산악인들과의 불평등에 대한 불만이 없었다. 일본화된 조선, 조선총독부 지원 아래에 있던 조선산악회라는 공동체적 환상에 빠져 있었다. 해방 이후에는 민족적 가치를 내세워 백령회와 자신을 깊게 결부했다. 등반이 자아의 형성과 덕성의 함양, 인격의 완성이라는 교양 담론은 아예 알려고 하지 않았다. 그가 등반을 통해서 특화하고자 한 것은 초등 기록에 있었다. 나아가 피식민지 조선에서 개화된 등반에 앞장선 자신의 모습이었다. 등반은 그에게 성격, 취미, 교양을 위한 앎의 형식이 아니라 식민 제국에 편입하는 삶의 형식이었다.

김정태는 해방 이후에 백령회를 내세워 한국 산악계의 주체로서 안착할 수 있었다. 백령회를 고고한 민족 이념의 장으로 만들고, 회장 엄흥섭에 대한 갑작스러운 애국지사적 기술은 "계몽과 민족의 상징이거나 식민지하의 국토와 역사를 환기했던 공적 기호로서의"[37] 등반사에 해당된다. 이때부터 등산·등반에 관한 그의 입장은 자연과 교양으로서의 산악문화의 확대와 보급으로 탈바꿈되었다.

그러나 그가 일제강점기 동안 이룩했다고 서술한 등반 기록과 그의 삶의 행적은 달리할 수 없었다. 그의 의식과 무의식 속에는 조선산악회 창립 회원이면서 당대 최고의 클라이머였던 재조 일본인 이이야마 다츠오飯山達雄와 경성제국대학 산악부 이즈미 세이치泉靖一, 최고의 암벽 등반가였던 임무林茂 같은 걸출한 이들이 지울 수 없는 그림자처럼 따라다니고 있었다. 경쟁관계에 있던 이들은 그의 책 한쪽 모서리에 있었다.

김정태는 임무를 "어머니가 일본인이며 후에 이이야마의 등반 파트너가 되었다고 들었다"(28쪽)라고, 무시하는 투로 썼다. 그리고 양정 등산부의 황욱 같은 당대 엘리트 산악인들에 대해서는 언급조차 하지 않았다.

일제강점기, 1916년에 태어나서 1988년에 생을 다한 김정태는 사는 내내 불안했다. 그는 분명 일제강점기를 홀로 버티고 견뎌내면서 산에 오른 슬픈 거인과 같은 산악인이었으리라. 당대 그와 함께했던 이들, 그를 둘러싼 이들에 비해서 김정태가 지닌 학력 콤플렉스는 심했다. 그가 말한 상급학교는 불분명할 뿐만 아니라, 김정태가 밝힌 바조차 없다. 스스로는 '고보 1학년' '중학 1학년' '일본 대학' '일본 유학'이 그가 책에서 학력에 대해 쓴, 오락가락하는 모호하고 불분명한 학교 이름의 전부다. 등산사가 손경석이 말한, 김정태의 학력이 흥인소학교 졸업이 전부라는 것도 이 학교가 없어진 터라 확인할 수가 없다.

등반의 역사를 확인하는 데 중요하지 않아 보이는 이 문제를 굳이 언급한 것은, 그 당시 학교 생활은 등반의 입문과 훈련에 가장 근원적 제네시스, 즉 동기이며 계기가 될 수밖에 없었기 때문이다. 일제가 강요한 체육교육, 전시체제 황국 신민화를 위한 연성교육이 중심이었던 학교를 떠나서는 제대로 된 등반의 경험을 하기 어려웠기 때문이었다. 김정태는 이 부분에서 큰 아픔을 숨겨야 했다. 그리고 용감하게, 그냥, 산에 올라붙었다. 백운대 멀리서 서양 선교사들이 산에 오르는 모습을 보았다고 했고, 국민학교를 졸업했을 때 본 두 편의 독일 산악영화가 그를 산으로 인도한 등반 교과서였다고, 김정태는 책에 자세하고 꼼꼼하게 썼다. 그러나 그 내용은 연대도 이름도 내용도 모두 얼토당토않게 틀렸다. 그는 끊임없이 자신의 등반 연원을 밝혀야 했지만, 그 강박은 자기 자신의 본연을 더욱 감추고 왜곡하는 원인이 되었다.

필자는 김정태의 책을 읽으면서 그의 불안한 강박과 마주했다. 해방 이후에는 학교를 제대로 다니면서 등반을 경험할 수 있었던 경성에서 태어나 좋은 교육을 받은 '먹물' 지식 산악인들이 그를 이용하고 무시했다. 국민학교 졸업 이후, 상급학교에 진학하지 못한 김정태는 더 높은 산으로, 더 험악한 산으로 올라가야만 했다. 함께 가는 이가 피식민지 조선, 그러니까 김정태의 조국인 조선을 수탈·통제하는 조선총독부 관리든, 돈이 없다고 자신을 무시하는 이시이 요시오든 괜찮았다. 자신보다 나이가 많은 이이야마 다츠오를 선생으로 부르고, 경력과 지위가 높았던 구로다 마사오 박사 부부를 찾아가고 떠받들면서 마천령-백두산 종주를 했던 것도 별문제가 되지 않았다.

김정태, 그는 올라갈 수 있으면 어떤 산도 주저하지 않았고, 식

Monthly SAN   1971年 6月 30日 第 3 種우편물인가 (每月 1回 1日 發行)

월
간 山

특 집
湖石선생 秘錄·白頭山登陟記
登山코오스案內·
雉岳山·中元山·靑玉山 등
積雪期 鞍山壁群完登記

1976 11

김정태는 『월간 산』에 「한국 산악등반사의 발굴」 「한국등산사 고찰」 등의 글을 연재했다.

민·피식민을 구분하지 않았고, 마다하지 않았다. 국어가 조선어라고 해도 좋고, 일본어라고 해도 괜찮았다. 오쿠노 마사이奧野正亥와 가와무라山村光三가 오른 관모봉, 금강산, 백운대도 뒤따라 오르려고 했다. 남산에 있던 조선 신사나 도쿄에 있는 야스쿠니 신사, 메이지 신궁도 그에게는 산 아래 '장소'였을 뿐이었다. 김정태로 불리거나 창씨개명한 타츠미 야스오로 불리거나 차이가 없었다. 식민지 조선의 산하를 제 집처럼 드나들고, 오르던 일본인 산악인들에게서 "감정을 초월한 산악인의 휴머니즘을 느낄"(197쪽) 수 있었던 그였다.

가장 혹독했고 잔인했던 일제강점기 말기 전시체제 아래에서, 전쟁 물자를 생산하는 공장에 근무하며 "어려운 고비를 생활과 신분 보장을 받으며 여유 있게 넘기면서 산과 민족애의 정열을 마음껏 구사할 수 있었다"(132쪽)라고 썼을 때, 그가 말하는 '민족'이 조선인지 제국주의 일본인지는 그리 중요하지 않았다. 그에게 "식민지 권력과 그에 저항하는 피지배란 도식으로 설명할 수"[38] 있는 바가 없었다. 그가 1982년 『월간 산』에 손경석의 글에 대한 반론으로 「한국 등산사 고찰」을 연재했을 때, 연재 4회 때부터 제목 아래에 '정사초록'正史抄錄이라는 문구를 붙였다.[39] 그는 야사 속 풍문이 아니라 정사 속 이름으로 위치하고 싶었다. 그는 등반의 역사와 자신을 이어놓으려 했던, 산 역사처럼 중심이고자 했던 빈약한 사람이었다.

김정태는 행복하지 않았다. 산 아래에서는 초조했고, 산 위에서의 행복은 산 아래로 내려오면 금세 현실과 만나 싸늘해졌고, 등반에 관한 뜨거운 정열은 현실이라는 날카로운 시선과 싸우기 위하여 자신의 흔적들을 필요한 대로 달리 옮겨 적어야만 했다. 그의 책 말미에 적힌, "1942년 나의 일본 오오야먀, 북알프스, 후지산 등반과 만주 고려산, 희양산 등반 및 1943년 일본 시가고원 요코데산 등반, 스키 연수행 등은 한국인의 첫 외국산 진출이라고 볼 수 있"(246쪽)다는 것은 사실 확인이 매우 어렵다. 1942년 그가 일본에 간 것은 제13회 메이지 신궁에서 열린 일본 신궁 국민연성대회(10. 31-11. 3)에 조선인 대표로 참가한 것인데, 메이지 신궁 대회의 목적은 전쟁 수행을 위한 국민 체력향상에 있었지만, 국민 체육대회는 전쟁으로 인해 황폐해진 국민 생활을 복원시키기 위한 목적으로 실시되었다. 김정태가 이 대회에 참가하면서 머물렀던 짧은 기간에, 이와 같은 등반을 했다는 기록은 찾아볼 수 없다.

김정태, 그의 나이 스물둘, 일제강점기인 1938년에 일본인들이 설립한 조선산악회에 가입한 이래[40] 그는 조선인으로서 가장 능력 있는 산악인이었다. 동시에 그는 "일제하의 피할 수 없었던 여건 속에서 결과적으로 나타난 친일 산행"[41]의 대표적 인물로 평가되었다. 그가 자랑스럽게 여겼던 백령회 가입과 활동 역시, "1940년 무렵…회원들이 후일 일본인 주축인 조선산악회에 가입함으로써 지조 높은 행적에 오점이 되었"[42]다는 평가를 피할 수 없었다. 1961년 12월 3일, 제11회 서울시 체육 부문 문화상을 받았을 때, 서울기록원에 보관되어 있는 수상자 관리카드 업적요지에 적혀 있는 것처럼, "산악 개척과 후진 육성 및 조난 인명에 미친 공적"이 도드라져 보이는 산악인이었다. 그때가 장년으로서 그의 삶의 전성기였다.

본적은 서울, 직위는 한국산악회 상무이사·고문, 전화번호는 586-0323이었다. 학력과 경력란은 텅 비어 있다. 수상자 카드에는 이것만이 쓰여 있다.

산악인 김정태, 그에게 산은 어떤 것이었을까? 말년에 이를 때까지 산에 대한 어떤 열망을 지니고 있었을까? 날카로운 봉우리, 가파른 바위 그리고 험준한 산은 그에게 피식민지 현실을 거부하는, 에드워드 사이드가『말년의 양식에 관하여』[43]에서 쓴 것처럼, 불안정한 망명의 영토였을까? 등반은 제 삶의 고통에서 벗어난 자유의 양식이었을까?

2 알피니스트의 기억과 글쓰기

인간에게 있는 위대함에 대한 정식은 운명에 대한 사랑이다.
앞으로도, 뒤로도, 영원히, 자기의 현재 모습과
다른 무엇이 되길 원하지 않는 것이다.
그것은 은폐하지 않으며 오히려 그것을 사랑하는 것이다.

−니체,『이 사람을 보라』

글과 책

'한' 사람을 이해하고, 공부하기 위하여 그가 세상에 남긴 '글'과 '책'을 읽는 일이 유일할 때가 있다. 살아 있는 생물체는 생의 끄트머리에서 흔적을 남긴다. 나무가 신진대사를 통해서 뿌리와 잎을 생장시키는 것이나, 사람이 글과 책으로 생의 희망과 절망을 남기는 것이나 매한가지다. 삶의 갈망이 제 몸의 무게처럼 찍어 누를 때, 발자국과 같은 흔적인 글이 써진다. 생이 촛불처럼 흔들리며 어렵게, 힘들게, 홀로 견뎌낼 때, 글들은 모여 생을 밝히는 책이 된다. 오랜 시간을 담아낸 글은 지상에 남긴 삶의 또 다른 흔적이고, 글들을 묶은 책은 하늘에 새긴 별과 같다. 글과 책은 글쓴이의 삶, 그 생의 뿌리이면서, 액정이고, 그가 낸 목소리들의 울림이다.

지상의 길과 하늘의 별을 바위에 새기는 등반기는 독자의 손에 잡히는 것이기도 하지만, 한 사람의 삶이 온전하게 드러나지 않는 상징이며, 뚜껑으로 잠긴, 무거운 침묵을 뒤집어쓴 미결정체이기도 하다. 산악인에게 글과 책은 산 위의 저자가 산 아래 독자에게 건네는 전언이며 유언이기도 하다. 독자는 그 말들의 길을 따라 저자의 삶으로 가까이 다가가고, 산으로 들어간다. 산악인이 남긴 글과 책은 삶과 자연이라는 신비에로의 초대이고, 동시에 알지 못할 수도 있고 오해할 수도 있다는 두려움의 미로, 미궁이기도 할 것이다. 독자의 시선은 두레박과 같은 저자의 내러티브를 따라 우물 속 심연으로 내려가고, 그다음에는 배낭을 메고 저 높은 곳을 향한다. 공감할 수 있는 것, 지금까지 밝혀지지 않은 놀라운 것, 매우 사적인 것 등을 계곡과 바위, 그사이를 잇는 길에서 발견하기 때문이다.

산악인 저자의 삶은 경험과 사유를 기억하고 기록하는 것에서 끝나지 않는다. 독자는 저자의 기억과 기록의 내러티브를 분석하고 해석하면서 저자와 독자의 삶 모두가 확장되는 경험에 이르게 된다. 궁극적으로 산의 매력과 산에 관한 글쓰기의 유혹은 여기에 있을 것이다.

필자는 젊은 날부터 수첩 맨 앞에는 시인 고정희의 「서시」를 적어놓았다. 그러고는 무시로 읽었다. "산꽃 들꽃 어지러운 능선"을 보며 "제 생애만 한 쓸쓸함"을 물을 수 있었다. 산에 가거나, 서재에 있거나 그렇게 산과 산사람들을 그리워했고, 부러워했고, 가까이 다가가고 싶었다.

고정희의 다른 시 「땅의 사람들 1」 마지막 시구처럼, 내게 알피니스트는 "거친 바람 속에서 밤이 깊었고/겨울 숲에는 눈이 내리고 있"을 때, "모닥불이 어둠을 둥글게 자른 뒤/…/살아남은 자의 슬픔으로 서걱거"리는 아름다운 이들이었다.

산서를 읽으면서, 이웃들로부터 가장 많이 귀담아들은 근대 산악인은 김정태였다. 한국산서회 카페에서 가장 많이 언급되는 이는 근대 등반사의 한 획을 그은 김정태일 것이다. 누구는 그를 '태산준령'이라고 떠받들고, 누구는 한국 근대 등반의 큰 어른이라고 하고, 등산과 스키 선구자 혹은 기록의 달인이라고도 했다. 일제강점기부터 조선의 산하를 원하는 만큼 오른, 수많은 등반을 초등이라고 당당하게 말했던 산악인이기는 했지만, 그의 삶과 기록은 언제나 의문을 낳았다.

김정태는 왜 글을 썼을까? 손경석처럼 원고료를 많이 받기 위해서였다고 말하는 것은 간단한 일이다. 그가 등반하는 도중에도 기록에 집착했다는 것은 닐리 알려진 사실이다. 김정태는 시간이 많아서, 돈을 벌기 위해서 글을 쓴 것은 결코 아닐 것이다. 글쓰기는 본질적으로 내면의 성찰을 통해서 가능한 행위다. 글은 외부의 요구에 의해서도 쓰여질 수 있지만, 그런 경우에도 글을 쓰기 위해서는 자신을 드러내야 한다는 자의식에서 벗어날 수 없다. 글을 읽는 독자도 상정해야 한다. 글 쓰는 김정태와 그 글을 읽는 독자 사이의 거리가 없이는 글은 쓰이지 않는다. 더구나 김정태의 글은 신문, 잡지를 통해서 발표되었고, 그 글이 모여 『등산 50년』으로 출간되었으며, 이 책이 1988년에 『천지의 흰눈을 밟으며』라는 이름으로 재출간되었다.

이처럼 자신이 기록한 내용들을 연재를 통해서 외부에 공개하고, 이를 책으로 출간함으로써, 그의 삶과 산행 기록은 한국 근대 등반의 역사가 될 수 있었다. 한국 근대 등반사에 관한 총체적 연구는 조선산악회에 가입해 활동했던 김정태를 비롯한 박래현, 임실진, 고흥신, 배석환, 임무와 같은 조선 산악인들이 남긴 기록과 한국 등반사 집필을 맨 처음 시도했던 손경석의 저서들을 통해서 입체적으로 이루어질 수 있을 것이다.

　김정태는 글을 쓰면서 우선 자신을 앞에 놓고, 자신을 품고, 자신을 끌어안아야 했을 것이다. 쓰는 글의 내용보다는 글 쓰는 자기 자신의 행위를 더 들여다보아야 했다. 그다음이 그가 쓰고자 하는, 알고 있는, 경험한 등반의 이모저모의 서술이다. 이 지점에서 숨겨야 할 것과 드러내야 할 것이 서로 마주하고, 어떤 타협점을 찾아서 정리하게 된다. 글 쓰는 이가 현실의 벽, 무게에 압도당하면 글쓰기는 미온적이 될 수밖에 없다 이때 글은 침묵의 언어를 지니게 된다. 글 쓰는 이가 고독한 존재인 이유는 여기에 있다. 독자는 글이 드러내는 것과 숨기고 있는 것을 동시에 읽어야 한다.

　김정태는 이 책의 근간이 된 글을 쓰기 전에, 이미 일기를 써왔다. 수첩에 희미하게, 간헐적으로 말들을 기록하고, 그것을 정리해서 옮겨 적는 일기의 연장선에서 이 글들이 쓰였다고 판단할 수는 없다. 그가 현실을 아랑곳하지 않고 일기에서처럼 글을 쓴 것은 분명 아닐 것이다. 『천지의 흰눈을 밟으며』를 보면, 김정태는 독자를 향해서 자신을 명명하는 글쓰기를 했다. 자신의 책을 읽는 이를 염두에 두고 글쓰기를 전개했다. 그 중심은 '자신이 먼저 했다' '자신만이 했다'라는 것이다. 반론을 허용하지 않으려는 그의 글쓰기는 내용을 스스로 고치고, 보태고, 연장하는 연쇄적 글쓰기로 이어졌다.

산을 올랐다는 것을 점검하거나, 확인할 방법은 없어 보였기 때문이다.

그의 글에는 단어들이 팽창하는 경우가 많다. 백두산 등반을 말할 때처럼, 자신의 등반 역사를 입증하기 위하여 역사적 자료들을 곁들였고, 뒤섞어놓았다. 그로서는 독자들에게 근대 알피니즘의 선구자, 클라이머라는 자신의 존재를 각인시키고 싶었다. 가장 큰 문제는 김정태가 글을 쓰면서 자신을 주시하기보다는, 만날 수 없는 독자들을 자신과 같은 존재로 여길 때였다. 그의 글쓰기가 잠재되어 있던 것을 아무렇지도 않게 드러내는 순간이다. 이때 많은 오류가 생겨나고, 글은 공허해졌다.

『천지의 흰눈을 밟으며』는 김정태가 스스로 정의한 것처럼, "등산의 초기 시대부터 등산하게 된 농기를 포함해서 북한의 산과 등산을 중심으로 해방 전 20년간의 이야기"와 "해방 후 30년, 우리의 등산운동이 걸어온 발자취와 단체, 개인 등에 관련된 이야기들의 개략"이다. 이 책 이외에 그에 관한 자료를 찾기는 매우 힘들었다. 반면에 김정태는 자신의 초등 연대기는 자세하게 도표로 정리해서 이 책에 넣었다. 김정태의 글쓰기는 두 가지 큰 특징을 지니고 있다. 하나는 과거의 등반, 유람, 유산과의 대화가 생략된 채, 처음부터 끝까지 자신만의 알피니스트로서의 삶, 그 존재 증거로 쓰였다는 점이다. 다른 하나는 여타의 등반문학과 달리, 그의 기록에서 산과 삶을 향한 사유를 찾아보기 어렵다는 점이다. 김정태는 자신에 앞서서 누군가가 백두산, 금강산, 묘향산, 설악산, 북한산 등에 올랐을 수도 있다는 대화와 가정을 숫제 하지 않았다. 서양 알피니즘 방식으로 맨 먼저 올라야 했고, 자신이 기록한 초등 역사만으로 그는 자신의 삶을 실존적으로 규정했다.

이 책의 내용과 더불어 건조한 구술, 기술, 서술의 내러티브만으로는 산악인 김정태 읽기와 이해는 쉽지 않았다. 그동안 김정태의 거대 서사만 전설처럼 전해졌던 터라, 한국 근대 등반사를 연구하는 분야를 비롯해 한국 산악계에서 김정태 기록의 진위를 묻고, 초등에 관한 시비가 계속 이어질 수밖에 없었던 바를 이해할 수 있었다. 김정태의 공과를 논하는 자리에서, 그가 이곳저곳을 초등했다는 늘 같은 말들이 반복되는 이유도 알 수 있었다.

김정태를 연구한 글은, 필자가 과문한 탓인지는 몰라도, 전무하다. 그가 일제강점기, 젊은 시절에 일본어로 쓴 일기를 몇 쪽 읽어보았지만 글이 산만하고 삶과 등반에 관한 구체적 내용을 적어놓지 않은 터라 큰 도움을 얻지는 못했다. 오랜 시간 동안 김정태의 이 책은 내 서가에 비석처럼 꽂혀 있었다. 이 책에 대한 서평도 도무지 찾을 수 없었다. 책을 읽기 위해서는 관심을 끌기 위한 어떤 틈을 들이기 마련인데, 좀처럼 그의 책은 두 손안에 들어오지 않았다. 겉잡아서 말하면, 김정태의 글은 단순하지만 생략이 많고, 문체는 건조하지만 주관적이다. 그의 글 속에서 일제강점기 조선 산악인이 지닐 수밖에 없었던 삶의 편린을 찾기 어려웠던 것도 사실이다. 출생, 성장, 결혼 그리고 그다음에 이어지는 생의 통과의례가 이 책에는 거의 없다.

필자는 김정태의 책을 거푸, 두루 읽으면서 그에 관한 다른 자료를 구하려고 무던히 애를 써야 했다. 그것이 고인의 삶에 대한 예의

백령회 회지 『백령』의 표지. 제목 부분을 덧댄 것을 보고
원래 다른 이름이 아니었을지 의심하는 견해도 있다.

라고 여겼다. 그의 책의 맨 앞부터 맨 끝까지, 당대 최고의 산악인이 었던 김정태의 성장과 생장이라는 보편적이고, 일상적인 삶의 연줄은 보이지 않고, 오로지 등반했던 동아줄만 보인다. 그 외줄을 타고 한 사람의 삶, 그 역사를 가늠하는 것이 여간 위험하지 않았다. 그럼에도 한국 근대 등반사를 정리하기 위해서는, 국립산악박물관에 보관되어 있는 김정태의 일기가 번역되고, 그에 관한 평전이 쓰여야하고, 그의 등반 기록에 대한 평가나, 그에 관한 크고 작은 학제적글들이 더 발표되어야 할 것이다.

2016년 국립산악박물관이 발행한 학술조사 보고서, 『사람, 산을오르다: 산악인 구술조사보고서』 안광옥 편[44]을 읽고 난 후, 선생이보여준 구술의 솔직함과 평생 산을 배경으로 살아온 산악인으로서의 삶의 연대기에 감동을 선사받았다. 그리고 오영훈이 쓴 「20세기초 외국인들의 등반이 국내 산악계에 미친 영향」[45]을 읽고, 식민지시대 근대 등반에 관한 의문을 품게 되어, 다시 김정태의 책을 읽었다. 필자의 이 책이 한 인간의 깊이 있는 삶 그러니까 등반에의 도취와 식민지 시대 산악인의 삶의 태도를 두루 이해하는 데 도움이되면 좋겠다.

구술과 기록

『천지의 흰눈을 밟으며』는 김정태가 구술 혹은 글로 연재한 「한국의 산과 등산」(『월간 등산』, 1969년 8월호부터 연재)에서 시작해서, 「남기고 싶은 이야기들」(『중앙일보』, 1975. 11. 20-1976. 1. 20, 총 53회 연재)을 묶어 출간한 『등산 50년』(한국산악회, 햇불사, 1976)에 사진을 넣어서 케른 출판사에서 재출간한 책이다.[46]

김정태의 삶을 온전하게 알기 위해서는 이 책을 읽을 수밖에 없었다. 그러고 나서 근대 등반사를 공부하는 조장빈, 김진덕 등 한국산서회 회원들이 발품과 정성으로 찾아낸 옛 자료와 공들여 쓴 글들을 찾아 읽을 수 있었다. 김정태, 조선산악회 등 한국 근대 등반사에 한 발을 들인 참에 변기태, 허재을 등으로부터 받은 조선산악회 회지인 『조선 산악』, 경성제국대학 산악부 회지인 『경성제국대학 산악부 회보』, 백령회 회지 『백령』, 경기고등학교 산악부 회보 『라테르네』 전체, 기타 한국 근대 등반사에 관한 자료들을 받아 읽을 수 있었다. 그럴수록 김정태가 쓴 글들이 다른 문헌들 속에 있는 기록과 어긋나는, 두동진 것들이 보였고, 이에 대한 궁금증은 자연스럽게 커졌다.

때마침 한국산서회 총무를 했던 김진덕이 자신의 블로그 '등산의 재구성'에 올린 김정태의 불분명한 서술, 등반 기록의 진위에 관한 문제 제기를 진지하게 읽었다. 그러나 깊이 있는 논의는 이어지지 않고 있다. 학문적 연구와 논쟁이 부재하는 이런 풍경은 지금, 여기 한국 산악계를 누르고 있는 무거운 침묵 혹은 장막처럼 보인다.

김정태는 1916년 대구에서 태어나서, 국민학교 때 서울로 전학와 지냈다. 등반을 시작한 후, 일제강점기 내내 일본어로 일기를 썼고, 등반 기록을 남기고 정리했다. 그에게 '국어'는 일본어였다. 이 책에서 김정태는 자신의 삶을 회고하면서 시대와 알피니스트의 삶은 최소한으로 줄이고, 알피니즘과 등반 등 한국 근대 산악사에 중요한 사실들을 그의 방식대로 썼다. 회고와 구술이 배제와 선택의 결과라는 것을 전적으로 긍정하고 옹호하지만, 김정태는 이 책에서 하고 싶은 말만 했고, 쓰고 싶은 내용만 적었다. 예를 들면 많은 이들이 알고 있을 법한, 1930년 인수봉 초등에 대한 간략한 내용이며, 1937년 혹은 1938년에 일본인들이 만든 조선산악회에 가입한 이력을 표지에 적지 않은 것이며, 1937년 백령회 '조직'이라고 썼을 뿐 백령회의 연도와 성격을 포함한 실제 논쟁에 대해서 언급하지 않은 것이며, 1941년에 일본인 중심의 조선산악회 회원들과 함께 오른 백두산-마천령 종주 산행에 대한 입장을 밝히지 않은 것이 있다.

또한 1942년과 1943년에 일본 제국주의 앞잡이였던 조선체육진흥회가 주관한 1차, 2차 '백두산 탐구 등행 연성단'에 창씨개명한 이름과 등행단 위원 자격으로 참여한 친일 등반의 성격에 대해서 말하지 않는 것이며,[47] 1942년에 조선산악회 이사가 되고, 제13회 도쿄 메이지 신궁에서 열린 친일과 황국 신민을 위한 '국민연성대회'[48]에 조선인 대표로 참여한 사실도 말하지 않는 것이며, 1945년 해방되자마자 앞의 조선산악회를 이어받아 같은 이름의 조선산악회를 설립한 것을 말하지 않은 것 등이 여기에 속한다. 1948년 조선산악회를 한국산악회로 개칭한 것에 대해서는 단 한 줄로 얼버무렸다. 창씨개명은 신사참배, 황국신민 서사 암송, 지원병 제도 등과 함께 조선 민족에게 강요된 민족말살정책의 하나였는데, 이에 대한 어떠한 언급도 하지 않았다.

『매일신보』 1942년 7월 24일자. "백두산 등행 연성대 43명 혜산진 출발,
김정태는 창씨개명한 辰海泰夫란 이름으로 참가."

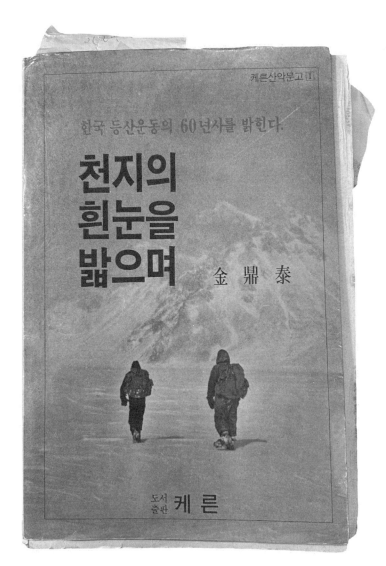

케른산악문고 [I]

한국 등산운동의 **60년사**를 밝힌다.

천지의
흰눈을
밟으며

金鼎泰

도서
출판 **케 른**

김정태의 자서전적 등반 기록인 『천지의 흰눈을 밟으며』.
여러 곳에 연재했던 글을 묶고 사진을 넣어 출간했다.

그러나 김정태는 일기에서 제13회 메이지 신궁 국민연성대회[49] 참석에 대하여 일본어로 매우 소상하게 적어놓았다. '내지內地 스키연구회' 이름으로, 1942년 10월 24일 조선 신궁에 집합해서 의례를 치렀고, 결성식에 참석했다. 김정태는 10월 25일 오전 9시 제3반으로 출발하여 대구, 부산을 거쳐 10월 26일 시모노세키, 10월 27일 오전 9시 55분 도쿄에 도착했다. 도쿄 숙소의 주소까지 표기했고, 출발하기 전날인 10월 24일에는 여행 경비로 엄홍섭으로부터 40전, 이시이로부터 10전을 협찬받았다고 분명하게 썼다. 그리고 도쿄에 체류하는 동안 방문할 곳으로 구로다黑田正夫 박사 집과 일본산악회 인사들을 만나고자 주소, 이름 등을 자세하게 명기했다. 10월 27일 야스쿠니 신사참배, 10월 28일 관광, 10월 29일 메이지 신궁 참배, 개회식에 참석, 11월 1일 주변의 신사참배, 연성회 일정 수행, 11월 3일 폐회식에 참석하고 11월 4일 맥주를 마셨다고 썼다.

그다음 해인 1943년 3월 9일에도 김정태는 '내지 스키연구회' 이름으로 일본에 있었다. 1943년 3월 15일 도쿄에 이르렀고, 3월 16일 오사카 도착, 이날 호일산장, 나라 방문, 3월 17일에는 가시하라 신궁과 천리교 본부를 참배하고 그곳을 "광대한 본부"라고 썼다. 등산 장비점인 호일산장을 방문하고, 오후 11시 10분 오사카를 출발해서, 3월 18일 시모노세키에서 배를 타고 경성으로 돌아왔다. 1943년 10월 6일에도 제14회 메이지 신궁 대회에 참석했다고 썼고, 야스쿠니 신사를 참배했다고도 썼다.

독자의 상식과 책읽기

필자는 맨 먼저 『천지의 흰눈을 밟으며』를 일반 독자처럼 호기심으로 읽었다. 그러고서 산서를 좋아하는 인문학 전공자로서 다시 읽었다. 초등 기록에 대한 성찰과 진위를 따지는 것이 아니라, 일제 강점기 이후 한국 근대 등반사에서 으뜸가는 김정태라는 산악인의 삶을 통해서 그가 꿈꾸었던 이상이 무엇이었는지, 그가 생각한 것이 무엇이었는지, 일제의 핍박 속에서 조선인 클라이머로서 그가 선택한 삶의 노정은 무엇이었는지 들여다보고자 했다. 그가 쓴 책을 통해서 힘들었던 생의 순간들, 산과 자연을 정직하게 혹은 달리 체험하고 기록한 바를 '상식적'으로 이해하고, '인문적'으로 그 폭을 넓혀보고 싶었다.

그러나 독자로서의 이런 의도는 벽에 부딪혔다. 산악문학과 근대 등반사에 관해서 필자의 공부가 부족한 탓인지는 몰라도, 김정태의 글을 읽으면 읽을수록 그에게 산이 어떻게 삶의 동력으로 작동했는지 알 수 없어졌다. 그에게는 산이 입신출세를 지향하는 욕망의 뿌리처럼 보이지도 않았다. 그럼에도 저자의 회고·구술·서술 내용은 제한적이었고, 내용이 끊긴 채 다른 주제로 넘어가는 경우가 많았다. 일제강점기 피식민지 조선인으로서, 클라이머로서 겪어야 했던 굴욕과 핍박을 찾아보기 어려웠다. 일반 독자라면, 자연스럽게 이 책이 담고 있는 '거대 서사'의 진실성에 의문을 지니게 된다. 구술과 서술의 차이, 사실과 왜곡의 기록, 삶과 등반의 진위에 대한 가치 등과 같은 질문 앞에서 책의 페이지를 넘기는 손목은 느려졌고, 글을 쓰고자 컴퓨터가 있는 다른 책상으로 가는 발목은 지정거릴 수밖에 없었고, 책을 향한 시선은 글쓰기로 이어지지 않았다.

이 책의 큰 특징은 신문에 연재했던 「남기고 싶은 이야기들」처럼, 구술로 시작하여 서술됐다는 것이다. 구술과 문자화된 책 사이에는 큰 차이가 있다. 그것은 우리에게 익숙한 문자화와 개인적 차원에서 발화된 언어의 구술성 사이의 차이다.[50] 구술과 서술의 차이에서 김정태의 이 책만 보면, 그는 자신의 등반 기록을 위하여 삶을 지우고 '지독하게' 산을 바라보며 살았던 것으로 보인다. 알피니스트는 자신의 삶을 위하여 산과 마주하는 것이 행복한 것이고 보편적인 일이지 않겠는가. 그러나 그의 글을 읽다보면, 자신의 삶을 행복하게 여기지는 않았던 것 같다. 평화출판사가 발행한 『산: 77인 에세이』는 손경석, 이숭녕, 이항녕, 윤형두, 김장호, 홍종인, 박철암, 김영도, 고상돈 등 당대 명망가들이 쓴 산에 관한 수필을 모은 책인데, 이 안에 당대 최고의 산악인이었던 김정태의 글은 없다.

구술과 서술의 기초는 개인의 경험이고, 그것이 기억 속에 저장되었다가 어떤 계기에 말로 발화되고 글로 문자화된다. 문제는 개인의 기억 속에 저장된 체험된 사실이 얼마나 사실로 보존·유지될 수 있는지에 있다. 과거의 경험들은 시간과 더불어 기억의 심층에 저장되어 있으면서 그대로 재현될 수도 있고, 다른 모습으로 변형될 수도 있다. 김정태의 이 책에서 필자가 주목한 것은 그가 보여주는 내러티브의 특징이다. 그것은 그가 구사하는 단어의 선택과 구문에 관한 것이고, 주제 선택과 배제를 통해서 보이는 그의 '절대적인' 태도에 관한 것이다. 예를 들면, 책 안에 삽입된 사진 밑에 대부분 "김정태 소장"이라고 썼는데, 이렇게 쓰면 누가 언제 어디서 찍은 사진인지 알 수 없게 된다. 이이야마 다츠오가 찍은 사진이 되기도 하고, 김정태가 찍은 사진이 되기도 하고, 사진 속 불분명한 인물이 곧 김정태가 될 수도 있다.[51] 많은 시비의 대상인 백령회에 대해서 그는 창립, 설립이란 단어 대신에 "1937년 백령회 조직"이라고 했다. 그가 관여한 다른 단체의 경우에는 "1945년 한국산악회 설립, 1946년 대한스키협회 설립"이라고 했다.

김정태에게 있어서 조직과 창립 혹은 설립의 차이는 무엇인가? 창립과 설립 그리고 조직을 구분해서 쓰는 발화 의식은 무엇인가? 조직은 주체가 불분명하고, 창립과 설립은 주체가 분명한 것인가? 그리하여 조직이라고 쓰면서 주체를 밝히는 것을 애매모호하게 비껴가는 것인가?

이와 같이 널리 소개되고 정의된 김정태를 자세하게 알기 위해서는 그가 남긴 책을 텍스트 삼아 읽어야 했다. 읽으면 읽을수록 그가 철저하게 숨긴 사실들과 결손이 많다는 것을 알게 되었다. 그가 기록한 내용에 대한 의문은 커졌다. 석연치 않은 그의 삶을 밝혀 이해하고 싶은 생각이 깊어졌다. 김정태의 책을 읽고, 그가 적어놓은 내용과 일제강점기 근대 등반에 관한 논의는 기억과의 싸움이다. 김정태는 책에 쓴 글, 즉 기억을 소환해서 자신의 정체성을 만들었고, 필자는 그 기억을 구성하는 요소들을 하나씩 역사적 맥락과 개인적의 자취를 들춰보면서 진위를 물었고, 해석을 덧붙였다.

기억은 질료member가 재re구성된 회상remember이다. 기억은 원기억대로 보존되지 않는다. 시간과 환경에 따라 달리 변모하고, 다른 모습으로, 다른 내용으로 포장되어 드러난다. 역사학에서는 그런 현상을 "원형을 보존하면서도 시간의 무게에 따라 그 위에 새로운 것들이 이어지고, 포개지는 일종의 거듭 쓴 양피지 사본palimpsest과 같은 것"이라고 한다.[52] 김정태가 백령회를 주도한 것처럼 서술한, 제3부 「비밀결사 백령회」 내용이 이에 해당한다. 애초 "산악친목회"이며 "한인 등산클럽"(134쪽)이었던 백령회가 "민족적인 반발심과 자각"을 지닌 "정치적인 밀담"의 모임으로, 그리하여 "민족적인 자각과 자립의 적극적인 신념"(131쪽)의 터전이 되었다는 진술 정의다. 이렇게 쓰면서, 김정태는 백령회 "조직을 가지게 된 것이다"(131쪽)라고 애매하게 확대해서 쓰고, 조직의 주체로서 비껴갔다. 말미에는 백령회 회원들이 "일본의 주요 업체에 끼어들어 일조유사시一朝有事時에 대비하는 사업도 전개했다. (이 일로) 징용이 면제되어…어려운 고비를 생활과 신분 보장을 받으며 여유 있게 넘기면서 산과 민족애의 정열을 마음껏 구가할 수 있었다"(132쪽)라는 진술에 이르게 된다. 이 부분에 대한 기술을 살펴보면, 백령회 회원이라는 이름으로 어떤 단계에서 징용이 면제되었는지는 말하지 않았다. 일제강점기 조선인에 대한 강제 노동력 동원이 모집단계(1939-42)를 거쳐 관 알선(1942-44), 강제 징용(1944-45) 등의 단계별로 실시되었다.[53] 일본의 주요 업체에 근무한 것이 일제의 전쟁 수행을 위한 강제 노동에 동원된 것인데도, 김정태 자신은 이를 깨닫지 못했다.

김정태의 이런 진술 정의는 김정태의 기억의 밑바탕 즉 일본 제국주의를 대하는 피식민 조선인으로서 자신의 입장을 고스란히 보여주는 대목으로 읽힌다. "일조유사시"는 하루아침에 급한 일이 생긴다는 비상사태를 뜻하는데, 이에 대비하는 사업이란 무엇인가? 그것이 일본 제국주의가 패망하고, 일제강점기가 끝나는 것을 상정하는 것이라면, 뒤에서 징용이 면제되었다는 것, 신분 보장을 받았다는 것, 여유 있게 산과 민족애의 정열을 구가할 수 있었다는 것 등은 앞의 내용과 하나의 맥락으로 이어지지 않는다.

특혜와 같은 신분 보장과 여유 있는 생활, 산과 민족애의 정열을 구가하기 위해서는, 그러니까 그런 충만한 삶을 계속 유지하기 위해서는, 문맥상 '일조유사'가 없어야 했다. 김정태의 이런 식의 내러티브는 사건을 축소해서 설명하고, 본뜻이 무엇인지를 알 수 없게 하는, 자신의 삶 전체·방향·태도·입장 그리고 얼개를 드러내는 중심 기제다.

이런 것들을 기억에 관한 내러티브로 해석하자면, 김정태의 구술·진술·서술은 자신의 경험을 '현재 자기 위치'를 가늠하는 사회적 관심에 따라 아무렇지도 않게 달리한 결과처럼 보인다. 그것이 그의 삶과 두동진 글에 드러난다. 김정태가 지닌 기억의 실재는 무엇이며 그의 기억이 과거 사실을 그대로 말하는 것인지, 발화된 기억이 유효한 것인지를 고민할 필요가 있을 것이다.

비약과 생략의 내러티브

좀더 책으로 들어가서 우선 겉표지, 뒤표지, 책날개를 들여다보

자. 책 제목이 있는 겉표지는 두 사람이 구형 배낭을 메고 백두산 어디쯤을 걷고 있는 사진이다. 이 사진은 215쪽에 있는 사진과 실루엣이 비슷하다(짐작건대 김정태 소장). 뒤표지는 두 줄로 거친 암벽을 오르는 클라이머를 담은 사진작가 김근원의 사진이다. 거대한 바위와 그 검은 암벽에 붙어 있는 클라이머와 회색빛으로 텅 빈 하늘이다. 사진 속 좌우 명암의 대비가 훌륭하다. 이 책은 앞 사진에 대해서 구체적인 설명을 하지 않았다. 누가 찍은 사진인지, 두 장의 사진 속 걷고 있는 이들이 누구인지, 언제 찍은 사진인지를 밝히지 않고 "김정태 소장"이라고만 쓰고 있다. 그렇게 되면, 김정태의 글 내용과 사진은 하나로 연관된 실체로 오버랩되고, 글쓴이와 사진 속 인물은 하나로 연동되기 마련이다. 독자들은 글의 내용을 소장한 사진으로 환원해서 인정하게 된다. 사진에 대한 구체적인 설명과 실체가 없는데, 그로 인해서 기억이 사실로 확인·확증되는 것이다.

앞 날개에는 산악회 심벌처럼 보이는 문양이 박힌 검은색 모자를 쓰고 선글라스를 낀 김정태의 상반신 사진이 있고, 그 아래는 약력이 적혀 있다. 김정태의 얼굴은 코와 광대가 크고 강건한 무인형의 전형이다. 당시 유행하던 방한복을 입고 있는 모습이라 겨울에 찍은 사진임을 짐작할 수 있다. 이 책에 삽입된 여러 사진을 보면, 김정태와 사진작가 김근원은 서로 가까운 사이였던 것 같다. 그다음, 김정태의 약력은 다음과 같이 적혀 있다.

1916년 대구에서 출생

1929년 백운대를 중심으로 처음 등반 시작

1937년 백령회 조직

1934-45년 금강산, 백두산 지역 등 초등반

1945년 한국산악회 설립

1946년 대한스키협회 설립

1946-55년 남한지역 국토구명사업(태백·소백·차령산맥, 울릉도, 독도 등) 주관

1956년 수도여자사범대학 총무과장 겸 교수

1962년 서울시 문화상 수상

1965년 한국산악회 30주년 공로상 수상

1968년 그레노블 동계 올림픽 스키선수단 감독

1976년 『등산 50년』 발간

1978년 안나푸르나 원정대 단장

1979년 세계스키지도자대회 한국 대표

1972-1985년 한국산악회 부회장

1986년 대한스키협회 40주년 공로상 수상

1988년 서울에서 영면

이러한 약력과 등반 기록만 보면, 김정태는 결코 은둔자가 될 수 없는 존재로 보인다. 그는 산으로의 도피나 은둔, 산에서의 고립 같은 것을 상정해보지 않은 일제강점기 근대 산악인이었다. 당대 나라를 빼앗긴 피식민지 조선 지식인들이 사회에서 이탈해서 저항하는 힘을 키우던 것과 비교하면, 김정태는 산 혹은 산과 같은 고독

(사진·김정태 소장)

겨울의 천지에서 일출의 황홀경을
바라보고 선 필자.

김정태의 책『천지의 흰눈을 밟으며』에는 누가 언제 찍었는지 밝히지 않고 '김정태 소장'이라고만
쓴 사진들이 수록되어 있다.

속에서 은거하는 인물이 될 수 없는 존재로 보인다. 그도 산에서, 산 아래 일상에서 고독한 적이 있었을까? 그는 일제강점기 산악운동의 중심이 학생 산악단체로 옮겨가 있었음에도 이에 대해서 어떠한 언급도 하지 않았다.

반면에 1941년 메이지 신궁에서 열린 국민단련회에 참석하면서, "일본의 제철 권위자이고 등산가로도 국제적으로 이름난 구로다 박사 부부에게 접근해서 친교를 맺을"(132쪽) 만큼 적극적이었다. 이 책에서 개별적 존재로서 김정태는 피식민 조선 산악인의 권태와 우울 그리고 고통을 이겨낸 존재로 보인다. 사회적 존재로서는 일본 산악인들에게 열정적으로 산에 집착하는, 쓸모 있는 조선 산악인이라는 존재가 되기 위하여 매우 적극적이었던 인물로 그려진다.

김정태는 산에 같이 간 사람들을 기억하고, 비교적 자세하게 말하고 있지만, 제철 분야 전문가인 구로다 박사가 왜 조선총독부 초청으로 왔는지, 왜 그가 백두산 등반에 참여하게 되었는지 의심하기는커녕 오히려 친교를 맺고자 했다. 산을 오를 때 보거나 만날 수밖에 없었던, 일본 제국주의의 억압과 폭정을 피해 산에 도피해서 살아야 했던, 당시 특수세민特殊細民[54]이라고 불렸던 춘궁민, 토막민,[55] 화전민들의 척박하기만 했던 삶을 비롯한 평범한 조선 사람들에 대해서는 일절 관심이 없었다.

1940년 경성의 풍경을 다룬 책『토막민의 생활과 위생』을 보면, 재조 일본인들조차 "조선의 역사를 돌아볼 때, 가장 마음이 아픈 것은 농민의 불쌍한 모습이다. 조선 2,000년의 역사 속에서 농민 생활에 꽃이 피고 나비가 춤을 추는 화창한 봄날이 하루라도 있었을까.

하늘의 시련 앞에 꿇어앉아 일어설 기력을 잃은 가련한 모습만이 눈앞에 떠오른"[56]고 했다.

해방 후, 화전민에 대한 김정태의 기술은 사뭇 달라졌다.

특히 가리왕산에서는 초근목피로 굶주린 화전민의 참상을 보고 일정 36년간의 학정이 어떠했는가를 여실하게 통감케 되어 새삼 분노하고 애국 애족의 념을 못했다.[57]

김정태가 1946년 7월 25일부터 8월 12일까지 제2회 국토구명 사업, 오대산 태백산맥 학술조사대에 총무진으로 참석하고 쓴 글이다.

김정태가 책날개에 적은 그의 약력을 달리 살펴보자. 일반적으로 약력은 삶 전체를 파악하는 데 도움을 주기 위해서 정리한 연대기다. 일제강점기 산악운동이 일본 제국주의의 지원으로, 학교 산악부를 중심으로 이루어진 것을 전제하면, 김정태는 자신의 등반 입문에 대한 실마리를 제공하지 않았다. 김정태는 자신의 책에서 아주 간단하게 언급한, '국민학교에서 중학교(고보)를 거쳐 일본대학의 유학'에 이르기까지 어떤 학교에서, 누구와 어떻게 산과 인연을 맺고, 등반에 입문했는지 일절 언급하지 않았다. 이 부분에 관해서, 책 안에는 "부친이 관직에 있어 대구에서 나서, 유치원을 다녔고, 심하게 말을 더듬었고, 교동국민학교 전학, 중학(고보) 1년, 1936년에는 내가 진학 관계로 일본 가서 꼼짝 못 한 한 해"(44쪽), "나의 일본대학 유학"(54쪽), "나는 일본대학에 다닐 때"(132쪽)라고 쓴 것이 전부다. 반면에 김정태는 당시 다른 이들의 등반 활동과 학교 산악부의 관계에 대해서는 자세하게 서술했다. "당시 한인 등산클럽은 백령회가 유일한 것은 아니었다. … 1937-38년간에 발족한 연세의전 산악부, 보성전문 산악부, 양정고교 산악부, 반도 산우회 등이 있어 북한산·도봉산 등의 암벽등반에서 가끔 만나게 되었다"(134쪽)라고 썼다.*

김정태는 생의 통과의례와 같은 자신의 출생과 성장 그리고 등반 입문에 대해서도 참고할 만한 것들을 언급하지 않아, 독자가 산과 등반에 관한 그의 근원적인 감정과 욕망을 가늠하기가 어렵다. "외아들 응석받이"로 태어나, 1927년 열한 살, 보통학교 5학년 때, "완전히 (그의) 혼백을 불태웠던" 백운대를 오른 것이 그의 최초의 경험이었다. 그리고 1929년 5월 열세 살 때 "크랙, 슬랩, ㄴ형 슬랩 그리고 마지막 뜀바위 침니까지를 연속등반"(19쪽)하고, "서양인 선교사들이 밧줄에 매달려 암벽등반 하는 것을 보고"(17쪽) 난 다음, 백운대 정면 벽을 올랐다고 쓴 것이 전부다. 열세 살 때 백운대에 오른 것 말고는 등반 경험이 없던 김정태는 열네 살에 동네 친구들과 함께 비에 젖은 바위에 올라 인수봉 초등을 한 것을 말할 뿐, 당시 그가 본 두 편의 산악영화를 제외하고는 자신의 최초 등반 과정에 대해 자세하게 언급하지 않았다.

---

* 1928년에는 세브란스 의전, 배제고보, 경신고보 산악부가, 1930년에는 연희전문 산악부가, 1937년에는 양정중학 보성전문 산악부가 창립되었다. 김정태가 이처럼 쓴 학교 산악부의 창립 연도는 잘못 쓴 것이다.

그가 열네 살, 열다섯 살 때 했다던 백운대·인수봉 등반에 관한 서술도 애매하기는 마찬가지다. 1930년 9월, "부슬거리던 비로 바위를 적실 정도"였던 때, 그는 "종형 친구 이씨" 그리고 "백운대 때와 같은 5명"과 함께 인수봉에 올랐다. 단성사에서 독일 산악영화 『몽블랑의 폭풍』과 『마의 은령』을 보니 "암벽과 빙벽을 오르며 자일 다루기, 확보법 등 모든 기본을 보여주어 몇 번이고 침을 삼키면서 보고…마니라삼 15밀리미터쯤, 길이는 20미터"(28쪽) 되는 줄을 가지고 갔다고 썼다. 그들이 정상에 올라섰을 때, "비는 계속 부슬거리며 내려 옷들이 흠뻑 젖어서 생쥐 꼴이 되었고 조망조차 안개로 거슴츠레 볼품이 없었으나, 천상의 제왕이 부럽지 않게 소리소리 천하를 호령하듯 떠들고 노래했다.… 우리의 첫 인수봉은 멋있고 통쾌한 알피니즘 등반"(29-32쪽)이었다고 썼다.

그리고 다음 해 1931년 그는 중학 2학년 때, 같은 나이의 사촌 아우와 함께 도봉산 만장봉을 올랐다. 김정태는 이때 자신을 "소년"(33쪽)이라고 했다. 그다음 해, 윤봉길 의사가 일본 왕의 생일을 기념하는 천장절 행사에서 폭탄을 투척한 때에는 "만장봉에 다시 가서 혼자 남, 서 두 코스를 올라보았으며, 자운봉 다음에는 우이암을 올랐다."(40쪽) 그리고 1934년, 그의 나이 열여덟 살 때, 제화 기술자 엄흥섭과 함께 백운대 정면벽을 초등했다고 썼다. 혹은 "1934년에 경전 기술자였던 나의 외삼촌과 내가 백운대를 초등. 1935년에는 인수 B코오스를 엄흥섭, 석정 씨 등과…1936년에는 인수 A코오스를 오우치 씨와 한국인 박순만 씨 등이 올랐다.… 한인과 일인 사이에는 경쟁이 벌어졌으며… 한일이 처음 리드하기 시작했다"[58]

고도 했다.

전체적으로 이러한 등반에 이어지는 구술·서술은 충분하지 않고 애매하다. 해방 전에 등반을 같이했던 일본인 이시이石井 이름을 딴 '석정 공업사' 소속이었던 김정태는 1945년 8월 15일 해방 때, "우리들의 직장은 '태창공업'으로 개편되어 운영부위원장을 맡"(225쪽)았다고 썼다. 김정태는 한국전쟁 때 활동에 대하여 "1950년 6·26사변이 일자, 12월 육군특수수색대에 엄익환, 엄익훈 등과 함께 출동해 부산 육군 제1훈련소에 입대해서 훈련을 받았다. 그리고 1951년 10월에 대구 제1보충단에서 육군 제1회 명예제대를 했다"[59]고 썼다. 이 기간(1951. 9. 18-9. 26)에 그는 "제주도 파랑도 학술조사대에 파견을 나가기도 했다."[60]

민족적 주체성을 내세우는 등반으로의 귀환

백령회에 관해서 김정태가 쓴 용어는 창립이나 설립이 아니라 '조직'이다. 김정태는 1937년에 백령회를 조직했다고 그의 책에 썼고, 「한국 산악운동의 민족적 주체성」이란 글에서도 "1937년 한인들만의 산악클럽인 백령회의 조직"[61]이라고 반복했다. 김정태는 1949년 '전 백령회 회장 엄흥섭 씨의 추도회'에서 고인의 백령회 활동에 대해 "1937년 일정하 백령회 창설 이래 그 활동을 통하여 1945년 6월, 그가 해주 객지에서 요절하기까지 한인 산악계에 대한 지도력과 공로는 지대했다"[62]라고 쓰면서 백령회의 창립을 이렇게

1937년으로 못 박았다. 그가 1953년에 경기고등학교 산악부 회지인 『라테르네』에 기고한 「백령회 회고록」을 보면, 백령회 이전이라고 하는 대목에서 그때를 1935~41년이라고 썼다. 이 내용에 따르면 백령회는 1941년 이후에 생긴 것으로 볼 수 있다. 이때 김정태는 "나의 세컨드 엄흥섭(자일 파트너, 일명 와다나베 엄) 동지로부터 동명의 엄흥섭(김정태는 일기에서 엄흥섭을 이와코시岩越라고 불렀다. 당시 삼국석탄 근무) 형의 존재를 알았으며, 또한 초면 소개를 받았다. 그를 알고 조금 후 그를 중심으로 백령회라는 모임이 생겼다"라고 썼다.

다시 말해 백령회는 엄흥섭이 만든 조직이고, 김정태는 이때 만난 엄흥섭을 통해서 백령회에 가입한 것이다. 엄흥섭과 김정태가 처음 만난 때는 1941년 "어느 봄날", 장소는 "만장봉 정상"이었다.[63] "당시에는 3인 이상의 한인 회합은 요허가要許可하는 경구가 있다시피 하여 민족동화의 준열한 일본 정책하에 있었으며, 대륙에 진군연승하여 일정日政이 기고만장할 때임으로 이와 같은 모임은 실로 위험천만한 모험이었다"라고 썼다.[64] 김정태는 1970년대에 이르러서는, 백령회를 민족주의 등반을 실천한 비밀결사조직으로, 그 의미를 확대·왜곡하기 시작했다.

1930년 전후부터 20대의 젊은 산악인들은 그들답게 서구적인 알피니즘의 영향을 받고, 암벽등반, 적설계積雪季 등반에 열을 올려 서울 근교의 바위산, 금강산의 암벽, 북한 고산의 겨울 등반 등에 기록적이고 개척적인 초등반에 여념이 없었다. 이곳의 근대 등산을 뚜렷이 형성한 것은 1937년에 발족을 본 백령회의 젊은 이들이었다. 이것은 한인 산악인들만의 조직적인 모임으로서 일정에 반발해서 평소에는 산을 도장으로 심신을 단련하면서 민족적인 자립자결을 다짐하고 일조유사시에는 언제나 앞장서 싸운다는 맹세를 나눈 만큼 투철한 민족적인 비밀결사였다. … 백령회 동지들은 육당, 민세, 노산의 글을 애써 찾아 읽었다. 그것은 이들이 민족적인 정신에 바탕을 두고 있기 때문에 이분들의 철학적인 산악관, 민족적인 역사관, 조국애, 사적史蹟과 자주의식 발굴 등의 … 지침으로서 크게 감화를 주었기 때문이다.[65]

1930년대라면 김정태의 나이가 겨우 열네 살을 넘었을 때였다. 등반의 경험도 부족하고, 제대로 산을 알기에는 터무니없는 나이였다. 그 당시 조선의 산들은 재조 일본인들과 경성제국대학에 있던 외국인들의 무대였지, 김정태와 같은 나이의 청년이 왈가왈부할 수 있는 대상이 아니었다. 그러나 김정태는 백령회가 1937년에 조직되어 "처음에는 한인 클라이머만의 순수한 모임이었으나 일정의 한인 억압, 일인 산악인 중심의 배타 경향에 대하여 점차 반발 은행隱行하게 되어 비밀결사와 같은 집단이 되고, 심지어는 민족 자립자결의 맹세를 가져 일인들과 맞서나간 민족적이고 자주적인 산악활동"[66]을 했다고 의미를 확대해서 썼다. 그의 나이 스무 살 때였다. 일제강점기, 백령회 동지들의 등반 방식을 "설, 빙, 암 세 조건의 구조적인 적설계 등반으로 … 독일식 경향의 방식"[67]이라고 했다가, "점진, 점고의 진도를 가진 영국식"[68] 등반이라고도 정의했다.

1970년대에 이르러 김정태는 당시 군부독재 사회의 억압통치에 맞물려, 백령회를 내세워 주체성 있는 민족주의 등반을 주장하기 시작한다.

이렇게 정신적인 바탕을 찾고 그 줄거리의 민족적인 자의식을 느끼며 주체성을 쌓아가면서 산을 올랐던 우리들의 등산은 남다르게 국내 바위산에 알프스적인 악조건을 설정해서 질량 있는 등반을 해나갔고, 눈과 얼음의 북한 고산에 히말라야 스케일을 구성해서 서구적인 알피니즘을 국내산에 토착화시켜나갔다. 그렇기 때문에 한국의 산에서만은 일본인 산악인들을 리드할 수 있었다. 그리고 일제 압정하에도 뚜렷한 우리들의 근대적인 등산관과 실천 등을 구축할 수 있었다.[69]

이 글을 쓸 때, 김정태는 한국산악회 부회장이었다. 위의 글은 그야말로 1930년대 조선의 산악현실을 뒤집어놓고, 백령회 등 구체적인 사실을 왜곡한 글쓰기의 본보기에 해당된다. 김정태는 일제강점기, 그가 했던 조선체육진흥회의 등행단 활동, 신사참배 등 친일산악 행태를 장문의 「한국 산악운동의 민족적 주체성」에서 모조리 숨겼다. 해방 이후 조심스럽게 침묵하던 그는 1970년대에 이르러서는 굴욕적인 등반 행위를 민족적·주체적이라는 정치적 수식어를 사용한 등반 업적으로 아무렇지도 않게 바꾸었다. 그리고 언제나 자신을 그 중심에 위치시켰다. 이것은 1930년대 조선 알피니즘 의미의 왜곡뿐만 아니라, 글 쓰는 이로서 과거를 미화하는 정신적 왜곡에까지 이르는 모습에 해당된다. 이때부터 한국의 알피니즘은 일제강점기 조선 산악인들에 대한 반성은커녕, 그 반대로 민족적 알피니즘으로 각광을 받았다. 산악운동이 변질되기 시작했던 것이다. 지금까지 이런 역사적 현상들을 들춰내지 않고 있다. 그런 그에게 해방 이후 가장 불편했던 것은 학교에서 알피니즘을 배우고, 글과 책으로 알피니즘의 역사를 읽고, 산을 올랐던 이들의 출현이었다.

김정태는 이들을 "허실할 수밖에 없는 구변행세로 알피니즘, 아카데미즘을 구두선하는 엘리트의 냄새만을 풍기는"[70] 엘리트 산악인들이라고 조롱했다. 김정태는 그들에게 "얄팍한 겉핥기식 외서 상식보다 자체 스스로 전거 있는 과제에 깊이 있는 탐구 연찬을, 또 쥐꼬리만 한 선등 행적에, 머리 없는 요설·구설보다는 개체 충실의 실학·실증이 바람직하다"[71]고 충고하기도 했다. 그 당시, 김정태의 과장된 등반 기록, 백령회, 조선산악회, 일본산악회 가입 등에 대해서 숱한 의문의 말들이 있었던 터라, 이를 "험담, 잡음, 백해무익한 구질구질한 소용돌이 속"[72]이라고 하면서 애써 외면했고, 폄하했다.

1970년대 산악계 중심에서 조금씩 자신이 소외되고 있다는 것을 느끼면서, 김정태의 민족주의 등반이라는 수식어는 날로 팽배해나갔다. 특히 김정태는 1970년대 해외 원정 등반의 실패에 대해서 매우 비판적이었고, 이때 그의 민족주의 등반론은 근거 없이 확장된다. 히말라야 최초 원정대라고 할 수 있는 1971년 마나슬루 1차 원정대에서 김기섭 대원이 해발 7,600미터 5캠프용 천막에서 돌풍을 맞아 15미터 크레바스에 빠져 추락사(한국 등산사에서 최초의 원정대 사고)했다. 1972년 2차 원정대는 김호섭을 비롯한 등반대원 5명과 현지 셰르파 10명이 눈사태에 의해 약 해발 7,000미터 지점에서 전원 사망하는 비극이 있었다. 김기섭 대원의 시신 수습을 겸한 2차 원정대에는 김기섭 대원의 형인 김정섭(1차 원정대 등반대장, 2차 원정대 총대장), 김호섭(2차 원정대 등반대장)이 포함되어 있었고, 김호섭의 사망이 언제나 이 등정과 아울러 비극적 가족사의 중심에 놓인다. 1976년 3차 등정은 기상 악화와 더불어 여러 가지 이유로 실패했다. 1, 2차 원정대는 대원 16명을 잃었다.

김정태는 이런 사고가 "독점적인 영웅주의, 서구적인 장비를 사용하고 서구식 등산을 하고 있"[73]는 "우물 안 개구리식의 기분만의 서구식 등산 즉 주체성 없는 외래 등산의 모방"[74] 탓이라고 했다. "지금까지 우리네 산악운동은 밑이 허전한 채 의지만이 앞서 들떠 온 듯도 싶고, 분에 넘치는 명리에 휘말린 모험과 투자가 허실하게 산을 뛰어올랐다 싶기도 하"[75]고 했다. 김정태는 이러한 민족적 주체성을 내세우는 등반이 "거족적이고 국가적인 배경으로까지 확대된다"[76]고는 했지만, 그것이 그가 경험한 일제강점기, 일본의 식민통치와 더불어 제국주의 등반 이념이라는 것은 깨닫지 못했다.

김정태에게 "에베레스트 초등은… 영국의 민족적인 철두철미한 집념과 고난 그리고 점진적인 정공법, 전통적인 등반 방식의 소산"으로, 독일의 낭가파르바트 "초등 성공도 게르만족 특유의… 민족적인 피 어린 개가, 민족성의 특징과 독자성의 발현"[77]이었다. 해방 이후에도, 김정태에게 등반에 관한 가장 모범적인 답은 "자주성 있는 일본 산악계"[78]였다. 해방 전후, 그는 한 치도 변하지 않았다.

김정태는 한국산악회와 대한스키협회에 대해서는 설립이라고 쓰면서, 조직과 설립이라는 애매한 용어 사이에 자신의 역할을 위치시켰다. 책에서는 일본대학에서 유학했다고 썼지만, 그때가 언제이고 공부한 것이 무엇인지, 어떻게 생활했는지 밝히지 않았다. 책 날개에는 '1956년 수도여자사범대학 총무과장 겸 교수'라는 직책을 명기했지만, 그것이 상식적으로 가능한지 모르겠다. 책 안에서는 강의 과목, 내용, 교수가 되기 전후에 대해서 어떠한 언급도 하고 있지 않다. 책의 뒤표지에는 김정태의 산악관을 엿볼 수 있는 교훈적이며 범박한 글귀가 적혀 있다.

① 인간능력의 극한 상황을 자초하며, 생사의 분기점을 넘나드는 등반을 인간은 왜 하는가. 모험과 개척지향의 인간본능과 더불어 개인적으로는 체력과 정신력의 자기증명인 동시에 단련증강에 그 뜻이 있다. 특히 산악이 인간에게 불어넣어주는 정신적 에너지는 무한하고 값진 것이다. 또한 등반은 고귀한 관용과 협동심을 기르는 첩경이 된다. 그것은 곧 인간생활에 원만과 행복을 가져다주는 정신적 양식이라 할 수 있다.

② 국내외적으로 한국의 산악운동이 크게 도약하고 있는 이때 필자의 반평생을 장식한 등반 체험담과 한국 산악계의 지난날을 되돌아봄에 큰 의의를 느끼며 감회가 새롭다.

③ 나는 망천후 옆에 치솟은 한반도의 절정 장군봉으로 올라갔

다. 그러고는 감동에 못 이겨 당시는 감히 입에 담지도 못했던 대한독립 만세를 몇 번이고 소리소리 불렀다. 찬란한 천지를 내려다보는 대백두봉두에 선 감격이 너무나 벅찼던 것이다. 평생토록 진 빚을 다 갚은 듯 홀가분한 기분으로 되내려올 때⋯

①②③은 출판사의 의도였는지 모르지만, 김정태가 내세우고 싶은 이 책의 핵심임은 틀림없을 것이다. ①은 그의 산악활동의 가치에 관한 대범한 설명이긴 하지만, 교과서적인 발언이다. 상투적인 내용이라서 오히려 주어가 없는 문장으로 읽힌다. ②는 구술에 대한 자신의 입장을 정리한 것인데, 체험담이지만 자신의 이야기가 개인의 차원에 머물지 않고, 한국 산악계의 지난날을 대변한다는 것을 은연중에 드러내고 있는 문장이다. 개인의 체험이 한국 산악계 전체가 되고, 그 중심에 놓이는 데서 이 책의 의의가 있고, 감회가 새롭다는 것으로 이해된다. 그는 이처럼 한국 산악계에서 특별한 존재로 인정받고 싶었다. ③은 자신의 등반 기록 가운데, 가장 자랑스럽게 여기는 1941년 일본인 중심의 조선산악회 회원들과 등정한 동계 백두산 마천령 산맥 종주에 관한 것이다. 본문에서는 ③에 다음의 글이 이어진다. "그제(서)야 비로소 홀어머니와 처자식이 있는 집 생각이 났다." 그때 그는 "결혼 5년째로 당시 26세였다." (216쪽) 이 책에는 그가 언제 누구와 결혼했는지, 등반 이외에 어떤 일을 하면서 가정을 영위했는지 일절 언급된 바가 없다. 위의 구절이 집과 가족에 대한 유일한 내용이다.

1941년은 스무 살에 결혼한 그가 스물다섯 살 청년이었던 때였다. 책에서는 그의 결혼에 대해서, 처와 자식에 대해서 아무런 언급을 하지 않았다. 열네 살에 처음 백운대 오르고 나서부터 겨우 십 년밖에 되지 않은 스물다섯 살의 그가 "평생토록 진 빛"이란 무엇일까? 그것이 조선총독부의 허락과 지원을 받아, 백두산 장군봉에 올라 "대한독립 만세를 소리소리 불러…감격에 벅차"(216쪽)게 된 덕분에 그 빛을 다 갚을 수 있었던 것이라 한다면, 그 빛이란 그동안 대한독립 만세를 부르지 못했다는 자괴감, 열패감, 모멸감과 같은 것인가? 조선인 자신이 창씨개명한 이름, 타츠미 야스오로 일제 강점기 일본인 중심의 조선산악회에 가입하고 이사로 활동하고, 같은 '때'는 아니지만, 1942년과 1943년 조선총독부가 주최한 연성회, 국민단련회에 참여한 친일적 행위를 자각하고 있었다는 뜻을 나중에 이 글을 쓰면서 말하는 것인가? 이 문장 역시 전후 맥락이 어긋나는 예에 속한다.

앞에서 언급한 것처럼, 김정태의 이 책의 내용과 서술에는 비약과 생략이 많은 편이다. 내러티브 방식은 전후 맥락이 탈각되어 내용이 모호해졌다. 앞서 언급한 것처럼, 이 책은 『중앙일보』에 연재한 것을 옮긴 것인데, 가령 이런 부분은 연재할 때에 들어 있었지만, 『등산 50년』(1976)을 출간할 때부터 없었고, 『천지의 흰눈을 밟으며』(1988)에서도 마찬가지로 뺀 부분이다. 1937년, 1938년에 조선에서 등산 대중화가 시작되었다는 것을 말하면서, "반산飯山(이이야마 다츠오) 씨를 비롯 천정일(이즈미 세이치), 오야정해(오쿠노 마사이) 등의 활동과 선전의 영향을 받은 일인들이 주말마다 그룹을 지어 인수봉, 만장봉, 우이암을 찾아다녔다. 그런데 일인들의 등산 매너는 금시에 타락상을 드러내 단순히 절경 속에서 먹고 마시며 흥을 돋우는 엔조이에 그치는 경우가 많았다"[79]고 한다. 위 인물들은 당시 조선산악회를 대표했던 클라이머들이었는데, 이들의 영향력을 타락, 흥, 엔조이와 같은 용어를 써가면서 무시했던 것을 다시 책에 싣기엔 무리라고 여겼을 것이다. 김정태는 이것 말고도, 자신의 등반을 한국인들만의 민족주의적 경향으로, 조선산악회 일본인들과의 경쟁 구도로 만들려고 애를 써야 했었던 터라, 연도를 앞당기거나, 도움이 되지 않는다면 은폐하는 것들이 있을 수밖에 없었다.

김정태는 이 책 끄트머리에 "등산 풍조의 전위대를 선진국가들이 개발한 세계의 정상으로 이끌어 올림으로써 … 국력을 배양하는 길을 말해두고 싶다"(253쪽)라고 결론지었다. 김정태는 그가 왕성한 등반 활동을 했던 일제강점기 이후부터 사후 오늘날까지 허위와 의문 속에 갇혀 있다. 그를 추종하는 것은 가능하지만 그를 극복하는 것이 어려워 보이는 이유는 여기에 있다. 필자는 그가 남긴 책을 읽고 읽으면서 여전히 의문으로 남는, 제대로 이해가 되지 않는 것들로부터 글쓰기를 출발했다. 그가 남긴 흔적들은 이제 거의 말라가고 있다. 그가 속해 있었던 일본 산악인들에게서도, 해방 이후 그가 몸담았던 한국 산악계에서도 그는 제대로 이해받지 못한 채 잊혀져가고 있다. 그가 오른 산의 물질적 업적에 대한 재발견도 필요하고, 그가 숨겨야 했던 정신적 고통도 드러내어 씻겨줄 필요가 있을 것이다.

필자의 이 책은 그가 이룩한 초등의 역사나 설산·고산의 정상에 이르는 거대 서사를 다루는 것이 아니다. 그가 "경험해온 산"을 통해 어떻게 일제강점기 근대 산악인으로서 생의 "공포를 극복"했는지, 그가 말한 "인간의 진실한 삶"(253쪽)이 무엇인지를 살펴보고 싶을 뿐이다. 그가 남긴 글과 책을 통해서, 일본 제국주의 아래 굴욕과 핍박을 견뎌내며 땅이 아니라 산에 발을 딛고 오른 근대 조선의 알피니스트 김정태의 잃어버린 목소리를 되찾고, 등반의 원천을 깊게 이해하고 싶었을 뿐이다.

3

인수봉 등반 사진의 비밀

1940년 11월 3일 인수봉 정상. 사진의 출처를 알 수 없지만 누군가 '혈맥이 통하는 암우'라는 제목을 붙여놨다.

1 혈맥이 통하는 암우

슬픔으로 통하는 모든 노선(路線)이
너의 등에는 지도처럼 펼쳐 있다

—오장환, 「The Last Train」

메타포로서 산

산은 일제강점기 이후 줄곧 그 자리에 있는 것으로 보였지만, 스스로는 변하고 있었다. 산에 오르는 이들은 많아졌고, 산에 오르는 방법은 다양해졌지만 산길을 걸어서 혹은 줄에 몸을 묶고, 바위를 잡고 오르는 등반은 변하지 않았다. 높은 산마루에 오르려는 간절한 바람도 같았다. 그러나 산은 산을 오르는 이들과 닮지 않았다. 산에 오르는 등반의 서술은 때로는 잔혹하게 산을 물들였다. 적어도 일제강점기 피식민지 조선의 산하는 일본 제국주의 산악인과 그들에게 협조했던 조선인들에 의해서 빼앗겼고, 산은 스스로 고요하고 쓸쓸했다.

조선의 산하는 일본 제국주의자들의 압제·억압의 대상이었고, 우월적 지위와 욕망의 풍경이 되고 말았다. 그것은 일제강점기 조선 산악인들에게도 예외는 아니었다. 일본 제국주의 산악인들과 그들과 한통속이었던 조선 산악인 몇몇은 조선의 산을 이용하고, 강점하고, 착취했지만, 산은 여전히 그들을 받아들였다. 산은 언제나 그 자리에서 세상을 탐색하고 있다. 산에 오르는 이들이 산을 이렇게 저렇게 난도질할 때에도 산은 오르는 이들에게 욕망의 대상이 되어주었다. 산은 언제나 무엇인가를 찾고 있는 존재와 같다. 산에 오르는 이들이 보이는 산을 찾아 들어갔다면, 산은 산에 오르는 이들의 보이지 않는 것을 찾아 그 자리에 있다. 산에 대해서, 등반에 대해서 글을 쓴다는 것은 바로 이 지점에서, 산이 보고 싶어 했던 모습을 찾아내는 데 있다. 그러므로 자연 속에서 헤매는 존재는 산에 오르는 이들이 아니라 산이다. 산은 언제나 보고, 또 보는 존재다. 산에 오르는 이들의 얼굴을, 용모를, 태도를 보는 존재다.

산은 산에 오르는 정복자들의 빛나는 얼굴도 기억하고, 가난한 알피니스트의 낡은 배낭과 닳은 등반줄, 등반의 완성을 위하여 한 걸음씩 옮기는 끈기 있는 알피니스트들의 발걸음과 태도를 눈여겨본다. 산은 그렇게 억겁의 세월을 그 자리에 그대로 서 있으면서 자신을 오르고, 자신을 통과하는 이들을 응시하는 존재다.

칠레의 시인 파블로 네루다(1904-73), 그의 삶을 다룬 영화『일 포스티노』(1994)는 군부 독재 정치의 박해를 피해 이탈리아의 작은 바닷가 마을로 망명해서 살고 있는 네루다가 그에게 편지를 전해주는 시골 우체부를 만나서 나누는 우정을 그리고 있다. 이 우편 배달부 이름이 마리오인데, 그가 시인 네루다를 만나 점차 세상을 바라보는 눈을 지니게 되고, 시를 읽고 지으면서 한 '인간', 한 '시민'이 되어간다. 마리오는 편지를 전해주면서 당대 최고의 시인에게 이렇게 묻는다.

"시가 뭐지요?"

시인은 아주 간단하게 말한다.

"메타포metaphor."

그다음 마리오는 바닷가를 거닐면서, 자전거를 타고 동네를 다니면서 '메타포?'하고 묻고, 되물으며 한 '시인'으로 거듭난다.

같은 방식으로 이렇게 묻는다. 산이란 무엇인가? 저 위의 답을 그대로 인용하면, "메타포"라고 말해야 될 것 같다. 초등 기록과 정복의 서사를 중요하게 여기는 알피니즘 연구는 산에 관한 공부의 기초인 이 메타포에 대한 부정이다. 그것은 산을 즉물로만 대하는 물질적인 태도다. 등반사 연구가 자료를 읽고 글 쓰는 것으로 매듭짓는 것을 상기하면, 등반·등반사 연구는 문학(예술)이라는 범주를 벗어날 수 없다. 그런 면에서 산을 비롯해 등반문학, 나아가 산악문학 전반에 걸친 연구는 산과 인간에 관한 메타포 연구일 수밖에 없다. 산을 오르는 등반가에게 산은 정복해서 깃발을 꽂고 소유하는 대상이 아니라는 것은 이미 숱한 서구 등반가들이 쓴 산악문학에서 볼 수 있는 제국주의적 등정주의에 대한 반성이지 않은가! 델핀 모랄도 교수는 『알피니즘의 영혼: 탁월함에 관한 사회학, 19세기에서 21세기까지』[1]에서 서구 알피니즘 역사를 권력에 관한 근본적인 구조로 보고 있다.

메타포로서 산에 대한 정의는 다원적이다. 등반가에게 산은, 뉴질랜드 영문학자인 브라이언 보이드Brian Boyd가 쓴 『이야기의 기원』[2]에 나와 있는 표현을 빌려서 말하면, 정신의 운동장과 같다. 이러한 메타포로 출발할 때, 초등을 비롯해서 알피니즘과 등반가의 모든 것이 산악문학의 재료가 될 수 있을 것이다.

이러한 예는 우리나라 산악계에게도 찾아볼 수 있다. 월간 『사람과 산』이 1977년부터 이끌어오다 2018년 이후 멈춘 '한국 산악문학상' 제1회 심사에서, 심사를 맡았던 작가 박태순은 "산악문학이란 어휘가 참으로 신선하다. '산악'이 '문학'을 보다 높은 곳으로 끌어올려 등정케 해줄 듯싶다. 문학으로 올라가야 하는 산은 과연 어떤 모습인가.… 그것은 현실 도피적인 입산이 아니라 산을 삶터의 한 중앙으로 옮겨놓아 굳건한 인간의 대지로 이를 딛고 올라섬으로써 지극히 인간화된 산을 보듬는 것이다"라고 했다. 그리고 제8회 시 부문의 심사를 했던 시인 표성흠은 "생각이 없으면 뭣하러 산에 가는가? 아니, 산에 가서 왜 생각이 없겠는가? 진정한 산악인이라면 산행과 더불어 거기 걸맞는 생각을 할 줄 알아야 할 것이며 산과 더불어 이야길 나눌 줄 알아야 한다. 그 이야기를 정리해 글로 쓰면 시가 되는 것이다. 그걸 쓸 줄 알면 시인이 되는 것이다. 산악인이라면 모름지기 이런 산시 한 편 정도는 써 남길 줄 알아야 할 것이다"[3] 라고 했다.

산은 누구의 것인가? 네루다는 이렇게 말했다.

"시는 시를 쓰는 사람의 것이 아니라, 그 시를 필요로 하는 사람의 것이다."

이 말을 빌려 말하면, 산은 산에 맨 먼저 올랐다는 기록으로 산을 소유하는 이의 것이 아니라, 그 산을 필요로 하는 이의 것이라고 해도 될 것이다. 알피니즘 연구나 산악문학은 이렇게 해서 산을 시민

사회 공론의 장으로 옮겨올 수 있다. 이를 통하여 우리는 등반 생태계, 산악 환경을 말할 수 있게 된다. 동시에 산이라는 메타포, 즉 상징재로서 산이 주는 상상력이 우리 사회와 삶 전체에 기여할 수 있게 되는 것이다. 이것이 산에 오르는 등반가와 산과 등반의 역사에 대해서 글을 쓰는 이들이 해야 할 사회적 몫이라고 할 수 있다.

알피니스트는 대부분 진지한 사람들이었다. 내가 좋아하는 일본의 등반가 야마노이 야스시[4]처럼 외롭게 혼자 걷고, 오르는 이들이 있었고, 아득하게 먼 곳에서 자신을 올려다보는 이들도, 해가 져서 어둑해질 때 지친 몸으로 집으로 돌아가는 알피니스트들도 보았다. 그러나 산은 자신이 본 것을 절대로 말한 적이 없었다. 산이 고독한 존재라는 것은 이런 뜻에서 생출된 것이리라.

오늘날 알피니스트 김정태를 보는 이들의 시선이 분열적이다. 그는 산에 오르면서 보낸 자신의 온 삶에 만족했을까? 일제강점기, 일본 제국주의자들과 함께 산에 오르고, 창씨개명을 하고, 조선인 대표로서 메이지 신궁에서 열린 국민연성회에 참여하고, 백두산에 올라 동방요배와 천황 폐하 만세를 두 손 들어 외치면서, 황국 신민으로서 충성을 보여주었다. 재조 일본인으로서 조선총독부 철도국과 동양척식주식회사 지사, 대한제국 황족의 의전 및 사무를 담당하던 경성 이왕직李王職 소속이었던 이들이 중심인 조선산악회에 가입해서 간사·이사까지 했고, 해방 후 조선산악회 이름 그대로인 조선산악회를 앞장서서 이끌었으며, 영면하기 전까지 한국 산악계의 우두머리였던 그는 떠도는 그림자와 같은 사람이었다. 당시 김정태와 등반을 같이했던 이이야마 다츠오는 "백두산행은… 단체행동이

백두산 등행단은 천지에 올라 천황이 있는 쪽으로 몸을 돌려 멀리서
참배한다는 뜻의 동방요배를 하고 천황 폐하 만세 삼창을 했다.

었기 때문에 자유가 없었으며 정상에 서면 동방요배와 만세 삼창을 해야만 했다"[5]라고 자신의 등반기에 썼다. 김정태는 이런 글을 그가 살아 있는 동안 결코 쓰지 않았다.

스무 살에 결혼해서 4남 2녀를 두고, 이렇다 할 직업 없이 가장 노릇을 포기한 채, 그가 찾고, 찾아낸 산은 무엇인가? 그가 그리고자 했던 이 땅의 산악계는 어떤 것이었던가? 그는 과연 태산준령이라고 일컬어질 만큼 영웅일 수 있을까? 서양의 유명한 등반가들처럼 산을 탐험한 알피니스트였던가? 그가 믿었고 실천했던 대의는 무엇이었던가? 아무도 그가 이런 사람이라고 잘라 말하지 않았다. 실은 아무도 그를 알아주지 않았고, 알려고 하지 않았다는 것이 중요하다. 김정태, 그는 그를 필요로 하는 사람들에게만 어느 정도 알려진 사람이었을 뿐이었다. 나머지 그가 할 수 있는 일은 자신을 기록하고 남겨놓는 일뿐이었다. 이 과정에서 그는 진실을 지키는 영웅이 아니라 자신이 겪어야 했던 일상적인 아픔과 실상을 감추는 쪽에 더 민감할 수밖에 없었다. 학교라는 제도 속에서 배움이 짧았고, 사회적 이력이 특출하지 못했던 그의 삶은 고단했고, 세속은 그와 가깝지 않았다. 반면에 산은 세속의 기준을 확 뒤집어놓을 수 있는 절대적 탈출구였다. 산과 함께했던 그의 삶은 빗장처럼 길고 단단했다.

어린 시절부터 산에 올라 산악인이 되고 싶었고, 이념과 역사를 벗어나서 그가 우뚝 머물 수 있던 곳이 산뿐이었다. 해방 전후, 산악계에서 좌장 노릇을 했지만 그는 과연 성공한 사람이었을까? 그가 계속해나가고 싶었던 일은 무엇이었을까? 산에 오른 명예와 달리 그는 가난한 삶을 줄곧 살았다. 그가 남긴 일기를 보면, 부인도, 4남 2녀의 자식들도 그를 우러러보기는커녕 격려조차 하지 않았던 것 같다. 그는 세상을 가까스로 버텨낸 한 피식민 산악인으로 보아도 무리가 없다. 산악계에서 훌륭한 클라이머라고 인정을 받았다고 해도, 그의 실제 삶은 별로 달라지지 않았던 것이 이를 증명한다.

그는 과연 어떤 존재였을까? 그의 삶은 근대 알피니스트로 너른 조명과 깊은 각광을 받았던 것일까? 그가 지상의 삶을 영원히 마감한 후에 많은 사람이 그의 삶 전체에 의문을 품었다. 무엇보다도 등반에 대해서 그가 남긴 기록은 숱한 의문을 낳았다. 1988년 그의 부재 이후, 근대 산악인으로서의 그의 자리는 텅 비워지고 있다. 그는 전형적인 도시적 인물로 보이지만, 산에서도 도시에서도 외로워 보였다.

다시 묻자. 그는 일제강점기 때부터 부역을 통해서 산악계 영웅이 된 존재인가, 사실을 왜곡한 외로운 탐험가인가? 필자는 조심스럽게 그의 삶을 들여다보고자 했다. 오로지 그가 남긴 글과 그에 대해서 쓴 자료들을 바탕으로 글쓰기를 시작했다. 이 장에서는 1940년 11월 3일, 58명이 인수봉 정상에서 찍은 사진을 통해서 일제강점기 조선 산악계를 이끈 김정태와 엄홍섭의 권력의 차이, 엄홍섭의 사후 김정태가 과감하게 덧칠한 사실의 왜곡에 대해서 살펴보고자 한다.

혈맥血脈과 암우岩友

 말로 표현할 수 없을 때, 글은 쓰여진다. 산에 오르는 것을 말로 다할 수 없을 때 등반에 대한 기록, 등반기가 쓰이는 것처럼. 산과 등반에 관한 고유한 아름다움, 알피니스트의 삶에 대한 무언가를 자신만의 고유한 글에 담는 것이, 그리하여 산이라는 언어와 함께 또 다른 언어로 말하는 것이 등반기이고, 산악문학이다. 가벼운 산행이든, 무거운 산행이든, 낮은 산이든, 높은 산이든, 오르고 내려가는 행위는 나아가는 것이면서 동시에 되돌아오는 것이다.

 김정태는 산에서 무엇을 발견했을까? 자신을 어떻게 세워나갔던 것일까? 그의 세계란 무엇이었을까? 김정태를 만난 적이 있거나, 그의 글을 읽었던 이들은 그에 대해서 어떻게 말하고 있는가? 우리는 어떻게 그를 진정으로 알고, 그의 외롭고 일그러진 모습을 바로 보고, 세워놓을 수 있을까? 서울에서 배낭을 메고 산에 오르고, 클라이밍을 위한 장비를 몸에 걸치고 등반을 하다 보면 인수봉에 오르는 것을 피할 수 없다. 인수봉에 있는 미끄러운 숱한 바윗길이 가슴을 벅차게 한다. 그 많은 길을 개척한 이들이 전설의 주인공처럼 여겨지는 것은 당연하고, 난이도가 높은 바윗길을 오르는 이들을 올려다보게 된다. 그렇게 바윗길 하나씩에 제 흔적을 남겨놓다 보면, 이 길을 맨 먼저 오른 이가 누군지, 어떻게 처음으로 오를 생각을 했는지 궁금해지기 마련이다. 그다음에는 등반기와 책을 찾고, 선배들에게 묻고 귀동냥을 하게 된다. 그렇게 하고 나면, 길은 전혀 새로운 모습으로 오르는 이를 맞이한다.

1940년 11월 3일 인수봉 등반 사진을 보고 글을 쓰는 일은 여러 가지 논쟁을 야기할지도 모를 일이다. 무엇보다도 한국 근대 등반 사를 공부하는 이들이 누가 어디를 초등·정복했다는 것에 매몰되어 있는 현실 속에서 이 글은 그것과 처음부터 끝까지 어긋나기 때문이다. 초등의 신화와 정복의 서사를 중시하는 등반사 연구를 비판하는 것이 아니라 역사적 맥락이나 자연과 인간에 대한 너른 이해의 부재 속에서 누가 먼저 올랐는가에 안주하는 것을 비판하는 이유는 많다. 거칠게 말하면, 초등과 정복을 중시하는 한국의 근대 알피니즘 연구는 서구 제국주의가 자신들의 우월적 지위를 확인했던 등정주의로의 함몰이다. 그러한 태도의 수입과 이입이 일본의 제국주의에 의한 조선의 강제 병합을 식민지 근대화론이라고 비판 없이 받아들이게 했다. 그것은 협애한 차원에서 조선의 근대 등반 사를 민족주의적 관점으로만 바라보는 태도다.

예컨대 한국문학 나아가 예술사 연구에서도 가장 먼저 언급되었던 것이 누가 신소설을 먼저 썼는지였다. 우리가 중학교에 들어가 그런 문학적 사실들을 외우면서 문학의 이해를 시작했다는 것을 떠올리면 효시니 최초니 하면서 정작 중요한 것을 잃어버렸고, 무지했다는 것을 알게 된다. 위의 질문의 답이 이인직의 『혈血의 누淚』 인데, 중학교 1학년 때 아무 뜻도 모른 채 작가와 작품의 이름을 외우고 시험을 보고, 성적을 얻고, 문학을 배웠다. 『혈의 누』는 소설가 이인직이 1906년 11월 26일에 발표한 장편소설이다. 이 소설의 제목을 처음 암기했을 때, 참 낯설었지만 국어 선생님께 그 뜻을 질문할 수가 없었다. 그때는 무조건 외우는 것이 답이었으니까. 이 제목을 우리말로 옮기면 '피눈물'이다. 우리의 일상적 문법으로 쓰자면 '혈루'가 맞다. 『혈의 누』는 누가 보아도 일본어의 문법을 적용한 것이다. 나중에 이 소설을 읽어보았지만, 어린 시절 이런 소설을 배웠다는 것이 참으로 부끄러웠다.

조선의 지배권을 놓고 청나라와 청일전쟁(1894. 7 - 1895. 4)을 일으킨 일본에 대한 미화가 중심인 이 소설은 일본 군인을 고아를 돌보는 좋은 사람인 양 미화하는 등 친일문학의 대표작이다. 참으로 어처구니없이 우리는 제목, 작가에 대한 기본적인 검증 없이 최초의 문학 수업을 받았다. 단언컨대 『혈의 누』는 순수문학이 아니다. 학교에서는 이인직이 친일파의 대표적 인물이었던 이완용의 비서였다는 사실을 누구도 말해주지 않았다. 『혈의 누』는 일본 제국주의의 선전국장 격으로서 이인직이 조선인들에게 각성을 촉구하는 내용이라는 것이 정설이다.

이 제목처럼, 이 한 장의 사진 제목이 거창하기 이를 데 없는 「혈맥이 통하는 암우」다.* 우리말 용어로 하면, '피가 흐르다'라는 뜻인 혈맥血脈보다는 혈족血族이 친근한 단어다.

알피니스트에게 권위란 무엇인가? '권'은 자격, 판단, 판정 등의 뜻을 갖고 있고, '위'는 힘을 뜻한다. 한국의 근대 등반사를 연구하는 이에게 물었다. 그는 이 질문에 초등이야말로 알피니스트의 생명과 같은 것이라고 말했다. 과연 그런가? 그에게 다시 왜 그렇게

---

* 사진의 출처를 알 수 없을 뿐만 아니라, 사진에 이런 제목을 붙인 이도 알 수 없다.

생각하는지 물었다. 그는 "등반가에게 남는 것은 이것뿐이기 때문이지요"라고 대답했다. 김정태는 한국 근대 산악계에서 가장 큰 권위를 지닌 인물이라고 할 수 있다. 김정태는 자신의 권위를 위해서 너무 많은 위험한 말들을 쏟아냈고, 글들을 남겼다. 그 가운데 가장 이해하기 힘든 것은 그가 쓴 자신의 이력이다. 그가 밝힌 학력은 너무 들쭉날쭉하고 때에 따라서 이렇게 저렇게 달라졌다. 그리고 손경석이 김정태 20주기를 기념하는 좌담회에서 김정태의 이런 혼돈을 아주 가볍게 제압했다. "선생의 이력도 잘못 알려진 게 많다. … 학력을 올려 적은 것은 상금 때문이었던 것 같다. 그만큼 선생은 어렵게 살았다."[6]

근대 산악인 김정태의 권위는 어디에서 생겨난 것일까? 그것은 김정태가 자신의 권위를 지나치게 부풀리고, 그 이상으로 유지하고 싶었던 탓이 아니었을까? 김정태는 권위를 자격, 영역, 소속, 원천 등의 뜻으로 여겼다. 그는 초등했다는 자격으로 다른 이들보다 우뚝 서 있고 싶었다. 그는 백두산을 비롯한 금강산 초등을 할 수 있었던 유일한 이를 자기 자신으로 여겼다. 그만큼 그는 영악했던 것이 아니라 나약했다. 정신적으로 가난했던 그로서는 그렇게 해야만 자신의 권위가 커지고 유지된다고 믿었다.

권위라는 영어 authority, 불어 autorité의 어원은 augeō, augere, 즉 '자라게 하다' '증가시키다'라는 의미를 지닌 라틴어 동사다. 권위는 법정에서 자신의 언변을 통해 상대방의 동의와 승복을 얻어내는 능력을 뜻한다. 이 동사에서 권위라는 뜻의 auctoritas라는 명사가 파생되었고, 이 단어는 작가를 뜻하는 영어 단어 author의 어원이기도 하다. 권위에 따르는 명성과 실권을 dignitas, 즉 존엄이라 한다. 권위라는 그리스어는 도덕적인 힘을 뜻하는 $\varepsilon\xi o v\sigma i\alpha$다. 그리스인들은 도덕적인 힘에서 권위가 생출된다고 믿었다. 권위는 곧 도덕의 완성이었던 셈이다. 자신에게 주어진 것을 겸손하게 받아들이는 것, 신이 나에게 허락한 것을 염두에 두고, 그 너머에는 몰락이 뒤따른다는 사실을 잊지 말아야 한다는 뜻이 숨어 있다. 권위는 자신이 해야 할 바를 지나치지 않을 때, 그것을 의무로 받아들여 계속할 때, 비로소, 자연스럽게 생긴다는 것을 의미한다.

김정태가 글과 책에서 사실을 숨기거나 왜곡했던 것은 가진 것 이상으로 보이기 위하여 상대방의 동의와 승복을 꾀한 탓이라고 볼 수 있다. 일본인 중심의 조선산악회를 해방 이후, 이름 그대로 조선산악회로 이어받고, 다음에는 이름을 달리해서 한국산악회를 설립했던 김정태는 산악인으로서 권위에 집착했고, 권위를 유지하기 위하여 과도하게 노력한 결과, 자기 자신이라는 삶의 척도·기준을 잃어버렸다. 그는 자신이 주장하고 글을 쓰는 것이 나중에 어떻게 밝혀질지에 대해서 두려움을 갖고 있지 않았던 셈이다. 한국 근대 알피니즘의 역사가 자신으로부터 생출했다는 절대적 믿음이 그를 그렇게 만들었다. 그즈음 조선 산악계에 그가 대항해야 할 상대는 없어 보였다. 그의 선배로서 산과 산 아래에서 의지할 수 있는 이는 김정태를 경제적으로 도울 수 있는 지위를 지녔던, 나중에 백령회라는 단체의 리더가 된 엄흥섭뿐이었다. 김정태가 지닌 것은 권위가 아니라 '권위적인 행동'일 뿐이었다. 일제강점기 일본인 중심의 조선산악회에 가입·활동했던 그로서는 해방 후에도 명실공히 조선

산악회의 적자가 되고 싶었다. 이를 위해서는 부역과 친일 혹은 반일을 따지는 것보다 조선산악회 이름을 그대로 유지해야 했고, 이제부터는 자신이 적자로서 조선산악회의 핵심이 되었다고 여겼을 것이다.[7]

자신이 오른 등반이 한국 근대 등반사에 남을 초등이라고 믿었던 김정태, 그는 근대 등반의 선구자로 자기 자신을 섬겼고 그렇게 해석했다. 작가라는 단어처럼, 등반의 작가로, 자신의 등반 행위를 창의적인 것으로 착각했고, 그 생각을 글로 주저하지 않고 "창의적 등반"(219쪽)이라고 표현했다. 신라시대 원효, 자장, 지눌, 의상 이후 조선시대 김정호에 이르기까지, 그들이 장비 하나 없이 홀몸으로 우리나라 크고 높은 산, 골골샅샅을 오르고, 그 뾰족한 바위 위에 절집을 지은 것을 한 번만이라도 새겨보았다면, 권위를 위하여 이처럼 위험한 글쓰기는 하지 않았을 것이다.

김정태는 자신과 삶의 실제에 대해서 어긋나는 글을 쓰지 않아야 했다. 굳이 밝히지 않아도 되는 것들은 쓰지 않아도 되었다. 남기고 싶은 삶보다 남기고 싶지 않은 삶 즉 후회가 많은 삶을 말해야 했다. 많은 이들이 그의 삶과 등반 기록 전반에 대하여 의문을 품는 이유는 그의 글 쓰는 태도와 과장된 내용에 있다. 글쓰기에 있어서 필요했던 것은 권위 이전에 자기 성찰이었을 것이다. 진정한 권위는 자기중심적이지 않고, 다른 사람을 자라게 하는 것이어야 했다. 김정태 사후에, 손경석은 여러 곳에서 그를 무시하는 글을 썼다. 손경석이 김정태를 무인처럼 여겨 경멸하는 태도는 손경석의 여러 글에서 엿볼 수 있다. 김정태와 손경석은 그들의 삶 내내 소모적 '인

정투쟁'을 계속했다. 그 증거는 김정태 20주기 기념 좌담회에서 한 손경석의 발언이다.[8]

김정태 사후에 여러 사람이 김정태에 대해서 언급했지만 관점이 각기 달랐고, 더 큰 문제는 김정태의 진술·기술에 앞뒤가 일치하지 않아 의문이 늘어나는 데 있다. 지금, 여기에서 김정태가 어떤 사람이었는지를 밝히는 노력은 그리 중요하지 않을 수도 있다. 중요한 것은 김정태라는 존재가 아니라, 지금 여기에 사는 나라는 존재, 우리라는 존재의 불합리를 보기 위해서, 김정태라는 과거, 어둠의 비밀을 들여다볼 필요가 있다는 점이다. 따라서 김정태와 엄홍섭 같은 인물들이, 자료를 제대로 확인하지 않을 뿐만 아니라 추정과 짐작으로, 민족주의적 입장을 지녔다고 하거나, 일제강점기 내내 일본 제국주의에 저항하는 차원으로 등반을 했다고 일괄하고, 민족주의 산악인으로 규정하는 것은 근대 산악역사 연구와 인물의 평가에 있어서나, 이 시대를 살아가는 우리들 모두에게 위험하기 그지없는 일이다. 이들에 관한 기록도 많지 않고, 평전도 없는 터라, 우리는 좀더 구체적인 자료를 구하고, 그를 바탕으로 인문학적 해석의 다양성을 열어놓아야 할 것이다. 근대 문학을 비롯한 모든 예술 활동처럼, 근대 산악인들의 등반 기록, 생애 업적도 바르게 평가되어야 할 것이다.

오래된 사진이 말하는 것

여기, 빛바랜 사진 한 장이 있다. 한국 근대 등반을 대표하는 오래된 사진이다. 때는 소화 15년, 1940년 11월 3일, 날이 춥고 흐렸다. 장소는 인수봉 정상. 조선인인지 일본인인지 국적과 이름을 알 수 없는 58명이 단체 사진을 찍었다. 이 사진은 출장 사진사가 인수봉 정상까지 줄을 잡고 올라가서 카비네cabinet판으로 찍었다. 값은 한 장에 30전. 김정태가 백령회 엄흥섭의 제안으로 이 등반 행사를 준비할 때는 '암등岩登연구회'가 주최한 (등반에 관한) 독서연구회와 (등반) 실천연습회였다.

그동안 여러 번 이 사진을 크게 확대해서 배낭에 넣고, 그 당시 올라갔을 법한, 그들을 끌어들인 것 같은 바윗길을 따라 인수봉 정상에 올랐다. 인수봉을 오르는 가소로운 바윗길은 없다. 1940년 11월 3일, 그들이 앉아 있었던 자리에 앉아 아슬아슬하게 사진을 찍기도 했다. 80년을 거슬러 오르는 등반이었다. 그들이 하강했을 길은 보이지 않았다. 그럴 때마다 그곳에 미동도 없이 앉아 있었다. 사진 속 58명, 사진 찍은 이까지 포함해서 약 60명이 하강한, 별자리 같은 기원의 장소를 찾고 있었다. 지금에야 인수봉 정상에 오른 모든 이가 아무렇지도 않게 인수봉 서면 오버행 아래로 하강하지만, 1940년 11월 3일의 하강 장소는 알 수 없다.

사진 속 엄흥섭이 앉아 있던 곳에서의 침묵은 길어질 수밖에 없었다. 날은 곧 어두워지기 시작했다. 하강은 등반의 집착에서 빠져나오는 일, 내 안에 바위를 소멸하는 일이었다. 앉아 있던 두 다리

사이에 사린 줄을 들고 P자형 고정 확보물이 있는 서면으로 다가갔다. 하강은 침묵과의 공모였다. 줄에 매달린 몸은 알몸과 같았다. 비밀 속으로 내려가기 시작했다. 하강은 줄곧 침묵을 요구했다. 육체가 드러날 즈음에 발이 땅에 닿았다.

사진 속 두 사람만이 한국 근대 등반 역사 속에 이름을 남겼다. 사진 한가운데 앉아 있는 '조선산악회' 소속 김정태와 사진 오른쪽 귀퉁이, 하얀색 안경을 끼고 두 무릎에 손을 얹고 앉은, '백령회' 리더로 알려진 엄흥섭. 이것 말고 분명한 사실은 없다. 1940년 11월 3일 등반 행사의 주체는 엄흥섭이었고, 실무는 김정태가 맡았다. 이 행사를 이끈 단체 이름에 백령회, 금요회 같은 이름은 없었다. 그 당시 이런 조직은 없었기 때문에 김정태는 일기에 예정표를 만들어 적어놓았고, 그 안에는 '암등연구회, 제1회 독서연구회, 제1회 실천연습회'라고만 적었다.

1940년 10월 31일부터 11월 3일까지의 계획을 입안한 이는 김정태였다. 준비 과정에서 김정태는 갑작스런 엄흥섭의 제안으로 일정을 줄여 11월 3일 단일 행사로 수정해야 했고, 이 과정에서 엄흥섭에게 크게 실망한 내용을 일기에 고스란히 적어놓았다. 11월 3일 행사를 마치고, 김정태는 일기에 이날 행사의 이름을 '명자교환회'라고 썼다. 엄흥섭의 사후, 김정태는 이 행사를 크게 부풀려, '민족적 대집단 등반'이라고 왜곡해서 썼다.

줄여 말하면 이렇다. 김정태는 1940년 11월 3일 이 행사를 지도하면서, 엄흥섭의 의도를 눈치채지 못했다. 알았다고 해도 김정태로서는 엄흥섭의 도움으로 일제강점기를 아무런 위험 없이 지내고 있는 터라 그의 지시와 계획에 어깃장을 놓을 수가 없었던 것으로 보인다. 반면에 엄흥섭은 친일기업을 운영하는 입장에서 조선총독부나 관료들의 눈치를 보지 않을 수 없었고, 이 등반을 '명자교환회'의 일환으로 만들어 자신의 입신과 출세의 한 방편으로 삼아야 했다. 그로서는 이러한 의도를 김정태에게 자세하게 말해줄 수 없었다. 김정태는 1945년 6월 5일 엄흥섭의 사망 이후, 이 행사를 과장·왜곡하면서 자신이 누릴 수 있는 권력의 기반으로 만들었다. 이 모든 과정은 김정태가 남긴 일기와 엄흥섭의 사후에 발표한 글로서 그 얼개가 맞추어진다.

엄흥섭과 김정태에게 산은 자신들의 권력이자 생존의 근본적인 구조였다. 그들은 공통적으로 산을 이용했고, 이어서 삶의 권력으로 활용했다. 그런 면에서 이들은 일제강점기 조선 산악계의 브로커들이었다. 여기서 브로커란 산을 오르고자 하는 지배 권력에 부역하는 알피니스트, 그리고 그를 이용해서 세속적 권력을 확장하려는 존재를 뜻한다.

이제 이러한 사실을 염두에 두지 말고, 사진을 들여다보자. 사진 한가운데서 팔짱을 끼고 앉아 있는 이가 김정태(당시 26세)이고, 거리를 두고 맨 오른쪽에서 무릎에 두 팔을 얹어놓고 앉아 있는 안경 낀 이가 엄흥섭(당시 31세)이다. 그 주위에 넥타이를 두른 양복차림을 한 이도 있고, 김정태 오른쪽 어깨 옆에는 여성으로 보이는 이도 있다. 이들이 피식민 조선인인지, 경성에 살고 있던 일본인인지 신원을 확인할 방법은 그 어떤 자료에도 없다. 유일한 단서는 김정태가 남긴 일기인데, 이들은 그 당시 암벽등반을 하던 클라이머가 아니라 엄홍섭의 제안으로 마지못해 인수봉에 올라온 이들이었다. 이들이 사용한 등반 장비며 배낭이 일절 보이지 않는데, 그 이유는 김정태와 백령회 회원들이 이미 와서 깔아놓은 두 줄을 잡고 올랐기 때문이었다. 이들은 위에서 내린 줄을 잡고 올랐고, 다시 내려왔다. 그 덕에 지금보다 훨씬 쉽고 간편하게 인수봉을 오르고 내려갈 수 있었던 것으로 보인다. 추측컨대, 지금의 '고독의 길'이거나, 인수 C코스라고 여겨진다.

이 사진을 설명하는 자료는 매우 제한적이다. 그럼에도 우리는 지난 시대의 모든 역사와 문화를 바탕으로 이 사진의 앞과 뒤, 안과 바깥을 두루 읽고 또 읽어, 그것을 가지고 시대의 거울 앞에 놓아야 할 것이다. 주장과 설득의 중심은 해석일 터, 이 사진에 관해서 글쓰기는 매우 조심스럽기만 하다. 가령, 1940년 11월 3일 김정태가 인수봉에 올라 이 사진을 찍었을 때, 남은 기록이라고 하면 사진과 더불어 이들이 남겼을 글과 말뿐이었으리라. 말들은 이미 사라졌고, 사진은 어느 날, 주형렬을 거쳐 손경석에 이르러 공개되었다고 하지만 이 마저도 그들이 누구인지 알 수 없어 애매하고, 글은 김정태의 일기에 한정되어 있을 뿐, 다른 것들은 아직 알려진 바가 없다. 그러므로 이 사진을 읽고 해석하는 일은 불안정하고 불안하기 이를 데 없다.

이 사진에 조작은 없고, 해석에 왜곡은 없는가? 이 사진이 눈에 들어온 것은 한국산악회가 발행한『한국산악회 70년』(2016)을 볼 때였다. 한국산악회는 이 등반 기록과 사진을 산악회의 시작과 여명을 상징하는 대표적인 것으로 여긴다. 그런 이유로 이 등반 사진을 책 맨 앞에 확대해서 실었다. 김정태와 엄홍섭, 나머지 사람들이 조선 사람인지, 일본인인지 알 수 없고, 그 어디에도 이들에 대한 설명이 없다.

사진 아래에는, 정확하게 말하면, 사진이 끼워져 있는 종이 액자에 "혈맥이 통하는 암우血脈の通ふ 岩友, 仁壽峰にて, 15.11.3"라는 글귀가 있다. 누군가는 사진 뒷면에 이 글귀가 쓰여 있다고도 썼다. 분명한 것은, 이 글귀를 누가 썼는지는 아무도 모른다는 사실이다. 이 글귀는 사진에 박힌 것이 아니라, 사진을 지닌 이가 사진을 액자에 넣고, 그 액자 틀 아래에 쓴 것이다. 오래전부터, 한국 근대 등반사를 연구하는 이웃들에게 이 사진의 출처, 내용, 해석 등을 물었지만 시원한 대답은 없었다. 몇몇은 이 사진이 인수봉 정상에서 찍은 사진이 아닐 수도 있다는, 사진의 진위에 대한 소문들이 있었다는 말을 해줬다. 『한국산악회 70년』에도, 손경석의 책 『등산반세기』와 『한국등산사』[9]에도 이 사진은 작게 들어 있지만, 김정태의 책 『천지의 흰눈을 밟으며』에는 아예 없다.

'사진으로 증언하는 한국 산악의 역사'라는 부제가 붙은 『한국산악회 70년』[10]에도 확대한 이 사진이 실려 있을 만큼 상징적인 이 사진은 왜 그동안 드러나지 않은 채 있었던 것일까? 김정태는 왜 이 사진을 자신의 책에 넣지 않았을까? 환원하고 싶지 않았던 것이었을까? 다른 이들에게는 보잘것없는 사진이라고 여긴, 환원 불가능한 것으로 여겼다는 것이었을까?

이 사진에 대한 필자의 궁금증, 호기심, 연원에 대한 탐색은 이런 질문에서부터 시작되었다. 우선, 시기가 궁금했고, 저때 어떻게 인수봉에 오를 수 있었는지 시도 때도 없이 의문이 들었다. 그다음에는 '사진 속 등반한 이들 몸에 왜 등반 장비가 없지? 누가 찍었지? 어떤 모임이고 왜 한꺼번에 인수봉에 올랐지?' 하는 의문들이 꼬리에 꼬리를 물고 이어졌다. 역사적 가치가 있는 등반 사진이라면, 한국 근대 등반사의 주역들이 사진 안에 있다면 이미 사진에 대한 분명한 설명은 있어야 했다. 그러나 사진에 대한 설명은 알맹이가 없이 모호했다. 사진에 관한 설명은 김정태의 일기와 책에 들어 있는 짧은 단락의 글이 전부였고, 그 내용은 시기에 따라 사뭇 다르다. 그리고 많은 이들이 김정태가 책에 쓴 글을 줄이거나, 그대로 복사해서 옮겨 날랐다. 이 사진에 대한 이해와 해석은 김정태가 쓴 글로부터 출발할 수밖에 없다. 그럴 수밖에 없다.

1940년 11월 3일 인수봉 등반을 알기 위해서는 일제강점의 연대기를 살펴보아야 한다. 일본 제국주의는 1937년에 아시아 패권을 차지하려는 야욕으로 중국대륙 침략(중일전쟁)을 시작했고, 1945년까지 이를 계속했다. 시간이 흐름에 따라 교착상태에 빠지면서 부족한 병력을 충원해야 했다. 1938년 인적·물적 자원을 통제하고 전쟁에 강제동원하는 국가총동원법을 제정했다. 일본의 국가총동원법에 가장 많은 조선인이 강제로 동원된 곳은 강제노역(강제징용)이었다. 그럼에도 김정태는 징병을 면했고, 자신이 기술한 대로, 알피니스트로서의 삶을 만끽했다. 일본 제국주의는 식민지 조선인을 강제징병하기 위해 1937년 12월 조선인 특별지원병제를 공포했다. 김정태는 일제강점기, 강제로 연행되지 않았다. 일제는 이어서 1938년 2월에 육군 특별지원병제, 1943년 8월에는 해군 특별지원병제, 1943년 10월에는 학도지원병제를 공포했고, 1942년 5월에는 육·해군 강제징병을 강행했다. 일본이 일으킨 전쟁에 일본 군대로 끌려간 조선인은 약 20여만 명에 달하는 것으로 추정한다.

인수봉 등반 전후의 역사를 보면, 1939년은 국민 징용령이 공포되어 1945년까지 조선인 45만 명이 연행되었던 시기였다. 1940년 10월에 이르러서는 조선총독부가 식민지 주민을 총동원하고 통제하기 위해 기존의 국민정신총동원 조선연맹을 국민총력조선연맹으로 확대·강화하여 발족시켰다. 이를 계기로 조선총독부 학무국에서 관장하던 국민총동원 업무를 관방으로 이속시킴과 동시에 본부와 각 도에 국민총력과를 신설했다. 창씨개명이 조선인들에게 강제되었고, 이를 확인하려는 '명자교환회'라는 총독부 행사가 전국적으로 일어났다. 일본 제국주의는 이렇게 악랄하게 식민지 조선의 뿌리를 착취하면서 전쟁을 준비하고 있었던 것이다.

이즈음 10호를 1개 반으로 구성하는 체제로 조선 전체를 재편함으로써 제국주의 권력이 중앙에서 촌락의 개별 호에 이르기까지 '침투'할 수 있는 일원적인 지배체제를 구축했던 터라, 1940년은 그 어느 때보다 식민통치가 가장 극악했던 때였고, 조선 민중이 가장 고통받고 헐벗었을 때였다. 1940-41년은 일본 제국주의가 대동아 공영권 결성을 내세워 침략 정책과 전쟁을 정당화했던 혹독했던 때였다. 1941년 12월 12일에는 대동아전쟁 즉 일본 제국이 영국, 네덜란드, 소련, 중화민국 등의 연합국과 태평양전쟁을 일으켰고, 조선의 수많은 청년과 민중은 그들의 전쟁에 황국 신민으로 참여해야 했다.

조선총독부는 1939년 9월 조선에서 열린 '대일본청년단 대회'를 기념하기 위해 인왕산
병풍바위에 "동아청년단결, 황기 이천오백구십구년 구월 십육일,
조선총독 미나미 지로"를 새겼다.

김정태가 1940년 11월 3일 인수봉 등반을 하기 한 해 전, 1939년 9월 17일, 조선총독부는 인왕산 병풍바위 중앙과 좌측 부분에, 대일본청년단 대회를 기념하는 글자를 새겼다. 오른쪽에는 조선총독 미나미 지로가 쓴 '동아청년단결'東亞青年團結이라는 구호를 새겼다. 1939년 가을, 식민지 조선의 경성에서 열린 대일본청년단 대회를 기념하기 위해 암벽에 새긴 각자였다. 중일전쟁이 한창이었고, 황국신민서사가 제정되었고, 육군 특별지원병령의 공포로 국가총동원법이 확대 시행되었던 때였다. 국민정신총동원 조선연명이 나서서 전시 동원체제를 이끌었던 혹독한 때였다.

1939년 가을에 조선연합청년단이 결성되었고, 일본·중국·만주·몽골·타이완 등에서 온 이들이 모여, 제15회 대일본청년단 대회가 경성 운동장에서 개최되었다. 이 사업을 기념하기 위해서 일제는 인왕산 바위에 "동아청년단결東亞青年團結, 황기皇紀 이천오백구십구년 구월 십육일二千五百九十九年九月十六日, 조선총독朝鮮總督 미나미 지로南次郎"를 새겼고, 이어서 바위 왼쪽에 한 열에 28글자씩, 네 줄 길이로 대일본청년단 대회를 개최한다는 사실과 기념 각자를 남기는 연유를 한자로 서술해 새겼다. 그 말미에는 "조선총독부朝鮮總督府 학무국장學務局長 사오바라토키 사부로鹽原時三郎"라는 글귀가 자리했다.[11]

이처럼 일제는 겸재 정선의 「인왕제색도」를 비롯해서 조선 왕조의 상징과 위엄을 지닌 인왕산을 경멸했다. 산악인 김정태는 이런 사실을 모르고 있었던 것일까? 무지가 그의 현실이었다면, 침묵은 그의 이상이었다. 그리고 그가 오른 산에 관한 사고와 상상력은 가

216

벼울 수밖에 없었다. 그에게는 억압 민족, 피억압 민족의 구분이 없었다. 그런 그가 만든 산악인 공동체는 대립이 아니라 일제와의 일체였고 부역이었다. 그럴수록 풍경으로서 산은 늘어났고, 상처로서 내면은 깊어졌으며 감추어야 했다. 멈출 수 없었던 그의 세속적 욕망은 더욱 산에 매달리게 했다.

1939년 1월 김정태는 설악산과 금강산을 다녀왔고, 3월에는 혼자 관모봉을, 또 방봉덕, 엄흥섭과 함께 함경선 주을역에 내려 관모봉을 올랐다. 1940년 1월에는 방현과 개마고원 북수백산을, 1941년 12월 24일부터 1942년 1월 23일까지는 마천령 연봉을 따라 조선산악회 회원들과 백두산 등반을 했다. 식민지 현실 속에서 그는 이러한 등반들을 일컬어 "일생일대의 가장 보람 있는 창작적인 등반" (219쪽)이라고 했다. 그에게서 두드러지는 것은 일제강점기라는 사회적·역사적 환경과 동떨어진, 인정욕망이었다. 순수해 보이고자 했던 등반 신념은 해방 이후, 백령회를 언급하면서 '민족적 등반'이라는 입론으로 이어졌고, 이 잘못된 교정으로 자신을 이끌었고, 그렇게 굳혀나갔다.

1940년 11월 3일, 인수봉 정상에서 찍은 사진에 대하여, 김정태가 쓴 일기와 책의 내용은 일치하지 않는다. 등반한 1940년과 김정태의 자서전적 등반 기록인 『천지의 흰눈을 밟으며』가 나온 1988년 사이 48년이 흘렀다. 우리는 하나의 등반에 관한 두 개의 글이 보여주는 차이를 어떻게 설명할 수 있고, 설득할 수 있을까? 김정태가 이 등반에 관하여 처음으로 쓴 글은 다음과 같다.

김정태가 쓴 ①『등산 50년』(1976)과 ③『천지의 흰눈을 밟으며』

(1988)는 같은 내용을 담고 있다. 그 안에, 이 사진에 대하여 다음과 같이 썼다.

그런데 40년 가을, 어느 휴일을 기해서 백령회 동지들이 힘을 모을 수 있는 한인만의 지도적인 클라이머들을 얼마나 규합할 수 있을까도 싶어 비상소집을 해보았다. 장소는 클라이머들만이 오를 수 있는 인수봉 정상이었다. 사흘을 앞두고, 은밀한 구전이 동지들을 통해서 오갔다. 그날 새벽부터 눈을 피해서 몇 군데로 나뉜 암등 루트를 삼삼오오 자유로이 등반하면서 모인 동지들이 뜻밖에 대성황, 리더급만으로도 60여 명이나 되어 서로 놀라고 감격했다. 아마 전무후무한 인수봉의 민족적인 대집단 등반이었을 것이다. 우리는 이날 인수봉 정상에 우연히 모인 듯 다과회와 점심을 들고 내가 대표로 '우리 산악인들의 건투를 빌며 산을 다니면서 서로 연구하고 수련하며 친근히 지냅시다' 하는 정도의 인사말을 한 후 기념사진을 찍었을 뿐이었지만, 우리 백령회는 어떤 험지에서도 생사고락을 불사한다는 지도적인 클라이머들의 정신적인 단합을 확인할 수 있었다. 그만큼 백령회 동지들은 만만치 않은 지도력을 가지고 뼈대 있는 등산을 하고 있었다. 이 등반 직후 일경이 무언가 심상찮은 낌새를 차려 내사하는 듯했으나 우리가 당분간 시골에 피신함으로써 무사히 넘길 수 있었다.(133-134쪽)

김정태는 ② 「한국 등산사 고찰 11」(1983)에서는 이렇게 썼고,

동시에 한국산악회 부회장이란 직책과 이름을 병기했다.

1937-38년부터 일반 등산인이 휴일마다 많아지면서 40년 전후에는 등산이 대중화되는 양상을 보였다. 한인 클라이머들도 북한·도봉 등 연봉에 늘어남을 보게 되어 백령회 동지들은 이들을 얼마나 규합할 수 있을까 시험삼아 모아보게 되었다. 은밀한 연락으로 10월 말 휴일, 삼삼오오 클라이머들만이 오를 수 있는 인수봉 4개 코스로 자유로이 분산, 정상에 등반케 한 결과 뜻밖에 많아서 60여 명이 모였다. 그동안 지도한 바도 있는 양정고 OB, 세의전世醫專, 보전普專 등 산악부와 '반도 산우회'(38년경 발족, 기록미상)의 리더급들을 비롯 대부분의 한인 클라이머들이 모였다. 백령회를 대표해서 '우리 산악인들의 건투와 친목, 협조를 바란다'는 정도의 인사말(김정태)이 있었고, 기념촬영을 한 다음 점심과 다과를 들고 질서 있게 전원 무사히 하산했다. 일경의 눈을 피해서 이 정도의 모임밖에 할 수 없었으나 어떠한 험지에서도 생사고락을 같이할 수 있는 우리 클라이머들의 민족적인 자립·자결의 정신적인 단합을 공감하고 확인할 수 있었던 매우 뜻깊은 집단 등반이었다.[12]

위의 글을 연대기적으로 보면, 1976년에 나온 ①『등산 50년』이 먼저이고, 그다음이 『월간 산』에서 1982년 7월호부터 1983년 12월호까지 총 13회 연재한 ②「한국 등산사 고찰」이고, 맨 마지막이 1988년에 나온 ③『천지의 흰눈을 밟으며』다. 참고로 그 사이, ①에 실린 글을 1978년 『중앙일보』에 ④ 「남기고 싶은 이야기들」이라는 제목으로 1975년 11월 20일부터 1976년 1월 20일까지 총 53회로 나누어 연재했다. ①과 ③ 그리고 ④의 글은 거의 같다.

1940년 10월 말 휴일 혹은 11월 3일, 인수봉 등반에 관한 김정태의 서술이 왜 다를까? 문고와 단행본으로 출간된 ①과 ③의 내용은 거의 같다. 문제는 ②의 글에 있다. 이 글에서는 이미 출간된 ①과 사후에 출간된 ③에서는 볼 수 없는, 이 등반에 참여한 이들이 누구인지를 알 수 있는 정보가 들어 있다. ②에 들어 있는, "양정고 OB, 세의전, 보전 등 산악부와 반도 산우회"와 같은 내용은 매우 중요한 것인데, 왜 ①에서는 언급하지 않았고, ③에서는 이를 의도적으로 뺐을까? 연대기적으로 맨 앞에 있는 ①에 빠진 참가자가 누구인지를 밝히는 내용을 ②에 넣었다면, 그 내용은 당연히 맨 나중에 나온 ③에 그대로 있어야 했다. ①과 ③에서는 이 등반의 중심어인 '민족적인 대집단 등반'을 강조했는데, ②에서는 '민족적'이란 수식어를 지웠다.

①과 ③에서는 이 등반이 '백령회 동지들의 힘을 확인하기 위하여 한인 클라이머들만을 규합하려고 한 것'이라고 한 반면에, ②에는 '40년 전후, 등반이 대중화된 양상을 보여 이들을 얼마나 규합할 수 있을까 시험삼아 모아보게 된 것'이라고 가볍게 말하고 있다. 이 당시 등산이 김정태의 지적처럼 대중화되었다면 일경의 눈을 피할 필요도 없고, 피할 수도 없었을 터라 은밀하게 연락할 필요도 없었을 것으로 보이지만, 김정태는 이 등반 행사를 위하여 ①에서는 '은밀한 구전'을, ②에서는 '은밀한 연락'을, ③에서는 '긴급소집'

을 했다고 썼다. 앞뒤가 맞지 않는 전개며 내용이다.

끝으로 '산악인들의 건투와 친목, 협조'라는 인사말을 했을 뿐인 행사에 '생사고락을 같이할 수 있는 정신적인 단합, 민족적인 자립·자결'이라는 의미를 붙였다. 이 사진 속 58명의 복장은 등반 훈련에 적합하지 않은 것들이 대부분이다. 양복에다 넥타이를 맨 이들도 있고, 와이셔츠 차림을 한 이들도 많았다. 이렇게 보면, 이 사진은 이들이 등반이나 훈련을 하러 온 것이 아니라 갑작스레 불려나온 분위기를 여실히 보여준다. 민족적 자립·자결을 보여주는 집단 등반이라고 하는 것은 심한 왜곡이다. 게다가 김정태는 이때 찍은 두 장의 기념사진 가운데, 인수봉을 등 뒤에 놓고 찍은 사진 한 장을 ②에는 싣고, ①과 ③에는 싣지 않았다. 한국산악회가 출간한 『한국산악회 70년』(2016)과 손경석의 『한국등산사』(2010)에 실린 사진은 백운대를 등 뒤에 놓고 찍은 나머지 사진 한 장이다.

야하타제철, 일본무연탄제철, 삼국석탄공업사

이 사진의 역사적 배경을 이해하기 위해서는 당시 김정태가 일했다는 장소와 공간 등을 살펴보아야 한다. 1940년 9월 17일, 대한민국 임시정부는 중경(중칭)에 한국광복군을 창설했다. 조선의용대도 여기에 합류했다. 이때, 김정태는 구 일본제철[13]의 자산 출자였던, 야하타제철 주식회사가 경성에 세운 공장에 근무하고 있었다고 썼다.

일본이 진주만 공격으로 2차 대전을 도발하자 전쟁 수행의 심장부라 할 수 있는 야하타제철 주식회사 등이 미군 폭격의 주요한 제물이 되었다. 그러자 소형 용광로의 제철 시설을 소개시키기 위한 시험공장을 이 경성 공장에 두게 되었다. 따라서 매우 중요한 일을 우리들이 하게 된 셈인데, 이런 일을 해낼 수 있었던 것은 백령회의 리더가 한반도 최대의 무연탄 회사인 삼국석탄공업사 기술연구실장으로 최고 기술직에 있었기 때문이었다. 그 무렵 한인들이 일정의 징용동원으로 개같이 끌려가서 떼죽음을 당했을 때였다. 우리는 자격 있는 산악동지와 친지들을 모조리 끌어들여 징용이 면제되는 이 회사의 경성, 진남포, 해주 공장에도 배치했다. 이 회사의 청부업체인 삼화연료공업소의 엄흥섭 소장을 비롯해서 본사 경성 공장에는 필자(김정태, 공장장) ··· 이렇게 해서 치열했던 2차 대전의 어려운 고비를 우리들은 생활과 신분 보장을 받으며 여유 있게 넘기면서 산과 민족애의 정열을 마음껏 구가할 수 있었다.[14]

이 서술은 올바르지도 않고, 내용이 뒤죽박죽이다. 그가 쓴 글대로 읽으면, 김정태는 조선을 침략 수탈한 일본 제국주의의 기업에서 근무하며, 신분을 보장받고 등반을 계속 추구할 수 있었다는 사실만이 분명해 보인다. 김정태가 쓴 ①과 ③의 내용은 거의 같다. 위 인용문에서처럼 앞의 ①은 '야하타제철'을 명기했고, 뒤의 책 ③에서는 이름을 제거하고 '제철'이라고만 썼다. 이 당시 구 일본제철의 자산 출자로 야하타제철 주식회사, 후지제철 주식회사, 일철기선

주식회사, 하리마내화연와 주식회사가 설립되었다. 야하타제철 주식회사는 일본제철 주식회사로 상호를 변경했고(1970년 3월 31일), 후지제철 주식회사를 합병(1970년 5월 29일)했다. 이 기업은 오늘날까지 '일본의 한반도에 대한 불법적인 식민 지배 및 침략전쟁 수행과 직결된 일본 기업의 반인도적인 불법행위를 전제로 하는 강제동원 피해자의 일본 기업에 대한 위자료 청구권' 소송의 피고다.

이 시기에 김정태가 백령회 엄홍섭의 배려로 근무했다고 하는 '삼국상회'는 "1912년 설립된 … 1924년 만철무순탄 전문판매점으로 … 조선 석탄왕 삼국상회로 선전한 회사"였다. "경성부 남대문통에 본점을 둔 삼국상회는 1934년 석탄 기타의 연료, 금속 제 광물의 판매 및 부동산과 관련된 사업의 경영을 설립목적으로 하는 주식회사가 되었다. 1943년 삼국석탄공업주식회사로 사명을 변경한 삼국상회는 경성, 왕십리, 도쿄, 베이징 등에 공장을 세우고 연탄제조, 기계제작 및 흑연분쇄공장 경영, 조선과 내지 외 말탄 수출입 판매 … 등 사업을 확장한 회사"[15]였다. 이 회사는 일제의 패망 이후, 귀속재산처리법에 의하여, 1958년 대성연탄이 전 삼국석탄 제1공장 부지였던 왕십리 연탄공장을 불하받아 매입, 오늘의 대성그룹을 이루는 모체가 되었다.[16]

김정태가 삼국상회의 하청업체인 '삼화연료공업소'에 언제부터 언제까지 근무했는지는 알 수 없다. 김정태가 쓴 글만 보면, 엄홍섭은 '삼국석탄공업사'의 기술연구실장이기도 했고, 대표적인 친일파인 백낙승이 세운 친일기업 '일본무연탄제철 주식회사'의 하청업체인 '삼화연료공업소' 소장이기도 했다. 일제강점기 말기, "일본의 침략전쟁이 확대되어 일본과의 물자 교류가 중단되었을 때, 조선 단독으로 군수 물자를 생산하기 위해 대비하고 … 침략전쟁을 수행하는 것이"[17] 이 석탄개발사업의 최우선 목적이었다. 김정태가 쓴 것만 보면, 그는 조선의 석탄자원 수탈을 위해 일제가 세운 회사에서 일했던 것이다. 이 시기에 그와 그가 말하는 산악동지들은 "생활과 신분 보장을 받으며 여유 있게 … 산과 민족애의 정열을 마음껏 구가할 수 있었다."(132쪽) 이토록 김정태는 "무력으로 일제가 한국 민족의 지역(국토)을 빼앗고, 정치(주권)를 빼앗아 소멸시켰으며, 경제를 예속시켜 빼앗고 착취했다"[18]는 것을 깨닫지 못했다.

김정태는 『천지의 흰눈을 밟으며』에서, 구체적인 연도를 밝히지 않은 채 백령회 활동을 언급하면서 "우리는 구로다 박사의 주선으로 그때 국책회사인 일본무연탄제철회사 경성 공장의 용광로를 좌우하는 특수 분야인 제탄부의 기계 설치, 운용, 조업 등 일체를 청부받는 데 성공했다"(132쪽)라고 썼다. "일본이 진주만 공격으로 2차 대전을 도발하자 … 소형 용광로로도 제철이 가능한 무연탄이 한반도에 무진장한 데 착안하여 일본은 본토의 제철 시설을 … 경성 공장에 두게 되었다. 따라서 매우 중요한 일을 우리들이 하게 된 셈인데 … 징용이 면제되는 이 회사의 경성, 진남포, 해주 공장에 산악동지와 친지들을 모조리 배치했"고 자신은 "본사 경성 공장에서 공장장"(132쪽)을 하면서 신분 보장을 받았다고 썼다. 이 문장은 분명한 역사적 사실을 확인하지 않은 채 쓴 터라, 내용의 진위가 모호하다. 구로다 마사오 박사는, 조선산악회 회원이었던 방현의 증언처럼,

조선총독부의 초청으로 석탄 채굴을 비롯한 제철과 혜산진과 나진 철도 개설을 조사하러 온 이 분야 전문가였다.

김정태의 책을 보면, 김정태는 1942년에는 조선산악회 회원 명단에 기록된 것같이 이시이 공업소 소속으로, 1943년에는 백두산 『등행』 보고서에 적혀 있는 것처럼 강제 징용을 피해서 삼국상회 경성 공장에서 공장장으로, 1945년에는 개편된 태창공업의 운영부 위원장을 맡아 바쁘게 지내다가 조선산악회를 인수했다. '삼국상회'는 1943년에 삼국석탄공업 주식회사로 개명했고, 1950년에 귀속 재산이 되었다. 김정태가 쓴 삼국상회 경성 공장은 친일 기업가 백낙승이 세운 일본무연탄제철 주식회사 경성 공장을 뜻한다. 김정태는 전시 군수물자를 생산하는 '야하타 제철'에서 일한 것은 '제철'로 줄여 쓰면서 숨겼고, 친일 기업 '일본무연탄제철 주식회사' 경성 공장에서 일한 것은 '본사 경성 공장'이라고 하면서 얼버무렸다.

그 이유는 다음과 같다. 1940년대 이후, 조선총독부는 직물업 중심에서 군수·중공업 장려정책을 강제했다. 백낙승과 같은 친일 기업인은 이에 부응하여 군수품을 생산하는 업종으로 사업을 확대하면서, 1942년 6월 조선총독부의 지원 아래 무연탄 선철을 생산하는 '조선 와타나베朝鮮渡邊鑄工 주식회사'를 인수하여, 일본무연탄제철 주식회사를 설립하고 사장으로 취임했다. 이 회사는 조선총독부가 국책 사업으로 추진한 소형 용광로 제철 사업에 투입되었다. 군수품을 생산 조달하는 이 회사가 1943년에 개명했는데, 그 이름이 일본무연탄제철 주식회사였다. 이 회사는 1949년에 태창공업이 되었고, 김정태는 이 회사에 근무했다고 썼다. 백낙승은 우리가 잘 아는 비디오 아티스트 백남준의 부친으로, 1949년 2월 반민특위에 체포·수감되었다가 석방된 대표적인 친일 기업인이었다.

김정태가 "청부받는 데 성공했다"(132쪽)는 소형 용광로 사업은 일제가 총력을 기울여 시도했던 사업으로 1943년부터 1945년 8월 일제 패망 전까지 전개되었다. 핵심 군수물자인 철강의 증산, 선철 생산해서 일본에 공급하여 철광석 부담을 경감시키는 것이 사업의 목적이었다.[19] 이 용광로 건설은 백낙승의 '일본무연탄제철'이 경성과 해주, 평양 그리고 진남포에 공장을 건설하는 것으로 출발했다. 조선에서는 일본무연탄제철이 개발을 주도했다.[20] 그러나 백낙승의 일본무연탄제철 주식회사는 기술의 한계로 인하여 생산을 하지 못하게 되면서 이 사업에서 차지하는 비중이 크게 줄어들 수밖에 없었다.[21]

한국 근대 경제사에서, 일제가 전쟁 말기에 밀어붙인 소형 용광로 사업은 지금까지 식민지 유산으로 남아 있다.[22] 김정태의 서술을 살펴보면, 김정태를 비롯한 산악동지들은 삼국석탄공업사의 경성, 해주, 진남포 공장에서가 아니라 친일기업 일본무연탄제철 주식회사에서 일했다. 김정태가 책에서 "이 회사"(132쪽)라고만 얼버무린 곳은 전쟁 군수물자를 생산했던 백낙승의 대표적인 친일기업 '일본무연탄제철 주식회사'였다. 이 회사가 본격적으로 공장 건설에 착수한 때는 1944년 4월부터였지만, 해주 공장은 1943년 9월 초에 완공되었다.[23] 진남포 공장은 1944년 9월에도 공장이 제대로 지어지지 않아 조업부진 등 사정이 형편없었다.[24]

엄홍섭이 해방을 두 달 남기고 해주에서 사망한 것은 이 해주 공장과 연관이 있다. 김정태는 "백령회 엄홍섭 회장은 일인의 차별 대우가 심한 삼국석탄 연구실장직을 자퇴하고 백령회 자립 사업을 겸하여 삼화연료공업소를 설립했다. … 이 회사가 점차 설치한 해주 공장에 주형렬(연료부 주임), 진남포 공장에 박상현(연료부 주임), 경성 공장에 김정태(연료부 공장장)·양두철(철공장 주임) 등 백령회 리더들이 배치되어 각 공장마다 엄익환, 안종남, 조남용 등 많은 유능한 산악인들이 핵심체가 되었다"[25]고 썼다. 김정태와 산악동지들이 징용을 면제받고 근무했다는 경성, 해주, 진남포 공장은 삼화연료공업소 공장이 아니라, 일본무연탄제철 주식회사의 "자본 잠식, 불량 자산 그리고 막대한 손실금 계상이 불가피해 … 파산한 사업"[26]의 공장이었다. 심각한 적자경영에 빠져 있던 이 전시 국책 사업은 김정태를 비롯한 산악동지들이 맡아서 할 수 있는 사업이 아니었다. 백낙승의 일본무연탄제철 주식회사는 해방 이후 귀속사업체로 파악되지 않았고, 백낙승 개인 자산으로 분류되었다.[27] 그러니까 백낙승은 "아시아 태평양 전쟁기 전시협력의 결과, 투자액의 약 8배에 달하는 경성 공장을 현물자산으로 축적할 수 있었다. … 이는 해방 후 백낙승의 자본 축적과 기업가 활동의 물적 기반이 되었다."[28] 이후 뚝섬에 있던 일본무연탄제철 주식회사 "경성 공장은 태창산업(주)의 직영 사업장으로 재편되었다."[29] 그곳에서 일했던 김정태는 징집·징용을 면할 수 있었다.

백낙승은 해방 후, 이승만 정권에 빌붙어 정치 자금을 댄 대가로 많은 적산 공장을 불하받았다. 이 정경유착으로 성장한 회사가 태창 그룹이다. 일본 제국주의 말기 전시체제에서는 군수업체를 운영했고, 일본무연탄제철 주식회사를 통해 소형 용광로 제철 사업을 수행하면서 1944년에는 군수생산책임제 기업으로 선정되었다. 김정태는 1943년경 신설동에 살면서, 삼국상회에서 삼국석탄공업 주식회사로 이름을 바꾼 회사의 경성 공장(용산)에 근무했다고 썼다. 김정태는『중앙일보』1975년 12월 13일자「남기고 싶은 이야기」에서, 자신을 '삼국석탄 기술실장'이라고 명기했다. 삼국석탄(미쿠니 석탄)은 한반도 최대의 무연탄 회사였다. 이 삼국석탄이 해방 이후, 김수근에게 불하되어 대성그룹이 되었다는 설명은 앞에서 이미 명기했다. 일본의 진주만 공격 이후, 김정태는 1944년경에 일본무연탄제철 주식회사 경성 공장(뚝섬)에 근무했다고 일기에 썼고, 이 회사의 청부업체인 삼화연료공업소에서는 엄홍섭이 소장, 김정태가 공장장이었다고 했다.

여기서 경성 공장이 중복되어 혼란을 일으킨다. 연료공업이란 무연탄과 유연탄을 배급받아 이를 열차가 사용하는 조개탄으로 만들어 납품하는 사업을 뜻한다. 이 부분에서 김정태는 삼국석탄과 삼화연료공업소 그리고 일본무연탄제철 주식회사를 대충 얼버무려 썼다. 김정태를 비롯한 백령회 회원들이 "자립사업의 전개로 등반도 계속하면서 활기 있게 극복하면서 감격의 1945년 8월 15일 민족 해방"[30]을 맞이했을 때, 김정태는 "우리들의 직장은 태창공업(사장 백낙승, 백승일)으로 개편되어, 나는 운영부위원장을 맡"(225쪽)았다고 쓰면서, 자신과 조선 산악인들이 근무했던 일본무연탄제철 주식회사의 해주, 진남포, 경성 공장이 태창공업으로 이어진 사실들을 깨닫지 못한 채, 친일파 사장 이름을 괄호 속에 적어놓을 만큼 무지했고, 어리석었다. 1950년을 전후해서, 백낙승은 해주와 진남포 공장을 잃은 대신, 이승만을 배경으로, 선철 주강공장인 경성 공장을 중심으로 태창 재벌을 형성할 수 있었고, 1956년 백낙승이 사망한 이후 백남일이 계승했으니, 부정축재 처리과정에서 전 재산을 국가에 헌납해야 했다.[31]

2012년 5월, 강제징용 사건에 관한 일본의 국제법 위반 및 불법 행위를 판결한 대법원은 일제 징용 시 일본기업의 불법행위로 인한 손해배상청구권 소송에서, "일본은 중일전쟁과 태평양전쟁을 치르면서 군수물자 생산에 노동력이 부족하게 되자 이를 해결하기 위하여 1938년 4월 1일 국가총동원법을 제정·공포하고, 1942년 조선인 내지이입 알선 요강을 제정·실시하고, 한반도 각 지역에서 관 알선을 통하여 인력을 모집했으며, 1944년 10월경부터는 국민징용령에 의하여 일반 한국인에 대한 징용을 실시했다. 한편 구 일본제철을 비롯한 일본의 철강생산자들을 총괄 지도하는 일본 정부 직속기구인 철강통제회가 1941년 4월 26일 설립되었는데, 철강통제회에서는 우리나라에서 노무자를 적극 확충하기로 하고 일본 정부와 협력하여 노무자를 동원했"[32]다고 판결문에 적시했다.

이러한 일본 제국주의의 식민정책 아래, 조선의 산하는 일제의 강탈과 수탈의 대상이었다. 일본은 식민 지배자들이었고, 조선과 조선 민중은 일체의 권리를 박탈당한 피식민 영토였다. 일제강점기에 주체는 조선총독부와 일본인 자본가들이었고, 이에 기생한 이른바 몇몇 조선 자본가들이었다. 이들 대부분은 사회적 지위와 부를 누린 친일파들이었다. 일제의 식민지 지배에 협력적이었던 친일파들이 한국의 근대 등반사에도 고스란히 자리를 잡고 있다는 가정은 그리 황당하거나 틀린 사실이 아니다.

2 해석과 왜곡 사이

그렇지만 본질적인 것은
어둠 속에 남아 있다.
―모리스 블랑쇼, 『미래의 책』

사진이 말하는 혀 끝, 근대 산악인의 정체성

1940년 11월 3일 인수봉에서 찍은 사진은 무엇을 말하고 있는가? 이 사진은 무엇을 숨기고 있는가? 사진 속 인물들은 누구인가? 김정태는 일기 속에 이날 '등반 연구회' 3일간 일정을 자세하게 써놓았고, 마지막 등반 실천으로 인수봉이 아니라 오봉 등반을 예정했다. 결과적으로 등반 이론과 실천을 위한 3일간 일정은 단 하루 등반 일정으로 끝났다. 민족적인 대집단 등반이라는 이름과 의미를 부여하기에는 턱없이 모자란, 일반 강습회였다.

김정태가 남긴 모든 기록을 보면 이들이 이날 왜, 어떻게 인수봉에 오른 것인지를 확인하기 어렵다. 김정태와 엄흥섭은 어떤 역할을 했는가? 우리는 1940년 11월 3일 찍은 이 흑백 사진을 지금 여기에서 달리 읽어야 한다. 약 80년 전부터 지금까지 이 사진에 대한 설명은 몇 줄 되지 않았다. 사진을 이해할 수 있는 자료가 턱없이 부족하다는 뜻이다. 그럼에도 어떻게 이 사진은 한국 근대 등반사를 기초하는 정설로 인정받게 된 것일까? 이 사진을 조각한 기존의 해석에 반하는 글쓰기가 불가능해진 지금, 이 사진은 검은 터널 즉 수수께끼와 같다. 이 사진을 한국 근대 등반의 역사적 준거로 삼기에는 구체적인 사실이 매우 열악하기만 하다. 이 사진 읽기는 말하는 해석과 숨기는 왜곡의 사이로 주저 없이 들어가는 일이다.

1940년 11월 3일, 왜 인수봉에 올라 단체로 사진을 찍었을까? 이 사진을 읽기 위해서는 이 등반의 자초지종을 찾아서 전제해야 한다. 이 사진의 숨은 의미를 찾아가는 시도는 그야말로 태산준령泰山峻嶺, 높은 산과 험한 고개를 넘어야 한다. 우선 시대적 환경이다. 1937년 일본이 일으킨 중일전쟁 이후, 1940년까지 일제의 식민지로서 악랄한 수탈의 대상이었던 피식민지 조선의 풍경을 살펴보아야 한다. 1940년에 이르러 일본 제국주의는 전쟁에 더욱 광분했고, 피식민지 수탈의 정점을 찍고 있었다. 사진에서 보듯 일본인이든, 조선인이든 한가롭게 인수봉 등반을 할 수 없었다는 것은 분명한 사실이다.

1937년 중일전쟁 이후, 1940년 일본은 동남아시아의 침략을 위한 '남진정책'南進政策을 결정했다. 장기화된 중일전쟁을 해결함과 동시에 동남아시아를 제압하여 일본을 맹주로 하는 '동아신질서'의 수립이 그 목적이었다. 1941년 12월 8일 일본군은 진주만을 기습 침략함으로써 태평양전쟁을 일으켰다. 일본의 천황이 항복을 선언한 1945년 8월 15일에서야 태평양전쟁은 종결되었다. 이 기간에 피식민지 조선은 친일파들이 득세했고, 조선의 산하와 민중들은 잔혹한 수탈의 대상이었다. 이처럼 일제는 "1938년 '국가총동원법'을 조선에 적용하여 군수공업에 필요한 노동력을 동원했으며, 성을 버리고 씨를 만들고 이름을 짓는 창씨개명의 강제, 1941년에는 '노무 조정령'을 공포하여 비군사 부분의 노동자 고용을 제한하고, 군사 부문의 노동자의 이동을 일절 금지시켰다. 1944년에는 '국민 징용령'을 시행하여 징용을 황국 신민의 의무로 규정하여 조선인 노동력을 강제로 동원하는 정책을 채택했다. 1937년 이후의 식민지 조선의 지배정책은 경제적으로는 대륙침략을 위한 수탈정책으로 나타났으며, 한편으로는 민족말살을 통해 조선을 영구히 지배하려는 것이었다."[33)]

1940년 11월 3일 인수봉 등반 사진이 우리들 앞으로 나왔을 때까지, 이 사진은 누가 지니고 있었던 것일까? 이에 대해서 말해주는 이는 없다. 김정태는 자신의 책에서 이 등반이 민족적 저항운동에 가까운 것이었다고 말하고자 했다. 그런데도 그는 김근원의 사진, 이이야마 다츠오 등이 찍은 사진들을 김정태 소장이라는 제목으로 쓰면서 여러 사진을 수록한 자신의 책 『천지의 흰눈을 밟으며』에 이 사진만은 넣지 않았다. 이 사진은 그동안 어디에 숨겨져 있었던 것일까? 김정태로서는 이 사진을 스스로 말한, '민족적 등반'이라는 가치를 지닌 업적으로 여길 수 없었던 이유가 있었을 것이다. 김정태는 일기에 민족적이라고 쓰지 않은 채, 간단하게 언급하고만 있다. 1940년 11월 3일 등반을 마치고 쓴 김정태 일기에는 클라이머들의 '명자교환회'名刺交換會라고 애써 일본어로 의미를 부여하고자 했다. 그리고 40년이 지난 후 그의 책에서는 '민족적 대집단 등반'이라고 이름과 의미를 달리했다. 이 사진은 한국 근대 등반의 역사를 증언하는 대표적 유물로 유명하다. 더러는 사진의 진위에 대해서 의문을 품기도 했지만, 대체적으로 이 사진을 1940년대 한국 근대 등반의 기원을 대표하는 역사적 준거로 여기고 있다.

1940년, 젊은 청년 김정태의 나이는 24세였다. 김정태는 그의 책 『천지의 흰눈을 밟으며』에서조차 자신의 이력을 정확하게 밝히지 않았다. 반면에, 그는 자신이 오른 산과 산에서 만난 이들에 대해서는 정확하게 기록했다. 1935년 1월 26일 밤, 금강산 가는 기차에서 당시 일본대 학생으로 서울에 거주하고 있는 이시이 요시오를 만난 것[34]과 1942년 마천령 백두산 등반에 참여했던 이들인 구로다 박사 부부와 그의 조수를 기억하고, "등산가 부부인 구로다 黑田正夫 博士(日本理化學硏究所), 黑田初子 여사, 大沼 조수 3명"[35]이라고 책에 적어놓았다. 김정태는 1971년, 「한국 산악운동의 생성과 발전」이란 제목의 강연 요지에서, "1934년 경전 기술자였던 나의 외삼촌과 함께 내가 백운대를 초등함으로써 벽시대에 접어들게 되었다고 생각한다. 1935년에는 인수 B코오스를 엄흥섭, 석정石井 씨 등과 내가 올랐으며, 1936년에는 인수 A코오스를 대내大內 씨와 한국인 박순만 씨 등이 올랐다"[36]고 썼다.

김정태는 『천지의 흰눈을 밟으며』에서 "일본 대학 유학"(132쪽)이라고 썼지만, 그것을 믿는 이는 아무도 없다. 손경석은 「김정태 선생 20주기 추모 좌담회」[37]에서 "선생의 이력도 잘못 알려진 게 많다. 1962년 서울시 문화상을 받으며 제출한 이력서에는 중동중학과 일본 동지사同志社대학을 나왔다고 돼 있지만, 선생은 동대문에 있던 흥인소학교에 다녔다. … 선생의 최종 학력은 2년제 고등중학교다. 학력을 올려 적은 것도 상금 때문이었던 것 같다"라고 말했다. 김정태의 일기를 보면, 동대문감리교회東大門監理敎會가 1900년에 세운 흥인배재학교를 다녔고(1944년 폐교) 그 후 중동학교에 입학시험을 치렀지만 떨어졌다. 김정태의 글에는 손경석이 증언한 '흥인소학교'에 대한 언급은 일절 없다. 기억의 오류인지 왜곡된 진술인지 모르겠지만, 이 사진과 관련된 오류는 다음에서 발견된다.

김정태는 1940년 11월 3일 일기 맨 앞에 굵은 글자로, 이 등반을 '명자교환회'라고 짧게 썼다. 1978년 『중앙일보』에 연재한 「남기고 싶은 이야기」를 묶어 1988년에 출간된 그의 책에서는 '명자교환회'를 아예 없애고 "전무후무한 민족적인 대집단 등반"(133쪽)이라고 정의했다. 이 서술을 보면, 스물네 살인 김정태는 1940년에 이미 조선 산악인들의 대표처럼, 조선의 지도적인 클라이머들을 비상소집할 수 있는 위치에 있었다는 것이 드러난다. 이 등반에 관한 김정태의 짧은 기록 이후, 이 사진에 대해서 덧붙인 것은 손경석이 이 등반 행사를 "등반 강습"[38]이라고 한 것이 유일하다. 손경석의 이러한 해석은 김정태가 남긴, 이날 행사에 관해서 일기에 적은 내용과 일치한다.

이 사진에 대해서 드는 가장 큰 의문은 김정태가 자신의 등반 기록에서 가장 자랑스럽게 여기는 이 '민족적 대집단 등반' 사진을 『천지의 흰눈을 밟으며』에 넣지 않았다는 점이다. 그가 이 등반에 '민족적'이라는 큰 의미를 둔 것에 비하면 그가 책에 서술한 다른 내용은 협소하기만 하다. 이 등반 행사가 일본인 중심인 조선산악회가 마련한 행사인지, 백령회가 준비한 것인지도 일절 언급하지 않았다. 1988년, 그의 책에 이르러서야 백령회가 중심으로 진행한 행사였다고 썼다. 뒤의 서술이 옳다면 백령회는 1940년 이전부터 있었다는 뜻이 된다. 김정태는 일기에서 이 등반 행사를 '명자교환회'라고 썼지만, 참여한 이들의 이름을 밝히지 않았다. 그리고 40년이 지난 후, 책에서는 '명자교환회'를 지우고 '민족적인 대집단 등반'이라고 달리 썼다. 이런 내용들의 변화, 자세한 설명 없이 글을 달리 쓰는 김정태의 태도를 어떻게 받아들여야 하는지는 풀어야 할 숙제가 아닐 수 없다.

1940년 창씨개명과 명자교환회

이 사진에 관한 짧고, 이어지지 않고, 서로 어긋나는 내용들을 전제로 이 사진을 제대로 읽는다면, 일제강점기 일본인들이 패권을 쥐고 있던 피식민지 조선의 산악계, 그 후 한국 근대 등반사에 핵심 인물인 김정태를 이해하게 된다. 이 사진은 80년 세월을 씨줄과 날줄로 담고 있지만, 시간의 두께와 세월의 더께는 너무나 무겁다. 이 행사를 마련한 목적을 알아야 하는데, 지금까지 그 어디에서도 이에 관한 자료를 찾아볼 수 없다. 유일한 것은 김정태가 남긴 일기다. 당시 조선 클라이머들의 동아리였던 백령회의 좌장이었던 엄흥섭도 이 행사에 관한 기록을 남기지 않았다. 이어지는 의문은, 1940년 11월 3일 당시, 엄흥섭은 백령회를 이끌고 있었다고 하는데 이에 대한 자료도 분명하게 존재하지 않는다. 백령회 조직은 1940년 이전이라고도 하고, 1942년 이후라고도 하는데, 구체적인 자료가 없고, 추측과 짐작일 뿐이다. 김정태의 일기에는 이날 행사를 설명하면서 백령회에 대한 언급은 하지 않았다. 1940년 11월 3일, 인수봉 등반에 관한 김정태의 글은 그가 당시에 일본어로 쓴 일기를 통해서만 보충되고 보다 분명해진다.

　김정태가 일본어로 쓴 일기를 어렵게 구해서 번역했다.[39] 이를 바탕으로 보면, 1940년 11월 3일 등반 행사를 준비하고 주관한 이는 김정태가 아니라 엄홍섭이었다. 그는 이 행사의 의도와 내용에 대해서 김정태에게 말하지 않았다. 김정태는 엄홍섭이 마련한 행사에 초대되어, 지도를 맡았고, 등반 과정에서 우월적 지위를 내세우며 중심역할을 했다. 김정태는 1931년에 창립된 일본인 중심의 조선산악회에 등반 실력을 인정받아 1937년 혹은 1938년에 이미 가입되어 있었다고 하는데(이에 대한 자료나 증거는 찾아볼 수 없다), 등반 실력이 출중했던 인물이었다는 것은 사실이었을 터다.

　그러나 엄홍섭이 조선산악회에 가입한 것은 김정태보다 몇 년 뒤인 1941년쯤 여름 이전이라고 알려져 있고, 이것도 자료나 증거가 없어 모호할 뿐이다. 이 연도는 이 사진을 읽기 위해서, 동시에 한국 근대 등반사를 정의하기 위해서 매우 중요한 역사적 변곡점이다. 다시 말해, 엄홍섭이 조선총독부가 주최해서 이날 전국적으로 거행한 '명자교환회'에 발맞추어, 조선 클라이머들을 불러 모아 창씨개명한 이름을 확인하고 교환하고자 한 것인지, 일제강점기 민족적 의식의 발로로 인수봉에 오르려고 한 것인지, 자기 자신도 김정태처럼 조선산악회에 가입하고자 황국 신민화에 앞장서서 노력하는 것을 보여주려고 한 것인지를 판단하고 해석하는 데 있어서 그가 조선산악회에 가입한 연도는 매우 중요하다.

김정태는 『천지의 흰눈을 밟으며』에서, "우리는 이날 인수봉 정상에 우연히 모인 듯 다과와 점심을 들고 내가 대표로 우리 산악인들의 건투를 빌며 산을 다니면서 서로 연구하고 수련하며 친근히 지냅시다 하는 정도의 인사말을 한 후 기념사진을 찍었을 뿐" (133쪽)이라고 썼지만, 이 등반은 결코 우연히 이루어진 것은 아니다. 김정태가 일기에서 언급한 이 등반 행사의 명칭인 '명자교환회'는 일제강점기 조선총독부가 피식민 조선인들에게 창씨개명을 강제하고, 이를 확인하기 위해서 전국적 단위로 치른 반민족적·정치적 행사였다. 그러므로 '명자교환회'를 단순히 '명함교환회'라고 번역하면 처음부터 이 사진을 제대로 해석할 수 없게 된다.

'명자교환회'는 동민회가 주최한 내선융화 사업의 하나였다. 1924년 조선총독부 학무국의 지도·후원 아래 발족한 동민회는 내선융화를 표방한 친일 정치단체로 조선총독부의 조정을 받았으며 일본 제국주의의 "만주 침략에 대한 지지 여론을 조성하기 위한 전시 시국대회를 경성에서 개최"[40]했던 대표적인 친일단체였다. '명자교환회'는 일제강점기 일본 제국주의가 실행했던, 이름을 기재하여 누가 왔노라고 알리는, 명함을 주고받는 신년 하례식과 같은 연례행사였다. 조선총독부는 1940년 11월 3일, 메이지 일본 왕의 생일을 기념하는 메이지절에, 새로 창씨개명을 했으니 이를 기념하고 일본 이름으로 새로 박은 명함을 교환하는 행사를 열었다. 이 행사는 그해 8월부터 준비된 것이었다.[41] 장소는 경성 부민관, 행사 이름은 '창씨 명자교환회'. 그 당시 신문 기사[42]는, "내선일체의 역사에 빛나는 기록을 남긴 창씨개명을 기념하는 동민회 주최의 명자교환회는 이날 오후 한 시 반부터 부민관 강당에서 거행되었다. 조선총독부 대야大野 정무총감, 염원鹽原 학무국장, 영천鈴川 경기도지사, 창무倉茂 군보도부장을 비롯하여 창씨개명한 관민 500여 명이 참집하여 … 인사를 교환하고, 궁성요배, 국가합창 … 동민회 회장 평림린사랑平林麟四郎 씨의 동양인의 융합에 대한 인사가 있은 후, 대야 정무총감, 영천 경기도지사의 축사가 있었다. 끝으로 만세 삼창 … 이 있었고, 동 3시 반에 산회했다"라고 밝히고 있다.

공교롭게도 김정태는 메이지절이었던 이날 등반 행사를 통해서, 창씨개명한 클라이머들을 호출해 인수봉에 오르게 한 후, 이름을 쓰게 했고, 기념사진을 찍었던 것으로 보인다. 그래서 서로 모르는 이들이 인수봉에서 만났을 때, 김정태가 일기에 쓴 단어처럼 '곁눈질'을 했던 것이었으리라.

명자교환회에 덧붙여, 일제강점기 기록에 따르면 창씨개명은 1939년 11월 11일 조선총독부가 공포한 '조선민사령' 3차 개정안에 따라, 1940년 2월부터 8월까지 이루어졌다. 일제는 8월 11일부터는 조선인의 신고가 없더라도 호주의 성姓을 그대로 자신의 씨氏로 전환했다. 1940년 당시 한국인 가구의 79.3퍼센트가 창씨개명을 한 것으로 되어 있다. 그 당시 엄홍섭의 창씨개명 이름은 '岩越興燮, いわこし·こうしょう'였다. 이와코시 고쇼라고 읽을 수 있는데, '홍섭'이란 한자어는 일본에서 안 쓰는 한자이기 때문에, 성만 일본

創氏名刺交換會

同民會主催로五百官民出席

국향(國香) 도탑은三일노一내선) 사를교화하고 구성○배 국가합일체의력사어 빗나는기록을남긴 창씨(創氏) 개명을기념하는 동민회(同民會) 주최의 명자교환회(名刺交換會)는 이날오후한시반부터 부민관강당에서 거행도엿다

대야(大野) 정무총감 영원(○鹽原) 학무국장 영천(鈴川)경기도지사 참무(參務) 군보도부장을비롯하야 창씨개명한판민관백(여명이참집하야 먼저길기쩗인 창에게 속하야 동민회회장 경림림사란(平林賴四郞) 씨의 동양의운동양과 내선향민족의융합에대한인사가잇슨후 대야정무총감 영천정기도지사등의축사가잇첫스며 끗흐로 만세삼창과여흥으로 최활군사(崔八根師)의/이인석상으로//이란 망화절(浪花節) 이잇고 동그지반에산회하엿다

"창씨개명을 기념하는 동민회 주최 명자교환회를 부민관 강당에서 거행한다"는 『매일신보』 1940년 11월 5일자 기사.

어로 이름은 그대로 '홍섭'으로 썼을 가능성이 있다. 군이 일본식으로 읽었다면 '고쇼'로 읽었을 것이다. 엄홍섭의 아들 엄익환은 '岩越翼煥'이었다. 김정태의 경우, 그가 창씨개명한 이름은 1941년 백두산 등반을 다룬 신문기사와 그다음 해『매일신보』 1942. 7. 24(제 2, 3판) 조간 2면에 실려 있는 것을 보면, 김정태는 '辰海泰夫, たつみ·やすお'로 창씨개명했고, 타츠미 야스오로 불렸다. 이밖에 이즈음에 등장하는 쟁쟁한 클라미어라고 하는 주형렬은 '本城敬三, ほんじょう·けいぞう'라고 쓰고 혼조 게이조, 양두철은 '梁川斗喆, やながわ·とうてつ'라고 쓰고 야나가와 도테쓰라고 읽는다. '喆' 는 일본에서 안 쓰는 한자라, 역시 '두철' 발음 그대로 썼을 가능성이 있다. 일본어 이름으로 도테쓰오는 생소한 이름이고, '도시테쓰' '도시아키'로 읽을 수도 있다. 방봉덕은 '松方康二, まつかた·こうじ'로, 마쓰카타 고지라고 읽는다. 채숙은 '松本正雄, まつもと·まさお'로 개명했고, 마쓰모토 마사오라고 읽는다. 이재수는 '清水洋, しみず·ひろし'로, 시미즈 히로시라고 읽는다.

당대 조선 산악인들의 창씨개명은 아무렇지도 않게 진행되었다. 그 어디에서도 이들이 고민한 흔적을 발견할 수 없다. 1937년 중일전쟁 이후, 일제는 조선 민족말살 정책을 강행했다. 미나미 조선 총독은 내선일체, 신사참배, 일장기 게양, 기미가요 봉창, 동방요배 등을 엄격하게 시행했다. 그즈음 황국신민서사가 제정되었으며, 각급 학교에 일왕의 사진을 배포하여 교실에 걸어두게 했다. 전쟁이 더욱 가열되자, 1938년 1월에는 육군 특별지원령을 공포했고, 4월에는 조선어 사용 금지를 추진했다. 5월에는 조선 전역에 국가총동원법을 적용시켰고, 6월에는 근로보국대를 조직했다. 7월에는 전국 규모의 전시동원 단체인 '국민정신총동원 조선연맹'을 창립해서 창씨개명 작업의 준비를 끝냈다.

창씨개명은 민족말살 정책의 완성편이었다. 창씨는 성을 바꾸어 일본식 씨를 만들어 신고하는 것이고, 개명은 이름을 고치기 위하여 허락을 받는 것이다. 창씨개명은 이렇듯 조선의 전통적인 가족제도의 붕괴를 가져오는 것이었고, "조선 전래의 성이 아니라 일본식 씨를 도입하고, 내선일체를 질로서부터 실천하는 것"[43]이었고, 이를 통하여 전쟁에 필요한 징병제의 기틀을 마련하려는 것이었다. 창씨개명은 1940년 2월 11일 기원절, 조선의 전 지역에서 실시되었다. 대부분 조선인은 이를 거부했고 반발했지만, 스스로 원해서 바꾸기도 했고, 바꾸도록 앞장섰던 친일파 조선 지식인들도 많았다. 10월 31일까지 개명 신청 건수는 전체 조선인 수의 10분의 1도 안 되는 187만 건이었다.[44] 김정태를 비롯한 근대 산악인들은 일제의 강요 혹은 선택에 의해서, 자신들의 성을 잃고, 이름을 바꾸었다. 창씨개명을 통해서 혈족 중심의 조선 사회를 일본 제국주의의 국체에 철저케 하는 것이었다.[45] 다시 말해 천황을 종가로 하고, 조선은 그 아래 신민으로 존재하게 된 것이다.

그 당시 조선 산악인들이 창씨개명을 한 이유는 많을 것이다. 첫번째로 창씨개명을 하지 않으면, 등반 허가를 조선총독부로부터 받을 수 없었을 것이다. 당시 창씨개명하지 않으면 각급 학교 입학과 진학이 불가능했고, 일본인 교사는 창씨하지 않은 아동에 대해서 질책·구타를 했고, 총독부 기관에 채용될 수 없었으며, 현직자도 면직 조치를 받아야 했다. 또한 행정기관과 관련된 모든 사무를 접수할 수 없었고, 불령선인으로 단정해서 경찰의 미행·사찰의 대상이 되어야 했고, 노무징용의 대상자가 되거나, 물자배급 대상에서 제외되었다.[46)]

위에서 전제한 것처럼, 1940년 11월 3일 인수봉 사진의 처음과 끝은 매우 복잡하다. 태산준령이라는 이름처럼 사진이 담고 있는 역사는 깊고 높지만, 사진이 품고 있는 의미, 아니 사진에 덧붙여진 해석은 험한 고개와 같다. 이 사진의 앞과 뒤, 이 사진을 찍은 인수봉 정상과 그 아래를 이어놓아야만 이 복잡하고 미묘한 실타래가 조금씩 풀릴 수 있다. 그것은 김정태를 이해하기 위한 초석이고, 그를 비롯한 한국 근대 등반사의 역사적 맥락을 가늠하는 일이다. 이 사진의 올바른 해석으로부터 1931년 10월 28일, 식민지 조선에서 일본인들이 창립해서 일본인들이 중심인 조선산악회에 가닿고, 1937년 혹은 1938년에 가입한 김정태와 회원이었던 방현 등에 이르고, 그다음에 1941년쯤에 가입한 엄홍섭과 근대 등반사를 언급할 때 빼놓지 않는 백령회를 중심으로 한 한국 근대 등반사가 고스란히 펼쳐질 수 있기 때문이다.

일제강점기 내내 일본인 중심이었던 조선산악회는 1931년에 창립되어, 조선총독부의 허가를 받아 식민지 조선의 산하를 제 집 앞산, 뒷마당처럼 오르고 내렸다. 1945년 해방이 되자, 회원이었던 김정태를 비롯한 조선인들은 이 조선산악회를 이름 그대로 1945년 9월 15일 이어받았다. 그리고 1948년에 비로소 한국산악회로 개칭했다. 김정태는 일제강점기 조선산악회에서 활동했고, 그가 생을 달리할 때까지 이 산악회의 중심인물이었다. 우리가 기억해야 할 인물들은 일본인 중심의 조선산악회에 1937년(김정태 주장) 혹은 1938년(손경석 주장)에 가입한 김정태와 1941년 여름에 가입한 것으로 알려진 엄홍섭이다.

1931년 10월 28일에 열린 조선산악회 창립총회에 참석했던 임무는 박래현, 고흥신과 더불어 유일한 조선인이었다. 임무는 『조선산악』朝鮮山岳 제1호(1931) 회원 명단에는 그 이름이 없는데, 이 명단에는 일본식 이름인 '이게다 시게루(경성 이왕직李王職[47] 근무)'로 표기되어 있다. 조선산악회 회장이었던 나카무라 료조는 경성제대 교수로서, 1930년부터 시작된 일본 제국주의의 헤게모니 프로젝트였던 '금강산 국립공원 지정'을 위한 '금강산탐승시설조사위원회'(1937-39) 위원이었다.[48] 그리고 1933년에 입회한 다테이와 이와오(立岩巖, 1894-1982)는 도쿄제대 지질학과 출신으로 『조선·일본 열도 지대 지질구조 논고』와 같은 책을 출간한 유명한 지질학자로서, 1928년에 수안보 관광자원화를 위한 지질 조사를 담당하여, 1940년 제1회 '조선 문화공로상'을 받았다. 수상 당시 지위는 지질조사 소장이었고, 수여 근거는 "중요 광물을 발견하여 조선 지하자원 개발의 기초를 마련"한 공로였다.[49]

이밖에 엄홍섭을 비롯한 백령회 회원들의 가입 연도는 아직까지도 논란의 대상이다. 김정태는 조선산악회에 언제 가입했는지를 분명하게 밝히지 않았다. 일제강점기 조선인으로서 일본인 중심의 단체에서 적극 활동(회원, 간사, 이사 역임)한 것을 부끄럽게 여겼거나, 이런 사실이 친일 행적으로 읽히는 것이 두려워 밝히고 싶지 않았을 수도 있다. 이들이 1941년 12월과 1943년 1월 마천령 백두산 종주 때, 조선산악회 회원으로 참여한 것은 분명한 사실이다. 조선산악회 가입은 회칙에 따라 회원 2명과 이사 1명의 소개에 의해 신청하고, 입회의 가부는 이사회의 결의에 의한다. 누가 김정태와 이들을 추천했는지는 알 수 없다.

한국 근대 등반사를 공부하는 김진덕은 "김정태는 1941년 봄, 만장봉에서 엄흥섭 회장을 만나 곧바로 의기투합하고 백령회에 가입하고, 반대로 여름이 오기 전 엄흥섭은 조선산악회에 가입을 하게 된다"[50]고 썼다. 김정태는 조선산악회에 입회했다는 것을 잘 언급하지 않았다. 조선산악회는 재조 일본인이 주축이 된 산악회이며 그는 매 순간 그들과 경쟁을 벌였다고 했다. 「한국 등산사 고찰」에서도 백령회 발족에 대하여 길게 적고 있는데, 조선산악회 입회에 관해서는 아예 언급하지 않고 있다. 그런데 『등산 50년』에 의하면, 금강산 빙폭을 초등한 이시이의 소개로 1937년 방현, 김정호, 엄흥섭과 함께 조선산악회에 입회했다고 한다.[51]

이렇게 김정태는 조선산악회 가입·활동에 대해서 진술을 달리하고자 했다. 백령회 창립 연도도 김정태의 진술을 보면 1937년인지 1938년인지 1941년인지 확실하지 않다. 백령회 회원 대부분은 조선산악회 회원이었다는 것을 빼놓고, 창립 연도는 아직까지 애매모호하다. 이런 탓에 한국 근대 등반사를 연구하는 이들은 연도를 찾고 진술의 왜곡 여부를 확인하는 데 많은 시간과 노력을 허비하고 있으니 안타까운 일이 아닐 수 없다. 이 글에 등장하는 중심인물은 조선산악회에 먼저 가입한 김정태와 나중에 가입한, 1945년 6월

5일 해방 두 달 전에 사망한 엄흥섭이고 이 단체의 창립회원이었던 총독부 철도국 소속 일본인 이이야마 다츠오와 조선인과 일본인의 피를 지닌 조선인이었지만 일본인들과 가까이 등반했던 임무 그리고 김정태와 교류한 이시이 요시오라는 인물이다.

무엇보다도 조선산악회라는 단체는 일본인 중심이었고, 등반과 사진 기록을 많이 남긴 이이야마 다츠오를 비롯한 창립회원 대부분(창립총회에 참석한 16명 가운데 10명, 창립 다음 해인 1932년에는 일본인 20명 가운데 9명)[52]이 총독부 철도국 직원이었다는 것을 기억해야 한다. 이 단체의 회원이었던 김정태 등은 1945년 해방 이후에도 이름을 그대로 받고 송석하를 회장으로 추대해서 활동했고, 1948년 8월 15일에 이르러 조선산악회는 한국산악회가 되었다.

1940년 그날의 김정태 일기 읽기

1940년 10월 31일에 김정태는 일기에 이렇게 썼다.

저녁 7시. 미나토로 나왔다. 엄 씨 혼자 기다리고 있었다. 가게에 대해 물었더니 소문대로 조금도 변한 게 없었다. 게다가 그의 의견을 듣기만 했던 그날 이후, 나로서는 처음으로 그 얘기를 나눈 것인데, 내가 말하기도 전에 실행 계획부터 물어와, 얘기가 갑자기 훌쩍 건너뛰는 것 같아 막무가내로 보였다. 그의 성격을 생각하면 당연한 것이겠지만, 차근차근 순서대로 얘기해보니, 대충 엄 두 사람(嚴両人)과 엄의 그룹 동지들이 계획을 세웠지만, 구체적인 것은 엄 군이 내게 전달한 것으로 알고 있었던 모양이다. 그리고 이번 행사는 주동자가 누구든 상관없지 않냐, 단순히 동호회 동지가 그런 기회를 통해 명함을 교환해 서로 얼굴을 익혀 동지가 되는 행사이며, 사진 촬영도 각자 기념이 되도록 할 것이니, 특별히 다른 의미는 없다는 것이다.… 모든 건 오늘 밤 결정하기로 하고 만나기로 했다고. 아무리 그래도 장소를 인수봉으로 정하고, 이미 조정이 끝난 총 인원 중 20명에게 통지를 했다고 해, 이 점은 납득이 안 됐는데, 그(엄흥섭)는 분명 이것은 자기들이 도를 넘었다며 순순히 사과를 했고, 자세한 내용은 엄 군을 통해 전달된 상태로 알고 있었다고 했다.

그래서 찬성하고 의견도 내줬으면 좋겠다는 것이다. 이렇게 해서 전모는 밝혀진 것인데, 특별한 취지도 없이 조직을 세운 행사도 아니고, 소위 암벽등반 모임 같은(하이킹 모임 같은) 것이라는 건 알았다. 대체로 이 두 엄 씨가 하는 일은 이해 안 되는 것이 많다. 그래도 실은 단순히 가벼운 의미로 산에 대한 정열을 보여주는 것 같았는데, 내 성격에는 잘 안 맞는 것들뿐이었다. 이에 대해 난 원칙상 내 신념에 맞지 않는다고, 이미 엄 씨가 의견을 말했을 때 이의를 표하며 반대하고 싶었다.

…의제로 넘어가, 우선 장소 인수봉에는 등산 도의상 수십 명이 한시에 하나의 의지를 가지고 오르는 일이 온당하지 않는 것으로 보여 다른 적당한 장소를 제안했지만, 클라이머 모임을 다른 곳에서 한다는 것은 의미가 없으며, 이미 통지도 나간 후라 이

제 와서 변경할 수 없다는 세 명의 주장에 이쪽이 따를 수밖에 없었다. 처음부터 찬동을 안 한 것이 아니니 어차피 동의하게 될 거라, 모두에 맞서 반대 주장을 하지 않고, 맡겨버리고 말았다. 하지만 이건 유감스러운 부분이었다. 임원으로서 접수, 기면, 접대, 진행, 보호, 의료, 이렇게 6종류를 정해… 이중 '진행'에는 등산 경력을 참고하여 나를 추천하겠다고 하는데, 사실 그런 자리에서 그런 역할을 해낼 자신도, 바람도 없었기 때문에 맹렬히 반대했으나, 이 부분은 세 사람이 말을 들어주지도 않고 고집을 부려 대화가 안 되고 그렇게 정해진 듯했다. 참으로 엄한 일에 얽히게 되었다. 어째 분위기는 평온하지 않게 흘렀다. 당일 순서는, 엄 씨가 제공한 기명과 주소가 적힌 유인물 종이에, 먼저 모인 파티부터 기명해 교환하고, 그다음 차와 과자를 곁들여 좌담회를 하고, 끝나면 기념촬영을 한 뒤 해산하는 것으로 했다.

11월 3일. 오늘은 클라이머의 명자교환 모임이 있는 날이다. 아슬아슬하게 한결같이 8시 차편에 올라탔다. 임원들은 전부 모인 듯했다. 엄 씨(엄홍섭 백령회 회장)와 나는 선발대로 갈 필요가 있다 해서 같이 한 시간 조금 걸려 인수봉에 도착했다. 선발대 중에 양(백령회원 양두철)과 위(백령회원 위형순) 등 세 명은 예정대로 물을 끓이고 기다려주었다. 촬영을 요미우리 빌딩 사진부에 거듭 당부하며 부탁한 모양인데, 오늘 아침 갑자기 무슨 이유를 대며 거절했다고 해서, 응급대책으로 하는 수밖에. 준비에 차질은 있었지만, 출장 사진업자를 엄 씨가 교섭했다. 줄줄이 도착하는 클라이머들을 곁눈질로, 밥도 안 주고 11시 넘어 인수봉 측에 붙들었다. 평상시 못 보던 일행들이 나타나…밀어닥쳐서 난리법석이라, 처음엔 자일 매는 것에 반대해 되도록 안 하려고 했던 나도 어쩔 수 없이 하나는 매달기 위해 늘어뜨렸고, 하나는 묶는 용으로 쓰려고 열심히 올렸는데, 그것이 꽤 장관이었다. 그걸 한 시간 정도 계속해서 1시가 넘었겠다 싶었는데, 그토록 사람 수도 많아서 네다섯 명을 꼴찌로 하고 자일을 거두며 임원도 정상에 도착했다.

정상에서는 각양각색의 장엄한 자태로 운집했고, 날씨는 흐리고 바람이 있었다. 또 전원이 올라올 때까지 다들 기다려야 했기 때문에 대부분이 벌벌 떨고 있었다. 그리고 교환용 기명 문서에 겨울 파티 기명을 하느라 바빴다. 알아보니 16파티 중 2파티는 하산했고, 남은 14파티의 60명 가까운 인원들이 의외로 모두 모여 왔다는 것에 놀라고 말았다. 모두 14파티 분의 기명을 모두 열심히들 쓰고 있었다. 슬슬 다 쓴 것을 보고 바람을 살짝 피할 수 있는 곳에 그랜드 시트를 펼쳐 자일을 테두리에 두고 그 안에 자일, 루프를 만들어 엄 씨 파티가 선물로 가져온 과자를 쌓아놓고, 차를 담아온 물통을 두고 다들 빙 둘러앉았다.

점점 진행 역할을 맡은 내가 말을 해야 할 처지가 되었는데, 걱정했던 대로 몸이 굳었고, 거기다 춥기도 해서 참 난처했다. 적당한 때를 엿봐 국어로 말했는데, 간단하고 솔직하게 생각나는 대로 말했던 것 같다. 다음에 좌담회가 열려 사회를 봤는데, 다들 이번 일은 뜻밖의 일이라 완전히 입을 열지 않았다.

…그러는 와중에 기명 작업도 끝이 났고, 파티의 리더만 모두들 앞에서 한 줄로 서서, 각자 기명한 것을 서로 나누었는데, 매우 화기애애하게 서로의 마음을 느낄 수 있었다. 그것도 끝이 나고, 더 이야기를 나누고 싶었지만 시간이 없었기 때문에 해산하기로 하고, 파티별로 줄을 지어 한 장을, 산을 배경으로 또 한 장을 카비네판으로 찍었다. 1장 30전에 오는 11일에 완성될 것 같다고. 그래서 희망자를 모았더니 세 명 정도 빼고 58명, 14파티의 희망자가 있었다. 오늘 아침까지만 해도 나는 썩 내키지 않았는데, 모여 얘기해보고, 두세 가지 일을 같이해보니, 그동안 했던 걱정은 말끔히 사라졌고, 매우 상쾌한 기분을 느꼈다. … 촬영 후, 4시 30분경 즉시 해산. 오를 때와 마찬가지로 내려가는 길도 활기찼고, 한 시간 정도가 걸려, 두 줄 나란히 압자일렌으로 모두 내려왔다.

김정태는 이날, 등반을 마치고 내려와 주형렬이 운영하던 충무로의 다방 '미나토'로 갔다. 종로 쪽에 살았던 김정태는 11월 3일 등반을 한 다음, 현란하고 번화한 일본인 거리 진고개(本町, 충무로)에서 놀았다. 그는 그렇게 자신의 육체와 정신을 식민지 조선에서 화려하게 누리며 살고 있던 재조 일본인에 동화시켰다. 이때 그가 쓴 일기에는 식민지 도시 경성에서 맛볼 수 있는 관능의 세계가 그려져 있기도 하다. 이런 김정태의 모습은 알피니스트가 아니라 식민지 도시문화에 길들여진 부유하는 인간의 그것이었다. 도시를 어슬렁거리며, 술집을 배회하고, 이시이와 함께 기생집에 가기도 했고,

하릴없이 진고개 길을 돌아다녔고, 기회가 되면 진고개에 있던 일본 사람들과 산으로 올라갔다.

1940년 11월 3일 등반에 있어서, 김정태는 우월적 지위를 내세운다. 그가 이미 조선산악회 회원이었고 많은 등반을 앞장서서 해왔던 터라, 엄홍섭 등과 같은 이들과 구별되고, 그들을 차별하고 싶었던 것이었다. 그는 분명하게 이 행사를 주최한 엄홍섭에게 등반 방식에 대해서 불만을 말했고, 자신의 방식대로 진행했다. 정상에 오른 후에는 그가 마치 대표처럼 인사말을 일본어로 했다. 준비되지 않은 말을 해야 했던 그로서는 조금 민망했다고 일기에 썼다. 산은 그에게 희망 같은 유토피아였을지는 몰라도, 조선 민중들에게는 절망 같은 디스토피아였을 것이다. 그러나 김정태가 산을 유토피아라고 여겼을 때, 그는 자신의 삶을 모두 방기해야 했다. 그것은 스무 살에 결혼해서 4남 2녀를 둔 가장으로서 삶을 방기하는 것이었다. 그는 결국 외로웠고, 불행했다. 그러나 그는 누구를 저주하지 않았고, 분노하지 않았던 것으로 보인다. 그런 흔적들을 거의 찾지 못했다.

이날 등반에 조선 사람들이 대거 참여했다고 해서, 이 등반이 민족적 의식의 산물이라고 하는 것에 동의하지 않는다. 그즈음 백령회가 있었다고 해도, 중심이었던 조선산악회와의 관계가 모호하고, 백령회 좌장 격이었고 조선산악회 회원이었던 엄홍섭이 어떤 인물인지 보여주는 자료가 없다. 그가 일제강점기, 일본의 폭정에 은근하게 저항했던 의미로 산행을 한 것인지, 식민지로 추락한 조선에서 생존하기 위하여 제국주의 일본인들과 동화되고자 노력한 인물인지는 알 바가 없다.

제국주의 역사에서 가장 거칠고도 무자비했던 일본 앞에서 조선은 나락으로 빠져들어갈 수밖에 없었다. 땅을 빼앗긴 것은 물론이고, 허락 없이 산하를 오를 수도 없었다. 산 아래 조선 민중의 신음 소리가 끊이지 않았던 시절, 빼어난 등반을 구가할 수 있었던 김정태는 어떤 생각으로 산에 오르려고 했는가? 일본의 거대한 폭력 앞에서 일본인들 중심인 조선산악회에 가입해서 백두산·금강산에 오른 연성 등반은 도대체 어떤 의미가 있는가? 이런 사실을 염두에 두면, 조선산악회가 일본 제국주의 엘리트 알피니스트들의 모임이라고만 단정하기 어렵다. 백두산 연성 등반에 참여했던 김정태의 역할은 무엇이었을까? 일본인들이 앞장서서 오르고, 그는 등반에 필요했던 안내인 노릇을 하지 않았을까 하는 의문도 든다. 조선산악회가 조선의 산하를 순수하게 음미하기 위해서 연성 등반을 한 것은 결코 아니었을 것이다. 그즈음 교토제국대학, 와세다대학 산악부가 히말라야 등반을 연습하기 위하여 조선으로 와 백두산·금강산에 등반한 것도 다른 관점에서 연구할 필요가 있을 것이다.[53]

엄흥섭과 인수봉 등반

엄흥섭이 주최한 이 등반이 민족적 대집단 등반이라는 성격을 지니려면, 다음 몇 가지가 설명되어야 한다. 왜 하필 전국적으로 조선총독부 지휘 아래 창씨개명을 한 이들을 확인하는 명자교환회가 열리는 날, 이 행사를 치러야 했는지 규명되어야 한다. 엄홍섭은 김정태처럼 창씨개명을 이미 한 바 있다. 그 당시 이들은 등반 기록지에 창씨개명한 일본식 이름을 제 이름으로 사용했다. 억울하게, 강요에 의해서 창씨개명을 한 것이라면, 이 등반 행사에서는 굳이 참여한 이들이 이름을 적어서 나눌 필요는 없는 것이다. 창씨개명한 이름이 무엇인지를 확인하기 위한 것이라면 몰라도.

엄홍섭이 민족적 저항의식 차원에서 이 행사를 주최했다면 출장 사진사를 불러서 사진을 찍을 필요는 없었을 것이다. 사진은 기록하기 위한 것이다. 엄홍섭이 이 사진을 찍어서 창씨개명한 이들의 이름을 적게 한 이유는 그 명자를 제출하기 위한 것은 아니었을까? 그즈음, 김정태는 일본인 중심의 조선산악회 회원이었고, 엄홍섭의 선택은 조선산악회에 가입하기 위한 처세라고 보아도 무방할 것이다. 당시 김정태가 보인 태도는, 사진에서처럼, 매우 우월적 지위를 지닌 이의 것과 같았다.

나중에 백령회 회장이 된 엄홍섭은 누구인가? 김정태의 삶과 엄홍섭의 회사는 떼어놓을 수 없다. 김정태는 일제강점기부터 엄홍섭의 회사에 다녔던 것으로 보이고, 김정태는 그 덕에 징병을 모면할 수 있었다. 엄홍섭은 김정태를 비롯한 백령회 회원들에 비해서 고등교육을 받은, 관리형 엘리트라고 할 수 있는 인물이었다. 전시 체제 아래에서 전쟁 물자를 생산하는 하청 회사를 운영할 만큼 재력이 있었겠지만, 백령회 회원들의 신분을 보장할 수 있을 정도의 지위에는 있지 않았다.

김정태가 근무했다고 하는 삼국석탄三國石炭은, '미쿠니'석탄회사라고 읽는다. 김정태가 자신의 책에 쓴, 첫 번째 직장 이름이다. 김정태의 책 44쪽에는 종로구 체부동 177번지, 엄홍섭의 집에서 찍은 사진이 있다. "1941년 12월 동계 백두산 등반의 출발 전"이라고 썼고, 엄홍섭이 뒤에, 그 앞에는 양두철, 주형렬, 김정태가 있다. 김정태는 이즈음, 이들과 함께 "적극적이고 뼈대 있는 산을 오르게 되었다"라고 썼고, 엄홍섭을 "엄 형, 엄 리더"(45쪽)라고 불렀다.

1940년 전후, 엄홍섭은 미쿠니석탄의 기술실장이었다. 김정태는 "백령회의 엄홍섭 리더가 한반도 최대의 무연탄 회사인 삼국석탄공업사 기술연구실장으로 최고 기술직에 있었"(132쪽)다고 썼다. 『동아일보』 1929년 3월 17일자에는 상업학교 졸업반이었던 엄홍섭이 삼국상회에 취업되었다는 기사가 실려 있다.[54] 그러니까 엄홍섭은 1929년에 졸업하면서 이 회사에 입사했고, 1941년까지 줄곧 근무했다. 김정태는 이 회사 경성 공장의 공장장이라는 직책을 맡고 있어 징용이 면제되었다. 이후 엄홍섭은 이 회사의 청부업체인 삼화연료공업소 소장이 되었다.

엄홍섭은 1940년 11월 3일 인수봉 명자교환회 등반을 기획한 후 조선산악회에 가입했고, 1941년에는 일본산악회에 회원번호 2008번으로 가입했다. 당시 일본산악회 신입회원 명단에는 그의 주소가 경성부 체부정 177번지라고 표기되어 있다.[55] 이때 엄홍섭을 추천한 두 명의 일본산악회 회원은 요시자와 이치로吉沢一郎, 1903-98와 후지시마 토시오藤島敏男, 1896-1976였다. 이 두 사람은 당시 일본산악회의 중심인물이었으며, 특히 요시자와는 나중에 일본산악회 부회장도 했고, 영국산악회 회원이기도 했던 등산가였다.

그는 일본이 1977년, 세계에서 두 번째로 K2 등정에 성공했을 때 등반대장이었다. 후지시마는 도쿄제국대학 출신이자 일본은행의 감사까지 한 등반가로, 일본산악회의 명예회원이 된 인물이다.

김정태도 1940년 11월 3일 인수봉 명자교환회 등반 이후에 백령회에 가입한 것으로 알려져 있지만, 일본산악회에 가입한 자료는 기관지 『산악』에서 찾을 수 없다.[56] 1938년에 조선산악회가 (대표 다데이와 이와오) 단체로 가입했던 터라, 이때 일본산악회에 가입한 것으로 보인다. 다만 실제 등반과는 거리가 있었던 엄홍섭은 제 방식대로 산에서의 권력을 조금씩 확대해가고 있었다. 엄홍섭의 배려로 '삼화연료공업소'의 공장에서 일하게 된 김정태는 주형렬, 양두철, 박상현 등과 함께 "치열했던 2차 대전의 어려운 고비를" "생활과 신분 보장을 받으며 여유 있게 넘기면서 산과 민족애의 정열을 마음껏 구가할 수 있었다."(132쪽) 이 부분은 좀더 자세하게 규명할 필요가 있다.

김정태가 이 등반에 관해서 책에 쓴 내용과 일기에 적은 내용은 서로 일치하지 않는다. 일기에는 사진 촬영을 마치고, 오후 4시 반쯤부터 한 시간 정도, 압자일렌 방식으로 모두 내려왔다고 쓰여 있다. 책에서는 참여한 이들이 누구인지, 목적이 무엇인지를 밝히지 않았다. 일기에는 이날 등반했던 몇몇 일본인 이름들이 등장한다. 마츠카다(松方, 월북한 산악인 방봉덕으로 짐작), 다카우치(孝内, 김효중으로 짐작) 등. 그리고 함께한 이들은, 김정태가 일기에 적은 것처럼 서로 "곁눈질"을 할 만큼 모르는 이들이었고, 참석한 16개 파티 가운데 2개 파티가 일찍 하산했다.

김정태 일기를 중심으로 이때의 상황을 살펴보면 다음과 같다. 1940년 11월 3일에 있었던 '클라이머 명자교환회'라는 이름은 김정태가 일본어 명자名刺라는 용어를 쓰면서 그 속내가 드러났다. 김정태는 인수봉 등반 행사를 위해, 약속 장소인 돈암리에서 아침 8시경에 출발하는 차편에 올라탔고, 창동역에 도착해서 엄홍섭과 마타가 선발대로 먼저 인수봉을 향해 떠났다. 한 시간쯤 뒤에 인수봉 기슭에 도착해서 물을 끓여놓고 사람들을 기다리고 있었고, 요미우리 빌딩 사진부 누군가에게 여러 번 촬영을 부탁했지만 성사되지 못해 출장 사진사를 불렀다. 사진 한 장 값이 30전이라고 쓰여 있다.

1940년 11월 3일 인수봉 등반 사진과 그의 일기를 보고 드는 의문은 다음과 같다. ① 1940년 11월 3일, 60여 명이 경성 복판에서 오전 8시경에 출발해서 우이동까지 가는 전차나 기차 혹은 버스를 탔을 수 있었다고 가정하더라도, 창동(지금의 창동역)에서 내려 우이동을 거쳐 인수봉 기슭까지 걸어가는 길을 상정하면, 길이 매우 열악했을 때인데, 그런 과정을 생략하고 어떻게 이른 시간에 인수봉 등반을 시작할 수 있었는지.[57]

② 그 당시 24세 조선인 김정태가 '비상소집'을 할 만큼 높은 위치에 있었는지, 인수봉을 만만하게 오를 수 있는 조선 클라이머들이 많았고, 그들을 한곳에 오게끔 할 주소, 통신망 혹은 조직, 단체가 있었는지, 김정태 말고 다른 이들은 이때의 등반을 기록으로 남기지 않았는지.

③ 11월 초, 비 오고 흐린 날, 추워서 떨었던 날, 어떻게 58명이 짧은 시간에 다과와 점심 식사를 인수봉 정상에서 할 수 있었는지.

④ 선발대가 인수봉 기슭에 도착해서 물을 끓여 준비해놓았다는 것은 날씨는 추웠다는 뜻인데, 사진 속에 인원들이 사용한, 각자의 배낭 등 등반 장비가 사진에는 하나도 보이지 않는 것은 어떻게 설명될 수 있는지.

⑤ 몇 군데로 나뉜 암릉 루트로 삼삼오오 올랐다고 하는데, 1940년 당시 인수봉에 오르는 루트가 여러 개였는지. 그리고 김정태는 많은 이들이 구체적으로 어떤 루트를 따라 올라갔는지, 다른 등반에 관한 자세한 기록과 달리, 일절 설명하지 않았다.

⑥ 넥타이를 맨 이들이 가장 쉬울 것으로 보이는 인수봉 후면코스와 '고독의 길'로 올랐다고 가정하더라도, 60명이 열악한 장비를 가지고 그 시간에 오를 만큼 당대 조선 클라이머들의 등반 능력이 탁월했는지, 아니면 그 시절 인수봉은 아무나 쉽게 걸어서 오를 수 있었던 곳이었는지.

⑦ 김정태는 요미우리 빌딩의 사진부 누군가에게 부탁했지만 여의치 않아 다시 출장 전문사진사에게 부탁해서 한 장에 30전씩 하는 카비네판으로 찍었다고 했는데, 사진사가 어떻게 인수봉 정상까지 카비네판으로 찍는 사진기를 들고 올라갈 수 있었는지.

⑧ 전무후무한 '민족적 대집단 등반'이라고 하면서 등반의 큰 의미를 내걸었고, 날짜까지 명기했는데 참여한 60여 명에 대한 이름을 왜 남기지 않았는지 궁금하다.

앞에서 인용한 김정태의 글 말미에 적힌 "우리 백령회는 어떤 험지에서도 생사고락을 불사한다는 지도적인 클라이머들의 정신적인 단합을 확인할 수 있었다." 이 문장도 해석하기가 쉽지 않다. 우선 많은 논쟁을 낳고 있는 1940년에 이미 백령회가 있었는지가 의문이고, 주어인 백령회가 조선 클라이머들의 정신적인 단합을 확인할 수 있었고, 백령회 동지들은 "지도력을 가지고 뼈대 있는 등산을 하는" 존재임을 말하고 있는 것이 잘 이해되지 않는다. 글자 그대로 일본인 중심의 조선산악회의 부속기관도 아닌 백령회가 왜 조선 클라이머들의 "정신적인 단합"을 꾀하고 확인해야 했는가? 클라이머들끼리의 정신적인 단합이란 무엇인가? 그 결과 백령회 동지들이 "뼈대 있는 등산"을 하는 존재가 되었다는 말과 "지도력을 가지고 있다"는 말은 무슨 뜻인가? 백령회는 이처럼 우월적 지위를 스스로 말할 만큼, 일제강점기 속에서 당대 조선 클라이머들로부터 동의나 용인 등을 얻은 조직 혹은 단체였는가? 전체적으로 그는 생에 관한 진술에 있어서, 중요한 부분을 건너뛰면서 매조지한다.[58]

1931년 일본 제국주의 아래, 일본인 중심인 조선산악회가 1945년 9월 15일, 해방 후에도 이름 그대로 조선산악회가 되었다. 그리고 1948년 8월 15일 한국산악회로 이름을 달리해서 창립 취지문을 발표했다. "계승하는 것이 아니라, 따로 발족, 자립"(225쪽)하는 것이라면 이름부터 바꾸어야 했다. 등산 제품을 만드는 회사인 '블랙 야크'의 홈페이지에는 "당시 일본 산악인은 마치 독무대처럼 금수강산을 누비면서 민족의 자존심을 자극했다. 그래서 백령회는 학술조사단 형식으로 어렵게 일제의 허가를 받아 백두산 병사봉(2,744미터)에 올랐다. 한국의 지붕이라 불리는 개마고원도 등반했는데, 개마고원에는 2,000미터 이상의 높은 산이 즐비하다. 또한 금강산(1,638미터) 서북릉에 동계 개척 초등을 하기도 했다. 1939년

1월에는 설악산 설중 탐험에 나서 동계 초등을 해냈다"라고 쓰여 있다.

손경석은 『등산반세기』 속, 「조선산악회의 모태 백령회는?」에서, 인물들을 A, B, C 등으로 가려서 언급했다. A는 관동군에 몸담았던 인물로, C는 일본식 이름만 쓰던 인물로, K는 일본인과 잘 어울렸던 인물로, D는 허물을 잊고 감격스러운 모습으로, Y는 일본말을 쓰던 인물로 다 같이 1945년 조선산악회를 결성한 이들이라고 소개하고 있다.[59]

손경석은 백령회를 원래 '금요회'라는 이름을 내걸고 서울 근교의 산에서 주말 등산을 하던 "한국인들만의 등산 클럽"[60]이라고 했다. 백령회 회원들은 "일본 산악인들과 어울린 일부 한국인을 포함"[61]하는데, 여기에 엄홍섭이라는 인물이 등장한다.

손경석의 설명은 다음과 같다.

백령회라는 한국인들만의 등산 클럽이 있었다. 이 백령회는 원래 엄홍섭 씨를 중심으로 처음에는 금요회란 이름을 내걸고 서대문에서 만나 주로 서울 근교의 산에서 주말 등산을 하던 단체였다. 엄 씨는 징용면제 특혜가 있는 석탄생산업체를 경영하고 있었다. 엄 씨는 자신이 경영하는 해주의 삼화연탄에 백령회 회원들을 취직시켜 징용을 면제받게 해주어 이들의 산악활동을 도왔다.[62]

이들의 사진 아래에 "백령회가 주최한 첫 암벽등반 강좌에 참가

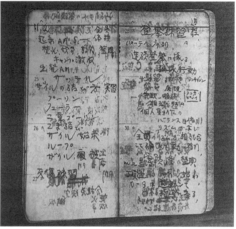

1940년 10월 31일부터 11월 3일까지 김정태가 쓴 일기.

하기 위해 당시의 회원과 예비 회원들이 인수봉에 모였다. 1940. 11. 3"[63]라고 설명을 달았다. 손경석은 「인물로 보는 한국 등산사」에서도 이 사진에 대하여 똑같은 내용을 반복했고, "이 사진은 고 주형렬 씨가 소장하고 있었던 것으로 필자가 제공했다"[64]고 썼다. 『한국산악회 70년』에는 이 사진을 책에 크게 넣고, "혈맥이 통하는 암우라는 메모가 적혀 있는 사진으로 김정태의 기록에 따르면, 1940년 어느 날 백령회원들이 조선 산악인들만의 모임을 갖고자 비밀리에 연락해 인수봉 정상에서 만나자는 약속을 하자 이렇게 많은 인원이 모였다고 전해진다"[65]고 설명을 덧보탰다.

이제 최종적으로, 김정태가 이즈음에 쓴 일기를 보자. 이 석 장의 일기는 사진의 실체를 분명하게 증거하고 있다. 이는 김정태가 행사 진행을 위하여 쓴 예정표다. 11월 3일에 쓴 일기에서처럼, 김정태의 계획은 실제로 성사되지 않았다.

그가 예정한 내용은 다음과 같다. 1940년 10월 31일은 목요일이고, 11월 1일은 금요일, 11월 2일은 토요일이다. 일기 속, 모임은 "제1회 암등연구회"라고 쓰여 있고, 10월 31일은 "독서연구회 이론 강의," 11월 1일은 "제1회 실천 연습회"로 김정태를 중심으로 선발대가 돈암리 종점에서 출발, 북한산 인수봉에서 야영, 11월 2일은 오봉에서 자일 매듭 훈련, 캠프 철수, 참가자 개인의 밸런스·리듬 강조, 노적봉 정상 등반, 리더는 유동적으로 지도, 오후에는 인수봉 아래 도착, 오봉 아래 석굴암 캠프 가설, 캠프 파이어, 좌담 및 합창. 11월 3일에는 아침 5시 기상, 전원 체조, 「산의 노래」山の歌 합창, 자일 반복 연습, 오후에 오봉 등반, 하산, 정리, 캠프 철수와 같은 내용이 적혀 있다.

실제로 이 행사는 11월 3일 당일 행사로 치러졌다. 김정태는 이 행사를 준비한 엄흥섭의 의도를 알아차리지 못했다. 더 큰 문제는 김정태가 해방 이후 단순한 행사를 민족적 등반으로 만들어 의미를 확대하고, 자신이 그 중심에 있었던 것으로 서술한 데 있다. 그러나 이러한 의미의 확장과 왜곡이 과도하다는 것을 안 터라, 이때 찍은 등반 사진을 자신의 책이나 글에 실을 수 없었던 것으로 보인다.

사진에서 삶으로 가는 길

일제강점기, 근대의 등반가 김정태를 평가하는 일이 난감하기 이를 데 없다. 그에 관해서 자료를 찾고, 읽고, 글을 쓰는 일이 도무지 즐겁지 않았다. 그가 간 길의 흔적을 찾아갈수록, 그가 여기저기 남겨놓은 일기와 같은 편린들을 찾아서 읽을수록 그의 삶 전체가 남루하게 보였다. 산에서 내려와 경성에서 가족과 함께 지낼 때, 그는 돈이 없어 이시이에게 기대어 기생집을 출입한 일상을 일기에 적어놓기도 했다. 김정태는 자신에게 밥과 술을 사주던 이시이를 도시에서는 받들었지만, 산에서는 나약하고 돈으로 우두머리 노릇을 하려는 인물로 썼다. 자신에게 버르장머리 없었다고 항상 그를 '빠가야로'라고 일기에 쓰면서 무시했다. 산을 좋아해서 산에 오른 피식민지 조선인 한 사람을 일본인 한 사람이 비루하게 만들었다는 사실 앞에서 그는 슬픔을 이렇게밖에 드러낼 수 없었다. 근대와 더불어 일본 제국주의라는 괴물과 함께 살아야 했던 조선의 알피니스트 김정태, 그럼에도 그는 자신의 자전적 회고록을 쓰면서 스스로 겪어야 했던 피식민지 조선인이라는 수치와 오욕을 하나도 언급하지 않았다. 이것이 그가 지키고자 했던 자존감일 수도 있다. 필자는 그의 일기를 읽으면서 그와 그의 삶 전체가 비통하게 여겨졌다.

그 당시, 조선산악회 활동에 대해서도 우리는 좀더 자세하게 공부할 필요가 있을 것이다. 일본 제국주의는 식민지 조선을 "일본 본토에 이익을 제공하는 장소뿐만 아니라 본국에서 감당하기 어려운 방탕아들, 곧 범죄자, 빈민, 그 밖의 바람직하지 않은 과잉인구를 내보내는 장소로 유용"[66]했다고 여긴 것을 보면, 그 비통함은 커지기만 한다. 이제 이 사진은 김정태를 옥죄는 악몽의 증거가 되었다. 악몽은 악몽으로 끝나지 않을 터, 그것은 원본과 붙어 있는 그림자와 같은 것이리라.

김정태는 일제강점기, 일본 제국주의 산악인들 곁에 있어야 했고, 그 안으로 들어가고자 노력했으며 등반을 위해서 온몸을 던진 '주변인'이었다. 일본인들이 조선산악회에 가입하려는 조선인들을 조건을 달아 선별하면, 주변화된 인물들이 보여주는 태도는 조건을 충족하기 위하여 더 열심히 노력하는 방법과 주변인들끼리 종족화되어 자신들을 위로하는 방법이 있었을 것이다. 후자가 조선산악회 안에 백령회라는 것을 만들었다고도 볼 수 있다. 주변화된 인물의 대표적인 이가 김정태였다. 박순만과 임무가 1931년에 창립된 조선산악회 내 조선인 창립회원들인데, 그들 다음으로 1937년 혹은 1938년에 입회한 김정태는 우월적 지위를 내세워 종족화된 백령회의 중심인물이 될 수 있었다. 그런 이유로 그는 일제강점기, 일본 제국주의자들이 중심인 조선산악회를 해방 후에도 이름 그대로 조선산악회라고 이어받은 것을 조금도 수치라고 여기지 않았던 것이다. 김정태는 1945년 조선산악회를 그대로 이어받아, 창립 취지문에 '조선산악회 재결성'이라고 썼다가 나중에 이를 바꿔 '조선산악회 결성'이라고 했고 1948년에는 한국산악회로 이름을 변경했다.

일제강점기, 조선산악회의 재조 일본인들이 리더이자 도매업자였다고 하면, 이 단체에 가입된 조선 산악인들은 소매업자라고 할 수 있다. 일본인 중심의 조선산악회 안에서 조선인들은 일본인들보다 더 부지런해야 했고, 힘든 등반에 앞장서야 했다. 그리고 감내해야 했던 열패감은 다른 조선인들 앞에서 우월감으로 환속됐다. 일제강점기 내내, 일본인들보다 더 가혹했던 이들은 일본인 곁에 있으면서 부화뇌동했던 조선인들이었다는 사실은 여기서도 마찬가지였다. 이른바 친일 부역 행위다.

김정태는 일본 제국주의 알피니즘을 "질서 있는, 질량 있는, 선진화된 알피니즘"으로 받아들였다. 제국주의 계열체인 근대 산악인들은 제국주의의 확장·지배·권력의 속성을 그대로 답습했다. 제국주의 탐욕과 근대 산악인들의 등반 정념은 매한가지였다. 그곳에는 인간에 대한 도덕과 자연에 관한 윤리가 없었다. 식민주의는 곧 제국주의였고 그것은 근대 알피니즘의 모국이었다. 제국주의의 강점·강탈·수탈·침탈은 조선 산하의 지배였다. 일본 "식민 권력의 대리인이 앞잡이 역할도 했던 … 중재자적 지위"[67]를 지닌 제국의 브로커였던 조선산악회를 만든 재조 일본인들과 김정태가 보여준 근대 등반의 비화는 결코 숨길 수 없는 역사다. 김정태가 남긴 기록의 문제는 '사실의 기록'은 있지만 '행위의 기록'이 없다는 데 있다. 사실의 기록이 등반 자체를 중심에 놓는 등반의 현실이라면, 행위의 기록은 등반의 감각에 관한 것이다. 즉 등반을 통해서 삶과 세계를 읽는 등반의 완성, 현재의 시간 속에서 효력을 갖는 힘은 여기서 생출된다.

재조 일본 산악인 중심의 조선산악회가 조선총독부 지배체제의 목표에 부응하면서 근대 알피니스트로서 자신들의 부르주아 정체성을 확립한 데 반해, 김정태를 비롯한 조선 산악인들은 조선산악회에 대한 비판세력이나 반대세력이 되기는커녕 고립되어 있었다. 재조 일본 산악인들은 조선산악회를 만들어 지배적 우위를 점령하면서, 백두산·금강산 등을 등반하는 특권을 행사할 수 있었지만, 조선산악회 회원인 김정태를 비롯한 조선 산악인들에 대해서는 회원으로서 완전한 동화를 꾀하지 않았고 거리를 두었다. 조선산악회 안에서 총독부 직원, 은행 관료, 자본가였던 재조 일본 산악인들과 조선 산악인들은 똑같은 부류가 아니었다. 조선 산악인들은 주류와 단절된 경계인들이었고, 이 땅의 산을 폭력한 "제국의 대리인, 희생자"[68]들이었다. 그리고 해방 이후에는 산의 권력을 행사하면서, 기이한 한국 근대 산악 구조를 만들었던 선구자들이었다.

글을 정리하면 다음과 같다. ① 김정태는 왜 이 사진을 자신의 책에 넣지 않았을까? ② 친일 행사인 '명자교환회'를 중심으로 한 등반에 대해서 왜 설명을 더하지 않았을까? ③ 1940년 명자교환회 등반을 1978년 「남기고 싶은 이야기」에서, 1988년 책에서, 어떻게

'민족 대집단 등반'이라고 한 것일까? ④ 그동안 한국 산악계는 이 사진에 대해서 자세한 언급을 하지 않았던 것일까?

이 한 장의 사진이 김정태의 모든 것을 말해주는 것은 아니지만, 산악인 김정태를 이해하는 데 매우 중요한 단서를 제공한다. 김정태가 삶과 산을 대하는 태도, 일제강점기 조선 산악인의 삶의 실체 등이 고스란히 드러나기 때문이다. 김정태의 글에는 그가 시도한 등반의 경험들은 빠짐없이 나열되어 있지만, 자신이 한 실수와 같은 것은 찾아볼 수 없다. 이와 같은 부분들을 분명하게 말하기 위해서는 그가 이때 쓴 일기를 들여다볼 수밖에 없다. 김정태가 남긴, 일본어로 쓴 일기는 지금 속초에 있는 한국산악박물관 수장고에 있다가 한국산악회 산악문화원으로 돌아와 있다.

4

산 아래에서의 삶

1 친일과 산

임금이 크게 웃으며
부끄러운 줄 모르자 서수봉이 나가면서 말했다.
"슬프구나, 대한의 백성이여."

−황현, 『매천야록』

기록과 기억의 경계

일제강점기 조선산악회와 김정태를 읽는 일은 한국 근대 등반사
연구일 뿐만 아니라, 우리가 왜 산에 오르는지를 묻는 산행의 근원
적 의미를 찾는 일이다. 그것은 한국 산악운동, 등반 역사의 근대성
에 관한 물음이면서 동시에 지금 우리의 산행·등반의 정체는 무엇
인지를 다르게, 새롭게 보도록 하는 일이다. "식민시대 탐험과 정복
의 철학으로 무장한"[1] 조선총독부의 조선산악회를 비롯한 김정태
를 읽는 일은 왜곡된 한국 근대 등반사와 연결되어 있다. 그동안 한
국 산악계는 초등이니, 14좌 완등이니 하면서 우리가 지닌 고유한
인문정신을 잃어버렸다. 이는 자연과의 연대가 아니라 미래를 구축
하기 위해서 산에 오른 결과였다. 한국의 근대화 이후 친일정부, 독
재정권, 군부정권 아래에서 산에 관한 정신은 전통의 인문정신과
멀어졌다.

김정태는 그의 책에서 "등산이 산놀이로 오인되어 발전할 길이 없었던 학교, 일반단체 산악부의 육성과 자극을 주기 위한 대회 행사가 젊은 학생들의 소망에 따라 효과 있게 진행되었으며, 알피니즘의 본질적인 사업행사로 계절에 따라 조촐히 전개돼나갔다"(218쪽)고 썼다. 그에게 등산은 미래를 향해 움직여나가는 것이어야 했다.

산놀이가 가짜 등산인가? 김정태는 당대 한국의 등산문화가 산에 관한 놀이정신을 잃어버렸다고 했는데, 실은 산의 근원적인 정신을 망각하게 한 이는 산을 폭력적으로 오른 그 자신이었다. 김정태는 우리의 산이 지닌 고유한 정신, 산에 오르는 인문정신을 망쳐놓았다. 김정태가 근대 이전 조선 시대의 백두산·금강산 등 선인들의 산행기를 제대로 읽어보았다면, 그가 말한 놀이정신의 상실은 이해할 수 없는 일이다. 그 이유는 다음과 같다. 일제강점기부터, 해방 후 독재 정권 아래에서 그는 용의주도한 설계로 산을 입신의 도구로 삼았던 터라, 산과 삶의 온전한 관계를 파괴했다. 그는 서구 알피니즘의 우월주의에 빠져 전인미답의 산, 초등의 역사에 함몰되어 있던 산악인이었다. 이것은 산을 이미 올라 결정된 산과 오르지 않은 미결정의 산으로, 처음 오른 산과 나중에 오른 산으로 절단하는 설정이다.

조선의 현재가 일본의 과거라는 것을 가슴에 새긴 그로서는 서구의 근대적 알피니즘이 조선 산악계에 필연적 모델이라고 여겼다. 이를 위해서 조선을 강탈한 일본 제국주의 클라이머들이 보여준 알피니즘을 교과서로 여겼다.

김정태는 1905년 일제가 대한의 영토를 강제적으로 장악하고, 국민을 통치하기 시작한 지 10년이 지난 1916년에 태어났다. 그는 일제 식민주의에 저항하는 것을 자신의 아이덴티티로 확립하지 않은 채, 조선산악회 회원들과 백두산·금강산·묘향산·북수백산 등을 올랐다. 등반을 출세의 사다리를 오르는 것으로 여겼다. 당시 산악계에서 조선총독부 철도국 일본인 직원들이 중심인 조선산악회에서 이등국민으로서 지위도 나쁘지 않다고 여겼다. 산에 오르는 행위가 자기 수양이라는 이 땅의 전통과는 다른, 미답봉을 먼저 오르는 기록의 등반만을 추구하고 주장했다.

그에게 이 땅의 산은 하나의 대상이었을 뿐이었다. 그에게 산을 오르는 것은 현실을 뛰어넘는 일이었다. 서구 알피니즘은 경쟁과 분리할 수 없다. 등반은 제국의 우열과 승패를 가르는 도구였다. 일본 제국주의는 등반을 경쟁의 세계화로 여겼고 이를 위해서 일제강점기에 도쿄제국대학, 교토제국대학, 와세다대학, 오사카 상대 등 일본의 유수한 대학의 산악부가 백두산·금강산 등을 등반하러 왔다. 등반의 제국주의적 침투는 이런 식으로 실행되었고, 김정태는 그런 모습들을 우러러보았다. 그에게 하나의 명분이 있었다면, 자기 자신도 그 경쟁에서 뒤지지 않을 수 있다는 확신이었을 것이다.

그러나 일본 제국의 확장과 몰락이 이어지면서, 김정태는 산악운동을 통해서 자신의 영달을 도모하려고 했다. 서구 알피니즘의 경쟁주의를 조선산악회 내 일본인들과 조선인들의 경쟁구도로 내세웠다. 그의 이런 분리는 분명한 한계를 보였다. 그의 책에는 일본인 알피니스트와 조선인 알피니스트 즉 제국주의와 민족주의가 서로 대립·경쟁하는 것으로 서술했지만 실제는 그렇지 않았다. 김정태는 일본인들을 모방하고 추종했고, 일본 제국주의 대륙 침탈과 전쟁 도발을 시대의 대세라고 여겼다. 그는 일본인들에 대한 반발은커녕 등반에 대한 근본적인 물음조차 하지 않으며 그들과 함께 등반했고, 그것을 자랑스러워했다.

그의 말과 정반대로 산행은 산놀이여야 했다. 그러나 그가 행한 산행은 일제강점기에는 황국 신민화를 위한 충성의 발로였고, 해방 이후에는 자신의 행적을 감춘 채 민족주의를 앞세운 입신과 처세의 도구였다. 그에게는 피식민지 경험이 없었다. 일본인들이 설립한 조선산악회 회원인 김정태에게 식민과 피식민의 경계가 없었다. 그는 한 번도 자신의 삶에 대하여 진지하게 되돌아보지 않았다. 이런 그의 등반 태도가 고스란히 해방 이후 한국 등반계에 이식되었고, 그것이 결국 산행·등반의 놀이정신을 앗아갔다. 일본 제국주의를 통해서 배운 서구의 알피니즘이 한국 산악 역사의 근대성을 말해준다. 김정태는 이 노정에 가장 앞장서 있었던 인물이다.

김정태가 사는 것은 식민지와 피식민지라는 경계가 무화된 산에 오르는 일이었다. 근대 산악인 김정태는 일제강점기 근대 등반의 이념을 통째로 보여주는 인물이라고 할 수 있다. 그를 근대 산악인이라고 호칭하는 것은 그가 일제강점기 이전과 이후의 시대적 구분을 분명하게 하면서 등반 이념의 근대성을 실천했기 때문이다. 그는 해방 이후 일제강점기 이전의 역사를 떼어놓은 채, 자신의 현재와 미래만을 상정했다. 그는 고려에서 조선으로 이어지는 거리와 시간의 중층성을 절단했고, 선인들이 이룩한 산과 자연을 통한 이념 즉 수양과 합일이라는 전통을 무시했다. 대신 지금, 여기 서구 알피니즘을 지배적인 관점으로 삼았다. 이를 가능하게 한 것은 그의 역사적 무지다. 산에서는 일본 제국주의의 억압과 폭력, 잃어버린 조국의 비애에서 벗어날 수 있었기 때문이었다. 산에서는 식민지 조선이 없었다. 김정태는 일본 제국주의에 저항하는 대신 그 문물을 적극적으로 받아들였고, 그것을 즐겼다. 서구 근대 알피니즘과 표준화된 산을 모방했다. 금강선 집선봉 동북릉을 S에, 중앙봉을 C에 숫자를 더해서 표기하는 것이 그가 추구했던 등반의 근대성이었다.

김정태는 이런 친일적 등반 행적들을 보편화하고 정당화기 위하여 일제강점기에 일차적으로는 조선산악회를, 이차적으로는 백령회를, 해방 이후에는 한국산악회를 하나의 관계망으로 연결해놓았다. 이 세 단체가 등반에 관한 하나의 보편적인 경험을 나눈 것처럼 만들었다. 이를 통해서 근대 등반의 모범적 준거로서, 서구 알피니즘의 모델을 표상으로 삼았다.

그가 산에 오른 것은 일제강점기 피식민지 조선인으로서의 삶과 무관했다. 그는 일제의 억압과 수탈 속에서 고통스럽지 않았다. 그는 일본인들과 함께 등반하면서 자신의 삶과 등반 행위를 민족의 현실과 연관 짓지도 않았다. 김정태가 이룬 등반 업적은 자신의 삶뿐만 아니라 당대 조선인들의 현실과 동떨어진 것이었다. 그는 피식민지 조선의 현실, 동족의 뼈아픈 삶의 실상을 들여다보려고 하지 않았다. 그는 산에 오르는 기술을 공부라고 생각했고, 그것을 자신의 삶을 무장하는 최고의 재원으로 여겼다. 일제강점기를 살면서 불가능한 희망이란 것을 아예 품지 않았던 김정태는 결핍된 존재였다. 눈앞에 현전하는 학력과 사회적 지위에 대한 욕망과 결핍이 그를 짓눌렀고, 그림자처럼 덮쳤다.

1941년 12월과 1942년 1월 사이, 조선산악회가 주최한 마천령-백두산 종주 그리고 1942년 7월 24일 조선총독부 조선체육진흥회[2] 등행단이 주최한 제1차 백두산 등행에 김정태는 빠지지 않고 참가했다.[3] 이어서 1942년 8월, 김정태가 묘향산에 올랐을 때, 그는 "화전민에게서 얻은 짚신으로 바꾸어 신고 비로·향로 고봉을 기어올"(221쪽)랐다. 그의 책에서, 산행을 함께했던 이들 외에, 등장하는 유일한 사람은 곤궁했던 화전민이었는데, 일제강점기에 산에 숨어들어가 살아야 했던 화전민에 대한 표현도 이것 말고는 없다. 그는 자신이 가죽 등산화를 신고 산에 오를 때, 산에 살던 화전민은 짚신을 신었다는 사실을 깊게 생각할 능력이 없었다. 연민의 눈물은커녕 남의 일이었다.

김정태의 언어 표현 능력은 명사로만 정의될 뿐이다. 그의 글만 보면, "식민 자본주의의 희생자"[4]였던 화전민은 원시적인 생활을 하던 남이었고, "식민지 지배 당국의 화전 정리 정책에도 불구하고"[5] 산에 사는 사물이었다. 이 등반에서 "이틀 밤을 신음한 나의 고행은 지옥에서 헤어나온 중병죄인처럼 생애 중 가장 어렵고 외로웠던 여정이었다"(221쪽)라고 썼는데, 이때 가장 헐벗고 어렵고 외로운 삶을 살았던 빈민은 김정태가 아니라 화전민과 같은 이들이었다.

김정태는 이 등반에 대하여 "비로의 정상에 섰을 때 본 대묘향의

1943년 7월 조선총독부 체육진흥위원회가 주최한 2차 백두산 등행에 참여한 등행단 일부(양정반).

전경은 탐스런 곡선에 미끈한 지체들을 시원스럽게 드러낸 수많은 쌍쌍의 나신들이 하늘을 날듯 춤추고 있는 대자연의 무도회였다" (221쪽)라고 일갈했다. 그는 타인의 고통을 나눌 수 있는 존재에 크게 미치지 못했다. 그에게 같은 민족이 겪는 고통에 대한 일체의 감정이입이나 연민 같은 것은 없었다. '김정태'라는 주어와 술어만 있는 이런 언어 표현은 자신의 삶과 더불어 산 그리고 세상의 사물을 반영하는 것이다.

묘향산을 '탐스런 곡선'이라는 벌거벗은 나체에 비유했던 그의 언어는 사물을 있는 그대로 묘사한 것이 아니라 관점이 없는, 오히려 굴절된 의식의 산물로 작동했다. 백두산, 금강산, 묘향산의 험한 봉우리들을 오른 당대 드물었던 조선 산악인으로서 그는 글을 쓰는 언어 감각이나 당대 식민지 현실에 대한 문제의식이 무엇인지 판단할 능력이 없었다.

그가 올랐다는 초등의 기록에 대한 논증마저 불가능한 때였던 터라, 타인의 관점 같은 것에는 관심이 없었다. 자신의 기록을 역사라고 믿었고 정사正史라고 썼다. 김정태는 자신의 책을 쓰면서 과거 등반에 관해 타인과 만나고, 부딪치고, 나누고, 교정하는 과정이 없었다. 등반의 기준과 근거마저 그는 생략할 수 있었다. 이런 기억 오류와 기술의 왜곡은 윤리적인 문제를 낳을 수밖에 없다. 그는 겉으로는 세상을 두려워하지 않았던 것으로 보인다. 자신의 기록이 후대에 어떤 문제를 야기할 수 있는지를 스스로 사유하지 못했다. 묘향산 등반을 마치고 돌아와서는 "일본 메이지 신궁 체전에 지도자 대표로 파견"(221쪽)되어 일본에 갔다고 썼다. 김정태는 지도자 대표가 아니라 조선인 대표였고, 조선총독부 지원금을 받았고, 도쿄에 도착하자마자 야스쿠니 신사를 참배했고, 이어서 메이지 신궁 국민연성대회에 참여했으며, 메이지 신궁에도 참배했다.

1940년 12월부터 오른 마천령–백두산 종주 이후, 이어서 두 차례 백두산 등행단을 따라 천지에 올라 천황이 있는 쪽으로 몸을 돌려, 멀리서 참배한다는 뜻의 동방요배를 하고, 천황폐하 만세 삼창을 부르짓던 것이 그가 행한 산행이었다. 그리고 김정태는 자신의 이런 행적을 해방 이후에 조금씩 조금씩 수정했고, 왜곡했고, 철저하게 감추었다.

김정태는 해방 이후 자기만의 분명한 노선을 갖추었지만, 그는 언제나 중심에서 비껴 있었다. 감추고 왜곡한 것이 항상 그를 괴롭혔기 때문이었다. 대신 그는 실무를 책임진다고 하면서, 산악계의 실체로 존재했다. 일제강점기 조선산악회를 이어받아 한국산악회를 설립하면서, 김정태는 "이상의 진용에서 좀 별난 것은 설립의 주체핵심이었던 백령회 동지를 비롯한 산악인들은 모두 간사진에 들고 학자, 언론인, 사회 지도자 등 등산 동호인사들을 이사진으로 구성한 점이었다. 이는 아무리 고매하고 특수한 알피니즘의 산악운동일지라도 산악회는 우리 사회의 공기로서 공감되어야 하고, 그것은 더욱 우리의 문화적인 환경에 따라 보다 광의적이고 개방적인 참여와 인식, 여망을 보여주자는 데 뜻을 같이했기 때문이다. 이같이 간사진들은 실천 위주의 현역 엘리트들이었고…이 같은 정신자세와 이념구축의 실천방법은 매우 민주적이고 조직적이어서 개척적인 사업과 선구적인 활동이 전개될 수 있었다"(228쪽)라고 썼다.

필자는 그의 글을 읽고 당대 문헌·자료들을 살펴보면서 김정태가 이룩한 업적을 당연한 것으로 받아들여서는 안 된다는 생각에 이르렀다. 의혹의 기반은 김정태의 기술이 오락가락하고 있는 것에서 야기되었다. 실제로 그의 만년의 삶에서 이런 조짐은 있었던 것으로 보인다. 산악계에서 그의 대한 부정적인 인식들이 산재하기 시작했던 것이 그것을 증명한다.

징병과 학병에서 벗어난 김정태

일제강점기, 조선총독부의 관서 가운데 하나였던 철도국에 소속된 일본인들 중심의 조선산악회 회원·간사·이사, 그리고 조선총독부 지원 아래 이루어진 백두산 등행, 메이지 신궁 국민연성대회 참석, 민족적 등반이라고 하면서 창씨개명한 이름을 주고받고 이를 증명하려 인수봉 정상 등반을 솔선한 '명자교환회' 개최 그리고 근대 산악인 김정태, 이 모든 것을 하나로 묶으면 한국 근대 산악사의 뿌리가 보이고, 그 정체성의 기반이 시대정신과 민족이념으로부터 동떨어진 '친일' 행태라는 것에 이르게 된다. 친일은 일본과 친한 것이 아니라 일본을 종주국으로 여기는 태도를 뜻한다. 일제강점기를 지내면서 한국 사회의 뿌리는 뽑혔고, 친일의 전면성과 총체성은 온 사회의 얼굴이 되었다. 일본 제국주의를 통해서 서구 근대 알피니즘을 알게 된 이즈음, 산을 오르는 이들과 방식 그리고 기록을 포함하는 산악등반의 역사도 이 친일과의 친연성을 무시할 수 없다. 일제강점기, 산행은 등반이란 용어보다 등행, 연성이란 단어와 더 가까이 어울렸다.

낯선, 그러나 일제강점기에 숱하게 쓰인 강제적 언어인 '연성'鍊成이란 1937년 중일전쟁 이후 전시체제, 총동원 체제에서 가장 크게 필요했던, 전쟁에 나가는 이들의 체위를 향상시키기 위한 용어였다. "연성이란 연마육성의 의미로, 체력뿐만 아니라 사상, 감정, 의지 등에 이르기까지 천황에 충성하기 위한 것이었다. 인간으로서가 아니라 전쟁에 동원되는 병력으로서의 모든 능력을 일본 제국주의, 황국 신민화를 위하여 쏟아부어야 한다는 말이다. 일반적으로 연마는 신체에 대응하고, 육성은 정신에 대응하는데, 이런 분류는 지식 편중의 교육으로부터 탈피하여, 앎보다 실천을 우선하는 교육정책의 산물이었다. 그러나 일본 제국주의의 연마는 단련성과 철저성을, 육성은 자발성과 발전성을 내세워 일제강점기 동안 학교와 사회 곳곳에서 강제했다. 그리고 개인 단위가 아니라 집단 체조나 교련, 운동회 등 집단주의적 방식으로 이루어졌다."[6] 일제강점기, 산행은 전시 총동원 체제를 위한 연성 도구의 하나였다. 그렇게 해서 일차적으로는 동원을 위한 체력을 키우는 것이 필요했던 바고, 연성을 통하여 식민지 체제에 저항할 수 없도록 하는 정신적 순치로 이어졌다.

연성으로서 산행은 "식민지 지배권력이 인간을 자원으로 간주하고, 모든 개인을 인격을 가진 인간으로서가 아니라 노동력 및 군사력으로서 파악하고자" 한 도구였다.[7] 그런 산행의 총체를 일컬어 등행登行이라고 했다. 연성을 위한 등행, 이러한 식민지 총동원 체제를 위한 산행의 실체는 오늘날까지 한국 산악계가 중시하는 집단 규율화와 같은 전통으로 이곳저곳에 깊게 남아 있다. 1970년대 대학 산악부는 규율과 선후배 관계를 중시하면서 때로는 폭력적이기도 했다.

일본 제국주의는 피식민지에서의 노동력과 군사력을 더욱 확보하고자 했다. 일제의 전면적인 강제동원은 1937년 중일전쟁 이후 1938년 4월 1일 '국가총동원법'(법률 제55호)을 만들면서 시작되었다. 이 법은 의회의 동의 없이 제정됐다. 일본 본토와 식민지, 점령지 등 모든 지배 지역의 사람과 물가, 자금을 총동원하여 전쟁에 투입하기 위해 일본 정부에 광범위한 권한을 위임한 전시 통제 기본법이었다. 1939년 7월에는 '국민징용령'을 공포했고 조선인을 전쟁에 동원할 계획도 세운다. 모법母法인 국가총동원법 아래 국민징용령 등 각종 통제 법령을 제정·시행했다.

1937년 7월 중일전쟁 이후, 일제는 식민지 조선을 전시체제로 재편하고, 편입했다. 이때 내건 구호가 내선일체内鮮一體, 내선융화内鮮融化였고, 이런 관제운동을 통해서 일본과 조선이 하나라는 구호를 만들었다. 이를 위하여 일제는 황국 신민화 교육을 위한 '황국 신민의 서사'를 제정하여 암송할 것을 강요했다. 1937년 4월에 일제는 '국민정신총동원'[8] 실시요강을 발표했다. 만주 사변 1주년 기념일을 기해, 1938년 7월에는 '국민정신총동원 조선연맹'을 결성하여, 조선인의 황국 신민화를 위한 내선일체화, 신사참배, 궁성요배, 황국신민서사 암송, 근로봉사 등 일제의 전시국책에 대한 협력, 조직과 훈련을 통한 전시체제의 확립을 조직의 강령으로 내세웠다.

그해 10월 12일에는 국민정신총동원 중앙연맹이 결성되었다.[9]

1938년에는 실질적인 전쟁동원을 위하여 '조선인 특별지원병 제도'가 실시되었다.[10] 그리고 1940년에는 제7대 총독 미나미를 총재로, 조선총독부 정무총감을 위원장으로 하는 '국민총력 조선연맹'을 만들었다. 이를 통하여 전시체제에 돌입한 일제는 조선인들을 전쟁에 동원하는 기틀을 마련했다.[11]

이처럼 일본 제국주의는 1931년부터 1945년에 이르는 아시아·태평양전쟁 기간에 조선의 막대한 물적·인적 자원을 강탈하고 수탈했다. 일제강점기 일본군으로 강제 동원된 조선인은 1938년부터 시작하여 일제 패망까지 대략 21만 명에 달하는 것으로 추정된다. 김정태는 1943년에 극심했던 임전 궐기에서 총알받이였던 학도병으로도 전쟁에 끌려가지 않았다. 1944년 제1회 징병검사와 1945년 제2회 징병검사가 실시되었던 때, 김정태는 징병을 피할 수 있었고, 그 이전에 지원병으로도 동원되지 않았다. 당시 만 20세 이상의 남성은 징병의 대상이었지만, 학업을 마친 후 입대하기 위해 연기한 학생들을 징집하기 위해서 일제는 언제든지 군사력을 보충할 수 있는 조선인 학도지원병 제도를 만들었다. 이 시기를 연구한 일본 학자의 문헌을 보면 "1938년부터 1945년까지 지원병과 징병에 징집된 조선 청년은 15만 명을 넘는다. 군속까지 포함하면 약 38만 명이 동원되었고, 그중 2만 명 정도가 희생된 것으로 파악되고 있다."[12] 일본 제국주의는 그 당시를 자료들을 없앤 터라 실제는 더할 것이다.

조선인의 경우 지원병 제도가 도입된 1938년부터 일본군에 입대할 수 있었는데, 태평양전쟁 발발 이후 후반기로 갈수록 본토 일본인만으로는 병력이 모자라 병역법을 개정하고 식민지 남성들 상대로도 징병제를 실시했다. 일제는 지원병의 형태로 조선 청년을 징병하기로 했지만, "1938년 1월에는 조선인에 대한 지원병 제도 계획의 취지가 조선총독 담화로 발표되었고, 나아가 2월 22일자 칙령 제95호로 '육군특별지원병령'이 공포되었다."[13] 미나미 총독은 이러한 교묘한 술책으로 "혈서를 보내 탄원하는 자들도 잇달아 쇄도하는 상황"[14]이었다고 선전하면서 전시하의 농촌 피폐에 못 견뎌하는 조선 청년들을 자원하도록 했다. 지원병 형식을 띠고 있기는 하지만 군대식 훈련을 시행하기 위해 나남·함흥·평양·대구 등에 육군 지원자 훈련소를 설치하여 강제적인 동원훈련을 실시했다.

　1944년 10월에는 '육군특별지원병령'을 개정하여 징병 대상자가 아닌 경우에도 훈련소 과정을 거치지 않고 육군특별지원병으로 동원했고, 17세 미만의 조선인까지를 제2국민병역에 복무하도록 했다. 1941년에 발생한 태평양전쟁 이후에는 해군을 보다 강화하기 위해 1943년 7월 '해군특별지원령'을 공포, 같은 해 8월부터 시행하여 해군병 지원자 훈련소를 설립하고 강제적인 동원훈련을 실시했다. 1943년 10월에는 '육군특별지원병 임시채용규칙'이 공포·시행되면서부터 '학도지원병'이라는 이름 아래 전문학교·대학 재학생들에 대한 강제 징집이 있었다. 그리하여 1938-43년에 2만 3,681명의 지원병이 동원되었다.

　아울러 조선총독부는 1938년에 후생성을 설치하고, 그 아래에 체력국, 위생국, 예방국, 사회국, 노동국을 두었다. 1942년부터

1944년까지 '백두산 등행단'의 담당부서는 1941년 11월 조선총독부 경무총감부 아래 설치된 후생국 위생과였다.[15] 등행단 단장은 위생과 과장이었다. 등행의 최종 목적은 당연히 "대동아 전쟁의 완수, 대동아 공영권의 확립 및 발전, 나아가 황국 영원의 발전을 도모하"[16]는 것이었다. 백두산 등행의 귀결은 1944년에 실시된 식민지 청년에게 총을 부여하는 징병제였다. 연성과 등행은 "총부리가 총을 준 식민지 모국을 향할 수 있는 위험을 내포한 것이었기 때문에, 그만큼 철저한 통제와 이데올로기"[17]가 강제되었던 행사였다.[18]

일제는 조선인을 전쟁에 동원하기 위하여 1940년 10월 이후, 신체제론을 공표했다. 1941년 3월부터 일제는 '조선 사상범 예비 검속령'을 제정·실시했다. 김정태를 비롯한 일행들은 조선총독부의 지원으로 백두산 천지에 올라, 도쿄의 천황이 있는 황거(궁성)를 향해 절했고, 절하도록 강요했다. 천황을 위한 동방요배를 거리낌 없이, 제 땅에서 하는 것처럼 치렀다. 조선인으로서는 "허리를 90도로 꺾어 큰절을 하는… 매우 굴욕적이며 고통스러운"[19] 동방요배, 궁성요배 같은 시대착오적인 의식을 거부하지 못했다. 요배遙拜란 글자 그대로 멀리서 절한다는 뜻이다. 김정태는 백두산에 올라 일본 천황을 위한 충성을 서약하는 이와 같은 의식을 치르면서 겪어야 했던 정신적인 고통을 글에 쓴 적이 없다. 그는 정신적으로 가난했다.

그 이전, 1932년에는 도쿄제국대학이, 1934-35년 교토제국대학 산악부가 백두산 정상인 대정大正봉에 올라 일장기를 걸고, 일본과 만주 양국의 만세 삼창을 했다. 1940년에는 오사카 상대의 산악

1935년 1월 교토제국대학 백두산 원정대가 정상에 올라 일장기를 세웠다.

부가 현해탄을 건너와 조선의 백두산, 금강산 원정등반을 하면서도 이런 의식을 치렀다.(196쪽) 교토제국대학 학사 산악부(대장 이마니스 킨즈)의 경우, 1934년 12월 23일 경성에 도착했을 때 조선산악회가 성대한 만찬을 마련해주었고, 등정 이후에는 강연을 했고, 혜산진 메이지 회관에서 열린 대규모 환영회에 참석했다. 1935년 1월 8일 경성으로 돌아왔을 때, 조선총독부 관저에 초대되었고, 조선총독 우가키 가즈시게宇垣一成가 이들을 환영하고 격려했다. 이들은 등반 탐험 이후, 일본 제국주의의 탁월함을 자랑하는 수단으로 『백두산: 교토제국대학 백두산 원정대 보고』[20]라는 보고서를 출간했다.

지금까지 김정태가 이 시기에 조선산악회의 활동을 비롯한 일본인들과 함께했던 기록은 묻혀 있었고, 등반 행위에 대한 논의는 거의 없었다. 김정태가 창씨하고 개명한 1939년 때부터의 기록도 사실상 거의 없다. 일제는 1938년 11월 10일 제령 제19호로 조선민사령 중 일부를 개정한 것이 창씨개명제의 시행이다. 제령이란 총독의 명령으로, 법률과 동일한 것이었다. 창씨개명은 천황의 신민답게 성을 일본식으로 지어, "황국 신민의 의식을 주입해서 징병 등 일제 침략전쟁에 조선인을 동원 희생시키려 한 민족말살정책이었다."[21] 1940년 2월 11일부터 계출 접수를 시작했는데, 김정태는 김씨 성을 버리고 타츠미辰海를 만들었고, 정태를 지우고 야스오泰夫라는 이름을 지었다.

창씨개명이 강제로 실시되자, 조선 방방곡곡은 술렁거렸고 반발이 심했지만 김정태는 일찍 훼절해서 부일附日 협력했다. 그는 일제 식민지 정책의 참담한 제물 혹은 희생자였다. 김정태는 자신의 창씨개명한 악몽을 책에다 결코 쓰지 않았다. 창씨개명은 황국 신민화를 위한 첫 번째 형식적 절차였다. 조선의 전통적인 씨족관념과 민족의식을 마비시키는 이 제도는 수많은 조선인들에게 논란을 불러일으켰다. 창씨개명을 하지 않으면 식량 배급 통장을 발급받지 못하거나 빼앗기는 상황에서도 항의서를 써서 불응할 뿐만 아니라 조상들에게 사죄하기 위하여 목숨을 끊는 이들도 많았다. 창씨개명은 피식민지 조선인들이 겪어야 했던 커다란 비극이었다.

창씨개명한 이들이 제 이름을 적어, 다른 사람들의 그것과 교환하는 행사, 즉 창씨개명을 했는지 하지 않았는지를 교묘하게 확인하는 행사가 '명자교환회'였다. 김정태가 1940년 11월 3일, 인수봉에 여러 클라이머와 함께 오른 행사의 이름이었다. 일제는 각종 친일단체를 독려하는 강연을 통해서, 창씨개명을 강제했다. 이즈음 조선문인협회, 조선연극협회, 조선연예협회, 조선영화인협회, 조선음악협회, 조선담우회 등도 일선동조동근론日鮮同祖同根論에 찬성·협력했으며 부여 신궁 등을 창설했다. 조선산악회 회원이었던 김정태도 이에 따라 창씨개명을 해야 했다. 그 이름으로 일본인들과 함께 백두산 등행에 참여했고, 앞장섰다.

김정태는 일제강점기 내내 학도지원병, 징병, 강제연행이라 불리는 노동동원 등에서 제외되었다. 아니 면제되는 혜택을 누렸다. 조선인을 대상으로 전쟁참여를 발광적으로 궐기했던 1942년에는 조선인 대표로 일본 도쿄에서 열린 제11회 메이지 신궁 국민연성대회에 참여하여 야스쿠니 신사, 메이지 신궁을 참배했다. 김정태가 이 시기에 전쟁에 동원되지 않은 이유는 일차적으로는 김정태의 학력이 기준에 미치지 못했기 때문으로 보이고, 이차적으로는 조선산악회 활동, 조선총독부 주최 백두산 등행단 참여를 통해서 일제 제국주의자들과 각별한 관계를 가진 덕분이었다.

1942년 10월 징병 적령자에 대한 일제 신고가 있었을 때, 국민총력운동 조선연맹의 '애국반'이 총동원되어 실시된 사업에서는 적령자의 96퍼센트인 25만 8,000여 명이 신고되었다. 아울러 일제는 징병령 시행 후 군복무에 필요한 자질의 단련을 목적으로 중등학교 이상에는 현역장교를 배속시켜 군사 훈련을 하고 국민학교 졸업생은 청년훈련소, 이를 수료하지 못한 자는 청년특별훈련소에 입소시켰다. 이러한 준비 과정을 거쳐 1944년 4월 징병제가 실시되면서 조선인 청년들은 대거 전선의 총알받이로 내몰리게 되었다. 1944-45년 강제 징집된 조선인 청년의 수는 20만 9,279명에 달했다. 김정태와 함께 조선의 산하를 누빈 주형렬과 같은 클라이머들은 여기서 예외였다. 패전의 위기에 몰린 일제의 최후 발악 속에서 조선인 청년들이 침략전쟁의 총알받이로 희생당했을 때, 김정태는 역설적으로 인생에서 가장 뛰어난 등반 기록을 남겼다. 김정태는 평생 그때의 업적을 바탕으로, 해방 이후에는 선도적·민족적 산행을 했다는 평가를 들으며 흔들림 없이 지낼 수 있었다. 그 절정은 1962년 12월 3일, 제11회 서울시 문화상 체육부문상을 받았을 때였다. 그러나 그때의 공적서조차 확인할 수 없다.

세간에서는 일제강점기 김정태의 불분명한 이력에 여러 후일담이 많았지만, 지금까지도 제대로 밝혀진 것이 거의 없는 편이다. 분명한 직업 없이 산에만 다닐 수 있었던 삶의 연대기를 한국의 근대 등반사 관점에서, 학문적으로 다룬 적은 없었다. 긴 세월, 한국 산악계의 태산준령으로 불린 김정태를 친일파 산악인으로 단정하거나 언급한 적도 없다. 그런 탓으로 김정태의 친일적 산행 행위는 은폐될 수밖에 없었고, 해방 이후 누구도 함부로 김정태의 이 문제를 건드릴 수 없었다. 이미 고인이 된 그를 다시 불러 이런 문제를 언급하기보다는 고인과 고인의 가족의 체면을 위해서 가능하면 덮어두자는 인정론도 충분히 있을 수 있다. 친일 문제를 연구했던 고 임종국 선생은 "우리 민족사에서 일제 말엽의 친일행위는 학문으로든 감정으로든 아직껏 정리된 기억이 없다"[22]고 했다. 그 이유는 '은폐론'과 '인정론' 때문이다.

친일파를 처단하는 법은 이미 오래전에 시효가 지났다. 프랑스에서처럼 반민족행위에 대한 '공소시효 없음'이라는 것이 우리에게는 없다. 그럼에도 일제강점기 김정태의 친일적 산행 행적은 김정태 개인의 잘못이기보다는 식민지 조선에서 벌어진 참담한 현실 때문이었으리라. 일제강점기 친일행위에 대한 논의에서 산악계 인사에 대한 비중은 상당히 적을 수밖에 없었다. 당대 권력을 남용하면서 친일행위를 한 숱한 친일파들이 피식민지 민중들의 귀중한 생명을 잃게 한 것과 비교하면 근대 조선 산악계의 친일행위는 적지만, 그렇다고 김정태를 비롯한 근대 산악인들의 친일행위를 묵과하는 일은 매우 위험하기 그지없는 일이다. 김정태는 다른 사람들의 생명을 전쟁터로 밀어내어 황국 신민이라는 이름으로 헛되게 하지는 않았지만, 그는 이 땅의 순수한 산을 유린했고, 등반의 결과를 왜곡

1953년 한국산악회가 주최한 울릉도 독도 학술조사단의 모습. 독도를 일본 행정구역으로 적은
나무 말뚝을 뽑아내고 한줄로 새긴 표석을 세웠다.

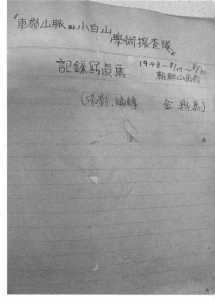

조선산악회 김정태가 참여한 1948년 8월 차령산맥과 소백산 학술탐사대 기록사진집.

해서 서술했다. 그에게 산은 일본 제국주의를 위한 충성의 수단이 된 것이었다.

해방 후 김정태는 이승만 정부에서는 1946년 2월부터 시작해서 1954년 8월까지 열한 번의 국토구명사업[23]에 참여했다. 1952년 9월 17일-26일 한국산악회가 주최하고, 문교부·외무부·국방부·상공부·공보처가 후원한 제9차 국토구명사업의 일환이었던 '울릉도 독도 학술조사단'에서 김정태는 한국산악회 상무총무, 『평화신문사』 기자라는 직책으로 참여했고, 본부반 총무로 독도 조사 운행을 맡았다.

조선산악회와 김정태 그리고 독일 산악영화

1931년에 창립된 조선산악회에 김정태는 1937년 혹은 1938년에 입회했다. 이이야마 다츠오 등 일본인들이 중심이 되어 설립한 조선산악회는 추천인이 있어야 가입할 수 있는 비교적 엄격한 기준을 지닌 단체인데, 누가 김정태를 추천했는지는 알려져 있지 않다. 그즈음 등반을 함께했던 이이야마 다츠오, 이즈미 세이치, 이시오 요시오가 추천했을 수도 있지만, 김정태는 그가 염원하던 조선산악회에 가입한 것은 무엇보다도 그의 "백두산 등반의 실력을 인정받"(217쪽)은 결과였다고 썼다.

문제는 1941년 12월 24일부터 1942년 1월 23일에 조선산악회가 주관한, 마천령-백두산 종주 등반이 과연 무엇을 위한 등반이었는지를 묻지 않은 데 있다. 이 등반대의 대장은 이시이였고, 조선인으로서는 회원이었던 주형렬, 양두철이 참여했다. 이때 기록을 보면, 김정태의 소속은 '이시이 공업소 근무'로 적혀 있다. 물론 김정태가 당시 경성에서 공업소를 운영하던 이시이 공업소에 정식으로 근무한 것은 아니었을 것이었다. 그 이유는 이시이 공업소가 어떤 일을 하는 곳인지, 그곳에서 어떤 일을 했는지를 알 수 있는 기록이 없을 뿐만 아니라, 김정태가 이런 일을 할 만큼 교육이나 훈련을 받은 바가 없었기 때문이다.

이시이는 조선의 높은 산을 오르기 위해서 김정태의 안내와 기여가 필요했고, 김정태가 직업·직장이 없는 것보다는 자신이 운영하던 공업소를 직장으로 적을 수 있도록 해서, 등반에서 좋은 관계를 맺고자 했을 것이다. 실제로 그들은 산 아래에서는 술집을 전전할 만큼 친하게 지냈다. 김정태가 그의 말대로 마천령-백두산 종주 등반에서 실력을 보여주었다면, 그것은 등반대를 구성한 일본인들을 위해서 헌신했다는 뜻이기도 하다. 이와 같은 백두산 연성 등반은 그 후 1942년 7월에 1차, 1943년 7월에 2차로 이어졌다. 이 공로로 김정태는 조선총독부의 지원으로 1942년 10월에 일본 도쿄 메이지 신궁 국민단련회에 조선인 대표로 참가할 수 있었다. 김정태가 어떤 과정을 거쳐 조선인 대표로 이 국민연성대회에 참여할 수 있었는지 구체적인 자료를 찾기 어렵다.

김정태가 가장 활발하게 등반했던 때로 옮겨가보자. 1936년 8월에 조선총독부 7대 총독 미나미 지로가 부임했다. 그는 부임해서 조선 통치 5대 정강을 제정해 1937년 5월에 일왕의 재가를 받았다.

그 내용은 "황민화와 대륙침략 정책의 기본 골격인 국체명징國體明徵, 선만일여鮮滿一如, 교학진작敎學振作, 농공병진農工竝進, 서정쇄신庶政刷新"[24]이었다. 6대 총독 우가키의 내선융화에 이은 미나미의 내선일체는 당시 피식민지 조선을 통치하는 중심이념이었다. 이 시기, 한반도에는 크고 작은 반일운동이 거세게 불어오고 있었다. 일장기 말소사건, 조선공산당 제3차 재건사건이 예심 중이었다. 그리고 많은 반일 사건이 재판에 계류 중이었다. 압록강과 두만강변에는 독립군, 마적단, 반만항일군反滿抗日軍, 군사 게릴라 등 연합비聯合匪 약 1,000명이 무송현성撫松縣城을 시도 때도 없이 습격했고, 그 횟수가 445회였다. 미나미 총독은 식민지 반일운동을 근절시키고, 조선을 병참 기지화하기 위해서 경찰력 등 강압수단을 강화하고, 조선인의 민족의식을 마비·말살시키고 일본의 선량한 백성으로 만들어버리는 동화정책을 실시해야 했다.

이를 위해서 미나미와 조선총독부는 내선일체, 황민화 정책에 광분했고, 사상범 보호관찰령을 공포했다. 그것은 구체적으로 앞에서 언급한, '조선통치의 5대 지침'으로 구체화되었다. 신사참배, 황거요배, 기미가요 제창, 황국신민서사를 보급하는 국체명징, 조선은 만주 개발의 기초가 되어야 한다는 선만일여, 한국인을 일본 제국의 신민이라는 신념과 긍지를 갖도록 교육시켜야 한다는 교학진작, 일본의 국방력 강화를 위하여 조선이 지리적·자원적 사명에 따라 생산력 증강에 힘써야 한다는 농공병진, 행정을 국가의 수요에 대응하도록 쇄신해야 한다는 서정쇄신이 그것이었다.[25]

그리고 일본 제국주의는 193년 7월 7일에 중일전쟁을 일으켰다.

황국 신민화의 완성편이 1938년 조선어 사용금지를 골자로 한 조선교육령 개정이었고, 1939년에 제정한 '조선민사령'에 의한 창씨개명이었다. 조선총독부가 펼친 국민정신 작흥운동은 전쟁을 이겨내고, 천황에게 신명을 바치기 위한 사회 교화 교육이었다. 1937년 내선일체를 위한 방송선전협의회가 만들어지고, 여성을 계몽해서 수탈하기 위한 조선부인문제연구회가 탄생되었고, 총독부 학무국에 의해서 문예와 연예를 교화 선도하기 위한 조선문예회가, 준전시 시대에 직면한 방공 준비공작으로 조선군사후원연맹과 작가들의 황군위문작가단 등이 만들어졌다. 학무국과 중추원이 주최한 시국 강연회가 줄지어 이어졌다.

이때 김정태는 조선산악회에 가입할 수 있었다. 조선산악회 가입은 김정태의 어깨에 날개를 단 것뿐만 아니라 발에 징을 박은 것과 같았다. 이제부터 그는 마음껏 조선의 산하를 누빌 수 있게 된 것이었다. 한반도의 민중들이 악랄한 식민 정책으로 피폐해지고 있을 때, 김정태는 한반도와 민족의 현실에 아랑곳하지 않은 채 마음껏 산에 다닐 수 있었고, 그곳에 깃발을 꽂을 수 있게 되었다. 1938년 6월에는 조선총독부의 종용에 따라 종교·사회단체 59개를 합친 국민정신총동원 조선연맹이 만들어지기 시작했고, 중일전쟁 발발 1주년이 되는 날을 기념해서 경성운동장에서 발회식이 거행되었다. 이 조선연맹은 황국정신의 현양, 내선일체의 완성, 전시 경제정책의 협력을 내세워 지원병 독려, 창씨개명 강제, 공출 및 헌금 독력 등을 중심 실천내용으로 삼았다. 이 조선연맹이 1940년 10월에 국민총력 조선연맹으로 기구를 개편했고, 조선 민족말살, 황국 신민화 운동을 독촉 강화하기 위하여 재출발했다.[26] 이렇게 해서 일제는 "조선 민족을 말살하여 차별받는 노예적 준일본인을 만들고, 여기에 교육과 선전을 통해 일본 천황에게 충성하는 황국 신민을 만들어서 일제의 침략전쟁에 투입하여 일본인 대신 총알받이, 대포밥과 군사노예로 희생시키려고"[27] 했다.

김정태와 엄흥섭이 국적을 알 수 없는 58명을 데리고 북한산 인수봉 정상에 오른 것은 일제 탄압이 날로 격화되어가던 1940년 11월 3일이었다.[28] 조선총독부가 2월 11일 창씨개명을 조선 전역에서 실시했고, 관변조직인 국민정신총동원 조선연맹이 강제적으로 밀어붙인 기한은 8월 10일이었다. 총 320만 116호, 창씨율은 79.3퍼센트를 기록했다. 그리고 11월 3일 창씨개명한 이들이 서로 이름을 적어 교환하는, 조선총독부와 동민회가 주최한 '명자교환회'라는 행사가 서울 부민관에서 열렸다. 엄흥섭은 이날 행사를 조직했고, 김정태에게 선등을 해달라고 부탁했다. 그리고 그것을 기록사진으로 남겼다. 이 행사는 김정태가 가장 자랑스러워하는 등반이었지만, 오늘날까지 인수봉 정상에서 찍은 사진은 수수께끼로 남아 있다. 아무도 이 사진 속 58명에 대하여 언급하지 않았다. 김정태의 유고 일기에 적혀 있는 내용처럼, 이들은 서로 곁눈질하면서 만났고, 오른 다음에 내려와 재빨리 헤어졌을 뿐이었다.

김정태, 그는 일제강점기 내내 조선 일본인이었다. 자신을 그렇게 믿었다. 그가 남긴 글을 보면, 피식민지 조선인이라는 처지와 자의식을 볼 수 없다. 어릴 때부터 발휘되었던 김정태의 뛰어난 등반 실력은 어디서 나왔을까? 그에게 등반의 아비는 분명하지 않다. 김정태가 그 어디에도 이와 관련된 바를 쓴 적이 없다. 있다면 다음과 같은 것일 수밖에 없다.

김정태가 1929년 5월, 13세 되던 해, 백운대 상중부 바위를 처음 올랐을 때 "등반 기법도 알지 못했으므로 소년단용의 줄"(20쪽)을 사용한 것, 1930년 봄 그가 14세 되던 해 또래 친구 네 명을 데리고 직경 15밀리미터짜리 20미터 로프를 가지고 인수봉을 등정했을 때 "서양 사람들이 밧줄을 타고 인수봉에 오르는 것을 보았"(25쪽)던 기억(김정태는 같은 책에서, 이때를 "인수봉에 처음 붙은 것은 1930년 가을 9월이었다"라고 어긋나게 썼다), 그리고 이즈음에 그가 단성사 영화관에서 본 두 편의 독일 산악영화였다. 일제강점기 조선에서 상영된 영화는 일본 제국주의의 권위를 추동하는 선전 도구였고, 이를 위한 매개체였다. 당시 조선의 영화 수준과 비교하면 김정태가 이때 본 독일과 같은 서구영화는 동경의 대상이 되는 멋있는 기제였다. 그 당시 일본 제국주의는 영화를 통해서 제국주의의 위대성을 조선 민중들에게 환기시키려 했고, 서구영화를 대하는 대중의 열기는 매우 컸다.

일본 제국주의는 독일과 연합국 관계에 있었던 터라 독일영화는 상대적으로 많이 수입되었다. 1920년대 이후, 독일영화는 세계 영화사에서 "가장 전위적인 양식과 스타일을 가진 영화로 평가받"[29]고 있었다. 일제강점기 영화는 "노골적인 친일영화가 대부분이었는데, 그 친일영화에는 놀랍게도 문화영화Kulturfilm, 신즉물주의영화Neue Sachlichkeit Film, 산악영화Bergfilm, 항공병영화Fliegerfilm, 계몽영화Aufklärungsfilm와 같은 바이마르와 나치의 영화 미학이나 영화 장르가 마치 옛 폐허 속 잔해처럼 곳곳에 흔적을 남기고 있었다. 그 흔적은 독일영화와 한국영화의 관계가 생각보다 훨씬 오래전부터 긴밀했었을 가능성을 시사"[30]하고 있다.

김정태는 자신에게 등반 "교본이 된 것은 마침 단성사에서 보게 된 독일의 산악영화『몽블랑의 폭풍』과『마의 은령』이었다"라면서, "거기에는 본고장 알프스에서 등산가 배우인 잽 리스트와 루이즈 토랭카가 어마어마한 암벽과 빙벽을 오르며 자일 다루기, 확보법 등 모든 기본을 보여주어 몇 번이고 침을 삼키면서 본"(28쪽) 것이 었다라고,「인수봉의 첫 등반」이라는 작은 제목의 글에서 썼다. 김 정태의 이 글은, 그가 아무런 교육도 받지 않은 채, 어떻게 백운대·인수봉 클라이밍을 할 수 있었는지를 알게 하는 매우 중요한 대목 이다. 김정태는 이 영화를 보고 나서 인수봉에 처음으로 서양식 알 피니즘 방식으로 오를 수 있었다고 썼다. 이 두 편의 영화에 대해서 김정태는 감독, 배우, 제작사 이름까지 열거하면서 자신의 등반 기 원으로 주장했다.

김정태는『천지의 흰눈을 밟으며』의 각주 7에서『몽블랑의 폭풍』이 독일 우파사의 산악영화이고, 감독은 아르놀트 팡크 박사이며, 주연 배우는 오스트리아 등산가 제프 리스트로, 내용은 스위스 석 학 소쉬르D. Saussure가 알프스에서 자연과학을 연구하다가 1760년에 초등정자에게 현상금을 내기로 했고, 1786년 미셸 파카르Michel Paccard와 목동 자크 발마Jacques Balmat 두 사람이 등장해 알프스 초등 정에 성공해서 알피니즘을 싹트게 한 실기 그대로의 전기영화라고 썼다. 각주 8에서는『마의 은령』은 독일 바바리아사의 산악영화이고, 오스트리아 등산가 루이스 트렌커 감독 겸 주연, 영국의 화가 에드워드 윔퍼Edward Whymper가 산악풍경화를 그리다가 유명한 마터호른 초등정을 뜻하여 1855-65년 아홉 차례나 도전, 실패, 장비고안 개량, 재등반을 거듭한 끝에 초등정에 성공한다는 내용이며, 이영화는 근대적인 등산사의 대표적인 전기영화라고 강조하면서 매우 자세하게 썼다.(32쪽)

김정태가 14세, 15세였던 1929년과 1930년 사이에 본 두 편의 독일 산악영화에 대해서 이렇게 자세하게 쓴 것은 책을 출간할 때였다. 이 글이 먼저 게재되었던 신문과 나중에 책으로 묶은 『등산 50년』에 영화 내용을 설명하고, 각주로 구체적인 정보를 적어놓았다. 1988년 『천지의 흰눈을 밟으며』에도 이 내용이 그대로 실려 있다. 김정태는 왜 각주에 이 두 편의 영화에 대해서 자세하게 언급해야 했던 것일까? 그 이유는, 김정태는 어떻게 해서라도 자신의 등반 기원을 합리화해야 했고, 어릴 적 백운대와 인수봉에 올랐다는 것을 설득해야 했기 때문으로 보인다. 그렇게 하지 않고서는 그가 국민학교를 졸업하고 오른 백운대·인수봉 등정 기록을 확증할 수 없었다는 것을 잘 알고 있었기 때문이다. 이 영화 말고는 그가 어릴 적에 서양의 알피니즘을 터득했다는 것을 보여줄 방법이 없었다. 국민학교 졸업 이후, 학교를 제대로 다니지 않았던 그로서는 서양의 알피니즘과 관계 맺을 다른 방도가 없었다.

김정태는 1929년 국민학교 졸업 후, 고보 혹은 중학교를 다녔다고 책에 썼지만 손경석의 증언과 크게 다르고, 김정태도 구체적으로 어떤 상급학교에 진학했는지 밝히지 않았으며, 어디서 어떻게 등반 경험을 쌓을 수 있었는지도 밝힌 바가 없다. 김정태로서는 독일 산악영화 두 편의 관람을 통해서 등반 경험을 지닐 수 있었다고 말하지 않을 수 없었다. 그의 이런 등반 기원에 관한 심리적 강박은 먼저 책에 없었던 영화에 대한 정보를 영화 줄거리에 이어 각주에 넣었던 것이다. 그러나 영화에 대한 설명과 각주 내용은 사실과 사뭇 다르다. 그가 혼동했거나, 억지로 설명을 덧대면서 거짓을 보탠 것이다.

김정태는 1929년 국민학교를 졸업한 해에 백운대 남벽 등반에 이어서 1930년에 인수봉에 처음 올라갔다고 그의 책에 썼다. 그것이 가능했던 것은 그즈음 독일 산악영화 두 편를 보았고, 여기서 "자일 다루기, 확보법 등 모든 등반 기본"(28쪽)을 배웠다고 기술하고 있다. 1929년과 1930년 사이에 과연 이 영화가 피식민지 조선의 경성에서 개봉되었는지, 이 영화에 대해서 김정태가 책에 자세하게 언급한 것이 과연 맞는지 확인할 필요가 있을 것이다. 결론부터 말하면, 김정태 등반의 기원이 되는 두 영화에 대한 자세한 서술은 오류 범벅이다.

이 두 편의 산악영화를 살펴보기 위해서는 1929년 이후, 식민지 조선에 개봉된 서구영화의 역사를 살펴볼 필요가 있다. 공교롭게도 김정태가 본 두 편의 산악영화는 일본과 맹방관계에 있었던 독일의 영화였다. 그 당시 영화를 제작한 독일은 제1차 세계대전의 패배로 인한 배상금 지불로 큰 어려움을 겪고 있었다. 배상금 지불 유예 이후, 독일은 1920년대 중반에 이르러서 경제적으로 안정을 이룰 수 있었다. 그러나 곧 세계 대공황이 이어졌다. 김정태가 각주에 쓴 『몽블랑의 폭풍』을 제작한 우파UFA 영화사는 Universum Film-Aktiengesellschaft의 약자로, 제1차 세계대전 이후, 군부가 영화의 선전 기능을 확대하기 위하여 만든 제작사였다. 1918년에 세운 이 영화사는 선전영화뿐만 아니라 "독일 문화의 특징을 담은 영화, 교육 목적에 봉사하는 영화의 생산까지도 목표로 하고 있었다."[31]

당시 독일에는 약 200여 개의 영화 제작사가 등록되어 있었는데, "나치 정권 이후 1933년에는 49개로 줄어들었다. 제2차 세계대전이 발발한 1939년에는 우파, 테라Terra, 토비스Tobis에 이어서 바바리아Bavaria와 같은 대형 영화 제작사가 그해 영화 제작 편수의 4분의 3을 차지"[32]하게 되었다.

김정태는 각주에서 두 영화를 제작한 우파 영화사와 바바리아 영화사의 이름까지 정확하게 썼다. 김정태가 13세 때 이 영화를 보았다고 해도, 출연 배우와 감독 그리고 영화를 제작한 독일의 영화사 이름까지 기억하지는 못했을 것이다. 김정태는 1976년 『등산 50년』을 준비하면서 자료를 찾아 이런 내용들을 각주로 덧보탰다.

독일은 1920년 영화법을 제정하여 검열 위원회를 두고 있었다. 비교적 자유로웠던 영화 제작 환경은 1933년 나치 정권 이후, 국민 계몽 선전부장 파울 요제프 괴벨스가 영화에 대한 감독을 강화하면서 철저히 통제되었다. 그 가운데 주목할 것은, 독일영화는 독일인의 혈통이 확인된 이들이 만들어야 한다는 것이었다. 김정태가 본 두 편의 영화는 나치 정권 이전인 바이마르 공화국에서 만든 영화들이었고, 나치 정권에서 유통되었던 영화들이었다.

이 시기에 주목해야 하는 이는 배우로 시작해서 감독까지 했던 레니 리펜슈탈Leni Riefenstahl이다. 그녀는 나치의 대표적인 선전영화인 『의지의 승리』Triumph Des Willens, 『올림피아 1: 민족의 제전』Olympia 1: Fest Der Völker과 『올림피아 2: 미의 제전』Olympia 2: Fest Der Schönheit을 제작했고, 1936년 베를린 올림픽 마라톤에서 우승한 손기정 선수와 찍은 사진으로 우리들에게도 널리 알려진 감독이다. 1936년에 베를린 올림픽의 공식 기록영화 총감독을 맡은 리펜슈탈은 우승 후보였던 손기정이라는 식민지 조선의 마라토너가 힘찬 모습으로 결승선에 들어오는 모습을 목격했고, 피압박 민족의 상징으로서 손기정에게 깊은 관심을 지니게 되었다. 경기 후 히틀러와 악수를 나눈 손기정은 3일 후, 리펜슈탈의 대저택으로 초청을 받기도 했다. 리펜슈탈은 손기정의 역주 장면을 그의 대표작 『올림피아 1: 민족의 제전』에 가장 많이 삽입했다. 영화 전체 시간인 3시간 분량 가운데 10여 분을 할애했다.

레니 리펜슈탈은 1956년 독일에서 열린 국제군인마라톤대회에서 20년 만에 손기정을 재회한 데 이어 1977년에는 일본 TV에 나란히 출연해 베를린 올림픽을 회고했다. 레니 리펜슈탈의 『올림피아』 1, 2는 손기정의 우승에 힘입어 1940년과 1941년에 조선에서 개봉되어 흥행에 크게 성공했다. 김정태가 쓴 두 편의 영화에 대한 각주에 이런 내용은 없다. 영화와 이데올로기에 대한 관심도 없었고, 두 영화의 주인공이었던 레니 리펜슈탈과 손기정의 관계에도 무관심했다. 김정태는, 그가 쓴 글만 보면, 영화에서 등반 기술에만 주목했다.

김정태가 본 두 편의 독일영화는 "1928년에 일본에서 카와기

타 나가마사川喜田長政가 '동화상사 영화부'라는 배급사를 설립하기 전, 그가 근무했던 독일 우파 영화사 배급처 타구치 상점田口商店이 수입해서 배급한 영화였다. 타구치 상점은 이때 아르놀트 팡크Arnold Fanck의 『성스러운 산』Der heilige Berg을 수입·소개했고, 1928년경에는 채산성의 문제로 해체되었다."[33] 김정태는 책에서 "마침 단성사에서 보게 된 독일의 산악영화『몽블랑의 폭풍』과 『마의 은령』"(28쪽)이라고 썼다. 김정태가 두 편의 산악영화를 보았다는 것을 확인할 방법은 매우 제한적이다. 우선은 김정태의 기술에 의존할 수밖에 없고, 그다음으로는 당시 신문기사나 영화 개봉에 관한 광고를 확인하는 것이다. 일제강점기, 조선에서 상영된 서양영화나 그 영화를 배급한 회사의 활동 상황이 정확하게 기록되어 있지 않아 정확성을 담보하기 매우 어려운 것이 사실이다.

그즈음, "일간지에 영화 소개 기사가 실렸다고 모두 식민지 조선에 개봉된 것은 아니다. 어떤 것은 일본 수입 소식을 전한 것도 있고, 어떤 것은 해외 개봉 소식을 전한 것도 있다. 아르놀트 팡크의 산악영화『몽블랑의 폭풍』의 경우, 일간지 소개 기사 말미에 미수입이라고 덧붙여 놓고 있다.[34] 그런데 이 영화는 이후 수입되었다"[35]는 자료가 있다. 이 영화가 정확하게 언제 수입되었고, 개봉되었는지는 불분명하다. 지금까지 논문 자료들을 보면, 이 영화에 대한 정보는 있지만, 당시 식민지 조선에서는 개봉되지 않은 것으로 보인다.

김정태가 본 두 편의 독일 산악영화를 찍은 감독은, 독일 산악영화의 선구자로 일컬어지는 아르놀트 팡크인데, 김정태는 "아놀드

김정태가 보았다고 하는 두 편의 독일 산악영화 『마의 은령』(왼쪽)과 『몽블랑의 푹풍』(오른쪽)의
독일 포스터.

핑크 박사"(32쪽)라고 각주에 썼다. 아르놀트 팡크는 지리학 박사였다. 이 감독은 1920년에 '프라이부르크 산악 및 스포츠 영화사'die Berg und Sportfilm GmbH Freiburg를 설립하여 산악 스포츠에 관한 영화를 찍기 시작했다. 1924년 『운명의 산』을 시작으로, 1926년 『성스러운 산』을 레니 리펜슈탈과 함께 찍었고, 이후 두 사람은 독일의 산악영화를 대표하는 감독과 배우가 되었다.[36] 식민지 조선에 독일영화가 소개되기 시작한 것은 1920년대 중반부터였고, 1935년 이후에 개봉된 독일영화는 나치 시대 선전영화들이 대부분이었다. 위 신문기사만으로는 김정태가 이 영화를 보았다는 증거가 불충분하다. 좀더 자세하게 두 편의 영화에 대해서 알아보자.

『마의 은령』(1929)

무성영화 『마의 은령』(1929)은 원제목인 『피츠 팔뤼의 하얀 지옥』Die weiße Hölle vom Piz Palü의 일본판 제목이다. 연출가는 아르놀트 팡크와 팝스트였다. 출연한 배우는 레니 리펜슈탈, 구스타브 디슬Gustav Diessl, 에른스트 페테르젠Ernst Petersen, 그리고 제1차 세계대전 때 비행기 조종사로 유명했던 에른스트 우데트Ernst Udet였다. 이 영화에 대해서 김정태는 "오스트리아 등산가 루이즈 토랭카 감독 주연"(32쪽)이라고 썼는데, 루이스 트렌커Luis Trenker는 이 영화에 등장하지도 않고 감독을 맡지도 않았다. 1936년 『부산일보』에는, 루이스 트렌커가 주연한 『하얀 산의 아들』Der Sohn der weißen

Berge(1930)이 "산악영화『흰 왕자』白き王者라는 제목으로 25일부터 대구 영락관에서 개봉"한다는 기사가 있다.[37] 김정태가『마의 은령』에 등장했다고 하는 이 배우가 주연·감독한 영화다.

영화는 일본에서는 1929년 11월에, 조선 경성에서는 1931년 2월에 개봉되었다.[38]『마의 은령』은『사의 은령』으로 조선에서 개봉되었다.『매일신보』1931년 2월 7일에 실린, 이 영화가 개봉된다는 기사에는 영화 제목이『마의 은령』이 아니라『사의 은령』이다. 이 기사에는『매일신보』와 조선 스키 구락부의 후원으로 희락관에서 상영한다고 쓰여 있다. 김정태는 이 영화를 보았다고 하는데, 영화 제목을 왜 이렇게 달리해놓았을까? 오류일 수도 있고, 영화를 보지 않은 채 이런저런 산악영화를 짜깁기했기 때문일 수도 있다.

김정태는 그의 책에서『마의 은령』에 대하여 "오스트리아 등산가 루이즈 토랭카 감독 주연, 영국의 화가 에드와드 윔퍼가 산악 풍경화를 그리다가 4각추형의 유명한 마터호른 초등정을 뜻하고 1855-65년 아홉 차례나 도전, 실패, 장비고안 개량, 재등반을 거듭한 끝에 초등정에 성공한다는 내용인데 그야말로 근대적인 등산사의 대표적인 전기영화였다"(32쪽)라고까지 자세하게 썼다. 이런 그의 기술은 거짓이다. 이 영화에는 루이스 트렌커가 출연하지 않는다. 이 영화의 줄거리는 등반하다 추락사한 아내의 시신을 찾으려는 젊은 크라프트 박사의 이야기다. 그와 아내 마리아는 신혼여행 중 가이드의 말을 듣지 않고 등반하다가, 마리아가 폭풍우에 휩쓸려 크레바스에 빠져 추락·실종된다. 다음 해, 크라프트는 스위스 피츠 팔뤼봉 북면에 다시 가서 아내의 시신을 되찾으려고, 유령처럼 혼자 산을 돌아다닌다. 피츠 팔뤼봉을 등반하려는 젊은 커플을 만나 같이 등반하지만, 이들마저 추락하게 되고, 이들을 구출한 크라프트는 죽는 내용이다.

『마의 은령』의 줄거리와 김정태가 기록한 내용은 터무니없이 다르다. 김정태는 이 영화를 아예 보지 않았다. 김정태가 책에『마의 은령』에 대하여 쓴 내용은『성스러운 산』이라는 영화의 내용이다. 김정태 등반의 기원이라고 할 수 있는 유일한 단서였던 이 영화에 대한 김정태의 기억, 기술은 오류가 아니고 거짓이다. 김정태의 나머지 등반 기술도 신뢰할 수 없게 하는 치명적인 오류인 것이다.

이를 확인하기 위해서는 이 영화의 주인공이라고 할 수 있는 레니 리펜슈탈을 주목할 필요가 있다. 무용수였던 리펜슈탈은 1924년 프라하 공연 도중 무릎 부상을 당하고 만다. 치료 불능이라는 진단을 받고 베를린으로 돌아온 그녀는 우연히 기차역에서 앞으로의 인생을 완전히 바꾸는 영화『운명의 산』[39] 포스터를 만난다.『운명의 산』으로부터 벗어날 수 없었던 그녀는 몇 주 후, 돌로미티 산으로 떠나 주인공 루이스 트렌커를 만나고, 감독 아르놀트 팡크 박사를 이어서 만나 영화에 참여하고 싶다는 의지를 밝힌다. 팡크 박사는 리펜슈탈을 위하여『성스러운 산』[40]의 대본을 쓰기 시작한다. 한편, 애인이었던 독일 테니스계 챔피언 오토 프로이츠하임Otto Froitzheim과 그해 약혼을 했다가 영화에 뛰어들 결심을 굳히고 결혼을 재촉하는 그에게 파혼을 선언한다.

1925-26년 숱한 부상과 폭풍이 부는 최악의 기후 속에서『성스러운 산』의 촬영이 시작된다. 리펜슈탈은 거친 산악 등반 연기를 하

며 팡크로부터 촬영 기술과 독창적인 편집 과정을 전수받는다. 이 영화에서 그녀는 연기에 완전히 몰입할 뿐 아니라 베토벤의 음악에 맞추어 춤추는 장면을 통해 무용가로서의 자신의 꿈을 실현한다. 그녀는 영화가 상영되는 극장(베를린 우파 팔라스트)에서도 상영 후 자신의 공연을 펼치고 관객들로부터 찬사를 받는다.

그녀가 1929년 아르놀트 팡크의 새로운 영화『피츠 팔뤼의 하얀 지옥』에 참여했을 때 한스 페테르존Hans Peterson, 구스타프 디슬, 독일 최고의 전투기 에이스로 영웅시되었던 에른스트 우데트가 함께했다. 영하 10도가 넘는 혹한, 50미터가 넘는 절벽을 맨몸으로 오르며 극한의 자연 속에서 살아남는 연기를 펼치는 그녀는 영화가 상영된 직후 할리우드의 제안을 받지만 거절한다.

『마의 은령』은『사의 은령』이란 제목으로 개봉된 후, 한참 동안 상영되었다. 신문기사를 확인하면, 1945년『신조선보』광고란에도『마의 은령』의 상영 소식을 전하는 광고가 실렸다.[41] 그다음 해『한성일보』에도, "문화소식『마의 은령』순회공연"이란 제목으로[42] 학교를 돌며 교육영화로서 상영되었다는 내용이 있다. 그리고 1948년『부산일보』에도,『악마의 은령』이란 제목으로 부민관에서 상영된다는 광고가 실렸다.[43]

김정태는 이 영화를 1929년에 볼 수 없었다. 이 영화가 조선에서 처음 개봉된 해는 1931년이었다. 그때 영화 제목은『사의 은령』이었다. 위에서 적은 것처럼, 이 영화는 해방 이후『마의 은령』혹은『악마의 은령』이란 제목으로 상영되었다. 김정태가 이 영화를 보았다면 이때쯤일 것이다. 따라서 그가 이 영화를 보고 등반 기술을 터득했다고 말하는 것은 거짓일 수밖에 없다. 문제는 그가 이렇게까지 하면서 등반의 기원을 내세우려고 한 점이다. 그는 사회적으로 가난했고, 정신적으로 영악했다. 그는 언제나 자신을 위해서 사실을 왜곡하고 훼절할 수 있었던 인물이었다. 1945년 해방이 되었을 때 그는 29세였다. 그는 이 독일 산악영화를 보면서, 자신의 어린 시절을 꿈꾸었다. 이렇게 되었으면 좋겠다는, 그리고 자신을 영화의 등장인물로, 등반에 관한 영화적 허구를 자신의 현실로 일치시켰다. 그만큼 그는 자신의 등반 연대를 위장하기 위하여 무리와 허구의 세계로 들어갈 수밖에 없었다.

『몽블랑의 폭풍』(1930)

『몽블랑의 폭풍』은 1930년 가을에 일본에서 개봉되었는데, 식민지 조선에서 개봉되었다는 기사는 찾을 수 없었다. 1933년 8월 26일, 『조선중앙일보』에 이 영화의 줄거리를 담은 「산악영화의 한 장면: 몽부랑의 폭풍」이란 글[44]이 있는 것을 보아, 1933년 7월에 상영된 것으로 보인다. 일심생이란 필자는 「산악영화, 몽부랑의 폭풍」이란 글을 『동아일보』[45]에도 실었다. 이 영화의 개봉연도는 1933년 7월 이후가 분명해 보인다.

『몽블랑의 폭풍』은 아르놀트 팡크 감독의 작품으로, 김정태는 영화 제목을 잘못 기억하고 있거나, 여러 영화의 줄거리를 혼동하고 있거나, 보지 않고 나중에 자료를 통해서 서술했을 수도 있다. 김정태는 이 영화에 대하여 "스위스의 석학 소쉬르가 알프스의 자연과학을 연구하다가 알프스의 최고봉 몽블랑에 심취하여 1760년에 이의 초등정자에게 현상금을 내기로 했었는데 많은 사람이 실패를 거듭한 끝에 1786년에 의사 미셸 파카르와 목동 자크 발마 두 사람이 무서운 험준과 폭풍우를 이겨내고 초등정을 성공해서 알피니즘을 싹트게 한 실기 그대로의 전기영화다"(32쪽)라고 설명하고 있다. 이는 그야말로 영화를 보지 않고 책에서 읽은 구절을 옮긴 것으로, 영화의 내용과는 아무런 상관관계가 없다.

이 영화는 알프스 기상대에서 날씨를 확인해서 모스 부호로 샤모니 몽블랑에 전달하는 천문기상관측소에서 일하는 젊은 과학자 한스와 여기에 식량공급을 위하여 비행기를 타고 온, 기상대장인 지질학자 암스트롱과 그의 딸 헬라 암스트롱(레니 리펜슈탈)의 사랑과 모험의 이야기다. 한스와 헬라가 등반하고 있을 때, 헬라의 아버지가 알프스 지질을 확인하다가 바위 크랙에 추락, 사망하고 만다. 그 후, 한스와 헬라는 아버지의 시체를 찾았지만, 고통을 안고 산 위에서 살고 있던 한스도 기상관측을 위하여 정찰하러 나갔다가 눈사태를 만나 크게 다치고 샤모니에 구조 요청을 보낸다. 헬라가 이 소식을 듣고, 헬리콥터를 타고 어려운 상황을 극복해 한스가 있는 기상천문대에 닿게 된다. 그리고 무사히 그를 구출해 내려와 두 사람의 사랑이 이루어진다. 헬리콥터 비행기 조종사로 스턴트 조종사였던 에른스트 우데트가 등장하고, 기상대에서 근무하는 젊은 천문학자 한스 역은 제프 리스트가 맡았다.

김정태가『몽블랑의 폭풍』을 보았다고 하면서 책에 쓴 내용은 아르놀트 팡크가 감독한 영화『영원한 꿈』Der ewige Traum(1934)의 것이다. 식민지 조선에서는 1934년 12월,『몽블랑의 왕자』라는 제목으로 개봉되었다. 제프 리스트가 자크 발마 역을, 에른스트 난센이 파카르 역을, 빌리 카이저 헬이 소쉬르 역을 맡았다.

리펜슈탈은 1930년 아르놀트 팡크의 첫 유성영화『몽블랑의 폭풍』에 참여하고, 팡크의 반대를 무릅쓰고 아마추어 제프 리스트를 발굴해낸다. 수차례 이어지는 눈사태와 폭풍으로 촬영팀은 한계에 이르고 점점 더 많은 팀원들이 부상과 질병에 걸리고 만다. 이 와중에 그녀는 팡크에게 자신이 구상하고 있던 영화『푸른 빛』Das Blaue Licht의 구성을 상의한다. 그러나 팡크는 확실히 그녀와 다른 관점을 가지고 있었다. 그녀는 극한의 자연환경, 장엄한 산과 빙산에 초점을 맞추기보다는 낭만적·예술적이면서도 신화적 분위기를 담고 싶어 했다. 이렇듯 추구하는 방향이 다르다는 것을 확인한 후 팡크의 영화에 더 이상 연기자로서 참여하고 싶지 않았지만, 오직『푸른 빛』의 예산을 확보하기 위해『하얀 열정』에 계약한다.

김정태가 이 영화의 감독인 아르놀트 팡크가 박사였다는 것을 적어놓은 것에 비하면, 영화 줄거리는 엉터리다. 제프 리스트는『몽블랑의 폭풍』에 등장하는 배우가 맞다. 이 배우는 알피니스트이기도 했고, 아르놀트 팡크 감독의 또 다른 영화『산의 운명』(1924)에 등장하는 배우이기도 했다. 이 영화에 등장하는 배우는 히틀러와 친교를 맺고, 나치 영화의 선봉에 섰던 레니 리펜슈탈과 제프 리스트 그리고 에른스트 우데트다. 김정태가 이 영화를 보고 쓴 줄거리는 영화『몽블랑의 왕자』(『동아일보』, 1934년 12월 18일자 개봉 기사)의

것이다. 김정태는 이 영화를 보지 않았거나, 혼동하고 있다.[46]

근대 등반사를 연구하는 김진덕의 표현을 빌리면, "그때 이 기적의 등반을 가능하게 했던 것은 '영화 두 편' 관람이 전부다.⋯ 김정태의 천재적 실력은 믿을 수 있지만, 나머지는 천둥벌거숭이에 가까웠을 것이다.⋯ 그날은 비가 와서 바위가 미끄러웠고, 앞서가던 3명의 20대 일본인들은 포기하고 내려왔다. 그들 3명은 많은 초등을 한 일본인 산악계의 파이어니어라고 김정태는 적고 있다. 아무튼 14세 전후의 중학생 5명은 아무런 사고도 없이, 물 흐르듯이 올랐다가 내려왔다. 김정태 단독행이라면 모르겠거니와 말이다."[47]

왜 김정태는 13세, 14세에 보았다고 하는 두 편의 영화를 기억의 창고에서 꺼냈을까? 김정태가 아주 어릴 적 기억을 다시 말하려고 하는 정성과 의도가 무엇인가? 우선 기억은 정확할 리가 없다. 그런 이유로 김정태는 『등산 50년』을 출간하면서 애써서 두 편의 영화에 각각 각주를 달았던 것으로 보인다. 그러나 각주의 내용은 모두 제대로 된 것이 아니다. 자료를 구해서 옮긴 것인데, 영화 제목과 내용이 일치하지 않는다. 개중 하나는 조선에서의 개봉 연도도 확실하지 않다.

유추 해석하자면, 하나는 김정태가 지닌 등반의 기원에 관한 강박이다. 초등을 내세운 만큼, 그것을 합리화할 수 있는 기제가 필요했던 것이다. 그것이 바로 두 편의 독일 산악영화였던 셈이다. 이 영화는 김정태가 책에 쓴 개봉 이후에도 계속해서, 그러니까 1945년 해방 이후에도 학생들의 교육을 위하여 단체 관람이 추진되었을 만큼 자주 상연된 기록을 볼 수 있다. 김정태는 1930년 인수봉에 처음 암벽등반으로 오르기 전에 이 두 영화를 보았다고 하지만, 언제 이 두 편의 산악영화를 보았는지는 분명하지 않다.

필자는 친일연극에 앞장선 유치진에 관한 글에서, "그동안 친일 연극 연구가 소홀한 것은 어떤 이유 때문인지, 일제강점기 때부터 지금까지 친일연극과 친일연극인의 존재는 무엇인지를 먼저 물어야 할 것이다. 이런 질문을 가슴에 품는 이들은 '오만한 후손'[48]이라고 말하는 당대의 이론과 판단을 들어야 했다. 과연 이런 비판은 가능한 일이고, 옳은 일인가? 그동안 상황이 복잡하고 어려운 것이었지만, 이런 질문은 무엇보다도 친일연극과 연극인들의 과거를 은폐한 탓, 정치적 문제로 소홀하게 여긴 탓, 연극의 본질과 거리가 멀다고 여긴 탓이다. 그런 면에서 친일연극을 연구하는 이들을 오만한 후손이라고 말하는 것은 위험한 분열이고, 정전의 고착화일 터다"라고 썼다.[49]

그동안 김정태에 관한 삶은 미화되기도 하고, 평가에 있어서 그 과오가 숨겨졌던 것은 사실이다. 왜곡된 기억은 우리들에게 기억과 망각의 전쟁이기도 하다. 근대 등반에 관한 연구는 앞 세대 산악인들의 의미 있는 삶과 등반 업적을 떳떳하게 누릴 수 있게 하는 일이다. 이를 위해서 우리에게 필요한 것은 과거의 상처에 얽매이지 않을 만큼의 건강함이다. 김정태의 책을 다시 읽어야 하는 이유와 한국 근대 등반사의 정전에 대한 연구가 필요한 이유는 여기에 있다.

일제강점기, 김정태의 삶과 친일적 등반 업적에 관한 연구의 의미는 한국 근대 산악사의 견고하기 이를 데 없는 "제 아비의 역사를 고발해야 하는 심정, 우리 모국어를 위한 참회의 형식"[50]으로 비유할 수 있을 것이다. 김정태는 1943년 11월 19일 일기에 이렇게 썼다.

지금의 치열한 시세에 있어서 나는 동료에게 처음으로 기탄없는 자신의 견해와 신념의 일편을 피력했다. 먼저 자기 건설과 신념 투철. 이것을 위해 부동부급의 태세가 필요. 가장 건전한 방법으로 대동아 건설의 의의, 대동아 성격과 우리들의 위치. 그 가장 추구할 대세로 봐야 할 학도병 출진 문제. 이것들에 대한 우리 동료들의 최근 동향에 대한 감상과 의견. 우리들은 이것을 한층 더 결의해서 신중과 건전함으로써 그릇됨이 없는 태세를 위해 살아야 할 것. 그것을 위해, 현재 우리들에게는 절대적인 강력한 마치 태양과 같은 지도자를 필요로 하는 것…

그는 일본 제국주의를 우러러보는 자신의 태도가 최선이라고 믿었다.

용서와 화해

김정태와 사뭇 다른 삶을 산 한국산악회 회원도 많았다. 특히 한형석은 부산의 원로산악인으로, 1970-80년대 대학에서 연극을 전공했던 이들에게는 널리 알려져 있던 분이다. 부산대 중어중문학과에 계셨고, 그곳에서 정년퇴임을 했다. 선생의 초기 등산 기록은 한국전쟁 이후 한국산악회 경남지부의 첫 산행이었던 금정산 답사(1956)를 시작으로 한라산(1957), 태백산·무등산·내장산·덕유산(1959), 지리산(1960)으로 이어졌고, 전국 명산 곳곳에 뚜렷한 발자취를 남겼다. 부산에서는 일제강점기 독립운동가이자 음악가, 문화운동가인 한형석 선생의 탄생 110주년을 맞아 그를 기리는 '한형석 문화축전'이 2020년 처음으로 부산문화재단의 주최·주관으로 펼쳐졌다.

이 프로그램에 실린 내용을 보면, 한형석(1910-96)은 1910년 2월 21일 부산광역시 동래구 명륜동에서 4남 3녀 중 차남으로 태어났다. 의사이자 독립운동가인 한흥교 선생의 아들로 태어난 뒤 1915년 중국으로 이주했으며 부친의 영향을 받아 항일운동에 투신했다. 이후 1923년 베이징의 육영소학교, 1926년 육영중학교, 1929년 베이징 노하고급중학교를 졸업했다. 대학을 졸업한 후 중국군에 속하여 산둥성과 카이펑, 시안 등 중국 북부와 서부 일대 전선의 전후방을 누비며 항일 혁명 투쟁에 투신했다. 이 과정에서 1934년 산둥성 당읍현의 무훈중학교 예술교사 겸 영어교사, 산둥행정인원훈련소 교관 겸 산둥성립여자사범 부속 소학교 교사, 1937년 중국희극학회 소속 제2항일연극대장, 1939년 중국 중앙군 34집단군 제10사 정치부 공작대장, 한국청년전지공작대 음악 교관 또는 예술부장으로 활동했다.

한형석은 대한민국 임시 정부 요인인 조성환의 권고로 구국 예술 운동에 뜻을 두고, 상하이 신화예술대학 예술교육과에 입학하여 음악과 연극을 공부하고 1933년에 졸업했다. 윤봉길 의사 의거 후 일제 수사대의 압박이 심해지자 1933년 한유한韓悠韓으로 개명했다. 1939년 시안에서 중국 국민당 중앙집행위원회 전시공작 간부훈련 단 예술반 교관으로 항일 투쟁을 시작했다. 같은 해 한국인 독립운 동 단체인 '한국청년전지공작대'에 입대해 교관을 맡았다. 이 부대 가 광복군에 편입된 뒤 「신혁명군가」「압록강 행진곡」「출정」「아 리랑 행진곡」 등 다수의 항일 군가를 작곡해 발표했다. 1940년 5월 에는 시안에서 항일 오페라 『아리랑』을 초연하는 등 근대 음악사 에도 큰 족적을 남겼다. 1939년 항일 가극 「아리랑」을 작곡하여 발 표하는 등 항일 가곡과 군가를 작곡하여 보급했다. 항일 연극을 제 작하기도 했으며 때로 직접 전투에 참여했다. 1941년 한국광복군 이 창설되자 1944년 한국광복군 제2제대 선전부장 겸 중국희극 학회 부회장으로, 한중 협력 공동 항전을 위한 활동을 이어나갔다. 1943년 10월에는 『광복군가집』 제1집, 제2집을 간행하여 보급하기 도 했다.

해방이 되자 산둥성 지난에서 교포 송환 귀국 사업에 종사하다 가, 1948년 9월 칭다오에서 인천으로 30년 만에 귀국했다. 그는 정 부의 요직을 맡아달라는 권유를 뿌리치고 부산으로 귀향했고, 부산 극장장으로 일하면서 영화 『낙동강』의 제작에 참여하기도 했다. 한 국전쟁 때에는 전쟁고아들을 위해 사재를 털어 자유아동극장과 색 동야학원을 설립했다. 2021년에는 그의 일대기를 다룬 창작 오페 라가 공연되기도 했다. 먼구름은 한형석 선생님의 호다.

이후 서울중앙방송국 촉탁 방송 위원(1948. 11 - 1949. 11), 부 산 문화 극장 대표(1950. 6 - 1951. 3), 자유 아동 극장 대표(1953.

8-1956. 8), 부산대학교 문리대학 교수(1955. 6-1975. 2), 부산대학교·부산여자대학교·경성대학교 강사(1975-88) 등을 지냈다. 상록수합창단 제2대 단장(1980-81)으로도 활약했다. 특히 한국전쟁 이후 서구 부민동 변전소 옆에 설립된 자유아동극장에서는 2년간 약 500여 회의 공연을 했고, 이를 12만여 명의 아동들에게 무료로 관람하게 했다. 자유아동극장에 개설된 색동야학원에서는 매일 밤 80-90명에 이르는 직업 아동들에게 국민 교육을 실시하기도 했다. 파란만장한 삶을 살았던 한형석은 1996년 6월 14일 부산광역시 서구 부민동 3가 8번지 자택에서 향년 87세의 나이로 삶을 마감했다.[51]

한형석 선생은 1969년 4월 20일 한국산악회에 입회신청서를 작성해 제출했다. 그 내용을 보면, 입회신청서는 그해 5월 30일에 접수되어 6월 26일에 입회가 결정되었고, 6월 27일 정회원으로 등록되었다. 그의 나이 예순 무렵이었다. 추천인은 부산 등산운동에 빼놓을 수 없는 선구자로 일제강점기 1920년대 말 등산을 시작해 산악인으로, 의사로, 스키인으로 평생을 바쳤던 신업재愼業縡, 1906-87였다. 그 당시 한형석은 부산대학교 문리대학 제2외어학 학과장이었다. 전공은 중국고전문학 가운데 희곡이었고, 등산이 특기라고 썼다. 대학에 있으면서, 부산민속예술보존협회 이사로 활동하고 있었다. 1923년 7월, 신화예술대학 예술교육과 졸업, 1943년 한국 광복군 제2지대 선전대장, 1950년 부산문화극장장, 1958년 부산대학교 교수가 되었다고 이력 사항에 적어놓았다. 1936년에는 중국 산둥성 타이산산, 1939년에는 협서성 서악 화산, 1959년에는 태백산,

1960년에는 지리산, 1964년에는 한라산을 등반했다고 산악 경력에 썼다.

한형석 선생은 김정태보다 6년 먼저 태어났고, 각자의 생의 진로는 확연하게 달랐다. 한형석 선생의 한국산악회 입회가 1969년이면, 김정태가 충분히 알 만했을 터인데, 어떤 기록도 남기지 않았다. 한형석 선생은 입회하기 이전에도 한국산악회 부산 지부에서 신업재, 김재문 등과 교류하며 활동했다. 김재문은 47년 독도학술조사 때 촬영 담당이었다. 김재문은 한형석 선생이 김재문의 처조카와 늦깎이 결혼을 해서 잘 알게 된 사이였다. 그 무렵 대부분 조선산악회 회원들이 부산에 피란을 가 있을 때라 교류가 없진 않았을 것이다. 한형석은 한국산악회가 내세워야 할 인물 가운데 한 분이다. 선생은 반평생 중국에서 독립운동으로 치열하게 살았고, 나머지 반평생은 하늘의 먼구름처럼 초월하듯 보냈다. 널리 알려진 것처럼, 임종을 앞두고 "매국노가 매장돼 있는 국립묘지에는 가지 않겠다"며 한사코 거부했던 인물이었다.[52]

제2차 세계대전이 끝난 다음, 프랑스의 부역자 처벌 역사에서 볼 수 있는 것처럼, '깨끗한 손만이 훌륭한 국가를 만든다'는 것을 전제하면, 친일 산악인의 행적을 밝히지 못하고, 제때에 청산하지 못한 한국 근대 등반사는 제대로 쓰여지지 않은 역사라고 할 수 있다. 프랑스는 대독협력을 처벌하기 위해서 새로운 죄목을 도입했는데, 그것이 '국민부적격죄'indignité nationale였다.[53] 한국 산악사에서 그동안 일제강점기 친일 산악인에 관한 연구가 소홀한 것은 어떤 이유 때문인지, 일제강점기 때부터 지금까지 그들의 존재는 무엇인지를 먼저 물어야 할 것이다. 이것이야말로 우리에게 남겨진 역사적 절차고, 문명적인 질서라고 할 수 있다.

김정태에게서 등반의 기원을 확인하는 일은 매우 어렵다. 기원이 없는 터라 정체성도 단언하기 어렵다. 앞에 언급한 밧줄, 서양 사람이 인수봉에 오르는 것을 본 기억, 두 편의 영화는 김정태의 등반의 기원을 밝힐 수 있는 엄밀성과 연결지을 수 없는, 기원과 아주 먼 것이다. 예외라고 할 수밖에 없는 것이다. 동기, 기원을 말할 수 있는 선조의 불명은 곧 김정태 정체성에 대한 불명으로 이어진다. 오늘날까지 김정태 등반 기원의 문제는 어떠한 변화도 없이 그대로 잠재되어 있거나 매몰되어 있다. 아직까지 김정태 삶의 지형에는 동요가 없다. 불명의 정황이 지속되고 있을 뿐이다.

모든 역사에 있어서 정전은 한 번 정해진 완고한 것이 아니라 가변적인 것일 수밖에 없다. 특정 시대에 어떻게 수용되었는지에 따라 인정되는 정도가 달라져왔기 때문이다. 그러므로 정전이 되는 바는 어떤 형식적 절차도 재생산도 아닌, 당대의 요인들이 축적되어 이루어지는 결과라고 할 수 있다. 비판이 없고 성찰이 없는 정전의 위험성은 배제의 논리를 낳는 데 있다. 김정태, 그가 쓴 책을 정전으로 여기는 태도를 되묻고 그 범위를 달리 새롭게 하는 일은 한국 근대 알피니즘 역사 연구를 확장하는 일에 속한다. 그것은 구체적으로 당대 산악인들의 삶과 등반 업적을 깊이 있게 논의하는 것으로부터 시작될 것이다. 문학평론가 황현산이 쓴 것처럼, "친일 작가들의 친일 행위는 그들이 애초에 지녔던 창조적 열망까지도 메마르게 만들었다."[54] "개인의 윤리적 과오"를 넘어서서 "민족수난사의 일부"임을 생각하면서, "우리 시대의 작가들이 아버지 세대의 친일 행위를 자신들 일로 참회하는 것도 실상은 나약한 개인들이 떠맡게 된 짐을 역사의 짐으로 여겨 함께 나눠 지자는 데 목적이 있다. 그 일은 물론 쉽지 않다."[55] 한국 근대 알피니즘 연구에서 새겨야 할 명구라고 할 수 있다.

한국 근대 알피니즘 역사 연구에 있어서도, 문제는 "친일, 부역 그리고 용서와 화해다. 그것은 어두운 시기, 암울하고 수치스러운 기억이며, 파편화되고 분쟁을 일으키고 정치화된 기억이며, 고통스럽고 복잡하고 분열된 기억이며, 지워버리고 싶은 기억이며, 그러나 끊임없이 환기되고 분출되고 재분출되는 기억이며, 그래서 지나가지 않는, 사라지지 않는 과거이며, 기억이되 현재 진행형 과거다. 이러한 기억들은 아직까지도 의혹과 논쟁 속에, 불균등, 불공정, 오해와 왜곡 속에 있다. 친일연극과 같은 반민족적 부역의 이유에 대해서 언급한다면, 국가 차원의 전략적 협력, 물질적 이해관계, 출세욕, 이데올로기적 신념, 압박에 못 이긴 협력, 생계형 협력 때문이었을 것이다."[56] 임종국이 쓴 『친일 문학론』의 일문 번역판 해설에 있는 글귀처럼, 친일연극에 관한 연구는 작가와 작품에 대한 "규탄이 아니라, 식민지 시대 정신적 참혹의 실체란 무엇인가, 그것이 어떤 형태로 문학이 있어야 할 자세를 왜곡시켰는가"[57]에 더 큰 비중을 두어야 할 것이다.

김정태를 비롯한 백령회 회원들은 이제 모두 살아 있지 않다. 그들은 살아 있을 때, 명시적이든 암묵적이든 용서를 구하기보다는 한국 산악계의 선구자로 인정받고 지위를 누렸다. 그들에게는 반성이 없었고, 우리들에게는 용서가 없었다. 이제 반성과 용서의 시작을 위해서 우리가 할 수 있는 일은 일제강점기 내내 그들이 산 아래에서, 산 위에서 한 행위들을 제대로 기억하는 것이다.[58] 여기에 '공소시효 없음'Imprescriptible과 같은 주장과 인간성을 해치는 범죄에 관한 용서의 문제, '용서란 용서할 수 없는 것을 용서하는 것'이라고 말하는 데리다의 용서의 정의, 가해자의 참회가 있어야 한다는 조건을 배제한 '순수한 용서' 등의 문제가 이어질 것이다.[59]

2 재조 일본 산악인은 누구인가

1927년에 우리 가족은 멋진 농원도 내버려둔 채 조선으로 이주했다.
우리 집 경제 사정은 도쿄에 있었을 때와 비교하면
조선에 와서 안정되었던 것 같다.

−이즈미 세이치, 『아득한 산들』

재조 일본 산악인들과 김정태

김정태는 자신의 등반 기원을 말하면서 함께했던 3명의 재조 일
본인을 매우 간단하게 언급했다. 재조 일본 산악인들도 김정태라는
이름을 거명하긴 했지만 드물었고, 내용은 건조하기 이를 데 없었
다. 재조 일본 산악인 가운데 첫 번째 인물은, 필자의 이 책 제1장에
서 서술한, 김정태보다 열두 살 연장자이고 등반에 있어서 탁월한
실력을 보여준 조선산악회의 창립회원이자 그 중심이었던 이이야
마 다쓰오다. 김정태와는 인간적 교류가 적었고, 김정태 역시 해방
이후에는 그의 존재를 언급하지 않았던 인물이다.

두 번째 인물이 경성제국대학 출신의 엘리트였고, 1931년 조선
산악회에 가입했던 이즈미 세이치다. 문화인류학자였던 이즈미는
등반뿐만 아니라 제주도의 민족지라고 할 수 있는 『제주도』[60]라는
책을 썼지만, 김정태는 이를 거의 무시했다.

세 번째 인물은 경성의 봉래정에서 철공업소를 운영했던 것 말고는 알려진 바가 없는 이시이 요시오다. 다카사키 소지高崎宗司가 분류한 재조 일본인 존재 형태[61]에 따르면, 이이야마와 이즈미는 식민지에서의 자신들의 행동이 훌륭했다고 여기고, 식민지 조선을 그리워하는 존재였다. 반면에 김정태와 가장 친했던 이시이는 식민지 지배민족으로서 자기 자신을 어떻게 여겼는지 전혀 알 수 없는 정체불명인 존재였다. 분명한 것은 이들 모두, 이즈미의 책 제목처럼, 조선의 산山에다 거푸 산이라는 뜻의 야마やま를 붙여 쓰면서, 식민지 조선을 잊을 수 없는 『아득한 산들』遙かな山やま(신조사, 1971)로 기억했을 뿐, 일제의 침략과 지배민족으로서 자신들을 비판하지 않았다는 사실이다.

이들은 일제강점기 조선산악회에서 등반을 같이했지만, 이이야마와 이즈미는 글에서 이시이를 언급한 바가 거의 없다. 이이야마와 이즈미가 김정태를 차별한 것은 열등한 조선인에 대한 민족 차별이었고, 이시이를 차별한 것은 철공업소를 운영하는 하층 일본인에 대한 계급 차별이었다. 김정태에게 모든 일본인은 "우월감이나 거만한 데가"(54쪽) 있는 존재였다. 반면에 이시이는 "일본인이면서 그들 스스로를 비평할 만큼 초탈"하고, "같은 일본인들과는 잘 어울리지 않"(50쪽)던 "어딘가 비어 있는 듯 어린애 같은 짓을 해서 법석을 떨고 웃겨서 재미있는"(54쪽) 인물이었다. 멸시와 편견 속에 있던 김정태와 동족에게서 차별받은 이시이가 서로 친했던 이유는 여기에 있었다.

재조 일본 산악인들을 언급하는 것은 매우 힘든 일이다. 무엇보다도 이들에 대한 자료를 찾기 어렵기 때문이다. 재조 일본인들은 일본의 조선 침략에서 큰 역할을 한 '풀뿌리 식민지 지배'[62]의 중심이었다. 조선 지배를 위하여 첫 번째 급한 일이 철도 부설이었고, 그 다음은 조선의 중요한 곳에 방인(일본인)을 이식하는 일이었다.[63]

이이야마, 이즈미, 이시이 등이 김정태와 어떤 관계에 있었는지는 매우 흥미로운 주제다. 이이야마가 아버지를 따라 어떻게 조선에 왔고, 조선총독부 철도국에 근무하면서 조선산악회를 창립하고 어떤 역할을 했는지, 1971년 그가 한국을 방문했을 때 사진작가 김근원에게 자신은 조선총독부의 정보원이었다고 밝힌 이유가 무엇인지 등은 연구된 적이 없다. 교토대학 인문학 연구소 소속 기쿠지 아키라菊地曉가 쓴 논문[64]에서, 1945년 패망 후 이이야마가 미군정에 전쟁범죄로 구속되었고, 심문을 받았고, 연금된 후 탈출했고, 변장하고 부산에서 귀환선에 숨어들어가 1946년 1월에 일본으로 돌아간 사실은 자세하게 언급되지 않았다. 이시이가 언제 조선에 와서 철공업소를 운영하며 조선산악회의 회원이 되었는지에 대해서도 알려진 바는 전혀 없다.

"역사를 모르면 잘못된 역사를 반복한다"라는 문구는 재조 일본인을 공부하기 위하여 읽은 책『식민지 조선의 일본인들』의 맨 앞, 「시작하며」의 단락 제목이다.[65] 이 말에 빗대어 말하면, 김정태의 삶에서 이 세 명의 일본인을 모르면 그에 관한 잘못된 근대 등반 역사 서술은 반복될 수밖에 없다. 이즈미 세이치가 조선에 거주하게 된 바는 분명해 보인다. 1915년 홋카이도 츠노다(현재의 구리야마 초)에서 태어난 이즈미 세이치는 아버지가 경성제국대학 교수직을 맡게 되면서 한국에서 학창 시절을 보내고 1935년 경성제국대학에 진학했다. 1935년 여름 처음으로 제주도 땅을 밟은 이즈미 세이치는 같은 해 12월에서 이듬해 1월에 걸쳐, 경성제대 한라산 적설기 등반대의 대장으로서 한라산을 오르다 친구를 잃었다. 그 후 일문학이던 전공을 문화인류학으로 바꾸었고, 이후 제주를 향한 그의 관심은 계속 이어져 1970년 타계하기 한 달 전까지 여러 차례 제주도를 방문했다. 그 결과를 한 권의 책으로 엮어낸 것이 『제주도』였고,[66] 최근에 조선의 산과 자신의 삶에 관한 책 『아득한 산들』이 우리말로 번역 출간되었다.

이이야마 다츠오, 이즈미 세이치, 이시이 요시오, 이 3명은 일제 강점기 내내 김정태의 등반 역정을 함께했거나, 김정태를 기억하고 있는 재조 일본 산악인들이다. 해방 이후 이이야마, 이즈미의 행적은 분명하지만, 이시이에 관해서는 알려진 바가 거의 없다. 재조 일본인들은 멋대로 조선의 산하를 올랐다. 예컨대 이즈미는 "1935년 여름쯤, 조선 질소 주식회사로부터 경성제국대학 산악부가 부전호반의 토지를 사용해도 좋다는 의사표기가 있었다. 대학에서 휘테(산장)를 만든다는 조건이 붙어 있었다. … 답사의 결과, 토지를 받아 휘테를 건설하게 되었고"[67] "산악부는 어려움 없이 천지에 도착해서 다이너마이트로 얼음을 깨고 천지의 깊이를 측정했다"[68]고 기록했다.

이처럼 이들은 조선의 산하에 무람없이 산장을 지으며 등반했고 재조 일본인으로서 "진짜 좋은 시절을"[69] 보냈던 대표적인 재조 일본 산악인이었다. 김정태는 해방 이후, 자신에게 많은 영향을 준 이들에 대해서 거의 침묵했다. 이이야마가 해방 이후 한국을 방문할 때마다 국내 산악인들과 해후하고, 토론회를 했을 때도 함께하지 않았다. 김정태는 그 자리에 초대받지 못했다. 이즈미도 김정태를 자신의 책에서 거의 언급하지 않았다.

김정태가 재조 일본 산악인들과 가장 왕성하게 산악 활동을 한 1940년부터 1945년까지는 일본 제국주의의 국가적 전환기였다. 김정태는 1940년, 1941년 그리고 1942년에 조선산악회 일본인들과 함께 서구 알피니즘에 기초한 백두산 등반으로 클라이머로서 역량을 극대화하는 데 성공했다. 그럴수록 그의 민족적 정체성은 삭아서 없어졌다. 1941년 조선총독부 후생국이 후원한 마천령-백두산 종주 때는 조선산악회 회원이었던 이시이 요시오가 등반대장을 했다.[70] 김정태는 자신이 이 백두산 등반을 "계획하고 추진한 것"으로 말하고 있다.(89, 198쪽) 형식적 절차로서 이시이가 등반대장이라는 책임을 맡았고, 내용적으로는 자신의 탁월함으로 이 등반을 성공하게 했다는 진술이다.

조선산악회가 준비한 1941년 마천령-백두산 등반 계획을 수립했을 때 대원 10명 중 5명이 조선인이었다는 것은 잘 알려진 일이다. 김정태는 이렇게 일제강점기라는 현실 세계에서 자신의 존재 방식을 모색했다. 이 형식과 내용의 연결 고리는 김정태가 처한 사회적 조건으로부터 잉태된 것으로, 해방이 된 후에도 그의 삶을 결정지었다. 1941년 여름 전에 조선산악회에 가입한 백령회 리더 엄홍섭 그리고 양두철, 주형렬을 비롯한 백령회 회원들도 이 등반을 같이했다. 이 등반에서 기억해야 할 이는 조선총독부 철도국 소속으로 사진을 찍었던 이이야마 다츠오[71]와 일본 산악계에서도 유명했던 도쿄제국대학 출신 한냉지역, 동토凍土 연구자이며 제철 전문가였던, 구로다 마사오黑田正夫[72]라는 인물이다.

이이야마 다츠오

이이야마 다츠오, 그는 단순히 이식민 지배자移植民支配者의 아들로, 조선총독부 철도국에 근무했던 재조 일본인이었을까? 1931년 조선산악회 창립회원이었고, 탁월한 등반 실력을 지녔던 산악인 정도로 여겨야 할까? 김정태가 참여한 마천령-백두산 종주, 백두산 등행을 이끌었고, 사후에 『북조선의 산』(1995)과 같은 사진집을 출간한 사진가 정도로 제한해야 할까? "재조 일본인의 식민 정착이 일본의 패권 확대와 궤를 같이하고 있음에도"[73] 근대 한국의 알피니즘에 큰 영향을 미친 선구자로 우러러 보아야 할까? 그가 1971년에 진술한 조선총독부 정보원이었다는 사실은 어떻게 받아들여야 할까? 패전 후 1971년, 1972년 두 차례 한국을 방문했을 때 한국 산악계 원로들이 그를 환대해주었던 것을 어떻게 받아들여야 할까? 우리들은 그를 얼마나 알고 있을까?

이이야마는 을사늑약이 체결된 1905년, 그로부터 5년이 지나고 조선총독부가 설치된 1910년, 그의 나이 여섯 살 때 가족과 함께 당시 일제의 최대 이주식민지였던 조선에 이주했다. 1910년 조선에 온 일본 도항자는 2만 5,389명이었고,[74] 이때 재조 일본인은 17만

명이 넘었다.[75] 그해 7월에, 헌병경찰과 군대 등 무력을 동원해서 조선을 통제·지배한 데라우치寺內正毅 신임 통감이 경성으로 들어왔고, 8월에 조선총독부가 세워지면서 일본인 관리의 숫자가 늘었다. 기쿠치 아키라 교수는 이이야마의 이력에 대해서, 검사였던 아버지를 따라 이주한 젊은 날부터 사진과 등산에 열중했고, 만철(남만주철도주식회사)이 세운 경성철도학교를 졸업 후, 조선총독부 철도국 직원이 됐고, 일제의 패망 이후에 미군정 아래에서 전범으로 체포·구속되었지만, 탈옥해서 1946년 1월 마흔두 살 때 일본으로 귀환했다고만 썼다.[76] 이이야마는 1948년에 도쿄도의 다마 지역에 있는 고다이라에 이주해서 살았다.

재조 일본인들 가운데 이 시기에 조선에 온 이들은, 침략의 첨병인 관료와 군인 그리고 식민지 수혜론을 믿고 따르던, 일본 국내에서 생활기반이 취약했던 식민지배의 하수인들이 대부분이었다. 재조 일본인들이 점차 많아지면서 이들은 "식민자 세력으로서, 식민권력과 마찰을 빚으며, 자신들의 이익을 추구한 제국의 브로커가 되었다."[77]

이이야마가 조선에 온 1910년은 한일병합조약이 체결되고, 대한제국이 일체의 통치권을 완전히 일본국 황제에게 양여하기를 신청하고 일본 황제가 이를 수락하는 형식으로, 일본 제국주의의 식민지로 전락한 경술국치 때였다. 1909년 1월 26일, 안중근 의사가 이토 히로부미를 처단한 바로 다음 해였다. 1910년 이전에도 일본인들이 조선에 거주했지만, 1910년에 이이야마의 조선 이주는 국권이 소멸한 한국 병탄과 떼어놓고 볼 수 없다. 그의 가족들이 조선

통감부를 통한 일제 침략과 한국 병탄에 맞추어 식민지 조선에 왔다는 것은 이이야마의 부친 직업이 식민 통치와 무관하지 않다는 뜻이다. 조선산악회도 제국의 브로커로서 조선총독부 식민 지배에 협조하면서 지배 권력의 대리자 노릇을 했고, 동시에 클라이머로서 산을 오르는 자신들의 이익을 보장받으려 했던, 정착민 식민주의자의 역할을 담당했던 영향력 있던 단체였다.

이이야마가 조선에 이주한 1910년부터 시작해서, 1928년에 경성철도학교를 졸업하고 조선총독부 철도국에 취직할 때까지, 그와 가족들의 행적에 관한 기록은 찾을 수 없다. 1971년 한국에 왔을 때 한국의 원로 산악인들을 만나서, "6세 때부터 35년간 줄곧 한국에서 자랐으므로 한국은 나의 제2의 고향이라 할 수 있습니다"[78]라고 한 이이야마는 한국어도 잘할 수 있었을 것이다. 조선의 반일 감정도, 일진회처럼 합방을 적극적으로 주장한 친일파들도, 대한독립을 위하여 비분강개한 청년들에 대해서도 잘 알고 있었을 것이다.

이이야마는 "1924년 21세 때, 어머니 쪽 고향인 도야마에 가서 처음 암벽을 타게 되었다"[79]고 했다. 이이야마는 경성철도학교를 졸업하기 전에도 일본에 더러 다녀온 경험이 있었던 것으로 보인다. 그리고 "한국에 돌아와서 철도국의 차장으로 근무하면서 주로 경원선에서 일했"고 "1927년에 임무와 함께 인수봉을, 1929년에는 도봉산 만장봉을 등반했고…1932년에 여객과로 옮겨 주로 여행 안내서를 편집"[80]했다고 말했다. 기쿠치 아키라 교수는 이이야마가 1928년에 경성철도학교를 졸업했고, 그다음에 조선총독부 철도국에 들어갔다고 썼지만, 앞에서 이이야마가 언급한 자신의 이력과 사뭇 다르다. 이이야마는 조선총독부 철도국에 취직하기 전에 이미 임무와 함께 조선의 산을 올랐다. 이들과 함께 산에 오른 주목할 만한 인물은 구로다 마사오 박사다. 1935년에 함경북도 무산군의 도솔봉을 오르고, 1941-1942년에 김정태, 이이야마와 함께 마천령-백두산 종주를 한 이가 구로다 마사오였다. 그는 눈과 얼음이 많은 추운 곳에서 선로의 결정구조, 변형 등 선로의 물성을 전공한, 조선총독부 철도국이 식민지 조선에 군용철도를 설치하기 위해 초청한 철도 선로 전문가였다.

이이야마의 아버지 직업이 식민지배자 세력인 검사였다는 것과 이이야마가 식민지 초기에 조선에 와서, "재조선 일본인 사회의 속인적 분리지배 요구와 달리"[81] 35년간 조선에 체류한 것은 의문이다. 일제강점기 재조 일본인으로서 이이야마의 가족들은 조선인에게 적용되지 않았던 제국 헌법에 근거를 둔 속인적 법들에 의해서, 조선인과 민족적으로 구별되고 있었기 때문이다. 일제강점기 때, 재조 일본인들은 호적법과 병역법에 따라, 국적과 교육 그리고 병역의 의무를 지녔고, 조선 거주자가 아닌 본토민과 같은 법률을 적용받고 있었다.[82]

이이야마의 부친이 언제까지 조선에서 근무했는지, 형이 진고개에서 살고 있다는 것 같은 가족사나 조선에서 성장한 그의 학력, 일제강점기 군복무 등 개인사 등은 거의 알려져 있지 않다. 이이야마가 조선에 살 때, 집과 가족에 대한 설명은 극히 제한적이다. "임무는 매일 밤 나의 집(당시 남산촌에 있었던 형의 집)에 놀러왔다. 그리고 스위스 알프스나 일본 알프스의 책을 보고 눈이 휘둥그레졌다. 당시 내 서가에 조지 D. 아브라함의 『완벽한 등산가』*The Complete Mountaineer*라는 책이 있었다. 그 책은 임무에게 새로운 록클라이밍 기술의 눈을 뜨게 했다"가 전부일 듯하다.[83]

이이야마 다츠오의 조선 이주와 철도

이이야마가 1910년부터 일제가 패망한 1945년까지 35년간을 식민지 조선에서 살 수 있었던 것이 검사였던 아버지의 직업 때문이라고는 볼 수 없다.[84] 이이야마가 속한 재조 일본인 사회는 식민지 조선의 정치 주체로서, "식민지와 본국의 통치체계가 지역적으로 분리되어 있던 상황하에서 … 이들은 식민지배자이자 동시에 식민 거주자란 입장에서 조선인 사회와 수탈적이거나 이해협력적인 관계를 맺고, 조선총독부와는 동일한 식민지배자로서 협력적 관계에 있으면서도, 지배관료와 민간이주 정착민이라는 차이를 두고 정치적으로 긴장관계를 형성"[85]했기 때문이다. 이즈미를 포함해서 이이야마가 조선과 조선인 그리고 조선의 산을 어떻게 보았는지에 관한 연구는 이러한 관계에서부터 출발해야 할 것이다.

이이야마가 산악 등반가로서만 조선의 산을 올랐다고 가정하는 것은 섣부른 판단이다. 그와 그의 가족들은 재조 일본인으로서 조선인 사회와 속인적으로 분리되어 있었지만,[86] 병합 초기 조선총독부가 실시한 조선 거주자로서의 속지적 조건을 얻게 되면서, 이중적 위치에 놓일 수밖에 없었다. 그는 조선총독부 철도국 직원이자 조선산악회 회원으로서 조선의 일본인 식민자이면서 동시에 조선 거주자라는 이중적 주체 조건을 피할 수 없었다. 이 거리 사이에 이 국적인 조선의 산이 있었고, 갈등은 사진으로 순화될 수 있을 것이다. 그에게 등반은 속지적 융화주의를 내세우던 조선총독부와 속인적 분리주의를 요구하던 재조 일본인 사회의 갈등을 무화시키는 도구였다. 여기에 일본인처럼 이름을 바꾸고, 일본인이 되고 있는 조선인 김정태는 이이야마의 안중에 없었다. 한마디로, 이이야마는 김정태를 산악인, 등반가로 여기지 않았다. 힘이 좋아 무거운 짐을 옮길 수 있는 짐꾼 정도로밖에 보지 않았던 셈이다.

이이야마가 경성철도학교를 졸업한 1928년 이전까지 행적이 불분명해도, 그의 부친과 형의 직업이 불확실해도, 1928년 이후부터 1946년 1월 일본으로 돌아갈 때까지 조선총독부 철도국 직원으로 살았다는 것은 분명한 사실이다. 그사이, 1943년 1월부터 9월까지 파견된 '서 뉴기니 자원조사단'에 이즈미와 함께 참가했다가, 이즈미보다 한참 후인 1945년 8월 8일 경성에 도착했다. 이이야마는 조사단의 임무가 끝난 후에 6개월 정도 자바섬에 머물면서, 뉴기니 자료 정리와 지도 복제에 전념했다. 이 당시 태평양의 제해권을 연합군에 빼앗긴 터라, 조선총독부 철도국 운수과 소속이었던 이이야마는 트럭으로 수마트라, 말레이시아, 태국, 베트남 하노이에 도착했고 그곳에서 비행기로 홍콩, 타이페이, 상하이와 베이징을 거쳐, 기차로 펑텐(심양의 옛이름)을 지나 경성에 도착했다.[87] 그는 일제 식민지 영토를 두루 다니면서 제국의 위대함을 체험한 탐험가이기도 했다.

1945년 일제의 패망 후, 재조 일본인 귀환을 돕던 이이야마는 그해 12월, "조선인 의사고, 일찍이 같이 금강산에 오르거나 엄동의 백두산행을 함께했던 산 친구 H(세브란스 의전을 나온 조선산악회 회원 방현)"의 도움으로 미군정에 의해 구금되었던 경성의 반도호텔을 빠져나와, 부산까지 같이 갔다. 그의 배웅을 받고 배를 타고 일본 후쿠오카의 하카타항으로 귀환했다. 그는 귀환하는 일본인들을 보면서, "30년 혹은 40년에 걸쳐 쌓아올린 모든 재산을 잃어버린 재조 일본인들의 암담함"[88]을 그의 책에 썼다. 김정태와의 추억은 커녕 주목할 만한 어떤 언급도 없었다.

이이야마의 가슴과 눈에는 일본과 일본인들에게 강점기 동안 모든 영토와 주권 그리고 재산과 삶을 빼앗긴 조선인들의 고통이란 것이 추호도 없었다. 그들의 식민지 기억 속에는 고난의 역사를 겪어야 했던 조선에 대한 이해가 없었다. 그의 아내와 장녀는 1945년 10월에 이미 귀환했다. 이이야마는 집단 탈출하는 일본인들에게 섞여 귀환하면서 그가 찍은 모든 필름의 원판을 가져갔다. 이에 대하여 "전쟁에 패한 일본은 적어도 4등국, 5등국으로 전락할 것이다. 하지만 다음 세대를 짊어지고 갈 일본의 아이들에게 희망과 꿈을 갖게 하기 위해서 그 사진 자료는 무슨 일이 있어도 가지고 돌아가고 싶었다"[89]라고, 민족본능을 명확하게 강변했다. 그는 철저하게 일본 제국주의를 위해서 복무했던 일본인이었다. 사진작가 김근원의 증언대로 하면, "이이야마는 조선총독부의 정보원"[90]이었다. 한국전쟁 때, 일본에 있던 연합국 사령부 GHQ*의 고문으로 있었다는 것이 그 증좌다. 이이야마는 이런 발언으로 일제의 침략과 강점 그리고 지배를 드러내면서 동시에 일제의 첨병이었던 자신의 과거를 합리화할 수 있었다.

1919년 3·1운동이 일어났던 때, 이이야마는 조선인들이 일본인의 집에 불을 질러 쓰러뜨리는 것을 보고 큰 충격을 받았던 열다섯 살 소년이었다. 조선과 조선인을 부정적으로 보는 그의 시선은 이때부터였다고 할 수 있다. 이이야마는 이즈미처럼 단 한 번도 일본의 조선 강점을 반성하거나, 타민족의 산을 무단으로 지배했다는 반성적 심경을 밝히거나 사죄한 바가 없는, 식민지 지배를 정당화했던 재조 일본인이었다.

1971년과 1972년 이이야마는 식민지 조선의 향수를 가지고 한국을 방문해서 한국 산악인들에게 환대를 받았다. 이때 그를 위한 좌담회가 열렸고, 조선산악회가 조선의 근대 등반사에 은혜를 베풀었으며 자신이 김정태가 아니라 임무와 더불어 조선의 근대 산악사에 큰 발자국을 남긴 원로라는 것을 자랑스럽게 말했다. 이이야마는 1973년 『월간 중앙』에 「산」이란 제목으로 조선의 산에 대한 글을 연재하면서 조선에서의 등반 추억과 일본 제국주의의 향수를 반추하기도 했다. 그의 글은 조선이라는 식민지에서 제국의 건설을 위하여 미답봉을 오르고, 최전선에서 싸운 자부심의 산물이었다.

---

* 일본의 패망 이후, 1945년 10월 2일부터 샌프란시스코 강화조약이 발효된 1952년 4월 28일까지 6년 반 동안 일본에 있었던 연합군의 최고위 사령부, 당시 일본에서 GHQ(General Headquarters)라고도 불렸다.

이이야마를 논할 때 빼놓을 수 없는 것이 제국주의 상징인 철도와의 관계다. 일제는 1875년 9월 20일 운요호 사건을 일으키고, 이를 빌미로 1876년 2월 3일 조일수호조규라는 강화도 조약을 강제로 체결하면서 이 땅의 침략을 시작했다. 역사적 연대기를 살펴보면, 일제가 학술조사를 빌미로 조선에 철도국 측량팀을 파견한 것은 1892년 8월이었다. 조선에 파견된 고노 다카노부河野天瑞를 비롯한 측량팀은 386킬로미터에 달하는 경부선 예정 노선의 측량과 답사를 2개월 만에 마치고 '보고서'를 제출했다. 1905년 을사늑약 체결 이전에 이미 한반도 침략 계획을 수립한 것이다.

그리고 나서 1914년에 호남 곡창 지대를 지나는 호남선과 북부 광공업 지대를 잇는 경원선을 부설했고, 1919년 말에는 총연장 2,197킬로미터에 달하는 한반도 철도망을 완성했다.[91] 일제는 조선에 1905년 경부선(3년 공사)을, 1906년 경의선(2년 공사)을, 1910년 경원선(3년 공사)과 같은 국유철도뿐만 아니라 각 지방으로 통하는 간선을 사유철도, 즉 일본의 기업이 건설할 수 있도록 했다.[92] 1899년 처음으로 경인선 철도를 부설한 후 호남선, 함경선, 황해선, 만포선, 동부북부선 등 한반도의 간선과 지선 철도를 최대한 늘려나갔다.[93] 겉으로는 화물 운송을 위한 간선 개설이지만, 실제로는 이를 통하여 수탈을 더욱 확장하고, 일본 제국주의의 우월성과 일본인의 자긍심을 불러일으키는 근대 산업시설을 보여주기 위한 것이었다.[94]

일제는 간선의 노선에 주요 관광지를 건설해서 기업의 이윤을 극대화할 수 있도록 했다. 이이야마가 근무했던 조선총독부 철도국이 그 일을 담당했다. 대표적인 사철이 철원에서 출발해서 금강산 장안사 입구에 닿는, 금강선전기철도회사가 세운 금강산선 철도였다. 이를 통해서 금강산 관광 및 관광단지가 개발되었다. 중앙철도는 경주를, 서선식산철도는 황해도 장수산과 신천온천을, 경남철도회사는 온양온천을 관광지로 조성했다.

이외에도 일제강점기 조선에 진출해서 철도부설권을 지녔던 사설 철도회사로는 경성전기 주식회사, 조선경동철도 주식회사, 경춘전기철도 주식회사 등이 있었다. 이들이 세운, 수탈과 침략을 위한 제국의 군용철도로 인해서 식민지 조선의 관광지가 탄생하고 근대 관광이 시작되었다. 당시 금강산 탐승단뿐만 아니라 오늘날에도 쓰이는 테마관광, 관광열차와 같은 용어들이 이때부터 쓰이기 시작했다. 김정태 역시 이 기차를 타고 아무렇지도 않은 듯 편하게 금강산, 백두산에 오를 수 있었다.

이이야마의 학력은 조선에 살면서 만철의 경성철도학교를 졸업한 것이 전부라고 할 수 있다. 스물네 살이었던 1928년에 조선총독부 철도국에 취직한 것을 보면, 그 이전까지 학교를 다닌 것과 1927년 국경경비 행군으로 백두산에 다녀온 것 말고, 가족과 등반 이력, 재조 거주지 등에 관해서 분명한 것들이 없다. 그의 삶과 삶의 편련이 가장 많이 담긴 책, 『방랑자 12만 킬로 미지에 도전한 탐험 사진가의 반세기』バガボンド 12万キロ 未知に挑んだ探険写真家の半世紀(부산방, 1962)의 저자 소개 내용은 다음과 같다.

1918년(15세) 조선에서 독립만세사건*이 있었을 때, 일본인의 집에 불을 질러 쓰러뜨리는 것을 본 소년은 큰 충격을 받았다. 그 무렵 『소년구락부』나 『일본소년』에 실린 해외 이민移民 머릿그림口繪**에 자극을 받아 남미에 갈 결심을 하고, 부모님에게는 말도 없이 카메라 한 대를 어깨에 메고 조선을 떠났다. 하지만 도쿄에 도착했을 때 숙부에게 붙잡혔고, 맹장염을 앓게 되어 거기서 반 년 있다가 다시 조선으로 돌아왔다. 나이가 들면서 방랑벽은 점점 더 심해졌고, 오로지 돌아다니고 싶다는 마음 하나로 선택한 직업이 철도였다.

1928년 조선철도국 선전과에 들어가, 1930년(27세) 『금강산』을 세상에 내놓았다. 전쟁 중에는 철도에 적은 둔 채로 군에 위속委屬되어, 중국 대륙부터 뉴기니에 걸쳐 6년 정도 답사 생활을 했다. 1944년(40세)에 카누를 타고 뉴기니를 탈출, 징검돌 건너듯 남쪽 섬들을 경유해 조선으로 돌아왔고, 전쟁이 끝난 뒤 귀환해 도쿄로 돌아갔다. 조선사변*** 중에는 GHQ 고문으로 건실히 근무했지만 견디지 못하고 1955년, 40년 만에 그렇게 바라던 남미로 건너갔다. 이듬해 일단 귀국했지만 다시 건너가 아마존의 정글과 마투그로수 밀림지대를 걸어서 취재해 사진을 찍었고, 1962년에 일본으로 귀국했다. 사진집으로 『금강산』(금강산협회), 『조선의 산』(조선산악회), 『몽강의 여행』(삼성당), 『이민 브라

---

* 이 연도는 3·1운동이 일어난 1919년을 잘못 쓴 것으로 보인다.

** 잡지 권두에 실리는 그림을 뜻한다.

*** 1950년 한국전쟁을 뜻한다.

질』(각천서점),『뉴기니』(조일신문사)가 있다. 1904년 요코하마에서 태어났으며, 58세다.

만철滿鐵은 일제가 설립한 남만주철도의 운영을 위한 특수회사로 대륙 침략의 전진기지 역할을 했다. 만철은 1906년 6월 7일 천황 칙령으로 설립한 회사로 만주에서 일본의 식민지 개척과 경영을 대행하고 정보 수집과 선전 작업을 통해 군사 활동까지 지원하는 '식민회사'였고, 1945년 제2차 세계대전이 종결될 때 연합군 최고사령부에 의해 해체된, 반관반민의 일본 특수 국책회사였다.[95] 1917년 7월 31일 만철은 철도국의 직제를 폐지하고 경성부(지금의 서울)에 경성관리국을 설치하고 조선 철도의 운영을 시작했다. 1917년 10월 초대 경성철도관리국장으로 취임한 사람은 만철의 이사 구보 요조保要藏다. 그는 조선 철도 경영에서 얻은 이익금으로 학교와 도서관 건립을 추진했고, 이에 따라 1919년 4월 1일에 용산에 경성철도학교를 세웠다. 이이야마가 졸업한 유일한 학교였다.

이이야마에 대한 이해는 식민회사 만철과 그가 졸업한 경성철도학교부터 시작한다. 이이야마가 다녔던 경성철도학교는 1919년에 정규 실업학교로 인가를 받아 설립되었다. 입학 자격은, 3년 연한의 본과는 고등소학교 2년 수료생 또는 동등의 학력 소지자, 4년 연한의 도제과는 심상소학교 졸업자였다. 본과는 역무·운전·토목과에서 일할 중견 직원 육성이 목표였고, 도제과는 공장 종사자 양성이 목표였다. 전교생이 학생 신분으로 대여 장학금을 받았고 기숙사 생활을 했다. 졸업 후에는 본과 졸업생이 5년, 도제과 졸업생이

4년의 의무 근무를 해야 했다. 그리고 본과 졸업자는 전문학교 입학 자격을 얻었다.[96] 이이야마는 이 학교를 1928년에 졸업했다고 하는데, 본과인지 도제과인지 불분명하다. 그가 지금의 차량정비기지 기능공처럼, 공장 종사원이 아니었던 것을 보면, 본과 출신이었을 것이고, 본과 졸업 후에 상급 전문학교로 진학하지 않았던 것으로 보인다. 그러니까 이이야마는 스물한 살이었던 1925년에 이 학교에 입학했고, 기쿠치 아키라 교수에 의하면, 스물네 살이었던 1928년에 졸업과 동시에 조선총독부 철도국에 취직했다.

정리하면, 이이야마는 1904년에 요코하마에서 출생, 1910년에 조선에 이주, 1925년에 경성철도학교 입학, 1928년에 졸업하면서 조선총독부 철도국 취직, 1931년에 조선산악회를 창립했고, 1945년 일제가 패망할 때까지 금강산·백두산 등반에서 뛰어난 등반 업적을 남겼다. 그가 어떤 사람이었는지는 조선 이주 후에 그의 성장 배경과 학업을 살펴보아야 하지만, 이것이 매우 불분명하다. 1910년에 검사였던 아버지가 조선에 이주한 이유와 그 후 어떤 삶을 살았는지, 언제까지 조선총독부의 검사로서 근무했는지, 언제 귀국했는지 알려진 바가 없다.[97] 검사의 아들이었던 이이야마가 철도 종사원을 양성하는 철도국 교습소 수준의 경성철도학교를 다녀야 했던 이유와 그가 청년 시절에 일본 제국주의를 어떻게 받아들이고 체화했는지를 살펴보는 것은 조선산악회의 창립과 활동을 이해하는 데 매우 중요하다. 지금의 3년제 실업계 고등학교에 해당되는 "경성철도학교 본과는 지금의 중학교 과정에 해당하는 고등소학교 2년 수료생 중에서 시험을 거쳐 입학생을 뽑았고, 도제과의 경우 지금의 초등학교인 심상소학교 졸업자 중에서 입학생을 선발했다."[98]

경성철도학교는, 이 학교를 세운 남만주철도 주식회사처럼, 단순한 학교를 넘어서서 정치·군사·경제·문화 등에서 큰 영향력을 발휘한 식민통치의 유산이었다. 만철이 세운 남만주철도 본선(창춘-뤼순)은 중국과 조선의 국경을 넘어 한반도 전체 및 시베리아 철도와 연결되었다. 당시 식민지 조선에 있던 '조선철도'는 만철에 경영을 위탁하기도 했다. 1925년에 이르러 조선철도는 조선총독부 철도국 소속으로 다시 환원되었다. 1931년에 이르러서는 일본군이 중국 동북지방 전체를 점령하면서 모든 철도와 항구, 수운, 석탄광산, 강철, 경공업, 화학공업의 경영권이 만철에 넘어갔다. 만철은 중국 내에 설치된 일본의 동인도 회사, 혹은 식민 회사라고 불렸다. 만철의 세력과 조직은 일본의 대륙침략 정책의 성장과 쇠퇴를 그대로 반영한다.

경성철도학교는 일제가 한반도 침략을 위한 핵심으로 철도의 중요성을 깨닫고, 이에 필요한 인력을 양성했던 기관이었다. 만철은 일제강점기 조선 철도에도 직접 관여했다. 1910년 한일 강제 병합 이후 일제는 조선총독부에 '철도국'을 신설한다. 그리고 1917년 7월 31일부터 한반도의 철도 운영권을 만철에 넘긴다. 만철은 1917년부터 1925년까지 7년 8개월 동안 조선총독부로부터 조선 철도망을 위탁받아 운영했다. 조선과 만주의 철도망을 유기적으로 통합해서 일본 제국 내 철도 인프라를 효율적으로 운용하려는 의도였다.

이이야마는 일제가 한반도 북부 지역을 병참기지로 활용하기 위한, 한반도 철도망 확장 사업이었던 '조선철도 12년 계획'(1927-38) 수립과 발맞추어 이 학교를 다녔다. 그가 일했던 조선총독부 철도국은 한반도 주요 광산지대와 공업지대, 그리고 국경도시와 항구도시를 연결하는 철도망 확충에 앞장섰다. 일제의 철도 사업은 식민지 지배체제의 완성을 의미했다. 이이야마는 이것과 무관한 삶을 살지 않았다. 1971년 그가 패망 이후 서울을 처음 방문했을 때, 김근원은 그가 머물고 있었던 용산 '철도회관'으로 찾아갔다.[99] 그는 뼛속까지 조선총독부 철도국 소속이었고, 일제강점기 동안에는 식민지 지배의 메커니즘을 누구보다도 잘 활용한 식민권력이었다.

이이야마는 일제의 식민지화 과정과 운영을 위하여 철저한 조사와 침략 방안을 수립했던 학교에서 교육을 받은 재조 일본인이었다. 그가 조선총독부 철도국에 근무하면서 했던 백두산 등행과 그때 찍은 사진들은 식민주의의 표출이었다. 조선총독부 철도국 소속인 그는 조선통감부 철도관리국에서부터 시작된 대륙팽창 정책을 위한 본격적인 일본인 관광의 길잡이 노릇을 했고, 조선 지배를 위한 정치적 목적이 담긴 정보를 망라하는 일에 조용히 매진했다. 아울러, 그가 속했던 조선산악회는 조선을 척지拓地 식민하기 위해서 산을 지리적 도구로 삼은, 통치 권력의 다양한 장치 가운데 하나였다. "이이야마 다츠오가 철도국의 방침에 따라 남조선에도 등산로를 개발할 필요가 있다고 생각해서 파트너로서 일을 같이하자고 했던 것으로 기억하고 있다"[100]고 한 이즈미의 진술이 한 예에 속한다. 이렇게 조선총독부는 철도를 개설해서, "조선을 전쟁을 위한 물자를 동원하고 인력을 징용하는 최전방 기지"[101]로 삼을 수 있었다. 이이야마의 직분은 이것과 직결되어 있었고, 이를 위한 등반과 기록사진에 몰두했다.

이이야마가 언제 등반에 입문했는지는 알려진 바가 없다. 1931년 조선산악회 창립 이후, 재조 일본인과 조선인이 만나는 식민지 산악회에서, 그는 1937년 혹은 1938년에 이 단체에 가입한 열두 살이나 어린 김정태에 관해서 거의 언급하지 않았고, 그를 향한 시선은 싸늘했다. 이이야마는 그만큼 우월적 지위에 있었다. 그는 지리적 공간이 일본과 확연하게 다른 금강산·백두산과 같은 등반에서 김정태를 일본 제국의 지배적 취향과 정책을 충족시키기 위한 등행의 도구로 여겼고, 산에서는 제국주의 지배의 당위성을 숨겼다.

김정태 역시, 제 삶에서 가장 뼈대 있는 업적이라고 여긴 백두산 등행 등이 식민지 정책의 테두리 안에서 이루어진 것을 잘 알고 있었지만, 그것을 드러낼 수 없었던 터라, 자신의 글과 책에서 이이야마에 관한 깊은 논의나 서술을 하지 않았고, 할 수도 없었다. 김정태는 이이야마 말고도 재조 일본인들과 일본에서 온 젊은 대학생들이 조선총독부의 환영과 지원으로 백두산·금강산에 올라 즐기는 것에 대해서 어떠한 입장을 보일 수도 없었다. 김정태는 일본인들을 뒤따라 산에 올랐고, 내려와서는 스스로가 앞장서서 올랐다고 말하는 수밖에 없었다. 그런 이유로 이이야마와 김정태가 마천령–백두산 종주를 같이했지만, 이 둘의 산행기는 각각 달랐다.[102]

일본인이 본 이이야마

교토대학 인문연구소 기쿠치 아키라 교수는 이이야마(1904-93)와 전후 일본을 대표하는 인류학자 이즈미 세이치泉靖一(1915-70)의 필드가 겹쳐 있다는 점에 주목한다. 이즈미의 전기를 쓴 후지모토 히데오藤本英夫는 이이야마에 대해 "상반되는 평가를 받는 인물이지만, 이즈미 세이치와의 관계에서는 서로 일정 정도 역할을 인정했던 것 같다"고 서술한 바 있다.[103] 위 연구에 의하면, 이이야마와 이즈미의 관계는 불투명하다. 이이야마의 자서전『방랑자 12만 킬로 미지에 도전한 탐험사진가의 반세기』와 이즈미의 자서전『아득한 산들』을 읽어봐도, 비교적 많은 분량이 할애된 조선의 등산을 제외하면 둘의 관계에 대한 언급이 거의 없다. 두 사람은 수많은 필드를 함께 했으면서도, 상대방에 대해서는 어떠한 언급도 하지 않았다. 같은 재조 일본인이었지만, 식민지 내에서 그들의 사회적 계급은 크게 달랐다.

기쿠치 아키라가 이이야마에 관해서 쓴 글,「필드 워크의 동반자 사진가 이이야마 다쓰오가 본 제국 일본」フィールドワークの同伴者-寫眞家.飯山達雄の見た帝国 日本을 추려 옮겨 적는다.

1904년, 이이야마 다쓰오는 요코하마에서 태어났다. 검사였던 아버지를 따라 한일합병 직후 조선으로 이주했고, 등산과 카메라에 눈을 떠, 1928년 만철이 세운 경성철도학교를 졸업한 뒤 조선총독부 철도국에 취직했다. 철도국이 국철과 사철로 조선에 철도를 개설하면서, 특히 사철의 이윤을 보장해주기 위하여 관광개발을 진행하는 금강산에서 등산 루트와 관광 코스를 개척하고, 이와 관련된 가이드북과 팜플렛을 만드는, 실로 취미를 그대로 살릴 수 있는 직무를 맡았다.

1931년, 조선산악회가 결성되고 이이야마도 여기서 주력 멤버로서 활약했는데, 내지 단체에 비해 그 실력은 다소 부족한 면이 있었다. 이를 상징하는 일이 1934년부터 1935년 초에 실시된 교토제국대학 백두산 등산에서 이이야마는 중심인물이 되지 못했다. 조선을 대표하는 백두산의 첫 겨울 등산을, 조선 거주자가 아닌, 이마니시 긴지今西錦司가 이끄는 '내지'라고 일컫는 일본에 거주하는 등산가의 손으로 감행한 것이다. 여기에 언짢은 마음을 품었다는 이야기는 이즈미의 자서전에서 확인할 수 있다. 이 등반에서 이이야마는 대원이 아닌 수송보조 담당으로 동행했다. 얼어붙은 산꼭대기에서 카메라를 녹이기 위해 다리 사이에 넣어가며 촬영에 임하다가, 사타구니가 동상에 걸릴 위기에 직면했을 정도다. 그 후에도 이이야마는 조선 각지 미답봉未踏峰에 계속해서 도전했다. 그의 파트너가 된 것은 경성제국대학 관계자나 조선인 의사 등, 등산을 취미로 하는 경성 거주자이자 부유한 지식층이었고, 그들과의 네트워크가 그 후 이이야마의 탐험을 지탱해주게 되었다.

중일전쟁이 시작되고 만주와 몽골이 주목을 받자, 총독부 등의 지원 아래, '경성제국대학 몽강蒙疆 학술탐험대'가 조직되어, 경제·동물·식물·지리·지질 등의 전문가가 총출동한 일대 원정

이 실시되었다(1938년 여름). 여기에 이이야마는 촬영주임으로서 참가했다. 탐험대의 보고서에 사진을 게재하기도 했으며, 사진집 『몽강의 여행』蒙疆の旅(1941)을 발표하기도 했다. 이이야마는 천연, 인문을 따지지 않고 탐험대의 활동에 관련된 모든 피사체에 렌즈를 들이밀었다. 그의 촬영은 매우 아크로바틱했고, 철도역 이름을 경을 외우듯 하며 라마묘ラマ廟의 비불秘仏을 찍는가 하면, 운강석불雲岡石仏의 모델로 알려진 대동미인大同美人을 찍어 현지인들의 화를 사 필름을 빼앗기고 카메라까지 내동댕이쳐져 도망가는 등, 심한 곤경에 빠진 적도 있었다. 이것들은 점령지에서 볼 수 있는 비대칭적 권력 관계가 만들어낸 기록이라 할 수 있겠다.

전시체제에서 더욱 심화된 탐험을 모색하던 이이야마 일행에게 새로운 필드를 제공해준 것은 태평양 전쟁이었다. 전쟁이 난 그다음 해(1942), 점령지의 자원조사를 목적으로 해군에서는 뉴기니 조사대가 조직되었는데, 이즈미 이하 경성제국대학 그룹도 여기에 참가하여, 이이야마는 사진반장 겸 호루나 탄전ホルナ炭田 조사 수송지휘관이 되었다. 지질, 광물, 임업, 농업, 의료, 위생, 측량 스태프들이 포함된 총 400여 명의 대규모 조사단이었다. 고온다습한 적도 바로 아래에서 필름을 보호해야만 했고, 다량의 위생 가방을 입수하는 등, 통제된 경제 아래 물자를 조달하는 것부터 고생이 끊이지 않았다. 현지에서도, 현상할 때 필요한 냉수를 구하지 못해, 필름의 젤라틴 부분이 벌레에 먹히는 등 악조건이 계속되었고, 필름 건조를 위해 모기장을 내어주고, 정작 본인

은 말라리아의 공포에 떨며 밤새 밖에서 지내는 일도 있었다고 한다.

뉴기니에서 이이야마에게 주어진 최고의 미션은, 내륙에 있는 탄전까지 수송 루트를 확보하는 것이었다. 항공 사진으로 지도를 만들고, 현지인의 안내로 현장 답사를 하는 등, 수차례 역경을 극복하고 탄전에 도착했다. 여러 민족 집단과 싸우며 답사를 진행해야 했기 때문에, 거의 인류학 조사라 해도 좋을 정도였다. 뉴기니에서 조사와 촬영에 몰두하고 있는 사이, 제해권制海權은 미국의 손에 건너갔고, 이이야마는 촬영을 마친 필름을 품에 안고 망연자실해야 했다. 그때, 원주민의 카누를 얻어 타고, 전쟁터가 아닌, 작은 순다 열도 근처 자바섬까지 가는 강행군을 하게 되었다. 다행히 원주민의 카누는 미군의 공격 대상이 되지 않았고, 석 달에 걸쳐 무사히 자바섬에 이르렀다. 군에 조사 내용을 보고한 다음, 인도차이나 반도에서 중국 남부를 건너 북상했다. 그러는 사이, 베트남에서 티베트까지 가는 카라반을 붙잡아 티베트 가는 길을 모색했다고 하니, 그의 모험가 정신은 놀랄 만하다. 홍콩에서는 항공편을 구해 무사히 경성에 도착했다. 종전을 일주일 앞두고 일어난 일이었다.

종전을 맞이한 이이야마는 철도국 직원으로서 귀환자 수송 업무에 종사했는데, 그의 전력이 문제되어 점령군에 구속되었고, 중국 북부의 지리 정보 등에 대해 심문을 받았다. 이대로는 끝나지 않을 거라 생각한 이이야마는 크리스마스 파티로 들뜬 미군장교의 눈을 속여, 연금되어 있던 호텔에서 탈주했다. 그리고 등산 동료인 조선인 의사의 도움으로 집에 숨어들어가 감춰두었던 필름을 회수한 뒤, 적십자 직원으로 변장해 부산에서 귀환선에 올라탔다.

그는 1946년 정월에 귀국했다. 일본으로 귀국 후, 이이야마는 하카타에서 경성제국대학 스태프들과 재회했다. 하카타항에 속속 귀국한 귀환자를 보호하며, 재외동포 원호회 구료부救療部를 조직해 활동했던 경성제국대학 스태프들은, 귀환자 중 고아의 비참한 현실을 이이야마에게 보여주었다. 이에 이이야마는 의분을 느끼고, 기자재를 준비하고, 의료팀원으로 변장해, 다시 만주로 밀항했다. 펑톈의 고아원, 하카타에서 배를 기다리는 사람들, 귀환선을 타고 가는 항해 등 귀환자들의 실태를 흰 가운 안에 숨겨놓은 카메라로 촬영했다. 이 사진은 원활한 귀환 사업을 요청하도록 GHQ에 제출되었다고 한다.

전쟁이 끝나고 약 10년간 조용히 지낸 이이야마는, 1955년, 이번에는 남미로 향한다. 다시 이즈미와 함께였다. 이후 10년간 아마존, 잉카, 파타고니아 등을 촬영했다. 이 남미행 역시 사건 사고의 연속이었지만, 지면을 고려해 생략하겠다. 이이야마의 행보는, 마치 모험소설과 같이 파란만장하다. 아니, 그런 식으로 이이야마가 솜씨 좋게 이야기했다고 말하는 것이 정확할지도 모른다. 이이야마가 촬영한 사진에 대해서는, 이이야마 본인의 기술만 있을 뿐 비교검증할 자료가 없는 것이 많기 때문이다.

이이야마의 작품 중에 가장 충격적인 것은, 패전 직후 후쓰카이치二日市 보양소에서 찍은 사진일 것이다. 이즈미와 경성제국대학 스태프가 귀환자를 돕기 위해 노력했다는 것은 앞서 언급했는데, 그중에서도 가장 처참했던 것은 귀환 도중에 원치 않은 아이를 임신한 일본인 여성이 낙태 수술을 하는 장면이었다. 이이야마는 후쓰카이치 보양소에서 은밀하게 이루어진 이 수술을 카메라에 담았다. 이것이 귀중한 역사적 사진이라는 것은 틀림없다. 그럼에도 불구하고, 이에 대한 이이야마의 회상은 부분적으로 명확하지 않다. 수술 현장에 입회했던 사람에 대해, 어디에서는 "경성에서 왕래했던 옛 친구"인 "산부인과 의사"[104]라고 하는가 하면, 어디에서는 "이즈미 세이치"라고 한 적도 있다.[105] 사진이 촬영된 상황은 아쉽게도 안개 속에 가려진 채다.

이이야마 다츠오라는 희대의 모험 사진가가 팽창하는 제국 일본에 올라타 그 주변을 카메라에 담았다는 것은 지금에 와서 보면 실로 감사해도 좋을 일이다. 그가 남긴 사진이 제국 일본의 필드워크뿐 아니라 제국 일본 그 자체에 대해 고찰하게 해주는 중요한 재료가 되기 때문이다. 하지만 그럼에도 군데군데 불명확한 이 메타데이터는 사진의 배경을 들여다보기에 불투명하다는 느낌을 지울 수 없다.

1931년에 조선산악회를 설립한 이이야마 다츠오, 1904년에 요코하마에서 출생했고 밀양과 대구에서 자랐다고 하지만, 이 시기에 대한 자료를 찾을 수 없다. 경성철도학교에 어떻게 들어갔는지도 알 수 없다. 1926년 도봉산 자운봉, 북한산 인수봉 등을 등반했고, 1928년에 금강산, 1929년, 1934년, 1942년에 백두산 등행을 했고,

패전 후 1946년에 일본으로 귀국했고, 1993년 89세에 도쿄에서 사망했다. 이이야마가 지닌 식민지 체험, 식민지 기억은 무엇인가? 재조 일본인이었던 이이야마는 한편으로는 식민지 지배 블록의 중심이면서, 조선산악회를 설립하고 그 중심인물로서 제국의 브로커로서 자율성을 지니려고 했던 존재였지만, 다른 한편으로는 그 역시 식민권력의 통치 대상이었다.

그는 조선에 있는 동안 고국 일본을 어떻게 여겼을까? 그가 지닌, 태어난 조국 일본에 관한 의식과 살고 있는 조선에 관한 의식은 어떤 차이가 있는가? 패전 후 일본으로 돌아가 반전운동에 참여한 것이 사실인가? 제3세계에 대한 따뜻한 시각을 가지고 사진을 찍어 책을 출간하고, 전시회를 개최한 것이 제국주의의 실상을 알리기 위한 것이었는가? 이이야마는 일본 제국주의라는 '국가주의'로 무장하고 군림했던 사람이 아니라, 자연으로서 산과 차별 없이 인간을 대했던 자유주의자였던가? 그가 오른 금강산, 백두산 등과 같은 조선의 높은 산들은 그에게 무엇이었는가? 그가 의지했던 '산'이었을까? 산은, 조선총독부 소속으로서 조국 일본이 그에게 부과한 정치적 의미 즉 조선을 침탈하기 위한 대상이었는가? 이러한 문제들은 앞으로 더욱 연구해야 할 숙제라고 할 수 있다.

이이야마 다츠오의 책 『북조선의 산』은 북한에 있는 산들을 대상으로 1927년부터 1942년까지 산악 활동을 하면서 촬영한 사진과 등반기를 모아 놓은 것이다. 책 앞에 서론 격으로 서정적인 사진을 넣었고, 그다음 사진과 글을 7장으로 편집하여 수록했다. 말미에 등산가의 연보가 실려 있다. 이 책에서 그는 조선의 산을 대하는 태도에 앞서서, 일본인으로서 자신도 피해자라는 것을 얼핏 드러내고 있다. 그는 1941년 12월과 1월에 걸쳐 있었던 마천령-백두산 종주에서 국경수비대와 경찰들과 동행하게 되었는데, 그럴 경우에 정상에 올랐을 때, "단체 행동을 위해, 자유가 속박당하고, 특히 정상에 서면 동방요배와 만세 삼창을 해야 했다. 나는 늘 이런 요배와 만세에는 저항심과 부끄러움을 느끼지 않을 수가 없었다"[106)라고 썼다. 이런 글은 이이야마가 지닌 조국 일본에 대한 절망과 조선에 대한 애착, 그 표리 관계를 드러낸다.

요코하마에서 태어나 여섯 살 때부터 조선에 와서 살았던 식민자 2세 이이야마는 자기 존재를 응시하지 않을 수 없었고, 그 근거를 묻지 않을 수 없었을 것이다. 일반적으로 식민지에서 태어난 식민자 2세는 식민지에서 태어나 자랐다는 것을 고통스럽게 받아들였다.[107) 앞에 언급한 것처럼, 이이야마는 1919년 3·1운동이 일어났을 때, 일본인의 집이 불에 타 쓰러지는 것을 보고, 큰 충격을 받은 소년이었다. 그리고 일본의 패망 후 조선산악회 조선인 회원이었던 방현의 도움으로 몰래 부산에서 배를 타고 귀국하면서, 피식민지 조선과 조선인들의 아픔을 생각하기는커녕, 일본인들이 30년 혹은 40년 동안 피와 땀으로 이룩한 재산을 무턱대고 빼앗겼다고 썼다.[108) 이이야마는 자기 자신을 국가권력의 피해자로 여기며, 자기의 역사를 떼어 내며 살았던 것일까?

위 글에서 얼핏 보이는, 그가 지녔을 "식민지에 대한 의식 즉 식민자로서의 자의식"[109)은 이이야마 다츠오를 비롯해서 이즈미 세이츠 등 그 당시 활동했던 재조 일본 산악인의 민족의식, 국가의식을 바탕으로 그들의 등반 업적을 연구하는 데 주요한 바탕이 된다. 나아가 그들의 산행이 일본이라는 제국의 국가적 질서를 조선에 세우기 위한 것인지를 여러모로 연구해야 할 것이다. 김정태보다 열두 살이 많았던 이이야마와 스무 살이 많았던 구로다는 김정태를 언제나 창씨개명한 이름 '타츠미'라고 불렀고, 김정태는 1971년 12월 21일, 이이야마 다츠오의 내한을 환영하면서 "일정 시 재한 산악인 반산 달웅 씨"[110]라고 간략하게만 썼다. 그러나 이이야마와 김정태는 이때 서로 만나지 않았다.

이즈미 세이치

2021년에 번역 출간된 『아득한 산들』[111]의 부제는 '이즈미 세이치의 한국 알피니즘과 삶'이다. 이전에 그가 경성제국대학을 졸업할 때 쓴 논문을 수정 보완한 『제주도』 그리고 그에 관한 『이즈미 세이이치와 군속인류학』이 출간되었다. 이이야마와 더불어 이즈미는 한국 근대 알피니즘을 언급하는 데 중요한 존재임에는 틀림없다.

지금까지 한국 근대 등반사에서 이이야마와 이즈미에 대한 평가는 거의 절대적이다. 어떤 이는 한국의 산을 무한히 사랑했던, 한국 근대 등반의 아버지라고까지 치켜세우고 있다. 과연 재조 일본인이었던 이들을 이렇게 단선적으로 평가하는 것이 옳은 일인가? 일제 강점기, 이이야마 다츠오처럼 조선산악회를 중심으로 모인 재조 일본인들이 순수한 등반을 했다고 쓰는 것과, 이즈미 세이치처럼 전쟁을 위한 부족 자원을 획득하기 위한 자원조사대로 파견되었지만 순수 학술조사를 했다고 여기는 것은 얼토당토않는 순진무구함이다.[112] 이 부분에 관해서 다음 기회에 보다 구체적으로 밝혀보려고 한다.[113]

나이로 보면, 이이야마가 가장 연장자였고, 이즈미 세이치는 그보다 열한 살 아래였다. 이이야마는 1910년 그의 나이 여섯 살 때, 이즈미는 1927년 그의 나이 열두 살 때 조선에 왔다. 이이야마는 조선어를 잘할 수 있었고, 이즈미보다 17년 정도 더 조선에서의 삶을 살았으며, 등반에서도 이즈미를 훨씬 능가했다. 공교롭게도 제2차 세계대전 동안, 이들은 동남아시아 전선에서 라틴 아메리카 탐험에 이르기까지 함께 숱한 산을 누비고 다녔다. 연구원이자 교수였던 이즈미는 군속 인류학자로서 연구했고, 이이야마는 조선총독부 철도국 직원으로 탐험대에 동행해서 사진촬영을 담당했다. 이들이 쓴 글에 상대방의 이름이 등장하지만, 구체적인 내용은 거의 없다. 이이야마는 이즈미를, 이즈미는 이이야마를 일절 평가하지 않았다. 그 이유는 분명하지 않지만, 같은 일본인이라도 사회적 계급이 달랐기 때문이었을 것이다.

확실하지 않은 이이야마의 출생에서부터 행적 등 모든 것에 비하면, 이즈미의 삶은 분명했다. 이즈미는 일제강점기 내내 재조 일본인으로서 최고 엘리트 계급에 속했고, 그의 가문 역시 지식과 권력에 있어서 당대 최고의 자리에 있었다. 과연 그들은 식민지 조선과 조선인들 그리고 산을 어떻게 바라보고 있었을까? 이들이 조선에 와서 거주하게 된 바는, 이즈미가 "우리 집 경제 사정은 도쿄에 있었을 때와 비교하면 조선에 와서 안정되었던 것 같다"[114]고 쓴 것처럼, 이념보다는 경제적 이득 때문이었다.

1915년에 태어난 이즈미 세이치는, 1927년 아버지 이즈미 아키라泉哲, 1873-1943가 메이지대학에서 경성제국대학 법문학과 교수로 이직했을 때 가족들과 함께 조선으로 이주했고, 1933년에 경성제국대학 예과에 입학했다. 이즈미 세이치는 자신의 삶에 결정적인 영향력을 미친 아버지에 대하여, 자서전『아득한 산들』에서, 어린 시절뿐만 아니라 1937년 경성제국대학 은퇴 후의 개인사까지 분명하게 쓰고 있다. 아버지의 친구였던, 조선총독부 초대 철도국장이면서 조선철도 총계획을 수립하고 개설한 오무라 다쿠이치大村卓一가 일제강점기 최고의 식민지 개척을 담당하는 기업인 남만주철도주식회사의 부총재(1939년부터는 제15대 총재)가 되었을 때, 아버지는 만철의 조사부 국제법 담당 고문으로 취임했다고 기술했다.[115] 이즈미는 1937년 위탁조사로 중국의 중부와 남부를 시찰하면서 아버지의 비서로서 동행했다.[116] 1943년 부친의 부음을 전해 들었다.

이즈미 세이치는 아키라의 제자로부터 메이지대학의 조교수 임용을 추천받았을 때를 이 책에서 각각 나누어 썼다. 아버지 아키라 교수는『식민지 통치론』植民地統治論 등을 저술하면서 식민지 정책을 연구한 국제법 학자였다.[117] 일제가 조선총독부를 내세워 식민지 동화주의를 강제한 것과 다르게, 아키라의 식민지 통치론은 식민지 본위의 문화적 통치정책, 연방제 결성을 중심으로 하고, 식민지 교육은 현지어로 하며 궁극적으로 식민지 독립에 이르는 것을 주장했던 학자였다. 1933년 일본이 국제연맹에서 탈퇴하자, 아키라는 일본 정부의 외교정책을 비판했고, 국제연맹을 적극적으로 옹호했다. 만주사변에 관해서도 일본 정부를 비판하는 논문이 발간금지 처분을 받기도 했고, 이로 인해서 이즈미는 아버지 아키라의 신변경호를 한 적이 있었다고 썼다.[118]

이즈미 세이치는 중학교 시절에 등산을 시작했다. 조선산악회 소속이었고, 경성제국대학 예과의 스키 산악부, 경성제국대학 학우회 산악부를 발족했다. 그즈음, 그가 터득한 암벽등반 기술은 조지 딕슨 아브라함의 『완벽한 등산가』를 통해서였다.[119] 1935년에는 법문학부 국문과로 전과했고, 이때부터 스키 산악부, 이어서 학우회 산악부를 만들어 본격적으로 조선의 산을 등반했다. 1935년 12월 겨울 제주도 등반에서 친구 마에카와前川를 잃고 나서는 1936년 2월과 3월 사이에 제주도로 가서 실종된 시신을 찾고자 했으나 성공하지 못했다.[120] 또한 이즈미는 조선의 산 가운데, "집선봉은 나의 산이었다"[121]라고 할 정도였다.

1932년 이즈미가 경성제국대학 학생 시절 관모연산을 등반했을 때, 참가했던 이이야마를 처음 만났지만,[122] 그에 대한 어떠한 언급도 하지 않았다. 그다음, 이즈미는 "1935년 12월 경성제국대학 적설기 제주도 한라산 등반에서 이이야마 다츠오가 지도원으로 참가해주었다"[123]라고만 썼다. 당시 이즈미는 "좁은 경성 바닥에 사는 일본인 사회"[124]에 속해 있었지만, 이이야마 다츠오에 대한 서술은 이것이 전부였다. 1943년 뉴기니 조사에도 이이야마 다츠오가 동행했지만, 사진을 인용했을 뿐 그에 대한 언급은 하지 않았다.[125]

이즈미는 1932년 이후, 북조선의 산을 등반하고 글을 쓰면서 그곳에 살던 화전민들에게 흥미를 지니게 되었고,[126] 자신의 서툰 조선어로 그들과 대화한 것을 기록했다.[127] 1934년 말에서 1935년 초에 걸쳐, 교토제국대학 산악부 등반대가 백두산 등정에 성공했을 때, 이즈미는 "이이야마 다츠오는 수송반 담당과 통역을 겸해 이 원정에 조선에서 참석한 유일한 한 명이었다"[128]라고만 간단하게 서술했다. 무엇보다도 이즈미는 이때, "백두산 일대의 조선과 만주국 국경지대에서는 그 당시 조선 독립을 기획하는 빨치산과 집단 강도단인 비적이 뒤섞여 활동하고 있었으므로 단독 산행은 불가능했다. 그래서 경비대가 합동 훈련을 위해 백두산에 오를 때 민간인도 동행 허가를 받는 형식으로 백두산행이 가능했다"[129]라고 쓰고 있다. 이런 진술은 모든 백두산 등행에 적용되는 것이었지만, 김정태의 진술에서는 결코 찾아볼 수 없는 것이다.

일제강점기, 재조 일본인 이즈미가 "산에 가거나 조선의 시골길을 걷고, 대학의 잔디밭에 벌러덩 누워 자거나 하며 시간을 보내고 있었"[130]을 때, 이즈미보다 한 살 적은 조선인 김정태는 왜 산에 올랐을까? 산에 오고 가면서 무엇을 본 것일까? 1965년 이즈미가 제주도를 방문했을 때, "30년의 세월이 한순간에 되돌아오자 울음을 터뜨렸다. 바다를 건너 불어오는 바람이 울음소리와 섞여 표표히 흘러가고, 쾌청한 가을 하늘에 한라산이 우뚝 솟아 있었다"[131]고 쓴 정서적 공감능력이, "일본 육군은 만주사변을 계기로 만주국을 독립시키고, 이것을 발판으로 북중국과 몽골로 진출하려 하고 있었다"[132]며 역사를 기억하는 능력이, "전쟁으로 사회적 긴장이 팽배해 있어서 개인의 자유와 창의력이 조금씩 사라져버리고 있었던 것이다"[133]라고 판단할 능력이, 김정태에게는 없었다. "학도병의 동원이 시작되었다. 조선 사람들의 이름을 일본식으로 바꾸는 창씨개명 운동도 총독부의 주도로 강행되기 시작했다. 이것은 성과 이름으로 상징화되어 있는 조선 사회 조직의 근간을 무너뜨리는 중대한 압력이었다. 그리고 조선인들을 상대로 강제징용 즉 징병제도도 시행하려 하고 있었다"[134]라고 쓴 이즈미와는 다르게 김정태는 자신에게도 무관하지 않은 일조차 그의 글에서 대충 얼버무렸다.

이즈미 세이치는 1936년과 1937년에 연달아 제주도를 방문했고, 1938년에 졸업논문으로 「제주도: 그 사회인류학적 연구」를 제출했다.[135] 1938년 7월-9월, 경성제국대학 '몽강 학술탐험대'에 참가해 내몽고內蒙古를 조사했다. 이때 이이야마도 참가했다. 조사단은 1944년 3차 몽강지대 학술조사 이후, 국가기밀을 담아 『경성제국대학 제3차 몽강 학술조사대 보고』(1944)를 출간했다.[136] 이즈미는 1938년 12월 20일, 경성에서 비행기로 일본 아사히카와시로 가서 군에 입대했고, 하얼빈 등에서 수습 사관으로 복무하다 1941년 12월 10일, 태평양전쟁이 일어난 때에 만기 제대했다.[137] 1942년 1월 초에 경성으로 돌아왔고, 경성제국대학 이공학부의 조교 겸 서기로 복직되었다.

이즈음, 경성제국대학 산악부는 백두산을 등반하면서, "다이너마이트로 얼음을 깨고 천지의 깊이를 측정했다."[138] 일본 제국주의는 조선을 재구성하는 '국민총력연맹'을 만들어 중일전쟁에 이어서 태평양전쟁을 치르고 있었다. 1943년 1월부터 9월까지 '서 뉴기

니 자원조사단'에도 이즈미는 이이야마와 함께 참가했다.[139]

태평양협회의 '일본 총력적 연구소'가 이끈 서 뉴기니 자원조사단의 목적은 순수한 학문조사가 아니라 일본군이 점령지를 확대하고, 전쟁수행을 하기 위한 자원조사였다. 이 조사단에서 이이야마 다츠오는 사진촬영을 담당했다. 조선총독부 소속 이이야마와 경성제국대학 소속의 이즈미의 동행은 1938년 몽강 학술탐험대에서부터 시작되었다. 서 뉴기니 자원조사단 제5반에 속했던 이 둘은 탐험대 구성에 중요한 역할을 했고, 구체적인 임무는 '호루나 탄전 개발'이었다.[140] 이 두 사람이 탄전 개발 업무를 담당하게 된 것은 일제가 수많은 물자를 옮기기 위하여 '극지법'이라고 하는 등반 방법을 적용했기 때문이었다. 이이야마는 "이것은 조선총독부가 수년 전에 북조선의 미답봉을 답사했을 때, 조선총독부의 기관들이 채용한 방법이었다"[141]라고 말하면서, 그 이전에 마천령−백두산 종주, 백두산 등행 등이 전시체제 아래에서 식민지 수탈과 전쟁 승리를 목적으로 이루어진 것임을 분명하게 밝혔다.[142] 자료를 확인하면, 총 416명이 동원된 이 조사단은 일본 해군이 서 뉴기니 전선 확대에 필요한 지질·광산·임산·농산 자원의 개발을 위한 기초자료 수집을 목적으로 했지만,[143] 조사 기간에 전황이 악화되자 조사단의 임무는 산악지대 군용도로측량과 비행장 건설지를 확보하기 위한 조사로 이어졌다.

이즈미는 1943년 8월에 뉴기니에서 경성으로 돌아왔고, 1944년 경성제국대학에 설치된 '대륙자원과학연구소'에서 전시체제 일본 제국이 전쟁을 치르는 데 필요한 중국 대륙의 광산·철광 자원

탐사 업무를 맡아 일하면서 조사단의 조직자로서 역량을 인정받았다.[144] 1945년 일제가 패망하자, 자신들의 안전과 특권을 보장해주던 식민통치체제는 연합군에 의해서 해체되었다. 일제는 급하게 재조 일본인들의 보호와 귀국을 돕는 단체 '경성내지인 세화회'京城內地人世話會를 조직했고, 이즈미는 이곳에서 일하면서 경성제대 인맥을 이용하여 재조 일본 난민들을 치료하는 '이재민 구제병원'을 설립했다.[145] 그리고 1945년 12월에 이 병원을 경성에서 일본 후쿠오카의 하카다로 옮겼고, 이어서 '재외동포 구호구료부'를 재조직했다.[146]

1943년 3월에 메이지대학의 교수가 되었다. 기록을 보면, "1945년 말 남한의 재조 일본인이 2만 8천 명으로 감소했고, 1947년에 이르러 귀환은 완료되었다."[147] 이러한 역사의 굴곡 속에서 이즈미는 "전쟁과 유랑에 떠밀려간 청춘을"[148] 아쉬워했고, 어디를 가든 "조선의 가을 하늘이 아름답다"[149]고 여겼고, "인간에 대한 배려"[150]를 잃지 않았던 군속 인류학자였고,[151] "파라오의 검붉은 석양조차 아버지의 임종을 지키지 못한 남자의 뼈에 사무치는 서러움을 떨쳐내지 못했다"[152]라고 썼을 만큼 아버지를 존경했던 아들이었다. 이즈미는 뉴기니에 갔을 때 아버지를, 발굴 여행 중에 어머니를 잃었다.[153] 그러나 이이야마 다츠오와 함께, 이들이 피식민지 "조선과 조선인들의 비참한 고통과 절망적인 삶을 이해했다"[154]고는 할 수 없다. 이들은 1931년 만주사변, 1937년 중일전쟁 등으로 "전선이 확대되면서 전쟁물자 조달과 점령지 민족 정책이 심각한 문제로 대두되면서 … 이러한 문제에 대비하기 위한 정책적 활동을 순차적으로 수행"[155]한 일본 제국주의자들이었고 제국의 브로커들이었다.

이시이 요시오

이시이 요시오는 재조 일본인이었고, 입회 연도가 밝혀지지 않았지만 조선산악회 회원이었으며, 김정태와 함께 근대 등반뿐만 아니라 사적인 우정을 많이 나눈 선배였고, 조선산악회의 1941-1942년 마천령-백두산 종주 산행 때 대장이었다. 석정 (철)공업소를 운영했다는 것 말고, 그의 출생과 사망 그리고 언제 조선에 왔고, 어디서 무엇을 했는지에 대해서 거의 알려져 있지 않은, '이상한' 인물이다. 김정태는 일제강점기 내내 이시이의 도움을 많이 받았다. 이시이와 함께 등반뿐만 아니라 술집을 전전했다. 그때마다 술값은 이시이가 지불했다. 이시이는 김정태의 스폰서였던 셈이다. 김정태가 밝힌 첫 번째 사회적 소속은 이시이가 봉래정에서 운영하던 '석정石井 공업소'였다. 손경석은 『한국등산사』에서, "이시이는 1935년 금강산 산행 때 차 안에서 알게 된 당시 일본인 대학생 이시이와 동일인인지, 아니면 그 후 이시이와 김정태가 산악운동뿐만 아니라 다른 어떤 관계가 있으며, 김정태가 근무했다는 이시이 철공소와는 무슨 관계인지 확실하지가 않다"[156]고 썼다.

김정태는 1935년 2월 금강산 등반 때, "마침 간밤 기차 속에서 사귄 이시이 요시오(석정길웅, 일본인 산악부), 일본인 학생"(100쪽), "6척 키를 가진, 일본인 대학생"(102쪽)이라고 쓰면서, 그와의 첫 만남을 기억했다. 그 이전에 쓴『등산 50년』에서는 "마침 간밤 기차 속에서 사귄 석정길웅(일본대 산악부)이라는 일본인 학생"[157]이라고 썼다. 앞의 '일본인 산악부'는 '일본대 산악부'의 오기로 보인다. 그 이후로도 김정태는 이시이에 대해서 꽤 많이 썼다. 김정태에게 이시이는 등반 능력이 턱없이 부족해서 줄을 잡아당겨주어야 했던 불편한 인물이었지만, 산 아래로 내려오면 물질적 도움을 받는, 필요한 존재였다.

그러나 김정태의 이러한 진술에는 여러 가지 모순이 있다. 그는 가장 가깝게 지낸 이시이의 나이부터 경성에서 철공소를 운영하는 내용에 이르기까지 분명하게 언급하지 않았다. 그러면서도 김정태는 이시이가 일본대 산악부 출신이라고 하면서 그에게서 스키를 배웠다고 썼고, 자신의 일본대학 선배라고까지 했다. 김정태의 이런 진술은 모호하기 이를 데 없다.

1935년 봄, 인수봉 정면벽을 초등할 때, "이시이는 겨울 금강산에서 만나 같이 스키 등산을 한 친구였다. 그는 나보다 4, 5세 연상으로 일본인이면서 그들 스스로를 비평할 만큼 초탈한 데가 있었다. 일본인들과 잘 어울리지 않고 엄(흥섭)과 나를 좋아해서 자주 동행을 하게 되었다.…구하기 힘든 장비 보급 등 물질적인 조달을 곧잘 도맡아주었다"(50쪽)라고 썼다. 1936년에는 "내가 일본의 대학 진학이 있었던" 때 "일본서 같은 학교 선배가 된 이시이"[158]라고 썼다. 그러나 김정태가 '일본대학'에 다녔다는 자료는 찾을 수 없다.

1937년 1월 금강산 집선봉 등반 때, "이시이가 일본에서 아이스

하켄 등을 구해 와 우리의 장비는 괄목할 만큼 개선되었다"(105쪽)라고 썼다. 같은 해 5월, 도봉산 선인봉을 초등할 때, "억지로 따라붙은 일본인 이시이 … 나의 일본 유학에 연고가 있으며 좋은 등반 장비를 제공해서 서로 도움이 되어왔다. … 6척 장신에다 … 곧잘 웃기는 애교가 있었다. 가끔 어딘가 비어 있는 듯 어린애 같은 짓을 해서 법석을 떨고 웃겨서 재미있는 친구였다"(54쪽)라고 썼다.

1940년 1월, 개마고원 북수백산 등반 때, "스폰서는 일본인 이시이였다. 1935년 금강산 등행 이래 산행에서 자주 어울렸던 그는 큰 철공업소 경영주로 성장, 적지 않은 경비를 기꺼이 내놓았다"(157쪽)고 썼다. 1941년 12월부터 1942년 1월, 마천령-백두산 종주 때는 "한인만의 백두산행은 인정되지 않으므로 입산 때의 편의를 위해 대장을 일본인으로 하기로 했다. 그래서 백령회 측은 이시이를 대장으로 추천"(198쪽)했다고 썼다. 일제강점기, 누가 누구를 추천할 수 있었는지 앞뒤가 잘 이해되지 않는 정황이고, 기술이다.

1942년 10월 김정태가 조선인 대표로 도쿄에서 열린 제13회 메이지 신궁 국민연성대회에 참가했을 때, 이시이는 10원을 기증했다. 1942년 7월과 1943년 7월에 있었던 조선체육진흥회의 제1·2차 백두산 등행에 김정태와 이시이도 참가했다. 이때 이시이의 주소는 '봉래정蓬萊町 1-129, 이시이 철공소'였고, 김정태는 타츠미 야스오라는 창씨개명한 이름으로, 소속은 '석정 공업소'라고 표기되어 있다.[159] 그다음부터 이시이의 이름은 김정태의 책에서 등장하지 않는다.

김정태는 이시이를 학교 선배로 명기하면서 1936년 자신이 '일본대학'에서 유학했다는 것을 은연중에 드러냈다. 그러나 김정태는 자신의 책 『천지의 흰눈을 밟으며』 저자 소개에 일본대학 유학에 대해서 일절 쓰지 않았다. 1941년 출발한 마천령-백두산 종주 산행기에, 대장이었던 이시이에 대해서도 일절 언급하지 않았다. 김정태가 일본대학으로 유학갔다는 사실은 거짓에 가깝다. 김정태는 1935년에 처음 만난 이시이를 일본대 산악부 학생으로 썼지만, 손경석의 언급처럼, 이시이가 '일본대학' 산악부 출신인지에 대한 자료는 없다. 이시이가 김정태보다 네다섯 살 많다면, 그때 김정태는 열아홉 살, 이시이는 스물셋 혹은 스물네 살이었다. 1928년 4월 4일에 발행된 조선총독부 관보를 보면, 이시이는 '조선공업학교 기계과' 제6회 졸업생으로 나와 있다. 조선공업학교는 1916년에 관립 공업전문학교로 개교해서, 1918년에 부속 공업전습소를 신설했다. 1922년에 조선총독부 제학교 관제 공포에 따라 경성고등공업학교로 개칭하고, 이시이가 다녔던 부속 공업전습소는 분리되어 경성공업학교라고 칭했다. 경성고등공업학교는 경성제국대학에 통합되었고, 이시이가 졸업한 3년제 경성공업학교는 "보통학교 고등과 2년 수료자 혹은 중학교나 고등소학교 2년 수료 이상자"[160]가 입학할 수 있었고, 1946년에 해체되었다. "비상시하 자원개발의 엔지니어 초년병을 양성해내기로 된 학교"[161]이자 "일본인은 조선인에 비해 수준이 낮은 학생이 입학했"[162]던 학교였다.

이 기록을 따라가보면, 이시이는 일본 니가타 출신이고, 기계과를 졸업하고 철공업소를 운영했다. 이시아가 1928년 열여덟 살 때이 학교를 졸업했다는 것을 전제로 하면, 이시이는 그전부터 식민지 조선에 와서 거주하고 있었던 재조 일본인이었다. 1911년 혹은 1912년생으로, 1925년 소학교를 졸업하고 1928년 3년제 공업학교를 마친 후에, 조선에 머물렀을 수도 있고, 잠시 조선을 떠나 일본대학에 다니다 다시 돌아와 중림동에서 자신의 이름을 딴 철공업소를 운영했을 수도 있다. 1931년에 창립된 조선산악회에 이시이가 언제 가입했는지는 알 수 없다. 이시이는 1935년에 금강산을, 1937년부터는 김정태와 북한산 노적봉과 금강산 집선봉을, 1939-40년에는 북수백산을 올랐고, 1941년 12월부터 1942년 1월까지는 마천령-백두산 종주를, 1942년 1차 백두산 등행과 1943년 2차 백두산 등행에 참여했다.

1944년 9월 13일에 발행된 조선총독부 관보를 보면, 이시이는 경기도 지역 소속으로, 일본적십자사의 공로상을 받았다. 분명한 것은 이시이가 어릴 적에 조선으로 이주했고, 경성에서 공부하고, 이시이 철공업소를 운영했으며 조선산악회에 가입했고, 김정태와 오랜 우정을 나누었다는 사실이다. 그러나 이시이가 언제, 어떤 이유로 조선에 왔으며, 그가 과연 일본대학 산악부 출신인지, 1945년 패망 후 언제 일본으로 돌아갔는지, 어디서 무엇을 했는지는 전혀 알 수 없다. 이시이도 잡지『관광조선』에 게재된 짧은 기행문「나의 발견 코스」말고는, 자신의 삶과 등반에 관한 글을 남긴 바가 없고, 김정태도 1943년 이후 이이야마, 이시이에 대한 언급을 더 이상 하지 않았다.

한국 근대 등반과 재조 일본 산악인의 유산

일제강점기, 재조 일본 산악인들과 김정태는 서로 갈등하고 대립했을까? 한쪽은 식민제국 출신이고, 다른 한쪽은 피식민지국 출신이었다. 조선산악회는 이들의 상호 소통의 장 혹은 공존의 장이었을까? 일제강점기에 태어나서 활동했던 김정태는 과연 식민지 경험을 청산할 수 있었을까? 오늘날 우리들은 김정태가 남긴 등반에 관한 식민지 유산을 인식하고, 극복한 것일까? 한국 근대 등반사를 언급할 때, 빼놓을 수 없는 재조 일본 산악인들과 이들이 만든 조선산악회는 제국과 식민지 경계에 있었다. 김정태를 비롯한 조선 산악인들과 함께 조선의 산들을 아무렇지도 않게 넘나들었다. 한국 근대 등반사는 이들이 남긴 역사적 연원을 밝혀야 하고, 당대의 의미와 현재적 의미를 동시에 규명해야 한다. 그런 면에서, 김정태에 관한 서술과 더불어 재조 일본 산악인들에 관한 면밀한 검토, 연구가 절실하다.

어떤 이유로 1931년에 조선산악회가 만들어졌을까? 조선을 식민지로 지배한 조선총독부의 허락과 지원 아래 있었던 조선산악회는 단순한 산악인 모임이 결코 아니었다. 무엇보다도 식민지 통치가 정점을 향하고 있었던 즈음에, 조선의 지배 방법은 관료나 군부에 의해서만 이루어지지 않았다는 것을 의미한다. 일본인들이 중심을 이루고, 일제 지배에 반대하지 않는 조선의 친일 산악인들로 구성된 조선산악회는 식민지 지배체제가 다양한 계층과 방법으로 유지되고, 더욱 강화되고 있었다는 것을 뜻한다. 한국 근대 등반사에서 조선산악회 소속의 일본 산악인들의 뿌리는 견고했고, 강고했다. 이들은 식민지배의 중심축이면서 주역이기도 했다.

김정태는 그들 곁에 있었고, 그들의 모든 것을 배웠고, 그렇게 제 삶을 이어나갔다. 일제강점기, 그가 이룩했다고 내세우는 숱한 초 등의 역사는 식민 주체의 입장을 말하는 것이었다. 해방 후, 그가 남 긴 등반 역사에 관한 서술은 그의 족적이라는 단순한 기억이 아니다. 그것은 일제 식민지배 속에서 조선의 깊고 높은 산들을 정복했던 일본 산악인들의 정당성을 긍정하는 근거였다. 김정태는 이를 위해서 무리하게 자신의 등반을 미화하고, 기억을 왜곡하여 서술했다. 일제강점기 내내 등반의 연원에 관한 입장을 말하지 않았던 그는 해방 이후, 조금씩 자신의 등반 역사를 민족주의적 저항의 차원으로, 식민지배의 역경을 이겨낸 결과로 탈바꿈시켜 나갔다. 일제 강점기 내내, 지배자 혹은 지배자들의 아류로 있던 그가 해방 이후에는 식민지배의 피해자가 되어 자신의 입장을 만들어갔다. 김정태의 추억이 변모해갔던 터라, 그의 기억 서술은 탁월한 등반 능력을 지녔던 이이야마 다츠오, 이즈미 세이치 같은 재조 일본 산악인들이 남긴 기록들과 일치하지 않았다. 더구나 백령회 엄홍섭을 비롯해서 재조 일본 산악인들이 모두 역사 속으로 사라진 터라, 기억의 오류에 대해서 비판적 성찰은 어렵게 되었다.

조선산악회는 식민지 침탈과 수탈을 담당했던 조선총독부를 비롯한 제국의 권력이 지원하는 단체였다. 그 권력의 지원 아래 조선의 산을 제멋대로 올라갔고, 정복했다. 재조 일본 산악인들에 관한 연구는 다양한 각도에서 이루어져야 한다. 그들이 식민지를 대하는 태도, 식민지 산과 등반에 관한 태도, 조선산악회의 구조와 특성, 이를 통한 일본 식민지배의 성격과 식민지 근대 등반사가 제대로 규명될 수 있어야 한다. 이이야마 다츠오, 이즈미 세이치, 이시이 요시오 등과 같은 재조 일본 산악인들에 대한 연구와 더불어 김정태의 경험과 그가 남긴 유산을 통시적·공시적으로 연구해야 한다. 지금까지 김정태의 위상과 역할 그리고 그가 남긴 등반 기록에 비해서 그에 관한 연구가 없었던 것은 무엇보다도 왜곡된 기억 서술 탓이다. 백령회를 강조하면서 일제 지배의 저항으로서 산행·등반에 초점을 맞춘 것은 앞뒤가 맞지 않는다. 산악인으로서 전성기를 재조 일본 산악인들과 함께했던 김정태가 남긴 기록들만 보면, 근대 등반의 내재적 분석은 거의 불가능하다. 조선산악회를 비롯한 재조 일본 산악인들과 친일 산악인들의 고정 관념만이 무비판적으로 이어지고, 굳어지고 있는 이유는 여기에 있다. 그런 의미에서 이이야마, 이즈미, 이시이 등의 식민자로서 재조 일본 산악인의 역사적 체험과 기억의 뿌리를 깊게 들여다보아야 한다.

식민자로서 이시이, 이이야마, 이즈미의 조선 체험과 등반의 기억은 무엇인가? 그들에게 식민지 조선의 모습과 제국주의적 등반은 어떻게 연동되고 혹은 유리되었을까? 김정태에 관한 연구의 어려움은 그에게서 식민 가해자의 기억과 어긋나는 피식민자의 입장을 살펴볼 수 없다는 점이다. 가해자의 지배 논리와 피해자의 입장 사이에 차이가 없다는 점이다. 김정태의 글과 삶에서 일제강점기 조선의 독립을 위한 저항의식을 살펴볼 수 없었던 것과 마찬가지로 이이야마와 이즈미의 글에서 식민지배의 부당성과 잘못을 인정하는 바를 찾아볼 수 없다. 이들 모두에게 지배와 수탈에 관한 성찰은 없다.

일제강점기 친일 산행에 대한 자기 반성이 없었던 김정태는 나이가 들수록 산악계에서 역사적 고아가 될 수밖에 없었다. 그의 행적과 등반 기록에 관한 의구심이 날로 커져갔기 때문이었다. 반면에 이이야마와 이즈미에게 조선의 기억은 제국의 미래를 위한 현실이었다. 그들에게 조선에서의 제국의 영화는 길었고, 제국의 몰락은 짧았다. 그들에게는 과거의 교훈이 없었다. 이이야마는 식민지배자로서 자학은커녕 총독부 검사의 아들이며 조선총독부 철도국 소속으로, 이즈미는 경성제국대학에서 식민지 통치학의 대가였던 교수의 아들이며, 경성제국대학 출신으로 일제의 전쟁 승리를 위한 탐사·탐험·등행과 같은 과거의 행로를 자민족의 번영, 역사로 여겼다. 크게 보면 그들 역시 제국주의가 개인을 사회적·역사적으로 종속시킨 불행한 존재들일 수밖에 없었다.[163]

식민지 지배의 선두에 선 재조 일본 산악인들과 김정태와의 관계는 한국 근대 등반사를 규정하는 데 매우 중요한 기점이라고 할 수 있다. 그들이 임의로 왔는지, 어떤 죄과를 범하여 조선에 왔는지, 어떤 삶을 살았는지, 어떻게 산악인으로 조선의 산에 오를 수 있었는지, 조선의 산과 조선 산악인들을 어떻게 대했는지를 연구하는 것은 앞으로의 귀중한 연구 주제가 될 것이다.

3 산의 역사 앞에 선 인간

새와 짐승 슬피 울고, 바다와 산 찡그리네.
무궁화 삼천리 이제 망해버렸구나.
등불 아래 책을 덮고 지난 역사 헤아리니,
세상에 글 아는 사람 되기 어렵구나.

−매천 황현, 「절명시」

한국 근대 등반사와 알피니즘

한국 근대 등반사에 관해서 쓰인 논문 형식을 갖춘 글은 찾아보기 힘들다. 이 분야에 관한 수많은 말들이 오고 갔지만, 학술적 논의는 없었다. 그것은 한국 산악계에 학술적 연구와 산악 비평이 부재한 탓이기도 하다. 대학에서 산학 연구를 하는 연구자들을 찾아보기 힘들고, 그런 연구를 담당하는 학술 단체도 없다. 해방 이전과 이후, 산악인들의 이익과 우정을 위한 동호회·산악회 그리고 지자체의 예산을 받아 크고 작은 사업들을 실행하는 연맹과 같은 단체들은 그 수도 많고 연륜도 오래되었지만, 산을 연구하는 대학의 학과와 학술 단체는 아직 없다. 한국문화역사지리학회가 한국의 인문지리를 연구하면서 총서를 출간하고 있고, 최근에 한국산악학회가 창립되어 다행스러운 일이다. 이런 환경에서, 한국 근대 등반사를 다룬 오영훈의 논문 「20세기 초 외국인들의 등반이 국내 산악계에 미친 영향」은 매우 소중하고 반가울 수밖에 없다.[164] 한국 산악계에서 등반사에 관한 깊이 있는 학술 연구가 시작되었다는 것을 알 수 있기 때문이다.

일제강점기를 포함한 근대 산악인에 대한 연구는 앞으로 한국 산악계의 발전을 위해서 가장 기초적인 연구라고 할 수 있다. 그동안 한국 근대 등반사 연구는 '한국등산사연구회'와 같은 모임과 개인 연구를 통해서 이루어졌지만 대중적이지도 않았고, 학술적 절차를 거친 것도 학문적 성과로서 인정받은 것도 아니었다. 그런 탓에 한국 근대 등반사 연구는 소문과 미확인 속에서 정의되고 규정되기도 했다. 등정 결과에 대한 시비처럼 말뿐이었고, 분명한 확인 없이 기록으로 고정되었다. 일제강점기 한반도가 일본 제국주의자들의 손아귀에 잡혀 있었던 그 시대를 근대 등반의 계몽기라고 한다면, 일본 제국주의 알피니스트들과 그들과 함께했던 조선의 알피니스트들의 흔적, 일기, 산에 오르는 사상 그리고 그들 삶의 노정들을 묻고, 확인하고, 기록하고, 평가해야 하는 것은 후학의 몫일 터다.

크게 보아 한국 근대 등반사 무대에 등장하는 인물군은 경성제국대학 산악부 출신의 알피니스트들, 피식민지 조선을 '우리 조선'[165]이라고 여기면서 식민지 조선에서 일했던 이이야마 다츠오, 이즈미 세이치와 같은 조선산악회 소속 일본 산악인들, 이들의 침략과 패악·멸시·수탈과 강탈에 개의치 않고 이들과 함께 이 땅의 수많은 산을 올랐던 김정태와 백령회 소속 조선 산악인들, 경기고보·양정고보와 같은 학교 산악부 등으로 대별할 수 있다. 그들 가운데 많은 산악인은 한편으로는 서양 근대 알피니즘을 배우고, "팽창주의 식민시대에 탐험과 정복의 철학으로 무장한"[166] 선구자들이었지만, 다른 한편으로는 조선의 자연을 찬탈하고 유린했던 역사에 앞장섰던 무리들이기도 했다. 서양 근대 알피니즘과 초등의 의미를 내세우고, 적설기 등반이니, 일본 제국주의 용어인 '연성'鍊成*을 운운하면서 백두산에 올라 제를 지내고 일본 천황폐하 만세를 부르짖으면서 친일 부역 행위를 했다. 해방 이후에는 과거에 대한 구체적인 행적들을 밝히지도 성찰하지도 않은 채, 한국 산악계의 선구자로서의 삶을 이어간 이들은 국가부흥, 자민족의 우수성을 표본으로 삼는 모던 알피니즘으로 망명한 '근대 산악인'이었다.

한국 근대 등산사 연구방법은 산에 관한 사유로부터 출발한다. 필자의 문제제기는 다음과 같다. ① 산은 어디에 있는가. 일상 속에 있는가, 일상 바깥에 있는가. ② 우리에게 산을 연구하는 산학이란 무엇인가. ③ 근대 등반과 알피니스트의 윤리적 정체성은 무엇인가. ④ 초모룽마를 에베레스트라고 이름을 바꾼 서구 제국주의와 알피니즘의 공모는 우리들에게 무엇인가.

---

* 이 용어는 지금도 일본종교인 천리교에서 '포교 연성회' '전국 교회장 연성회'처럼 공공연하게 쓰고 있다.

한국 근대 등반사 서술
산, 알피니즘 그리고 알피니스트

산은 물리적으로 일상 너머에 자연 그대로 있지만, 전통적으로 산은 우리 민족 심성 안에 일상의 삶으로 자리 잡고 있다. 우리에게 산은 높고 우람한 산이 아니라 삶의 산, 일상으로 이어지는 "문화의 산, 역사의 산이라는 성격이 강하다."[167] 동시에 산은 동서양을 막론하고, 사회적 모순에 대항하는 도피 공간이기도 했다.[168] 근대 이전, 산은 사람과 구별되지 않았고, 산은 사람의 삶의 바탕일 수 있었다. 근대 이전에 산은 삶과 어긋날 수 없고, 분리될 수도 없는 자연 공간이었다. 산에 살고, 산에 오르는 사람은 있어도 산악인, 알피니스트라는 말은 낯설 수밖에 없는 이유는 여기에 있다.

근대 이후 사람과 산이 구별되면서, 사람의 산이 알피니즘의 산으로 특화되면서, 산은 알피니스트라는 전문인들의 터전이 되었다. 높은 산은 일상을 넘어서는 초월적 공간이 되었다. 알피니스트는 일상 바깥의 산을 적극적으로 오르는 존재이면서, 등반 행위의 기록과 그 의미를 통해서 산을 일상적 삶 안에 '특별한 대상'으로 들여다 놓는 존재가 되었다. 특히 고산 등반은 산을 삶의 이쪽과 저쪽의 경계 즉 문지방liminal space과 같은 곳이 아니라는 것을 보여주었다. 근대 등반 이후 고산은 일반적인 산의 정체성과 다른 특별한 산이 되었고, 알피니스트들은 고산에 새롭고 고유한 아우라를 부여했다. 알피니스트는 일상에 반하는 산을 구별하면서 동시에 산에 오른 결과를 일상의 삶 속에서 돋보이게 하는, 구별짓는 존재가 되었다. 높은 산, 먼 산에 가는 일은 일상 너머, 일상을 초월하는 일이 되었다. 등정주의, 등로주의, 초등과 같은 탈일상적인 용어들이 사람의 산을 멀리하게 만들었다.

근대 등반과 알피니즘은 높은 산, 험한 바위를 오르는 행위가 탈일상 행위로 고정되면서 생출했다. 여기서 위험을 극복하는 전문가로서 알피니스트는 등반의 고유하고 특정한 차원을 강조한다. 산과 등반에 새로운 의미를 부여했고, 전통적 공간으로서의 산을 새로운 공간으로 탈바꿈시켰다. 고산에 오른 그들의 경험은 아무도 올라가 본 적이 없고, 공유된 바가 적지만, 그런 이유로 새로운 질서 창조로 인정받았다. 일반적인 인간의 속성과 한계를 넘어서는 등반의 증거나 증좌를 한 개인의 특출한 차원에 머물게 하면서, 등반을 최종적으로 일상과 비교되는 차별적 행위로 확고하게 규정했다. 아무도 오른 적이 없다는 산을 오르고 나면 알피니스트의 존재는 그가 오른 산이 되었다. 그때부터 알피니스트는 초등했다는 역사적 기억을 실어 나르는 영예·명예의 기계가 되고, 자연의 산은 그만큼 축소된다. 그다음부터 산에 오르는 다른 알피니스트들은 기록되지 않을 그 산을 배회할 뿐이다. 근대 등반 이후, 문자화된 최초 등반 기록보다 더 나은 기록을 보충하기란 불가능한 일이기 때문이다.

근대 등반은 초등 신화를 영원한 신화이며 변화하지 않는 것으로 승인·공인한다. 그리고 그것은 권력으로 작동되며, 자본 시장에서 희귀성을 획득해 존경과 경제적 혜택을 누리게 된다. "히말라야에서 귀환한 '선택받은 자'는 콘퍼런스, 저서, 인터뷰 등을 통해 자신의 무훈을 상징적으로나 상업적으로 이용해 돈벌이할 찬스를 갖게 된다."[169] 근대 등반은 결국 산을 대하는 전통적 의례를 추상적인 것으로, 돌이킬 수 없는 것으로 만들었다. 시간이 가치를 부여하는 것이 역사라면, 근대 등반의 가치를 결정짓는 것은 기록이다. 기록은 오로지 유지될 뿐이다. 8,000미터가 넘는 14좌라고 부르는 산들을 등반한 기록은 그러므로 산들을 소유하려는 욕망의 산물, 박물관이다.

알피니스트들은 개인의 등반 기록을 수집하고, 제국주의는 그것들을 제국의 힘으로 전시하고 이용했다. 그 결과, "정복이 성공할 때마다 국가적 자긍심은 배가되었다. 기업가들은 정복 시도가 있을 때마다 긴밀히 협조했으며, 등반 탐험은 각 국가가 개발한 기술 수준을 자랑하는 수단이 되었다. … 그 시절에는 목적을 위해 수단과 방법을 가리지 않았다. 엄청난 규모의 원정팀, 수많은 산소통, 긴 고정로프, 엄청나게 많은 고지 짐꾼들이 동원되었을 뿐 아니라, 프랑스의 안나푸르나, 오스트리아-독일의 낭가파르바트, 이탈리아의 K2 정복에는 중추신경 각성제인 암페타민도 사용되었다. 모든 나라가 '8,000미터급' 고봉을 최초 정복하고자 했다."[170] 이처럼 대중이 접근할 수 없는 고산을 정복한 제국주의 알피니스트와 제국은 힘없는 나라들에 접근해서 산에 깃발을 꽂아 소유하고 정복한 선택된 나라, 존재들이었다.

독일이 1929년, 1931년에 칸첸중가 등정을 시도했을 때, 영국인들은 "에베레스트 등정은 민족과 제국의 관심사다. 현재 우리가 우스꽝스런 상황에 처해 있다는 것은 명백하다. 독일인들과 미국인들이 이미 에베레스트를 정복하고자 했다. 앞으로 우리가 더 열심히

하지 않는 한, 에베레스트에 대한 우리의 독점권은 정당화되기 어려울 것"[171]이라고 했다.

인도를 지배하던 영국이 히말라야의 고봉에 측량 담당관이었던 조지 에베레스트George Everest의 이름을 붙였던 것은 잘 알려진 사실이다. 이것은 우리의 고유한 지리 개념인 '백두대간'에 일본인들이 '산맥'의 이름을 붙인 것과 마찬가지로 용납할 수 없는 일이다. 세계에서 가장 높은 봉우리를 에베레스트라고 하면서 경쟁적으로 오르고자 했던 이들은 영국인들을 비롯한 서구 제국주의 알피니스트들이었고, 산을 정복하고자 했던 그들의 의식은 식민지를 개척하려고 하는 제국주의자의 의식이라는 것은 분명한 사실이다. 이처럼 독일·프랑스·영국 등 20세기 서구의 제국주의와 알피니즘이 공유하는 '지배'라는 공통점은 숨길 수 없는 사실이다.

제국주의의 위대함은 최초의 고산 등반을 내세워 피식민 국가와 구별되고 차별화되는 것에서 생겨났다. "영국인들은 탐험대를 조직해 에베레스트 정복에 모든 노력을 기울였다. 대영 제국은 이 상징적인 꼭대기에서 전쟁 중 추락한 군사적·경제적 패권뿐만 아니라 등산 강국의 명성을 되찾고자 했다. 사실 오스트리아-독일인들과 이탈리아인들은 파시스트 나치 체제하에서 돌로미티스, 세르벵, 그랑드조라스, 아이거 등의 '마지막 남은 미정복 봉우리들'을 민족주의적 우열의 상징으로 만들고 새로운 등산 기술을 개발하면서, 19세기 영국인들의 전유물이던 알프스산맥에서 치열하게 경쟁했다.…무솔리니 총리와 히틀러 총통이 메달과 보상금을 수여하고, 등산가들을 국가와 국민의 품격을 높이는 사람으로 묘사했다고 사회학자 미셸 라스포Michel Raspaud는 기억한다."[172]

이처럼 서구 제국주의의 위대함은 자연의 지배로부터 출발했고, 위험을 극복한 정열과 경험을 내세우는 알피니즘은 제국주의의 우수성, 그 상징이 될 수 있었다. 영국은 1857년 12월 22일 세계 최초의 산악회인 '알파인 클럽'The Alpine Club을 설립해서, 1863년부터 오늘날까지 세계에서 가장 오래된 연감인 『알파인 저널』The Alpine Journal을 세상에 내놓고 있다. 1862년에는 오스트리아 산악회(OVA)가, 1863년에는 스위스 알파인 클럽(SAC)이, 1869년에는 독일 산악회(DAV)가, 1874년에는 프랑스 산악회(CAF, 2005년 이후에는 개명하여 FFCAM) 등 유럽의 열강들이 제국주의의 상징인 산악회를 창립하기 시작했다. 서구 근대 등반의 역사는 곧 지역을 쟁탈하는 '전 지구적 전쟁'Guerres locales ou mondiales[173]이었고, 산악클럽은 이때 태동했다.

초기 알피니즘과 알피니스트들은 제국주의의 지원에 힘입어 고산에 오르고, 극지를 탐험하면서 제 삶의 영광과 더불어 제국주의를 위하여 봉사했다. 알피니즘은 자연의 존엄함을 지키기 위함이 아니라, 제국의 위대함을 보여주기 위하여 산과 자연의 존엄을 정복하려 했고, 제 삶을 파괴하기도 했다. 제국주의의 우수성과 배타성을 위해서 과학과 계몽이 필요했고, 알피니스트들은 더욱더 등반에 관한 자신의 실존적 경험을 증거하는 등반문학을 이어갔다. 이때 출간된 책들의 밑바탕에는 알피니즘alpinisme, 헤게모니hégémonie, 남성성masculinité, 자서전적 글쓰기autobiographie, 영웅주의héroïsme 등과 같은 중심어가 숨어 있다. 프랑스 사회학 분야에서 근대 등반과 제국주의 역사를 연구하는 학자들은 그르노블 알프스 대학의 사회학과 교수인 미셸 라스포, 리옹 고등사범학교의 델핀느 모랄도Delphine Moraldo 교수 등이다. 이들은 저서와 연구물들을 통해서 서구 제국주의와 알피니즘의 탄생과 반성 그리고 소멸에 대하여 논하고 있다.[174]

광장의 삶과 일본 제국주의 알피니즘

삶이 광장 속에서 이루어진다면, 근대 이후 등반은 광장의 바깥, 외곽에서 자율적 기준을 통해 개별적으로 이루어지는 행위일 터다. 등반의 큰 기준은 양심이고 자율이고 고독이다. '자유롭지만 고독한'Frei aber Einsam이라는 수식어는 브람스처럼 음악(가)뿐만 아니라 등반(알피니스트)에게도 해당된다. 애초 산에 오르기 위한 알피니즘은 본질적으로 일상적 삶의 기준을 무기력한 것으로 만들면서 시작되었지만, 지금은 삶의 액정 그 이상으로 영향력을 지니게 되었다. 이것을 성숙한 등반 문화라고 해야 할지, 삶과 산의 고유한 속성을 경시하고 파괴한 것이라고 해야 할지는 더 사유해야 할 내용이다. 산은 삶의 총체성을 부여하는 곳이다. 산에 오르면서, 산과 자연에 관한 책과 인문적 사유가 산을 대하는 자세와 인식을 만들어주어야 할 것이다.

한국 근대 등반사에 관한 오영훈의 논문[175]은 등반사에 관한 것이지만, 조선의 산악을 정복의 대상으로 인식한 일본 제국주의와 그 알피니스트들의 관점을 고스란히 드러내고 있다. 말하자면, 그의 글에는 우리 민족이 산이라는 곳에 "아로새긴 문화적·역사적 자취나 흔적을 경험하고, 의미화하는 장소감이 탈각되"[176]어 있다. 근대 등반사 연구에 있어서, "일본인들에게 조선의 산악은 제국적 욕망이 투영된 공간이기도 하다.… 조선의 산악에서 일본의 신화적 세계를 호출함으로써 확장된 제국의 영토를 합리화하려는 시도도 찾을 수 있다"[177]는 지적을 그의 글에서 찾기 힘들다. 당대 일본 제국주의 알피니스트들과 조선 산악인들은 제국주의 우월성을 내세웠다. 조선 산악인들은 피식민이라는 태도를 내면화한 채 산을 대했고, 자랑스럽게 등반했다. 그러므로 서구 알피니즘의 이념과 제도를 그대로 반영해서 일제강점기 한국의 근대 등반사를 보는 오영훈의 글은 역설적으로 낯설지 않았다.[178]

같은 맥락에서, 서구 제국주의 알피니즘을 그대로 모방하는 한국 알피니즘에 대해서, 알피니즘은 국가주의의 정복 산악 문화라고 쓴 다음의 글은, 오영훈의 관점을 비판하는 데 중요하게 작용한다. "18세기 서구 알피니즘의 시작은 명백히 서구 제국주의의 침략과 정복 이데올로기로부터 시작된 국가주의의 선전물이자, 서구인들에게는 미지의 세계였던 세계 각 지역을 정복하는 것이야말로 자본주의 시장 개척의 지름길이었다.… 우리가 그토록 부르짖었던 '최초'가 당시에는 '최초의 발견'이라는 선언만 하면 곧바로 자신의 영토가 됐다는 것이다"[179]라는 지적과 오영훈의 글은 대척점에 놓여 있다.

박승욱의 위 글은 『프레시안』에 「산악문화의 생태적 전환을 꿈

꾼다」라는 제목으로 실렸고, 『상식: 대한민국 망한다』라는 그의 책 가운데 「국가인가 공동체인가」에서 '알피니즘은 국가주의의 정복 산악 문화다'라는 제목으로 실렸다. 그 가운데 "세계에서 가장 높은 산을 정복한 산악인이 대개 유럽의 국가 지원을 받는 군인이나 정치인들이었고, 최근에는 재벌이나 기업의 후원을 받은 일본, 그리고 이어서 한국, 중국 등 아시아인들로 이전됐으며, 원정대라는 말 자체가 군사용어다.… 이에 반해 한국을 포함한 비서구 농업사회에서는 산을 정복의 대상이 아닌 경배의 대상으로 여겨왔다.… 그러나 한국의 알피니즘 또한 서구 근대화와 함께 수입된 서구 문명 목록 가운데 하나였고, 정복이라는 서구 제국주의… 선진사회와 진보 사회로의 진입을 입증하는 일종의 허가증이 됐다.… 한국의 정복 등반 문화는 자신을 정복한 정복자를 찬양하는 이런 도착된 피가학증에서 이제는 벗어나야 한다.… 아직도 국가주의에 사로잡힌 원정대를 조직하는 대규모 등산 장비업체들과 이에 부화뇌동하는 한국의 언론과 방송은 이제 진지하게 자성과 전환을 모색해야 할 때가 됐다"라고 쓴 부분은 우리 모두가 새겨야 할 대목이 아닐 수 없다.

위 글과 사뭇 두동진 오영훈의 논문을 읽으면서, 우리는 일제강점기 근대 산악인들의 행위를 제대로 확인하고, 기억하고 있는지를 묻지 않을 수 없었다. 그의 주장을 요약하면 다음과 같다.

① 일제강점기 조선인과 일본인을 명확히 구별하는 것은 쉬운 일이 아니다. 당시 많은 일본인 산악인들은 조선인을 '외국인'이라고 인식하지 않은 듯하다. 반면 조선인 산악인들은 일본인 산

악인을 다양한 태도로 대했다. … 당시에 사람들이 실제 가졌던 민족과 국가의 정체성 자체보다 오늘날 당시를 회고하며 평가하는 관점까지를 분석의 틀로 활용한다.[180]

② 일제는 규율과 훈련의 주입 창구로 근대식 체육 교육을 도입했다. 즉 당시 학교 산악·등산부는 제국주의·민족주의·서구 근대화라는 서로 경쟁하는 가치들이 모순 없이 병존하여 추구될 수 있었던 독특한 문화적 산물이었다.[181]

③ 후퍼의 등반은 '정통' 등반의 실력을 시연함으로써 외딴 지역의 등반에 초국가적 가치를 부여했으며, 당시 재조 일본인 등반가들이 염원하던 국제적 인증의 역할을 했다. 국제 무대와 대륙으로의 진출에 대한 일본인 등반가들의 관심과 상통함으로써, 한편으로는 정치적 한계로 한반도의 '변방성'을 벗어날 수 없었던 조선인 등반가들과 더욱 유리되는 계기로 작용했다. 즉 당시 민족의식이 투철했던 일부 백령회 회원들조차 국제성을 담보한 일본인 산악인들의 평가를 중시하게 되었던 것은 일본인들이 후퍼와 같은 조선 내 서구 산악인들과 교류할 수도 있는 특권적 위치에 있었기 때문이다. 후퍼의 등반은 한반도의 암벽에 초국가성을 부여해주면서 동시에 조선인 산악인들로 하여금 그에 참여하고픈 열망을 심어주는 계기였다.[182]

조선의 영토와 자연을 찬탈하고 조선 백성을 유린한 일본 제국주의와 일본 알피니스트들을 차치하고라도, 오영훈은 조선의 산악을 초국가성이라고 하면서, 일본 제국주의와 동행했던 근대 조선 산악인들의 친일 행위를 분리해서 묻지 않는다. 더욱이 일본 제국주의 알 피니스트들과 구별 없는 조선 산악인들의 친연성이 근대 서구식 알 피니즘을 배우기 위한 전략이라고 말하고 있다. 김정태처럼 일본식 이름으로 창씨개명하면서 일본 알피니스트들과 아무렇지도 않게 백 두산 천지를 등반하고 천황 폐하 만세를 외치는 것이 당대 등반 문 화의 풍속이었는지를 묻고 되묻지 않을 수 없다.[183] 창씨개명한 김정 태, 타츠미 야스오는 비국민이나 불령선인으로 여겨지지 않았을 뿐 만 아니라 사찰·미행·노무 징용의 대상자가 되지도 않았다. 김정태 는 조선을 침탈한 제국주의 일본을 "선진국"일 뿐이라고 여겼고, 그 에게 최고의 산행은 "대자연의 세력과 험준을 극복해낸 찬란한 인간 승리의 표본"일 뿐이었다.(11쪽) 내면화된 이런 의식과 주장들이 어 떻게 생성·유지·작동할 수 있었고, 해방 이후에 과거 행위에 대해서 침묵하거나 왜곡하면서 당당할 수 있었는지를 연구하는 것이 근대 등반사 연구의 주된 주제가 될 필요가 있을 것이다.

일본 제국주의 알피니스트들과 함께 근대 등반의 공간 속에서 서 양 알피니즘이 작동한 과정, 등반 이념의 친연성에서부터 알피니 스트들에게 있어서 식민과 피식민의 거리를 구분하지 않아야 한다 고까지 한 오영훈의 논지에 필자는 동의할 수 없다. 김정태가 활발 하게 등반 활동을 할 무렵, 양정고보에서 조선 지리를 담당했던 교 사 김교신*은 조선의 "땅에 대한 애착, 자연에 대한 의문으로 시작

---

* 김교신(金教臣, 1901–45)은 일제강점기에 무교회주의 기독교 사상을 전파한 종교인, 사상가, 출판인, 교육자이며 독립유공자.

하여 … 일제의 압박에 억눌린 조선 민족에게 희망적인 미래를 제시하고자"『조선지리소고』를 저술했다. 김교신은 일제가 조선을 식민지화하기 위해 내건 반도정체론에 저항하기 위하여 "조선의 국토는 그대로 조선의 역사이며, 조선인의 정신이 이 땅에 깃들어 있고, 조선인의 마음, 조선 민족의 생활의 자취가 고스란히 국토 위에 각인되어 있"[184]다고 하면서, '무레사네'(물에도 가고, 산에도 간다는 뜻)라는 답사반을 만들어 금요일, 토요일, 일요일 학생들과 산을 올랐다.[185] 김교신은 '무레사네'라는 제목으로 일기를 쓰면서 산행과 답사에 관하여 기록해놓았다. 이렇게 해석하면, 이 '무레사네'가 우리나라에서 가장 오래된 등산 단체라고 할 수 있다. 1927년, 이 학교에 영어교사 황욱이 부임하면서 근대 조선, 피식민지 조선에 학생 산악운동이 더욱 활발해졌다.[186] 한국 근대 등반사에 양정고보 산악부, 김교신, 황욱 등에 관한 이야기가 빠지지 않는 이유가 여기에 있다.

구술과 기록의 사이에서

근대 등반의 역사에서 조선 산악인들의 친일 행적에서부터 근대 등반의 계몽자로서 그들이 남긴 근대 등반의 담론과 기록들을 읽고, 진실과 반진실, 진위와 왜곡을 비평·고찰해보는 일이 한국 산악계의 중심 서사가 되어야 할 것이다. 한국 근대 등반에 관한 텍스트들은 김정태 등에 의해서 구술되고, 손경석 등에 의해서 쓰여져 한

정되고, 이용대 등의 글을 통해서 정전처럼 그대로 이어져오고 있다. 그 내용의 바탕은, 오영훈이 주장하는 것처럼, 한쪽은 일본 제국주의에 대해서 소극적 저항을 내세운 민족주의 입장이다. 다른 한쪽은 일본 제국주의와 일본 알피니스트들로부터 서양의 알피니즘을 배울 수밖에 없었다는 것을 식민지 지배 담론인 사회결정론, 이른바 알피니즘에 관한 식민지 근대화를 내세워 긍정하는 입장이다. 오영훈의 논문도 이러한 연장선에 놓여 있다. 그 절정이 "한반도의 암벽에 초국가성을 부여해주었"다는 대목이다.

한국 등반사에서 정전이란 무엇인가? 정전井典은 '바르게 전하여 오는 전기傳記'이면서, '기성 체제에서 묵시적 합의를 통해 인정한 작품과 작가를 가리키는' 문예 비평 용어다. 정전은 특정 시대에 어떻게 수용되었는가에 따라 인정되는 정도가 달라진다. 그러므로 정전이 되는 바는 어떤 형식적 절차도, 재생산도 아닌, 당대의 요인들이 축적되어 이루어지는 결과라고 할 수 있다. 정전에 대하여 되묻고, 그 범위를 달리 새롭게 하는 일은 연구를 확장하는 일에 속한다.

오영훈의 글은 기존 내용을 정전으로 삼아, 확대 답습하고 있다. 서술 방법에서 동의할 수 없는 부분들이 많다. 특히 식민 지배 담론인 사회결정론으로 조선과 조선 산악인들을 열등한 존재라고 규정한 부분이다. 박찬모 교수가 지적한 것처럼, "식민지 지배와 합리화와 정당화에 식민지 산악을 그대로 활용"[187) 기술하고 있어, 조선 산악의 등반, 그 형식과 정신은 일제강점기 지배적 이데올로기인 제국주의 정복 욕망에 따라 정해졌다는 것을 간과하고 있다.

한국 산악 등반사에 있어서 '초등'은 언제까지 의미가 유효한가? 한국 근대 등반사 연구는 초등에 관한 역사관에서 언제 벗어날 수 있는가? 이 물음은 식민지 영토인 조선에서 일본 제국주의 알피니즘과 알피니스트들이 남긴 기록의 발굴과 그것에 의존하는 문제, 그리고 김정태와 같은 조선 산악인의 구술 역사가 지닌 왜곡과 극복의 문제에 관한 것이다. 오영훈의 글이 크게 의지하고 있는 김정태의 『천지의 흰눈을 밟으며』는 "남기고 싶은 이야기, 산과 등산의 … 야사적인 회고담"[188]으로 채워진 책이다. 우리는 이 책을 통해서 산과 바위, 등반과 등반가 그리고 일제강점기에 식민지 영토의 산을 오른 일본 알피니스트들의 오만한 유혹과 식민지 영토에서 숨죽이며 살아야 했던 조선 산악인들의 자존감, 입장, 열망 등을 읽을 수 있어야 한다.

오영훈의 글에 동의할 수 없는 것은 식민지 조선에 온 일본인들이 조선의 산악을 대하는 태도에 관한 서술로부터 시작된다. 이 의문은 조선의 산악을 처음 오른, 이른바 외국인 초등자들이 서구 제국주의 열강과의 싸움에서 패배한 조선을 어떻게 대했는지에 관해 오영훈이 지닌 근본적 태도를 묻는 것이기도 하다.[189]

회고를 바탕으로 한 구술사로서 김정태의 책이 가졌어야 할 덕목은 일반적 등반 문헌이나 등반 기록에 나오지 않는 자신의 다양한 등반 경험으로 일본 제국주의 알피니즘, 그리고 제국주의 속에서 살아야 했던 조선 등반가의 실상을 밝히는 데 있어야 했다. 그러니까 식민시대 조선 등반가의 시선으로 일제강점기 일본인들과 함께 해야 했던 등반 역사에 도전해야 하는 것이었다. 불행하게도, 김정태는 일본 제국주의 출신의 알피니스트들이 주체인 조선산악회가 보여준 수입된 서구 알피니즘의 모더니티에 세워진 등반 기록, 등반 담론의 지배에서 한 치도 벗어나지 못했다.

같은 맥락에서, 오영훈의 글에서, 아처Cliff Hugh Archer, 1897-1966를 비롯한 외국인 등반을 언급하면서 "등반 대상지를 체계적으로 정립, 조선 산악운동의 초기 방향을 설정했다"[190] "아처의 등반은… 한국 산악계의 역사적·경쟁적·윤리적 지평의 초석을 다지는 결과로 이어졌다"[191]라는 서술은 쉽게 받아들일 수 없는 것이다. 가족을 이끌고 오른 언더우드의 등반 개연성을 언급하면서 그것을 사실로 귀결하는 것도 마뜩잖다. 결론 부분에서 언급한, "학교 산악부 중심의 일본 산악계의 조직적 특성과, 서구로부터 받아들여 발전시킨 장비·기술·철학의 수준을, 조선의 중산층 청년들은 한편으로 적극 수용하면서 다른 한편으로 모순적인 민족적 현실을 극복하는 방편으로 변용했다"[192]는 주장도 마찬가지다.

백령회 및 김정태에 관하여, 오영훈은 이렇게 말한다.

1930년대 말부터 … 황국화가 심화하는 당시 조선에서 조선인과 외국인을 구별하는 것은 점차 상징적인 수사로만 그칠 뿐이었다. 1942년 1월 '백두산 제일의 바람 사나운 담장' 마천령산맥을 통해 이룬 백두산 동계 등정은 그런 역사의 모순을 상징적으로 보여주는 이정표라 할 수 있다. 뚜렷한 민족의식을 지녔던 백령회 주요 회원들이 재조 일본인이 중심이 되어 설립한 조선산악회의 주축이 되어 이룬 원정등반이었기 때문이다.[193]

1930년대 많은 선구적 등반 성취 및 해방 직후 조선산악회 설립과 초기 사업에 핵심적 역할을 담당한 김정태는 1927년 봄 처음 백운대를 올랐다. 당시 인수봉을 오르는 서양인들의 모습을 멀리서 보고는 그날 밤에 잠을 못 이룰 정도로 흥분됐다고 소회를 밝혔다. 당시 유행하던 산악영화로부터 큰 영감을 받은 소년 김정태가 백운대 남벽(1929년)과 만장봉(1930년)을 오르기까지 전문 등반을 직접 본 유일한 사례였다. 이들은 언더우드 일행이었을 개연성이 크다. 김정태는 특히 로프 사용법을 궁금해했고, 이는 로프를 구해 직접 연습하는 계기가 된다.[194]

개인적·집단적 경험과 기억에 의한 구술은 지배층이 전유하는 기록에서는 찾기가 힘든 법이다. 왜냐하면 현실의 불평등은 역사적 재현에서도 계속되기 때문이다. 역사 서술에서 구술사의 목적 중의 하나는 밑으로부터의 대항역사를 서술하여 종족적 또는 문화적 소수 집단 예컨대 "제국의 영토인 식민지 조선의 산악을 일본 제국주의 알피니스트들은 어떻게 인식하고 있었는지, 식민지 지배의 합리화와 정당화에 식민지 산악이 어떻게 활용되고 있는"[195]지, 침략 아래 살아야 했던 조선 근대 등반가들의 실존적 위기의식, 그 '피식민지 산악인'으로서의 역사를 재구성해내는 데 있을 것이다. 역사 서술에서 구술사는 지배계급의 서술에 저항하는 투쟁의 글쓰기라고 밀하는 이유는 여기에 있다.

그동안 김정태를 훌륭한 근대 산악인으로 여기면서 어찌 팩트 체크가 없었을까? 그만큼 한국 산악계가 열악하고, 등반사 연구가 협소하기 때문인가? 등반은 지켜보는 이가 없는, 기준이 없는 운동이라고 한다면, 그런 이유로 등반계는 언제나 이러쿵저러쿵 말들이 많다. 알피니스트들은 자신들의 행위에 어떠한 비판 혹은 그것에 가까운 암시만 받아도 자존심에 상처를 받는다. 그런 면에서 신문 기자로 네팔에 살면서 히말라야 등반대의 등반 기록에 일생을 바쳐 '히말라야의 기록자'로 불린 엘리자베스 홀리Elizabeth Hawley, 1923-2018의 삶은 고산 등반가처럼 눈부시기만 하다.

등반문학은 사실과 기억 사이를 메꾸는 그리하여 사실을 사실 이상으로, 기억을 가치의 보루로 삼는 역할을 한다. 김정태의 『천지의 흰눈을 밟으며』는 한 알피니스트의 문학 작품이라고 할 수 있는가? 여기서 작품이란 용어는 사실을 재현하고, 해석할 수 있는 권리를 보장받는 공간으로서의 작품을 뜻한다. 서양의 등반문학과 김정태가 쓴 이 책과 같이 기록을 앞세워 주장하는 문학 사이에는 큰 차이가 있다. 문학은 사실·몽상·상상에 대한 용인된 허구라고 한다면, 기록만을 내세우고 그것을 자신의 앞가림으로 삼는 문학은 문학이기보다는 구술에 가깝다. 그렇다면 사실이 사실로서 확인되어야 한다. 그것이 후학인 우리들이 해야 할 연구일 터다. 허구의 문학으로서 등반문학은 해석을 낳는 반면에 승인받고자 하는 노력은 구술활동일 뿐이다. 여기에 최초의 등정 같은 용어들이 중요하게 여겨질 수밖에 없는 것이다. 아직까지도 그렇게 해야 하는가? 거듭 말하지만, 조선의 민중들과 지식인들이 산하를 떠돌며 민족정기, 자기 정체성을 찾으려고 했을 때, 백두산에 올랐던 김정태를 포함한 그들이 천지에서 한 바는 그곳에서 천황 만세를 일본어로 외치며 제를 지냈던 것이지 않은가?[196] 통탄할 일이지 않는가? 그럴 수밖에 없었다고 해야 하는 것인가?

기억과 구술에서 기술의 등반사로

오영훈의 글은 근대 등반사 연구이되, 서구식 알피니즘이 가져다 준 외국인 초등의 의미에 관한 것이다. 이 글이 지닌 문제는 근대 등반(사)에 관한 논리와 서술 방식에 있다. 오영훈의 글을 읽으면서 필자는 연구자로서 한국 근대 등반사에 대한 글을 쓴 저자의 동기와 의문이 무엇인지를 찾고자 했다. 그의 글을 읽을수록 왜 이 글을 썼는지 의문이 늘어난다. 한국 근대 등반사 연구에서 중요한 것은 더 이상 초등 역사의 확인이 아닐 것이다. 초등이 가져다준 역사적·미학적·경쟁적 관계와 추이에 관한 것도 더욱 아닐 것이다.

문제는 근대 등반사를 서술하는 관점에 있다. 이 부분에 있어서 이 논문의 관점은 두 가지 서로 다른 관점 사이에 얼추 놓여 있다. 하나는 백령회,[197] 김정태를 중심으로 한 조심스러운 민족주의 등반 사관이고, 다른 하나는 김정태를 비롯한 당대 조선 산악인들이 일본인 산악인들이 지닌 서양식 알피니즘을 통해서 많은 것을 배웠다라는, 사회진화론을 앞세운 식민지 근대화론의 반성 없는 노출이다.

이 부분에서 끊임없이 언급되는 이이야마, 이즈미 등 여러 일본 제국주의의 초등 역사는 조선에 거주하는 일본인들의 산악 침략과 조선인으로서 이런저런 식의 애매한 저항을 견주는 민족주의 등반 시각과 겹쳐져 있다. 일본인 알피니스트들의 산악 침략에 침묵했던 백령회, 김정태 등의 태도를 이 논문은 '조선의 저항'으로 언급하는 애매한 민족주의 시각과 서양인 아처 등과 몇몇 일본 제국의 알피니스트들을 통한 서구 알피니즘의 도입에 초점을 두는 식민지 등반 근대화론이라는 협애한 구도가 섞여 있다. 일본식 알피니즘, 일본 제국주의 알피니스트들에 의한 초등의 의미, 그 역사적 서술을 추구하는 이른바 등반에 관한 식민지 근대화론은 우리가 극복해야 할 과제일 터다.

상식에 관한 부분의 이해를 위해서, 이제 한국 산악계의 태산준령으로 불리는 김정태의 등반 기록, 구술의 진위에 관한 논의는 피할 수가 없게 되었다. 그는 『천지의 흰눈을 밟으며』에서 이렇게 썼다.

1937년 백령회 조직, 1945년 한국산악회 설립.(속표지)

해방 후 꼭 한 달 만인 9월 15일에 두 번째로 … 한국산악회가 (설립됐다.) … 한국산악회는 조직 활동을 계속해온 백령회 등이 중심이 되어 나섰기 때문에 그 발족이 빨랐다고 생각된다. … 일정 때 있은 조선산악회 하라구치 사장, 이이야마, 가토 등으로부터 연락이 와서 … 기록물들을 인수했으나, 이것은 조선산악회를 계승하는 것이 아니라 따로 발족한 한국인 자립의 산악회에 전달하는 것이라고 해서 받았을 뿐이다.(225쪽)

여기서 다음과 같이 이사, 간사를 선출하고 회장단을 추대했다. 회장 송석하, 총무·기획 김정태. … 이 같은 정신자세와 이념 구축의 실천방법은 매우 민주적이고 조직적이어서 개척적인 사업과 선구적인 활동이 전개될 수 있었다. 45년 우리의 자주적인 산악 단체로서 발족한 한국산악회는…(226쪽)

김정태의 위의 주장은 납득이 어렵다. 무엇보다도 김정태는 과연 1937년에 백령회를 조직했는가, 그리고 그는 왜 조선산악회에 가입한 것을 숨기고 있는가? 근대 산악사를 연구하는 조장빈, 김진덕 등은 증거자료를 밝히면서 그의 주장은 사실이 아니라고 분명하게 주장하고 있다.[198] 최중기는 "최근 한국 근대 등반의 시작과정에 대한 논의가 일면서 … 일제강점기 조선산악회의 산악 활동과 그 영향, 백령회의 산악 활동과 실체에 대해서도 학술적으로 제대로 밝혀야 할 일이 많다"[199]라고 했다. "분열된 자아"[200]와 같았던 김정태는 위 글에서, 자신의 삶을 철저하게 숨기고 있고 사실을 왜곡하고 있다.[201] 그는 일본인들이 1931년에 만든 조선산악회에 1936년 가입했다.[202] 김정태가 남긴 일기를 보면, '백령회'라는 이름은 1941년 9월에 이르러야 처음으로 '백령회 기구요항'이라는 문구 안에 등장한다.

일제강점기 일본인 중심의 조선산악회(CAC)가 1945년 (같은 이름의) 조선산악회(CAC)가 되는데,[203] 김정태는 여기서 총무·기획을 맡았다. 해방 후 조선산악회가 1948년에 한국산악회(CAC)로 이어지면서 부회장을 맡았다(1972-85). 위 글에서 김정태는 자신이 조선총독부가 지원했던, 일본인 중심의 조선산악회에 가입한 것을 말하지 않았다. 해방 후, 이름을 그대로 가지고 온 조선산악회 설립에 주도적 역할을 하고, 총무로 일했으면서도 이 단체와 무관한 것처럼 증언·기술했다. 그 후 대한민국 정부 수립과 동시에 이름을 바꾼 한국산악회에 대해서만 말하고 있다.[204] 그리고 백령회를 비밀결사 조직처럼 말했다.[205] 김진덕이 김정태를 '분열된 자아'라고 한 것은 제 삶을 왜곡했다는 뜻이지 않겠는가. 역사에 있어서나, 알피니스트 개인사에 있어서나 진실보다 환상이 더욱 커지면, 남는 것은 맹목적인 숭배뿐이다.

조선총독부 철도국 소속 일본인들이 중심이 된 조선산악회는 1931년 10월 28일에 설립되었다. 우가키 가즈시게가 제3대에 이어 제5대 조선 총독이었던 사이토 마코토의 후임으로 제6대 조선 총독으로 부임했을 때였다. 그는 무단통치 대신 문치를 내세워 황국신민화 정책, 농촌진흥운동을 추진했지만, 한국의 농촌을 구제 또는 부흥시킨다는 명분을 내걸고 거국적으로 통치체제를 전체주의적 동원체제로 재편성하면서 '일선융합' '내선일체' 또는 '지방진흥' '남면북양' 등을 내세웠다. 동시에 만주사변을 일으켜 괴뢰 정권인 만주국을 건립시키고, 중일전쟁 전후 조선의 인력을 식량 증산과 대륙 침략전쟁에 총동원했다. 한국을 대륙 침략의 병참기지로 만들려는 일제의 정책 의도대로, 전국은 비상시국 속에 빠져 있었다. 일제는 1936년에 일제 파쇼의 우두머리 미나미 지로를 제7대 조선 총독으로 보내 더욱 살벌한 분위기를 만들었다. 1937년 중일전쟁이 일어났고, 1938년에는 국가 총동원법을 발동시키고, 중국

대륙을 강점하여 침략을 더욱 확대했다. 이 전쟁은 마침내 1941년 영국과 미국을 상대로 하는 태평양전쟁으로 이어졌고, 조선은 피식민지의 고통을 감내해야 했다. 1931년 이후는 이렇듯 피식민지 조선인들의 생명을 모조리 전쟁에 바치게 한 때였고, 그것을 강제한 곳이 조선총독부였다.

백두산 등행을 주최한 조선총독부 후생성은 설립 과정에서 육군성이 국민 체력 문제를 강하게 주장했기 때문에, 체력국을 필두로 하여 위생국, 예방국, 사회국, 노동국으로 구성되었다. 그중 체력국은 국민의 신체를 직접 관리하고 통제·동원하기 위한 역할 및 체육 관련 사무를 담당하고 있었기 때문에, 후생성 신설 이전에 체육 관련 사무를 담당하고 있던 문부성 체육과에서의 학교 체육과 밀접한 부분을 제외한 모든 사무가 후생성 체력국으로 이관되었다. 따라서 체력국 내부에는 체력 향상의 기획을 담당한 기획과, 체육 운동의 조사·연구 및 지도에 관한 사항과 체육 운동 및 체육 단체에 관한 사항을 담당한 체육과, 체력 향상 시설에 관한 사항을 담당한 시설과가 설치되어 국민 체력 향상을 위한 체계적 사업에 집중했다. 그중에서 특히 체력장 검정과 국민체력법의 실시는 총력전 체제하의 국민체력동원에 직접적 관련이 있는 정책이었다.[206]

1931년에 창립된 조선산악회에서 주목해야 할 인물은 조선총독부 철도국, 용산철도국 영업과 소속 이이야마 다츠오다. 당시 발행된 자료들을 살펴보면, 창립 회원의 핵심 인사들은 조선총독부 철도국에 근무하고 있었다. 조선인으로서 창립 회원은 박래현朴來賢(경성 웅평상점 근무), 고흥신高興信(동양척식 지사 근무), 그리고

1932년에 가입한 임실진林實眞(함북 경성군 주남보통학교, 26번), 배석환裵奭煥(31번) 이렇게 네 명인데, 이들에 대한 기록은 거의 없다.[207] 박찬모는 그의 논문에서, "창립 총회 이후 1933년까지 두 차례에 걸쳐 가입한 신입 회원 13명 중 철도국 소속은, 경성운수사무소와 영업과에서 근무했던 다나베田邊多聞와 철도국 공작과와 기계과에서 근무했던 후지이藤井仁吉 단 2명뿐이다. 전체적으로 보면, 창립 회원 23명 중 9명인 약 40퍼센트가 철도국에 근무하고 있었던 것이다. 이는 총독부의 관광 정책이 철도국에 의해서 주도적으로 시행되고 있었던 점과 깊은 관련을 맺고 있는 것으로 판단된다"[208]고 지적했다.

조선산악회의 중심인 철도국 직원들이 단순히 관광 정책에 제한된 것은 결코 아니었을 것이다. 조선산악회가 조선총독부의 지원을 받고, 조선총독부 철도국 직원이었던 일본인들이 중심이었던 바, 조선인 클라이머가 여기에 가입하기 위해서는 총독부의 정책에 반대하지 않아야 했을 뿐만 아니라 동조해야 했다는 것은 분명한 사실이다. 조선산악회가 순수한 산악 단체라고 여기는 것도 너무 순박한 생각이 아닐 수 없다.

우리가 조선산악회에 대해서 언급할 수 있는 자료는 1932년 4월부터, 1932년 12월, 1934년 12월, 1937년 3월에 발간된 『조선산악』이라는 회보다.* 마지막 제4호가 나온 1937년 이후로는 산악회의 위상이나 등반 기록은 매우 줄어들었다. 김정태가 조선산악회에 가

---

* 『조선산악』 전체 4권은 국립중앙도서관 홈페이지에서 열람할 수 있다.

입한 것은 스스로는 1937년이라고 말하고 있고 손경석은 1938년으로 적어놓았다. 그러니까 조선산악회의 위상이 현격하게 위축된 때였다. 박찬모는 "1934년 이후 급속하게 침체되"[209]었다고 썼다.

실제로 1940년에 이르러서는 창립 회원이었고, 중심인물이었던 이이야마 다츠오는 나이가 서른여섯 살이 넘었을 때였고, 1934년에 조선산악회에 가입한 이즈미 세이치는 이미 징집되었던 것을 미루어 보면, 이 시기 조선산악회에 남아 있던 김정태의 위상은 비교적 컸을 것이고, 이를 계기로 1941년 엄홍섭 등을 조선산악회에 가입하도록 했을 것이다. 1941년 김정태는 조선산악회를 중심으로 일본인과 조선인들을 합쳐 열 명과 함께 혜산진에서 나진으로 가는 철도 개설을 위한 마천령-백두산 종주를 하고, 이어서 1942년과 1943년, 조선체육진흥회가 주최한 두 차례 백두산 등행단에도 앞장서게 된다. 여기서 '등행'은 전시체제 속 전투 훈련을 목적으로 한 산행이었다.

앞에서 논의한 것처럼 1940년 11월 3일 김정태가 엄홍섭이 주최한 명자교환회 등반(클라이머 56명, 합해서 58명)으로 인수봉 정상에 올랐을 때만 하더라도 백령회라는 말을 일기에서 일절 말하지 않았던 것으로 보아, 이 당시까지만 해도 백령회라는 조직은 없었던 것이 분명해 보인다. 그리고 백령이란 단어도 김정태가 나중에 책에 쓴 것처럼 백의민족의 백이라고 하면서 민족주의 의미가 담긴 것으로 볼 수 있지만, 그 당시 일본인들이 자주 쓴 눈이 쌓인 봉우리라는 뜻의 은령銀嶺의 또 다른 이름이라고도 할 수 있다. 김정태는 자신의 유고 일기(현재 한국산악회 산악문화 센터에 보관)에서, 그

의 알피니스트로서의 생을 관통하는 조선총독부, 조선산악회, 이이야마 등을 거의 언급하지 않았다. 기껏해야 김정태의 물주 역할을 했던 이시이 요시오가 자주 등장하지만, 그에 대한 실망과 무시하는 표현이 많았다. 예컨대 '이시이 빠가야로' 같은 문구가 이를 증명한다. 1940년부터 김정태의 등반 이력이 가장 왕성해졌다. 그해 9월 금강산 연봉을 등반하면서, 레슬리 사로니Leslie Sarony가 1930년에 발표한 요들송 「The Alpine Milkman」을 일어로 번역한 「山の人氣者」를 불렀다.

일본인 중심의 조선산악회에서 김정태를 비롯한 조선인들이 어떤 지위에 있었는지는 매우 흥미로운 주제다. 박찬모는 그의 논문에서 "현존 한국산악회의 전신인 조선산악회는 1945년 9월 15일 창립했다. … 이 조선산악회는 1930년대부터 산악 활동을 해오던, 조선인들만의 단체인 백령회 회원들이 중심이 되어 창립되었다고 한다. 곧 한국산악회는 1931년에 창립한 조선산악회와는 무관한 단체인 것이다"[210]라고 썼다. 박찬모의 글에서 문제가 되는 것은 백령회의 창립 연도와 조선산악회의 정체성에 관한 것이다. 백령회는 1930년대와는 아무런 관계가 없고, 명백하게 1940년 이후에 비로소 구체화되었다. 그리고 1945년 해방 이후 9월 15일, 김정태는 일제의 조선산악회를 그대로 이어받아 같은 이름의 조선산악회를 출범시켰다. 1948년 8월 15일에 이르러서야 이름을 한국산악회로 개정했다.[211]

김정태는 조선산악회에서 다시 조선산악회로 이어지고 한국산악회로 옮겨오는 과정에 대한 구체적인 사실들을 책에 거의 밝히지 않았다. 해방의 기쁨으로 태극기가 펄럭이고, 독립 만세, 해방 만세와 같은 소리들이 울려 퍼졌을 때, 사람들이 경성의 거리를 홍수처럼 행진하고 있었을 때, 김정태는 왜 일제의 잔재이자 귀속 재산과 같은 조선산악회를 그대로 받아 1945년 9월 15일에 조선산악회를 창립했을까? 해방 후, 그가 한국산악회를 창립할 때 쓴 취지문을 보면, 처음에 손으로 쓴 원고 제목은 '조선산악회 재창립 취지'였다. 그 후 인쇄물에는 제목이 변경되어 '조선산악회 창립 취지'가 되었다. 김정태의 입장과 태도가 거기에 고스란히 드러난다.

김정태는 책에서 그즈음 "직장은 태창공업으로 개편되어 나는 운영부장을 맡아 바쁜 속에서도 산악회 발족과 그 운영에 전력을 기울였다. … 조선산악회 하라구치 사장, 이이야마, 가토 등으로부터 연락이 와서 방현, 박래현, 나 셋이 만나 백여 권 장서와 기록물들을 인수했으나, 이것은 조선산악회를 계승하는 것이 아니라 따로 발족한 한국인 자립의 산악회에 전달하는 것이라고 해서 받았을 뿐이다"(225쪽)라고, 짐짓 일제 조선산악회와의 관계를 무화시켜서 썼다. 이 문장은 해석하기가 쉽지 않다. "계승하는 것이 아니"라고 말한 주체는 누구인지 분명하지 않다. 그리고 "따로 발족한 한국인 자립의 산악회"라고 했지만, 그때 그런 산악회는 존재하지 않았다. 만약 "자립의 산악회"라고 한다면, 일제의 잔재인 이름을 그대로 둘 수 없었을 것이다.

그런 뜻에서 김정태의 이 서술은 앞뒤가 맞지 않는다. 전쟁에서 패망해 식민지 조선을 떠나야 하는 클라이머였던 이이야마, 조선산악회를 설립해서 왕성한 활동을 했고, 조선산악회 이름으로『조선

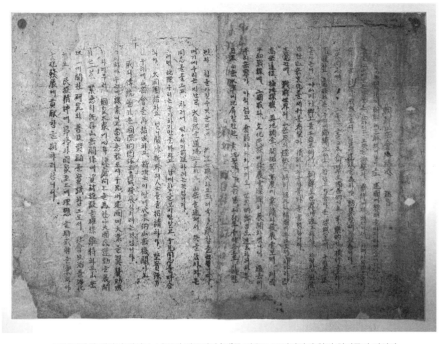

조선산악회 재창립 취지문. 나중에 제목에서 '재'를 지우고 조선산악회 창립 취지문이 되었다.

의 산』(1943)을 발간한 사진작가 이이야마가 전쟁의 패배 이후에
도 우월적 지위를 계속 누리면서 전리품을 너그럽게 남기고 가는
것처럼 말하는 것은 더더욱 상정하기 어려운 내용이다. 그리고 그
것을 자립의 산악회라는 입장을 내세워 받아들이는 김정태의 처지
도 도무지 납득이 되지 않는다. 이렇듯 김정태에게 조선산악회는
막을 내리지 않았고, 계속해서 이어졌다.

　일제강점기 조선산악회는 1945년 8월 15일 이후 미군정 아래에
서는 일제가 소유권을 주장할 수 없는 "일본 제국주의에 협력한 대
가로 취득하거나 이를 상속받은" 귀속 재산이라고 할 수 있었다.[212]
설령 조선산악회의 모든 재산을 귀속 재산으로 불하받았다고 하면,
조선산악회라는 이름부터 바꿔야 했다. 한국인만의 자립 산악회였
다면 말이다. 조선산악회에서 잔뼈가 굵은 김정태에게 조선산악회
는, 일본이 식민 모국이었던 것처럼, 알피니즘 등반의 기원, 그 태생
의 처소였던 셈이다. 일제가 패망한 1945년 8월 15일부터 한국 정
부가 수립된 1948년 8월 15일까지, 김정태가 조선산악회를 이어받
은 조선산악회에서 한 일들은 구체적으로 알려진 바가 없다. 진단
학회 송석하를 후자의 조선산악회 회장으로 영입한 것만이 전해진
다. 귀속 재산이었던 조선산악회가 이름 그대로 조선산악회가 된
바에 대해서는, 당시 자료와 문헌을 바탕으로 연구되어 그 전모가
밝혀져야 할 것이다.

　조선산악회라는 이름은 피식민지 조선은 제국인 일본의 지배권
아래에 있다는 뜻을 지닌 명명이다. 다시 말해 조선산악회는 일본
산악회의 일원이라는 점을 내세우는 이름이다. 그 종속 관계를 분

명하게 보여주려는 시도가 피식민지 최고의 명산 백두산과 금강산을 등반하는 것이었다. 이것을 알피니즘에 있어서 일본 민족의 우월함을 드러내는 가장 좋은 기회라고 여겼다. 마천령 종주, 백두산 등반 등은 제국주의적 발상인 것이다. 조선산악회가 산을 중심으로 모인 단체이지만, 식민지 일본인과 피식민지 조선인의 결합, 공모가 아니였으며 차이와 경계는 분명하게 있었고 유지되었다. 당연히 일본인 회원들은 저항하지 않고 일제에 동조하는 조선인을 회원으로 받아들였다. 조선의 산악을 지배하기 위해서는 이를 잘 아는 조선 산악인들이 필요했을 것이다. 이를 통하여 일본인들은 우월적 지위를 가졌을 것이고, 조선인들에 대해서는 방관자적 태도를 취할 수도 있었을 것이다. 김정태와 같은 조선인으로서는 일본인들의 알피니즘을 전문적인 것으로 여기고 적극적으로 받아들이고자 했을 것이다.

조선산악회의 여러 등반 기록을 보면, 일본인들은 조선의 산을 유람하고, 관찰하고, 조사하고, 기록했다. 조선의 산하가 지닌 아름다움에 매혹되었지만, 그것이 산에 관한 순수한 매혹에 그치지는 않았다. 그들이 피식민지 조선과 조선인들에 대한 연민이나 공감을 지녔던 것으로 볼 수는 없었던 점에 이런 해석이 가능하다. 조선산악회 회원이었던 김정태는 이이야마, 이시이, 구로다 등 일본인들과 함께 산에 오르는 경험을 했지만, 등행의 주체가 제국주의라는 것, 조선체육진흥회가 관제 수탈 기관이라는 것, 산에 오르면서 산에 살고 있는 헐벗은 조선 민중들이 겪고 있는 피압박의 고통 같은 것에 대해서 사유의 전회를 가져왔다고는 결코 볼 수 없다.

1943년, 조선총독부에서 발간한 백두산 보고서『동행』과 이이야마 다츠오의『조선의 산』.

백두산, 금강산을 올랐을 때 일본인들이 남긴 회상에 비하면 조선인들의 기록은 사족처럼 적다. 조선산악회 일본인들에게는 일본인들과 조선의 산만 있었을 뿐이다. 등반 전문가이며 사진작가였던 이이야마 다츠오, 조선을 사랑한 이즈미 세이치의 삶을 말하면서, 그들에게서 지배와 피지배의 구분이 없었다고 말하는 것은 어설픈 주장이다. 예컨대 이이야마 다츠오에게 백두산과 금강산 그리고 북한산은 그가 오르고 싶었던 산이었고, 이즈미 세이치에게 제주도는 공감의 대상이 아니라 그의 전공인 인류학적 연구대상이었다. 일본 제국주의 패전 이후, 이이야마와 이즈미는 더욱 자신들의 전공(사진과 인류학) 속으로 들어가 사진작가와 교수가 되었다.

 이이야마 다츠오는 1971년 10월 다시 한국을 찾아와 산악인들을 만나고, 융숭한 대접을 받았다. 설악산 백담 산장에서 윤두선, 김정래 등을 만나고 마등령을 올라가서 옛날을 추억했던 것은 『조선의 산』(1943),[213] 사후 2년 뒤에는 『북조선의 산』(1995)[214]이라는 책을 냈던 그로서 조선과 조선의 산에 대한 애착이고 회고라고 할 수 있다. 식민지 조선에서 생의 대부분을 보낸 그로서는 조선에 대한 자각이 별로 없었다. 그가 남긴 글에서 지배적 특권을 버리고 재생의 삶을 모색하기 위한 노력도 찾아볼 수 없다. 그의 의식 밑바닥에는 '얼마 전까지 조선은 일본이었다'라는 생각이 크게 자리 잡고 있었다. 김근원의 글 속, "30년 전에 봤던 대청봉을 보고는 매우 감개무량한 표정을 지었"[215]던 이이야마의 정서는 1904년에 일본 요코하마에서 태어나, 1910년 여섯 살 때 조선으로 이주해 1946년 1월에 일본으로 돌아갈 때까지 지낸, 옛 일본이었던 조선에서 누렸던 성

장과 지배의 그리움이었다.[216]

1971년 10월 15일『조선일보』사 회의실에서 열린 좌담회에서, "경주에서 국민학교를 다녔고"[217] 패전 후 일본으로 돌아간 후 처음으로 한국에 온, "한국을 제2의 고향으로" 여겨, "김포공항에 내려… 한동안 발을 멈추고 넋을 잃었던" 이이야마는 조선총독부 "철도국의 차장으로 근무하면서 주로 경원선에서 일했"고, "1932년에 차장으로 여객과로 옮겨 주로 여행 안내서를 편집했"[218]다고 말했다. 그즈음 사진작가 김근원을 만난 자리에서는 자신은 "조선총독부 철도국 직원으로 위장한 조선총독부 비밀 정보원"[219]이었음을 고백했다. 무엇이 맞는 말인가?

그렇게 이중적으로 처세했던 이이야마를 박래현, 양두철, 이재수, 손경석 등 대표적인 한국 산악인들은 아무렇지도 않게 큰 손님으로 맞이했다. 이 좌담회의 제목처럼, 이들에게 이이야마는 경성에 일본인들 중심의 조선산악회를 창립한 "일본 산악계 원로"였던 것일까? 누가 누구를 두려워했어야 했겠는가? 패망 후, 미군정의 전범 색출에서 벗어나기 위하여 남미로 도망가서 도피 생활을 했으며, 1971년 10월 한국에 다시 와 "마등령에 앉아 대청봉 촬영에 여념이 없"[220]던 이이야마 다츠오, 그에게서 "감개무량한 표정"을 읽은 김근원을 떠올리면, 일제강점기 때 그 과거의 지배자는 영원한 지배자였다는 사실을 알게 된다. 그 반대도 마찬가지였을 것이다. 게다가 이이야마는 1995년에 출간한『북조선의 산』에 들어 있는 1941년 12월부터 1942년 1월까지의 마천령-백두산 종주를 하고 나서 쓴 글에서, 자신은 "백두산 정상에 올라갔을 때, 동방요배와 만세 삼창을 해야 했는데, 이 요배와 만세에는 저항심과 부끄러움을 느끼지 않을 수 없었다"라고 하지 않았던가? 그에게도 이런 이중인격이 있었다.

1941년 조선총독부가 조선 사상범 예방 구금령을 강제로 시행하여 한국의 애국지사들을 언제든지 구금할 수 있는 발악을 자행했을 때, 김정태는 마음껏 조선총독부의 후원과 지원에 힘입어 백두산 등행에 앞장설 수 있었다. 1942년에는 제8대 조선총독부 총독으로, 앞 총독이었던 미나미와 견줄 만한 폭정을 일삼았던 고이소 구니아키小磯國昭, 1880-1950가 부임했다. 그는 일본의 육군 대장 출신의 정치인이었는데, 제41대 일본 내각총리대신을 지내기도 한 인물이었다. 그는 '조선청년 특별연성령'과 징병 제도를 실시했고, 학도병 제도로 장정들을 죄다 전쟁터로 끌고 갔다. 1944년에는 아베 노부유키阿部信行, 1875-1953가 제9대 총독으로 부임했지만, 그때 일제는 이미 패배를 앞둔 최후의 순간이었다.

아베 총독도 일본의 육군 출신 정치인이었다. 제36대 총리대신과 마지막 조선 총독을 지냈던 아베는 총독으로 부임한 이후, 한국에서 전쟁 수행을 위한 물자와 인력의 수탈에 총력을 기울였고, 국민의용대를 편성하여 비협조적인 조선인에 대한 대규모 탄압과 검거를 자행했던 인물이다. 일본의 패전 이후 할복 자결을 시도했으나 실패했다.

청년 김정태가 징병을 면하고, 전쟁에 끌려가지 않으면서 이 땅의 산하를 두루 올라, 스스로 초등이니 알피니즘의 승리라고 했던 때는 1931년부터 1945년까지라고 할 수 있다. 역사적으로 가장 "침울한 공포의 시대에서 일제의 단말마적 폭위에 눌려서 질식 상태에 빠진 문화적 암흑시대"[221]에 그는 아무런 죄책감이나, 분명한 설명 없이 클라이머로서 자신을 규정하고, "생활과 신분을 받으며 여유 있게 넘기면서 산과 민족애의 정열을 마음껏 구가할 수 있었다." (132쪽) 그리고 나서도, 해방 이후, 김정태는 이런 자기 기만의 업적을 기반으로 한국 산악계의 우두머리로서 살 수 있었다. 그가 자신이 마주했던 산을 오르면 그것은 초등이라는 기록으로 남겨졌지만, 그때 식민지의 우울과 공포 그리고 피식민지 민중으로서 수탈과 동원된 전쟁이 야기한 억울한 죽음에 대해서, 그는 절대 침묵했다. 그에게 이런 것들은 산에 오를 때 그의 발밑에 밟혔던 하찮은 지푸라기와도 같았다. 그는 이 시대, 정말 어디를 보고 산을 오르내렸을까? 어찌하여 아무렇지도 않게 이시이 등과 함께 충무로 카페, 기생이 있는 종로 술집에서 청춘의 밤을 보냈을까?

김정태의 구술을 기반으로 한 등반에 관한 증언은 상식과 어긋난 부분이 많아 보인다. 그의 성장을 비롯한 등반과 연계된 개인적 삶은 드러나지 않았다. 그가 1930년 9월, 그러니까 겨우 열네 살에 "비로 바위를 적실 정도"(28쪽)였던 인수봉을 등정했다는 증언도 확인할 필요가 있다. "인수봉에서 서양인 선교사들이 밧줄에 매달려 암벽 등반하는 것을 보고 … 신기하고 부러움에 며칠토록 밤잠을 설친"(17쪽) 그는 그 당시 고보 1학년(중학 1년) 학생이었다고 쓰고 있다. 1929년, 열세 살에 백운대를 오른 후, 그 다음 해인 1930년에 등반 교육을 받지도 않은, 백운대에 오른 경험만 있는 어린 그가 또래 친구들 네 명을 데리고 그곳을 올랐다면, 그 진위를 떠나 인수봉 등정 의미는 없다는 뜻이지 않겠는가! 그리고 1934년 이후 백운대, 만장봉, 인수봉, 선인봉, 집선봉, 비로봉, 노적봉 등 초등했다는 수많은 증언들에 대해서 의문을 갖게 하는 것 아닌가. 이제부터라도 분명한 자료들을 가지고 밝힐 필요가 있다는 것을 뜻한다.

그의 등반 기록은 화려하게 기록되어 있지만, 그의 개인적 삶(의 연대기)은 불분명하다. 김정태는 자신의 책에서 1929년 백운대에 올랐을 때가 고보 1학년(중학 1년)이라고 썼고, "좋은 학교에 들고 바빠지고 해서⋯2년쯤 반장을 (했다.)⋯중학 2년 때 사촌 아우와 단둘이⋯인수봉 등반으로 자신을 얻은 나는, 인수봉을 등반한 그 이듬해인 1931년쯤⋯천축사 뒤 비탈을 올라 만장봉을 오르게 된 것이다"(33쪽)라고 쓰고 있다.

> 1932년과 1933년 내가 이 암봉들(선인봉 뒤편, 만장봉, 우이암, 오봉, 주봉)을 혼자 올라 다닐 때도⋯이 같은 한일 인간의 시소는 확실히 우리나라 암벽등반의 새로운 장을 여는 것이었다.(46-47쪽)

이런 등반을 했을 때, 그의 나이는 고작해야 16, 17세였다. 그 당시, 학교 산악운동이 크게 활발했을 때임을 염두에 두면, 그때 그는 어떤 학교에 다니면서 산과 등반에 입문하게 되었는지를 전혀 언급하고 있지 않다. 김정태는 일제강점기 조선과 일본 알피니스트들의 경쟁을 손잡이가 없는 널뛰기인 '시소'로 여겼다. 그것은 김정태가 초등을 앞세워 정복의 강박관념에 사로잡혀 있었기 때문일 것이다.

김정태는 1937년, 선인봉 초등에 대한 기술에서, "20개들이 담배 한 갑을 넣어서 올라간"(56쪽), 그때 그의 나이는 스물한 살이었다. 그의 말대로라면 이때 그는 "민족적인 자각과 자립의 적극적인 신념에서 백령회라는 은밀한 비밀조직을 만들었다."(131쪽) 이렇게 김정태의 기술에는 사실이 어긋나 있고, 등산·등반에 연관된 제 삶의 구체적인 내용이 없다. "나는 일본대학에 다닐 때… 구로다 박사 부부에게 접근해서 친교를 맺었다. 경성 공장의 용광로 기계설치, 운영, 조업 등 일체를 청부받는 데 성공해" 징용이 면제되었고, "신분 보장을 받으며 여유 있게 산과 민족애의 정열을 구가할 수 있었다"(132쪽)고 썼다. 한국전쟁 때에는 서울에 갇혀 있었다고 하고, 9·28 수복 후에는 육군 스키부대 지도반으로 들어갔다고 하고, 1952년 가을에는 육군 제1회 명예 제대자가 되었다고 썼지만 나머지는 애매하고 모호한 서술로 일관하고 있다.(235-236쪽)

일제강점기 이후, 조선의 산악은 일본 알피니스트들에 의해서 희생되었다. 같은 시대, 조선 산악인들은 일본 산악인들에게 굴복하지 않겠다고 하면서 또 다른 산을 초등하려고 조선의 산악을 굴복시키려 했다. 이렇게 조선의 산들은 폐허가 되기 시작했다. 도시는 새로운 전망으로 다시 만들 수 있지만, 산은 재생 불가능, 환원 불가능한 것 아닌가? 지금부터라도 근대 등반의 역사를 정리하면서 알피니스트들이 잊고 있었던, 사람과 산의 관계에 있던 도덕적 권리들을 회복해야 할 것이다.

타츠미 야스오로 창씨개명한, 석정 공업소[222] 소속 김정태가

1941년 12월부터 1월 조선산악회 소속으로, 1942년 7월과 1943년 7월 조선총독부 체육진흥위원회 국방훈련부가 주관한 백두산 탐구 등행연성단에 참석, 세 번에 걸쳐 백두산에 올라 천황 만세와 승전의식에서 일본국신 만세를 외친 일이며, 1942년 10월 총독부와 이시이 등의 지원을 받아 도쿄에서 열린 메이지 천황과 그의 아내 쇼켄 황태후의 영혼을 봉헌한 메이지 신궁 국민연성대회[223]에 참가한 일 등을 김정태는 그의 책에 언급하고 있지 않다. 이 내용은 그가 일어로 쓴 1942년 일기에 있다. 일제는 1943년에도 도쿄에서 제 2회 대동아 결전 문학자 대회를 열어, 피식민지 조선 작가들을 대거 참여토록 했다. 친일작가 유치진이 조선 대표로 참가했다.

　서구 알피니즘을 수입한 일본 알피니스트들이 조선 산악인을 대하는 우월적 콤플렉스, 이들과 함께 아무런 민족적 자각 없이 재조선 일본 알피니스트들의 기득권에 속한(속하려고 한) 김정태를 비롯한 백령회와 같은 등산 동호회 회원들을 우리는 어떻게 바라보아야 하는가? 어찌 그것을 식민지 지배 담론인 사회결정론으로 받아들여야 하겠는가? 오영훈은 그의 글에서, 조선의 산을 오른 서양인들의 학위, 학력, 출신학교 등에 대해서 비교적 자세하게 언급하고 있다. 등반에 학위는 무슨 의미가 있는가?

　　1926년 미국 뉴욕주립대학교에서 박사학위를 마치고 돌아온 호러스 호턴 언더우드…[224]

　　호러스 호턴 언더우드의 장남인 호러스 G. 언더우드에 따르면,

부친이 미국(뉴욕 주립대)에서 박사학위를 마치고…[225]

크리스천 후퍼는 일본, 조선, 다시 일본에 체류하며 많은 등반을 펼쳤던 독일인이다. 대학원생으로 일본 체류 중에 박사학위 취득 후 독일어 강사로 지냈다. 이후 1933년 경성으로 이주해 경성제대 예과 독일어 교수로 재직했다. 1942년 주일 독일영사관으로 근무처를 옮길 때까지 10년을 조선에서 머물며 많은 등반을 펼쳤다. 독일산악회 회보에는 대학원생이던 1931년 후지산을 오른 등반기를 전할 뿐 조선을 포함한 다른 등반에 대해 후퍼가 공식적으로 남긴 글은 찾지 못했다.[226]

그러나 백령회 회원들과 김정태의 학력, 생업에 대해서는 어떠한 설명도 덧붙이지 않고 있다. 백령회 주변 인물에 대한 김정태의 기술에서 박순만에 대해서는 "오산에서 사업에 주력하고 있다"고 했고, 양두철은 "철공장을 하고 있어 장비 제작"(61쪽)을 한다고 했다. 김정태의 책 『천지의 흰눈을 밟으며』는 읽으면 읽을수록, 한 산악인을 자극하는 욕망만 읽힐 뿐, 등반 기록에 대한 허상과 허위의 그늘이 많아 보인다. 과거 등반 행위를 오늘날에 서술하기 위해서는 자신의 삶, 일상적 삶의 테두리가 연결되고, 전제되어야 할 것이다. 어떤 식으로라도. 김정태는 이 책에서 자신의 등반 기록과 만났던 이들에 대한 서술은 비교적 자세하게 언급한 반면에 자기 자신의 등반과 관련된 신상과 일상, 등반 입문에 관한 초상, 산악행정가로서 뒤돌아보는 회상에 대해서는 함구하고 있다.

그의 학업배경, 가족사, 성장 환경을 비롯해서 한 인간의 삶을 형성하는 '생업'에 대한 서술조차 없는데, 그럼에도 그의 등반에 관한 '과업'을 인정해야 하는 것(인정되고 있는 것)은 자기 자신의 오해와 오만 나아가 등반사 연구의 무지일 수 있을 것이다.

김정태는 자신의 성장·유년 시절, 암벽등반 입문에 관한 구체적인 기록을 하나도 남겨놓지 않았다. 자신의 정체성·주체성을 결정 짓는 바를 말하지 않았다. 일제 식민통치에 저항하는 조선인들의 삶과 일제에 항거했던 당시 사회적 사건들에 대해서도 언급한 바가 없다. 중학 혹은 고보를 다녔다고 하는 학생으로서, 등반 실력을 인정받은 조선산악회 회원으로서 나라를 빼앗겼다는 울분이나 고통 등을 그의 글에서 찾아보기 어렵다. 일본 제국주의에 대한 비판 의식도, 식민통치에 신음하는 조선 민족에 대한 뼈아픈 공감도, 식민지 조선의 현실을 극복하려는 의지나 민족의 독립에 대한 어떠한 의지 등을 지니고 있지 않아 보인다.

김정태는 13, 14세부터 오로지 산에 갔고, 오를 수 있는 바위만 보면 올랐다고 한다면, 근대 한국 등반사를 대표하는 그의 삶은 얼마나 일상의 삶과 단절되었고, 공허한 것인가! 삶이 부재하는 대신, 일본인처럼 산에 맨 처음 올랐다는 권위만 가지려고 했던 것인가? 그가 학교에서 한글, 한문, 일어 등을 얼마나 배웠는지도 알 수가 없다. 그는 일어로 일기와 산행 기록 등을 남겼는데, 그에게 한글과 일어는 어떤 의미가 있는지도 말한 바가 없다.

김정태의 등반 기술은 아무런 교육이나 스승 없이 천재적으로 타고난 것인가? 그는 "종형이 공장에서 하나 구해"준, "마니라삼,

15미리 굵기의 20미터 자일을 구해" "단성사에서 보게 된 독일의 산악영화"를 통해서, "자일 다루기, 확보법 등 모든 기본을" 배워, 인수봉에 처음 올랐다고 썼다.(28쪽) 인수봉에 올라 그는 "천상의 재왕 부럽지 않게 소리소리 천하를 호령하듯 떠들고 노래했"(29쪽)고, "멋있고 통쾌한 알피니즘 등반"(32쪽)이라고 썼다.[227] 그는 이전에 그곳을 오른 구습 같은 것에 대해서도 사유하지 않았다. 그의 글을 비판하는 이유는, 그의 구술·기술에 자신과 주변 세계를 아우르는, 이른바 '세계 내 존재'In-der-Welt-Sein로서 자신을 설명하는 내용이 없기 때문이다.

1938년에 조선총독부는 조선인들의 모든 체육단체를 해산시켰다. 체육단체뿐만 아니라 조선인들이 구성원인 단체는 어떤 종류의 것이든 모두 해산시켰고, 일본인 단체로 강제 합병했다.[228] 조선총독부는 "조선인이 조선인의 독자성을 표방하거나 유지하려 드는 것을 죄로 규정했다. 일본 제국주의는 조선인 개개인의 몸에 부착되어 있는 민족의 표지도 지우고, 그 자리에 일본 국민으로서의 집체성을 대신 새겨넣으려 했다."[229] 일제강점기 조선인은 흔한 운동이 아닌 등반, 알피니즘을 학교와 같은 환경을 통하여 배울 수밖에 없었을 것이다.

김정태의 삶과 글에서 그가 높은 산, 바위를 오르는 자신의 삶이 어떻게 이루어지고, 어떤 의미를 가지고 살아가는지에 대한 역사적·문화적 지평을 찾아보기 어렵다. 그는 조선 산악을 모두 소유할 수 있는 것처럼 자신을 여겼을 뿐이다. 산에 관한 글쓰기, 등반문학은 한 알피니스트가 산을, 자연을 소유할 수 없다는 자각에서 출발하고, 자신은 자연의 한 구성원일 뿐이라는 각성에서 쓰인다. 김정태는 자신이 누구인지 생각하지 않았다. 그가 백운대와 인수봉을 처음 등반했을 때, 그것이 자신에게 어떤 의미인지, 어떻게 행사되는 삶의 흔적인지를 사유하지 않았다. 등반에 관한 사회적·문화적·개인적 해석이 부재한 김정태를 주체적으로 등반한 알피니스트라고 말할 수 없는 이유는 여기에 있다.

알피니즘, 알피니스트의 존재를 문화적 산물이라고 한다면, 김정태의 온 삶은 애매하고, 모호하고, 불분명하고, 허구적이고, 허상적이다. 그의 글과 구술에서 진정한 자아를 확인하는 일은 매우 어렵다. 그는 식민통치의 이데올로기에 굴복한, 친일 알피니스트였을 뿐이다. 그가 백령회를 빌려서, 당시 자신을 비롯한 백령회 활동이 민족적 항거이자 저항이었다고 말하는 것은 설득력을 지니고 있지 않다. 등반사든 과거사에 대한 연구든 이 부분은 훗날 이어질 연구에 있어서 결코 그냥 넘어갈 수 없는 역사적 질료이자 절대적 당위일 것이다.

초등의 역사에서 문제 삼아야 할 것이 사실과 왜곡 사이의 문제다. 초등의 역사에 가치를 부여하는 것은 우리의 근대 등반 역사가 서구의 알피니즘을 먼저 수입한 제국주의 알피니스트들을 근대의 관점으로 바라보는 태도다. 서양인, 일본인의 초등이 아니라 고려, 조선을 비롯한 한국 역사의 등반 성격을 자체적으로 파악해 등반의 역사 서술이 선행되어야 하는 이유는 여기에 있다. 그것이 한국 근대 등반사 연구의 큰 과제라고 생각한다. 이런 현상을 그대로 방기한 등반가로서의 김정태의 삶 그리고 확인되지 않은 불안한 사실들을 그대로 옮긴 서술과 후일담 등은 무관심이 낳은 게으른 후학, 후배들의 모습일 터다.

일제강점기, 조선의 알피니스트는 직업은 아니었을 테고, 등산 동호회를 만들어, 탐험과 정복을 내세우는 아마추어 지위에 있었을 것이다. 김정태는 일제강점기 아마추어에서 시작해서, 해방 후 전문 산악인이 된 대표적인 인물로 볼 수 있다. 그의 화려한 등반 연대기에 일제강점기 속, 억압받은 조선 알피니스트의 시대적 우울은 끼어들 여지가 없었고, 친일과 민족적 저항 같은 이항대립도 필요하지 않았을 것이다. 타츠미 야스오라고 창씨개명하는 것도 어려운 일이 아니었다. 백령회에 대한 서술도, 자기 자신에 대한 명료한 증명도 무시할 수 있던 것이다. 김정태는 오로지 초등을 내세워 해방 후, 조선 산악계의 우두머리가 되고 싶었던 것이다. 그의 책을 보면 성장·성숙·관계 등 생업에 관한 정보가 확실한 것이 하나도 없다.

우리는 언제까지 초등을 찾아서 역사의 혼돈 속으로 들어가야 하는가? 김정태 이전에, 아처 이전에, 이이야마 이전에 백두산을, 마천령산맥을, 관모봉을, 인수봉을, 선인봉을, 노적봉을 오른 이가 없다고 어떻게 단언할 수 있단 말인가? 만약에 누군가가 이전에 올랐다면 어떻게 해야 하는가? 꼭 서양 알피니즘 스타일로 올라가야 등정이고, 그렇게 해야만 초등인가? 조선산악회를 비롯한 근대 등반사에 대하여, 오영훈은 다음과 같이 기술하고 있다.

'한계 도전의 등반'으로 정의된 전문 등반이 한반도에서 처음

시연된 것은 1926년 미국 뉴욕주립대학교에서 박사학위를 마치고 돌아온 호러스 호턴 언더우드가 이듬해인 1927년 5월 아들들과 함께 서울 근교 북한산 인수봉을 오른 일화로 추정된다. … 아처는 1924년과 1929-31년에 각각 경성에 머물며 북한산·도봉산·송악산·금강산의 암봉을 올랐다. … 아처의 등반은 그가 의도한 바와 무관하게 한반도의 주요 등반 대상지를 정립했고 한국 산악계의 역사적·경쟁적·윤리적 지평의 초석을 다지는 결과로 이어졌다. … 주의할 점은 일제강점기 재조 일본인과 조선인 산악인 사이의 구분이 혈통으로나 활동 영역으로나 확연히 구분되는 것은 아니라는 사실이다. 게다가 1930년대 말에는 조선인만의 단체였던 백령회 주축 회원들이 조선산악회에 가입하면서 적어도 표면적으로는 조·일 간의 구분이 희미해졌다. 1940년대에 들어서는 공적 기록물에 창씨 반대를 표하는 조선인 산악인이 있었다는 기록은 찾을 수 없다. 즉 일제강점기 조선인과 (재조) 일본인 산악 전통을 구별하는 것은 쉬운 작업이 아니다.[230]

근대 조선 등반 역사(기술)에서, 비범한 서양 외국인과 일본인의 초등을 강조하는 것은 서구 알피니즘이 지닌 제국주의적 자기기만, 타인을 열등한 존재로 무시하는 오만, "탐험과 정복의 전장으로서의 등반"[231]을 옹호하고 지지하는 것과 같은 맥락이라고 할 수 있다. 그것을 "역사적·경쟁적·윤리적 지평의 초석을 다지는 결과로"[232] 국가주의와 민족주의를 구분하지 않는, "역사적·지정학적 배경과 제국 간의 우승열패라는 사회진화론으로 점철된 세계상을 엿볼 수 있다"[233]라고 하면서, 이를 사회진화론적 세계관의 귀결이라고 결정지어 말하는 것은 오류이고 오만이라고 할 수 있다. 식민지 지배 담론인 사회진화론적으로 보아 조선이 열등한 나라이고, 어린 산악인들은 그 시대에 겨우 일탈을 꿈꾸던 존재들이었던가? 그런 이유로 "여러 조선인 산악인들은 기꺼이 (일본인 중심의 산악회에) 참여했고 … 일본 본토-재조 일본인-조선인으로 느슨하게 엮인 범일제 산악계"[234]라고 말할 수 있단 말인가?

오영훈의 논문에서 결론에 해당되는, "김정태의 회고 방식이 일본인들의 회고와는 상반되게 전투적 민족주의를 띠며, 한국 근대 등산의 '원류'를 한일 간의 경쟁으로 정의하려 했다는 사실 자체를 주목한다"[235]라고 한 부분은 앞에서 한 자신의 주장과 어긋난다. "금강산과 한라산, 북한의 산 등을 등반 대상지로 개발하고 체계화하여 기록으로 남긴 것은 재조 일본인 산악계의 결집된 노력으로 인해 가능했다. … 김정태가 고난도 등반을 계속해나가려 했던 추인 요인 중 하나는 그가 경쟁의 대상으로 여긴 재조 일본인 등반가들이 뛰어난 활동을 펼쳤기 때문이었다. 실질적인 측면에서 일제강점기 조선인 산악운동의 그 같은 부흥은 재조 일본인과의 다양한 교류가 없었다면 불가능했으리라는 것이다"[236]와 같은 주장은 사실과도 어긋나고, 근대 등반 역사에 관한 식민지 근대화론의 답습이라고 할 수 있다. 그리고 "1930년대 식민지 조선에 한정해, 이이야마와 이즈미로 대표되는 재조 일본인들의 등반 활동은, 폭력적 투사 대신 유순한 등산가를 양산하는 문화적 동화와, 효과적으로 휴양을 즐김으로써 근면히 일하는 노동·소비 주체를 자체 생산하는 경제적 수탈에 일조한 '제국의 첨병'이었다고 볼 수 있다"[237)]라고 입장을 달리해서 판단하고 있다. 이 부분에서 박찬모 교수는 일본 제국주의 알피니스트들에게 "조선의 산악은 제국적 욕망이 투영된 공간"[238)]일 뿐이라고 말하고 있다.

구술(사)에 대한 언급을 한 터라, 구술(사)은 현대에 이르러서도 한국 사회의 변화와 함께 지방, 변방, 개인, 소수 집단의 목소리에 대한 욕구와 필요성에 따라 더욱 확대되고 있다. 특히 보다 민주화된 사회를 위하여 필요한 것으로 인정되면서 우리 사회에서도 양적으로 크게 늘어났다. 한국 등반사 연구에 있어서 구술에 이어져야 하는 것은 독일의 랑케처럼, 문헌을 객관적이고 신뢰할 수 있는 자료로 보는 문헌 중심의 역사 연구일 것이다. 실증이 없는 역사 서술은 진단학회처럼, 한국 고대사를 일본 제국주의 입장으로 왜곡한 일제 식민사학의 한 전형이라고 할 수 있을 것이다.[239)]

『조선산악』의 역사

오영훈은 빼앗긴 영토, 조선에 관해서 이렇게 썼다. "일본인 산악인들은 『조선산악』『조선급만주』 등의 재조 일본인 위주의 잡지를 통해 서울 근교의 산(5군 17봉), 금강산, 관모연봉 등 조선 내 등반 대상지의 정형화를 시도했다."[240)] 그러고 나서, "재조 일본인 산악인들은 일반적으로 등반을 정치·사회적 상황과 분리된 고독과 낭만의 영역으로 보았다. 이는 재조 일본인 산악인들이 식민지의 일상적인 폭력과 압제, 또 그게 전문 등반과 탐험의 영역에서도 반복되는 상황에 무심하거나 함구했던 이유를 어느 정도 설명해준다"[241]라고 하는데 납득이 되지 않는 부분이다. 오영훈은 이들이 "낭만적 탐험의 연장으로 보아 윤리적 안정감을 찾을 뿐이었다"[242]라고 쓰고 있다. 그러면서 이 글 말미에는 두동지게, "1930년대 식민지 조선에 한정해, 이이야마와 이즈미로 대표되는 재조 일본인들의 등반 활동은, 폭력적 투사 대신 유순한 등산가를 양산하는 문화적 동화와, 효과적으로 휴양을 즐김으로써 근면히 일하는 노동·소비 주체를 자체 생산하는 경제적 수탈에 일조한 '제국의 첨병'이었다고 볼 수 있다"[243]라고 앞뒤가 맞지 않는 결론을 맺고 있다.

일제강점기에 발간된 『조선과 만주』朝鮮乃滿洲(1912. 1–1941. 1)의 전신은 1908년 창간된 『조선』朝鮮이다. 『조선과 만주』는 일본인들이 조선을 식민 지배하기 위한 사전조사 작업의 일환으로 조선의 정치·경제·사회·문화·역사 등 각 방면의 자료를 담은 종합잡지다. 일본 제국주의는 1905년 을사늑약 이후 한반도에 대한 모든 정보를 파악하기 위해, 만주 지역에 대한 노골적 침략성을 드러내며 한일병합 이후 『조선』을 『조선과 만주』로 확대 개편했다. 『조선과 만주』『조선』은 많은 지면을 통해 식민 지배를 합리화하기 위한 지배 논리와 한반도 지형과 산에 대한 정보를 담고 있다. 『조선과 만주』의 창간호 첫 내용이 '신영토 개척'이라는 것만 봐도 이것을 알 수 있다. 조선은 일본 제국주의자들에게는 빼앗은 신영토였다.

박찬모 교수의 논문, 「『조선과 만주』에 나타난 조선 산악 인식」은 당시 수록된 기고문과 기행문을 통해 일본인들이 한반도의 산을 보는 시각을 전통적으로 한국인들이 가져왔던 시각과 비교 분석한 내용을 담고 있다. 박찬모 교수의 이 논문에 따르면 19세기 개항 이후 많은 일본인들이 한반도를 찾았는데, 당시 일본인들이 한반도 산악을 본 시각은 ① 미개하고 비위생적인 모습에 강한 거부감, ② 조선 산악의 황폐성과 야만성 지적, ③ 제국적 욕망이 투영된 공간이었다. 조선을 찬탈한 일본 제국주의자들은 산악 연구나 산행, 잡지 간행 등 제반 산악 활동을 최종적으로 국가(제국)를 부유하게 하는 하나의 길로 여겼던 것이다.[244] 조선의 산악에서 일본의 신화적 세계를 호출한 것은 확장된 제국의 영토를 합리화하려는 시도였던 것이다. 게다가 중일전쟁 이후 조선총독부는 등산을 체위 향상과 오락의 하나로 규정하며, 등산의 효용을 "국가제일주의, 국방제일주의, 전체주의 사상으로 전유"[245]했다. 당대 학교를 중심으로 등산 활동이 활발하게 이루어진 이유는 여기에 있을 것이다.

근대 조선 이후, 학교 중심의 산악 활동 전통은 오늘날까지 한국 산악계에 이어지고 있다. 고등학교, 대학교 산악부에 대한 추억은 권력의 지렛대, 자장처럼 수많은 동호회 단체를 양산하고 그 계보를 이어간다. 근대 서구 알피니즘의 기원처럼, 일제강점기 산과 산악운동은 국부 증진의 대상이나 제국적 영토 욕망의 구상물이라고 할 수 있다. 박찬모 교수는 위 논문에서 "조선 산악에 대한 일본인의 인식은 결국 식민지 지배의 합리성과 정당성을 강화하는 측면이 강한 것이었다"고 분명하게 말하고 있다. 이런 의미에서 조선 산악을 초등이란 이름을 내세워 제멋대로 유린한 일본 제국주의 알피니스트들과 그들과 동조한 조선 산악인들의 등반을 낭만적 탐험이라고 말하면서 긍정하고, 서양 선교사 등반을 큰 의미를 지닌 것으로 해석하는 오영훈의 글을 비판하지 않을 수 없다.[246]

일반적으로 회고, 구술사는 제도화된 역사의 허구성에 대항하여 주관적인 요소를 역사 안으로 끌어들이는 방법론이라고 할 수 있다. 기억에 의한 구술 회고담은 암시 또는 명백한 가설, 나아가 왜곡일 수도 가정일 수도 있다. 회고와 구술사는 정치적·학문적 입장을 내세우는 기존의 역사가들의 서술과 적대적인 관계 속에서 존재·유지·발전할 수밖에 없었다. 회고담 혹은 자서전과 같은 김정태의 책이 지닌 맹점은 등반과의 만남, 등반 기술과 등반 언어 습득, 이를 통한 산악인으로서의 정체성에 대한 개인적 인식과 식민과 피식민, 억압과 저항과 같은 서술의 부재에 있다. 내세울 만하게 남는 것은 유일한 초등 기록, 선등에 대한 탁월함, 그것에 대한 헌정사뿐이었다. 회고·구술의 주요 기제는 기억인데, 김정태의 책에는 등반만 있고, 등반을 매개하고, 바탕을 이루는 당대 역사, 피식민지의 억압받은 자들의 고뇌, 조선의 자연에 대한 깊은 사유들이 거의 부재한다.[247]

경험과 구술의 의미, 김정태의 글에서 우리는 그런 구술사 판본을 찾아내기 어렵다. 식민지 속 '특수한' 한국의 근대 등반사라고 하더라도, 김정태의 책이 이와 같은 회고·구술사의 일반적 정의와 역할과는 어긋나 있다. 등산 동호회 백령회와 김정태 자신의 등반 기록에 대한 기억과 구술은 개인의 범주를 넘어서서 한국의 근대 등반에 우뚝 앞장선 이로서 공인되었으며 기득권을 지금까지 모두 누릴 수 있었다. 책을 더 들여다보면, 읽고 또 읽어 내려가면 갈수록, 김정태는 일본 제국주의 아래 피식민 계급으로서 자신을 소외시킨 바가 없다는 것을 알게 된다.

오영훈은 "일제하 조선인 산악인들에게는 재조 일본인 산악인과 다른 조선인 산악인 집단이야말로 주된 경쟁(혹은 참조) 대상이었다"[248]라고 쓰고 있지만, 김정태는 피식민지 아래에서 억압받고 송두리째 영혼을 빼앗기며 살아야 하는 소외되고 고통받는 자신과 이웃들을 드러낸 적이 없다. 오히려 그는 일본 제국주의 알피니스트들보다 나은 등반 기술, 역량을 내세워 늘 제국주의 알피니스트들과 같은 무리 속에 있을 수 있었다. 그럼에도 오영훈은 "기존 루트 답습 외에 새로운 루트를 개척하는 등반 성취를 김정태는 적극적인 민족의식의 실천이었다고 회고한다. 1935-37년의 인수봉·선인봉·노적봉 암벽 루트 개척을 김정태는 전격적인 일본인들과의 투쟁으로 묘사한다. 그는 그것을 매우 자랑스럽게 여겼다"[249]라고 쓰고 있다. 김정태의 이러한 행적은 1941년 백두산 등정 이전과 이후에서 공히 드러난다. 해방된 이후에도 그가 언제나 한국 산악계의 우두머리 적자로서 존재할 수 있었던 이유는 여기에 있다.

해방 이후 반일의 태도가 기준이 된 1970년대의 독자들에게 김정태가 밝힌 다분히 민족주의적인 회고가 실제 역사적 사실을 얼마나 반영하는지는 본고의 주제인 '영향'과는 큰 관련이 없다. 필자는 김정태의 회고 방식이 일본인들의 회고와는 상반되게 전투적 민족주의를 띠며, 한국 근대 등산의 '원류'를 한일 간의 경쟁으로 정의하려 했다는 사실 자체를 주목한다. '한국산악회의 역사가 바로 우리나라 산악운동의 역사'라는 한국산악회의 주장에 일리가 있다면, 한국산악회(조선산악회)의 창설과 발달, 초기 방향 설정 및 그 이후의 사업들에 핵심적인 역할을 담당했던 김정태의 등산 경험(의 회고)과 그의 주관을 주목하지 않을 수 없기 때문이다. 산악사 연구의 여러 지점에서 김정태와 잦은 마찰이 있었던 손경석도 '일제하 한국 산악인의 불사조 같은 기개'를 규명할 것을 한국 산악사의 과제로 천명하고 있음을 볼 때, '일본인들로부터 받은 영향'이란 바로 후일 한국인 등반가들이 기억하는 방식 자체에서 단초를 찾을 수 있을 것이다. … 학교 산악부 중심의 일본 산악계의 조직적 특성과, 서구로부터 받아들여 발전시킨 장비 · 기술 · 철학의 수준을, 조선의 중산층 청년들은 한편으로 적극 수용하면서 다른 한편으로 모순적인 민족적 현실을 극복하는 방편으로 변용했다.[250]

오영훈의 논문에서, 김정태가 손경석 등 당대 인사들과 불화관계에 있었다고 했다. 김정태가 무서워했던 것은 자신의 등반 기록을 무시하고, 왜곡되었다고 홀대하면서 비판하는 동시대 지식인 산악인 몇몇이 아니었을 것이다. 그가 정작 두려워했던 것은 보이지 않는, 달리 말하면 부재하는 등반 사유에 있었을 것이다. 흔적과 같은 등반 기록은 왜곡하고 생략하고 늘릴 수 있지만, 사유의 깊이와 자취는 그대로 그의 글과 삶 속에서 드러날 수밖에 없어, 숨길 수 없었을 것이다. 그가 밝혔어야 했던 것은 등산운동 60년사 이전에, 구술사답게, 자기 자신의 삶의 역사여야 했다. 그러나 그는 한국의 등산운동 60년사와 자기 개인의 역사를 등가로 놓았다. 그는 이 두 개의 역사를 동일시한 결과, 자신을 왜곡할 수 있었다. 망각의 그늘 속에, 역사의 왜곡 속에 자신을 가두어두어야 했던 것, 이것이 그가 가장 무서워했던 것이 아닐까? 그는 살아 있는 동안 불안한 존재임에 틀림없었을 것이다.

김정태, 그는 일제강점기 이후 일본 제국주의가 멸망하면서 일본의 식민지였던 근대 조선의 고유한 등반 역사의 필요성을 깨닫지 못했던 것으로 보인다. 그는 일제강점기 등반 역사의 연장선 위에 자신을 위치시켰을 뿐이다. 김정태에게 초등은 자신을 독특한 존재라고 여길 수 있게 해주는 유일한 삶의 목적이었던 셈이다. 그런 그에게 식민지 문명, 조선의 문화·역사적 배경은 중요하지 않았다. 친일은 이렇게 자기를 보호하고 기만하는 기제였다.

달리 보면, 그는 식민 통치 아래 누구보다도 지배당한 자, 빼앗긴 자의 두려움을 알았던 존재라고도 보인다. 그 두려움을 숨기기 위하여, 그 목적을 위하여 그는 하나의 감각에 의지할 수밖에 없었을 것이다. 그것은 오르는 것이었고, 더 정확하게 말하면 오르는 것을 자신이 맨 처음 했다고 구술하고 기술하는 것이었다. 그것만이 자신을 보호할 수 있다고 믿었다. 그때부터 김정태의 방향은 삶의 진성성과는 멀어지기 시작했고, 삶의 감각을 잃어버렸다. 1931년 10월에 일본인들이 만든 조선산악회가 해방 이후 1945년 9월에 한국인들에 의해서 아무렇지도 않게 같은 이름으로 조선산악회가 되고, 나중에 한국산악회가 되는 것처럼 말이다. 이름은 조직의 정체성에 관한 것인데 조선산악회를 그대로 사용한 것은 통탄할 일이 아닌가?[251] 앞의 조선산악회의 모든 유산을 받기 위하여 이름을 그대로 사용했을 수도 있겠지만, 그것을 어찌 민족주의적 태도라고 볼 수 있단 말인가?

나중에 만든 조선산악회 회장은 진단학회 회장이었던 송석하였다. 김정태는 송석하 회장에 대해서 "우남 송석하 선생은 8·15 해방 직후 모든 분야가 정치일변도로 어수선할 때, 일정 시부터 있어 온 민족적인 학술단체 진단학회를 이끌고 우리 사회에 가장 빠른 안정된 조직과 학자적인 식견을 뚜렷이 천명하고 지향적인 활동에 앞장서게 한 분이었으며, 민족자립의 상징적인 초유의 민족박물관을 설치케 하여 초대관장이 되었다"[252]고 썼다. 김정태, 그에게 일제강점기 이전과 이후의 등반 사상·체계는 아무런 차이가 없었다. 일제강점기 아래에서는 조선산악회의 서자로, 해방 후에는 그 이름 그대로 이어받은 조선산악회의 적자가 될 수 있었던 것이다.

일제강점기, 조선산악회에서 일본인들이 도매업자였다고 하면, 이 단체에 가입된 조선 산악인들은 소매업자라고 할 수 있다. 일본인 중심의 조선산악회 안에서 조선인들은 일본인들보다 더 부지런해야 했고, 힘든 등반에 앞장서야 했다. 그리고 감내해야 했던 열패감은 다른 조선인들 앞에서 우월감으로 환속된다. 일제강점기 내내, 일본인들보다 더 가혹했던 이들은 일본인 곁에 있으면서 부화뇌동했던 조선인들이었다는 사실은 여기서도 마찬가지였다. 가슴이 미어지는 부분이다. 1945년 해방 이후, 독재정권 아래에서도 김정태는 한 치의 반성이나 후회 없이 여전히 한국 산악계의 '좌장' 혹은 '선등'하는 존재일 수 있었다. 김정태의 글을 읽으면서 부친의 부정과 살해와 같은 피식민지 근대성에 대한 문제를, 오영훈의 글을 읽으면서 확인되지 않은 정전의 강조와 식민지 근대화론에 가까운 사회결정론에 이의를 제기하는 이유는 여기에 있다.

기억, 망각 그리고 왜곡

이렇게 쓰고도 궁금한 것, 남은 의문들은 많다. 필자의 이 글은 김정태를 비롯한 일제강점기, 근대 산악인들이 산 아래에 살면서, 산 안으로 들어가고 바위를 오르면서 지닌 생각·사유·기억을 살펴보고자 했다. 이것을 밝혀줄 자료는 그가 구술한 것 같은 책과 주위의 증언들뿐이다. 김정태의 책을 일제강점기에 등반하면서 해방 이후 대우받는 데 이른 직업 등반가의 행복한 과거로 여기고 싶다. 그의 책을 읽고 나면 그에게는 가정, 가족이란 아예 없어 보인다. 오로지 만족을 모르는 축적된 등반이 낳은 열정 같은 것만 읽힌다. 그의 책은 일제강점기 한 산악인의 등반 기록이지만, 과정만 있고 사유가 없는, 확인과 비판이 생략된 채 남은 구술로 여기게 된다. 그는 당대에 등반 기술의 무지와 싸웠지만, 등반을 사유하는 산악인의 본령에 이르지 못했던 것 같다. 그는 일제강점기 조선 산악인들의 현실 즉 근대 등반 기술의 무지와 싸우기 위하여 앞선 서양의 등반 기술을 체득한 일본인 알피니스트들과 아무렇지도 않게 동행해야 했고, 그들과 대등하게 혹은 앞서서 길을 내고, 오르고, 바위에 올랐다. 그런 그에게 길, 산, 바위, 자연, 민족 등은 등반 기술, 서열을 앞서지 못한 허접한 기준이었을 것이다. 오영훈 글의 최종 결론은 아래와 같다. 오영훈의 이런 글은 애매모호한 표현의 나열이다.

일본 본토–재조 일본인–조선인으로 느슨하게 엮인 범일제 산악계의 참여 함수관계는 바로 '경쟁'이었으며, 이를 훗날 김정태 등은 배타적 민족주의의 표출로 해석하곤 했다. 해방과 전쟁, 분단은 한국의 산악인에게 북한의 산으로부터의 단절, 곧 한국 알피니즘에서 고산등반과 대암벽등반을 소거하는 결과를 초래한 것만이 아니다. 국가적·민족적 경계를 넘나듦으로써 달성할 수 있었던 고도의 전문 등반의 경향은 대폭 사그라들었고 그에 대한 기억도 파편으로서만 전해졌다.[253]

이처럼 오영훈의 논문은 입장을 확실하게 드러내지 않고, 김정태와 같은 근대 산악인의 확인되지 않은 구술에 의거한 협애한 서술을 반복·재구성하고 있다. 아처를 비롯한 몇몇 일본인 등반가들의 기록에 매몰됨으로써 일제강점기 이후 조선 근대 등반사와 한국 식민지화 과정에서 일본 제국주의 알피니스트들이 조선의 아름다운 산하에 올라 제멋대로 초등이라는 이름을 새겼던 오욕의 역사에 효과적인 대응을 못하고 있다. 앞에서 여러 선행 연구자들의 주장을 정리한 것처럼, 백령회를 비롯한 김정태 등의 행적에 관한 민족주의적 역사 서술도 근거가 매우 희박한 것이 사실이다. 그런 면에서 오영훈의 논문은 기존의 한국 근대 등반사 연구자들을 설득시키지 못할 것이다.

등반사 연구의 시작을 위하여, 오늘의 우리들이 근대 등반과 등반가들의 역사를 어떻게 지켜야 할지를 고민해야 할 것이다. 앞으로 근대 등반의 역사에 대한 실제 파악과 이해가 깊어지기를 바란다. 한국 근대 등반사의 왜곡된 역사인식에 대해 책임감을 일깨워야 할 것이다. 북한산 인수봉은 낮지만 높고 우람한 바위 봉우리다. 필자는 인수봉 바위를 오르고 내려가면서 젊은 날의 우울을 겨우 견뎌낼 수 있었다. 바위 아래에서 밀려오는 현실의 역습을 겨우 마주할 수 있었다. 어릴 적, 남루한 장비로 목숨을 담보로 산을 올라야 했던 동네 형들을 기억하고 있다. 네팔 카트만두에 내려, 줄을 서서 입산허가서인 퍼밋을 받는 곳 한구석에 적힌, "그대들이 네팔을 바꾸려고 하지 않기를, 네팔이 그대를 바꾸어놓을 테니까"라는 글귀를 아직도 가슴속 깊은 곳에 넣어두고 있다. 바위의 역사를 모르는 무지한 이들이 인수봉을 낮은 봉우리라고 말할 것이다.

우리는 되물어야 한다. 왜 초등의 역사가 중대한 발언이 되는가를. 필자는 초등에 관한 근본적 사유의 전환이 필요하다고 생각한다. 한국 인문학에서 산에 관한 학문 연구는 거의 없는 편이다. 주변부에서도 한참 동떨어져 있다. 산과 달리 바다에 관한 해양학(과)은 있어도, 산악학이라는 분야는 없다. 그런 이유로 지금까지 등반에 관한 연구는 산에 관한 우리의 전통사상, 인문지리와 무관하게 진행되고 있다. "역사지리, 문화지리, 종교지리, 문학지리 등 다양한 분야"[254)와 같은 문화적·학문적 영역이 아닌, 오로지 초등을 밝히고, 그것에 의미를 부여하려고만 하고 있다. "일제강점기 조선의 지식인은 조선의 산악을 민족의 기원이 비장된 장소"로 여기고, "국

토 기행을 통해 조선의 산하에서 민족의 자기정체성을 발견하고
자… 백두산, 금강산, 묘향산, 설악산 등 산악 순례를 통해 단군 중
심의 단일민족 서사를 노래하면서 식민주의 역사 연구에 대항"255)
했다. 한국 근대 등반사 연구는 그런 역사를 거의 잊고 있다. 한국
문화, 역사의 근원과 멀어진 채 산에 관한, 등반에 관한 역사가 쓰여
지고 있는 것은 분명히 재고할 필요가 있다. 우리는 산에 오르는 등
반이 무엇인지를 스스로에게 되물어야 한다. 산에 가기 전에 왜 오
르는지를 물어야 하고, 산에 오르면서 제대로 오르는지를 숙고해야
하며, 산에 다녀와서는 어떻게 기록해야 하는지를 공부해야 할 것
이다.

　산, 등반, 알피니즘에 관한 역사인식 빈곤은 과거의 등반 역사의
진실을 있는 그대로 바라보지 못하게 한다. 필자는 이 글에서 "산을
완전히 망각하면서 산을 '자기 자신들에 대한 열정의 수단'으로 삼
는"256) 것을 비판하고자 했다. 한국의 근대 등반사 연구는, 일반적
인 역사 연구처럼, 등반가 자신이 속한 사회 전체의 문제와 두동진
것이 아닐 것이다. 예를 들어 초등의 기록만을 추구하고 오로지 그
것에 가치를 부여하는 것은 너른 역사 연구라고 할 수 없다. 등반사
연구를 제한하기 때문이다. 산, 등반에 관해서 다학제적으로 연구
하고 공부하지 않으면 우리의 등반 역사를 제대로 된 방향으로 바
꿀 수 없다고 여기는 연구자들이 많아져야 할 것이다. 한국의 근대
등반사를 제대로 공부하는 모임이 많아져야 할 것이다. 우리들 스
스로 자주적으로 등반 역사를 공부해야 할 것이다. "역사는 스스로
말하지 않는다"257)라고 한다면, 알피니즘 역사는 수많은 알피니스

트들, 독자들과 함께해야 한다. 역사를 제 것으로 편입하면서 도둑질하는 것도 경계해야 할 것이다. 문학평론가 황현산의 말을 빌리면, 그것은 그들을 "영원히 허위 속에 가둬놓은 일이 되"[258]기 때문이다. 실상은 나약한 개인들이 떠맡게 된 짐을 역사의 짐으로 여겨 함께 나눠 지자는 데 목적이 있을 것이다.[259]

오영훈의 논문을 비판하면서, 한국 근대 등반사 서술의 문제와 산악인 김정태의 삶의 행적을 논한 것은 근대 등반사와 그의 삶이 오늘을 사는 우리들에게 거울과 같아야 한다고 여기고 있기 때문이다. 근거 없는 비판을 하려는 것이 결코 아니었다. 한국 근대 등반사에 회의론을 조장하려고 하는 것도 아니며, 김정태와 백령회에 관해서 몰락의 역사를 말하려고 하는 것은 더더욱 아니다. 우리는 김정태가 지녔던 삶의 불안함과 등반의 두려움을 그의 글에서 읽어내야 할 것이다. 기록되지 않고 포착되지 않은 것을 유추해야 하고, 그것들을 새롭게 현실화해야 할 것이다. 김정태가 경험한 모든 것이 필연적으로 흔적을 남긴 것도 아니고, 그가 남긴 기록들이 등반의 모든 것을 반영하고 있지도 않을 것이다. 일제강점기 아래, 피식민지 조선의 산악인이 지녀야 했던 한계와 온몸에 깃든 두려움을 조금이라도 더 읽어내야 할 것이다. 그리하여 식민지 공간에 살았던 산악인, 한 인간의 삶에 공감할 수 있어야 한다.

이렇게 쓴 이유는, 김정태가 자신이 속한 사적인 성장 환경과 삶의 한계를 말하는 내용을 그의 구술과 저술에서 발견하기 어려웠기 때문이다. 우리는 지금까지 근대 산악인 김정태를 제대로 이해한 적이 없었다. 김정태를 근대 산악사에서 유령이 아닌 역사 앞에 선

인간으로 이해하고 싶다. 그는 산 앞에, 역사 앞에 두려움을 지녔고, 그것을 숨기면서 살았던 인물이다. 해방 전후, 그는 이방인처럼 살았다는 느낌을 지울 수 없다. 그는 깜빡이는 촛불과도 같았던 존재였을 것이다.

이 글에서 다루어진 논의가 김정태의 삶의 흠집과 과오를 드러내는 것이 아니라, 한국 근대 등반의 모습을 있는 그대로 되찾도록 하는 데 작은 도움이 되면 좋겠다. 자유로울 수 없었던 일제강점기 조선 산악인들의 생채기를 통하여, 그들 삶의 흔적들을 통하여 오늘날 산에 오르는 우리들의 바른 행보와 모습을 찾았으면 좋겠다. 2002년은 국제연합이 정한 '세계 산의 해'였다. 그 표어가 "우리는 모두 산 사람이다"였다. 산이 높든 낮든 산이고, 우리는 모두 산 사람이다.

기억의 산, 망각의 산, 텅 빈 공간의 산

• 책을 마무리하며

침묵과 고독 속에서,
사람들은 본질적인 것만을 듣지.
−프랑스 오브락 마을의 바위

산의 기억

이 책의 글을 마무리하면서 다시 산으로 가야겠다고 다짐했다. 김정태도 잊고, 근대 등반사니 초등이니 하는 것들을 모두 잊고 오붓한 산길을 걷고, 내게 맞는 등반을 다시 하려고 한다. 글 쓰는 책상 주위에 널브러진 한국 근대 등반사에 관한 문헌, 논문과 신문기사로 묶인 참고자료 파일, 일제강점기와 친일 연구서 등을 주제별로 정리해서 넣어두려고 한다.

그동안 이 책을 쓰는 일이 산에 가는 일보다 훨씬 더 힘들었다. 무엇보다도 자료를 찾아서 읽고 글을 쓰는 동안 즐겁지 않았다. 한 사람을 정말 알고 싶었다. 그가 살아온 삶의 온 자취를 살펴보고, 감동하고, 배우고 싶었다. 그리고 용인 천주교 공동묘지에 이 책을 잘 포장해서 꽃과 함께 놓아드리고 싶었다. 삶은 태어나서 생을 다할 때까지 흔적을 남기기 마련이고, 그 자취를 따라 더 나아가는 다음 세대가 있다는 것을 증명해 보이고 싶었다. 그 길이 산에 나 있는 산길이 아니면 어떠하고, 바위 위에 새긴 바윗길이 아니면 어떠하리.

이 책의 원고를 거지반 다 쓰고, 정리하면서 나는 무엇 때문에 이 책을 쓰게 되었는지를 자문했다. 김정태에 대한 글을 읽으면서도 또한 마찬가지였다. 내가 좀더 일찍 한국 산악계 속으로 들어갔다면, 그가 생의 끄트머리까지 함께한 한국 산악회 사무실 언저리를 오고 갔다면, 얼마든지 그를 만나볼 수 있었을 것이다. 2020년, 한국 산서회 회원들이 손재식과 함께 근대 등반지를 찾아다니며 우이암을 등반하고 깡통산장이 있던 곳으로 내려오면서 그에 관한 이야기를 들었을 때, 한국 산악회의 역사를 알차게 기억하는 변기태로부터 그의 일상생활에 대한 이야기를 들었을 때 그런 생각을 했었다.

지난 몇 년 동안 김정태의 글을 여러 번 읽고, 그의 삶을 연역하려 했다. 그는 암벽등반에 대해서 "밤잠을 설칠 만큼 신기"(17쪽)해했고, 등반 기술이 탁월했으며, "순간순간 이어지는 아슬아슬한 감각에 황홀"(19쪽)해했던 산악인이었다. 그에게 암벽등반의 최댓값은 "인간능력의 극한 상황을 자초하여 생사의 분기점을 넘나드는 자기 증명인 동시에 단련증강"(11쪽)이었고, "구사일생의 탈출과 같은 생환"(198쪽)이었다. 이를 위하여 그는 평생 산에서 "험로를 돌파, 정상을 밟"(207쪽)기 위하여 "지옥 같은 시련"(208쪽)을 견뎌냈다고 썼다. 그는 언제나 "창작적인 등반을 시험"(219쪽)했고, 이를 통해서 "참담한 고난과 황홀한 기쁨"(217쪽)을 맛보았다.

그러나 그는 산과 등반의 미학을 그의 책 어디에서도 쓰지 않았고, 못했다. 그 이유는 무엇 때문이었을까? 이것은 김정태의 책에서 등반과 관련된 "연대의 정확성과 반증을 찾기 어렵"기 때문도 아니고, "정당한 판단의 기준을 삼기에 애매"[1]한 내용 때문만도 아니다. 영민했고 용의주도했던 그였지만 산, 산행, 등반 이외에 다양한 분야의 책을 읽고 사유할 만큼 여유롭지 않았다. 곁에 그를 이해하고, 함께할 수 있는 공부한 친구들도 없었다.

오래전, 사진작가 김근원 선생이 살아계셨을 때, 전공과 무관했지만 선생에게 학교 특강을 부탁드렸었다. 꽃이 활짝 핀 봄날이었다. 선생은 몸이 아프시다고, 나중에 커피를 마시러 집으로 한번 오면 좋겠다고 하시면서 아들이 대신 가서 해도 좋겠냐고 물으셨다. 그런 인연이 있는 사진작가 김상훈 선생은 돌아가신 아버지의 사진을 바탕으로 근대 등반의 추억과 더불어 인간 김정태에 대한 살가운 이야기를 또박또박 해주었다. 그것은 사진 속에 저장된 것과 같은 그에 대한 변함없는 믿음이기도 했다.

대학로 시절에는 먼발치에서 손경석 선생이 걸어가시는 모습도 뵌 적이 있었지만, 다가가서 인사를 드릴 만큼 주변머리는 없었다. 그때 기억이 어찌나 아쉬웠던지, 몇 해 전 광화문 세종문화 회관 앞에서 우연히 김영도 선생을 뵈었을 때는, 얼른 인사를 드렸다. 선생은 누구시냐고 내게 몸을 살짝 붙이시면서 물으셨다. 연두색 바람막이 자켓과 줄무늬가 있는 모자를 쓰고 계셨던 선생은 연세와 달리 몸이 가벼우셨다. 선생의 질문에 대답은 짧았다.

"선생님 책을 읽은 독자입니다."

선생은 작게 웃으시면서 인사를 받으시고 가셨다. 그 곁에 긴 칼을 차고 있는 이순신 장군이 우뚝 서 계셨다.

그로부터 몇 해가 흘렀다. 오래 다닌 직장이었지만 늘 허리 한구석을 스치는 바람이 차갑게 느껴지는, 그 허전하고 빈한한 기억이 많은 학교에서 교수 생활을 마무리하고 정년퇴임할 때에 이르렀다. 책으로 가득했던 연구실은 이미 정리를 끝내고 거의 다 비워놓았다. 몸만 떠나면 될 것 같았다. 그렇게 하면 남은 한 학기도 마저 지나갈 것 같았다. 대학 안에서 유일하게 책과 더불어 머물고 숨 쉴 수 있었던 10제곱미터 정도의 연구실에는 여러 가지가 켜켜이 잠들어, 조용히 구석에 끼리끼리 몸을 의지하고 있었다. 주로 산에 관한 책들이었다. 부임 후 월급을 조금씩 모아서 학과 건물 로비에 세운 인공암벽과, 연구실 구석에 쌓여 있는 암벽등반 장비들은 학생들에게 나누어 주었다. 전공도서들은 학과 도서실이나 학교 도서관에 기증하면 될 것 같았다. 그러나 산에 관한 책들은 고스란히 집으로 옮겨 놓아야 했다. 그 책들 사이에 김정태의 책 『천지의 흰눈을 밟으며』가 있었다.

김정태가 쓴 등반 자서전과 같은 이 책은 좀처럼 손에 잡히지 않았다. 제대로 읽고 싶었지만, 책의 내용이 어설프고 성글었다. 무엇보다도 등반 연대와 기록이 받아들여지지 않았다. 산서에 관한 서평을 한국 산서회 카페나 신문, 잡지 등에 쓰면서도 『천지의 흰눈을 밟으며』는 서평을 위한 책 읽기 목록에 한자리를 차지하지 못했다. 그러나 김정태의 명성은 잦아들기는커녕 이곳저곳에서 더 많이 언급되었다.

한국 산서회 활동을 하면서, 자주 듣는 이름이 김정태, 이이야마 다츠오, 이즈미 세이치 등이었고, 집선봉 C2 초등, 마천령 종주, 인수봉 인수 B코스, 도봉산 주봉, 백두산 등행, 조선산악회 등과 같은 역사적 용어들이었다. 때마침 한국 근대 등반사를 공부하는 홍하일, 조장빈, 허재을, 김진덕 등에게 김정태에 관한 이야기를 많이 들었고, 많은 자료를 얻을 수 있었다. 주제와 연관된 글은 『산악연구』에 실린 최중기, 김장욱, 강승혁, 박찬모, 오영훈 등을 읽었다.

위의 글을 다 접하고 난 후에 비로소 김정태를 제대로 읽기 위해서는 그가 남긴 책을 다시 읽어야 한다는 것과 김정태의 삶과 등반 기록에 관한 사실 여부를 당대 역사적 사실을 연구한 문헌들을 통해 살펴보아야 한다는 것을 알게 되었다. 지금까지 근대 산악인 가운데 가장 유명하며 우뚝 서 있는 김정태에 관한 일차 자료 즉 그가 남긴 책은 제대로 읽히지 않았다. 그것을 바탕으로 한 연구도 거의 없는 것이 사실이다. 김정태에 관한 숱한 논의는 주로 말로만 이루어졌고, 그것은 친일 행적에 관한 은폐와 민족주의를 내세운 온정이라는 두 가지 자장 안에서 거듭되었다.

김정태를 공부하기 위해서는 그가 쓴 책과 더불어 일본어로 쓴 일기가 중요한데, 그것들은 지금 속초 국립산악박물관 수장고와 진부령에 있는 스키박물관 깊숙한 곳에 갇혀 있다. 김정태가 일본어로 쓴 유고와 일기 수첩을 열람하고 싶었지만 절차가 복잡했고, 복사마저 불가능했다.

프랑스에서 학위 논문을 쓸 때, 국립 도서관과 음악, 연극, 춤 등 공연문화 고문서를 보관하고 있는 센강 옆 국립 아르스날 도서관에

밤낮을 가리지 않고 자주 갔다. 그곳에 가면 공부하는 이들을 대우해주어 고마운 마음을 갖게 된다. 하얀 가운을 입은 나이든 사서는 열람 신청한 문헌들을 지하 수장고에서 내가 앉아 있는 책상까지 언제든지 옮겨다 주었다. 도서관 문을 닫는 시간이 되어, 책을 비롯한 고문서들을 반납하려 할 때면 반드시 내게 이렇게 물었다.

"당신이 일주일 내에 다시 와서 이 문헌들을 또 읽어야 한다면, 지하 수장고에 내려다 놓지 않고, 사무실 이곳에 놔두겠습니다."

불어로 '곁에 놓아두다'라는 표현은 mettre de côté인데, 내가 공부하는 주제의 고문서를 담당하는 나이든 사서는 이 표현을 꼭 명사화해서 썼다. La mise de côté라고. 돌이켜보면, 이 말을 듣기 위해서 도서관이 문을 닫을 때까지 자리에 있곤 했다. 이 말은 자료를 수장고까지 내려가서 가져오는 시간을 절약하겠다는 의미보다는, 자료를 필요로 하는 이들을 위해서 언제든지 곁에서 봉사하겠다는, 그것이 도서관과 사서들이 해야 할 몫, 작은 헌신이라는 뜻으로 느껴졌다. 공부하는 맛과 자긍심은 이럴 때 저절로 커지기 마련이다.

김정태에 관한 자료들을 읽고 이 글을 조금씩 쓰기 시작했다. 불안했다. 쓰면 쓸수록, 나의 글은 자꾸만 김정태의 거짓을 파헤치는 쪽으로 기울어졌고, 몇 글자, 몇 쪽을 쓰고 나면 과거라는 시간의 무게에 짓눌려 나가떨어지기 일쑤였다. 일제강점기 이후 김정태의 시간은 그림자가 아니라 무거운 짐으로 여겨졌다. 책 속에 있는 이해되지 않는 부분들에 대해서, 김정태의 말과 글대로 그럴 수 있다고 넘어가려고 했지만 어려웠다. 글의 앞뒤가 맞지 않았고, 무엇보다도 김정태의 삶은 피식민지 속에서 살아야 했던 수많은 조선인의 삶과 크게 어긋나 보였다. 그전부터 그의 기록에 오류와 거짓이 많다는 이야기는 숱하게 들었다. 그럼에도 그가 남긴 기록을 보면서, 나는 그가 자신의 과거를 감추고 싶었을 수 있다고 여기게 되었다. 그것은 인간적인 삶에서 충분히 그럴 수 있는 것이었다.

본격적으로 이 책을 쓰면서 김정태의 과거를 들춰내기 위하여 글을 쓰지 않겠다는 원칙을 세웠고, 그것을 지키려고 했다. 젊은 날, 그가 자신의 욕망을 위해서 허우적거리는 모습은 오히려 인간적으로 보였다. 이시이 요시오가 술값을 내서 함께 놀고 즐겼던 종로와 충무로 뒷골목 이야기에서 돈이 없어서 그럴 수밖에 없었던 자신을 우울하게 보는 장면에서는, 돈이 있다고 우쭐대는 이시이를 어찌하지 못해 자존심이 상한 김정태의 모습에서는 가난했던 조선 청년에 대한 연민마저 느낄 수 있었다.

이 글이 김정태의 가슴속 우물 깊은 어딘가에 가라앉아 있는 등반의 기원을 묻는 것으로 읽혀지면 좋겠다. 왜 그는 그토록 앞뒤 가리지 않고 산과 바위 봉우리를 올라가야 했을까? 오른 다음에는 어찌하여 기록으로 남기려고 했을까? 자신의 삶에 대한 기록의 부재와 더불어 초등반했다는 과장된 업적들이 나중에 진위의 대상이 될지도 모른다는 염려가 어찌하여 없었을까? 이 질문에 답하기 위하여 나는 이 책을 쓴 셈이다.

김정태는 왜 글을 쓰고, 그것을 모아 책을 출간했을까? 말은 삶의 동력이다. 말하기 위해서 살고, 살기 위해서 말한다는 정의는 옳다. 살아 있다는 것은 말하고 싶다는 욕망의 소산이다. 말은 삶을 가능하게 하는 능산이다. 누군가가 글을 쓴다는 것은 말하고자 하는 바의 결과이고, 말을 통해서 어떤 것을 생산하는 씨앗이기도 하다. 그러므로 말과 글은 삶의 큰 자장이며 밑변이다. 말 없는 삶이 있을 수 없고, 삶 없는 등반은 존재하지 않는다. 등반은 몸으로 말하는 춤이다. 산길에서, 바위 위에 몸으로 말하는 이들이 등장해서 자신의 존재를 증명하는 예술이다. 말하는 이들을 위해서 공간을 필요로 한다는 사실은 모든 역사가 증명한다. 산악인에게는 말하는 공간이 산이다. 산악 행위는 산을 오르고 내려가는 한 존재할 수밖에 없는 예술이다. 연극에서 말하는 것을 독백, 방백, 고백, 침묵 등으로 나누는 것처럼 산행도 그러할 것이다. 단독 등반, 집단 등반, 초등, 이 모든 것이야말로 등반의 형식들이다.

산악인이든 아니든 누구나 개인의 기억은 그가 관계 맺고 있는 가족과 사회라는 그물망 안에서 이루어진다. 말의 형식은 삶의 형식이고, 집단적 기억의 형식은 역사라는 형식을 지닌다. 말하는 것은 매우 힘들다. 말하기 위해서는 무엇보다도 제 삶을 들여다보아야 한다. 생각해보라, 제 삶을 본다는 것이 얼마나 힘든지를. 말하기 위해서는 자신에게 솔직해야 하며, 말하기는 곧 자신에게 말 걸기다. 김정태가 중앙일보에 「남기고 싶은 이야기」라는 제목으로 연재했던 글을 모아 책으로 출간한 것처럼, 삶은 모두 제 말을 지니고 있다. 그러므로 김정태의 산행 역사는 큰 세상을 이루는 하나의 작은 세상이다.

개인 김정태는 그가 오른 세상의 주인공이었다. 김정태가 책에 쓴 글들은 한국 근대 등반의 설계자로서 자기 자신을 말하고자 하는 것이었다. '나'를 말하기는 곧 제 삶을 말하기이기 때문에 그는 힘들게 자신의 삶을 들여다보아야 했을 것이고, 그것을 글로 옮길 수 있었다. 그는 어느 정도 용기 있게 자신의 삶을 말했다. 그 속에는 그가 이룩한 등반의 역사, 그가 기울인 노력의 산물들이 있다.

문제는 그가 솔직하게 자신을 말했는지에 있다. 누구에게나 솔직하기란 매우 힘든 노릇이기 때문이다. 더욱이 타인 앞에서 말하고 글 쓰는 것은 자신을 솔직하게 드러내야만 하는, 상상하기조차 힘든 일이다. 그래서 이들의 시선은 낮은 곳으로 기울기 마련이다. 말과 언어의 순수성을 고민하기 때문이다. 말과 글로 드러내는 내용은 미래의 전망이 아니라 과거의 기억이다. 그것은 해석이고, 왜곡이며 설명이다. 그런 면에서 김정태가 쓴 글들은 제 삶의 왜곡이면서 재현이고, 허구이면서 실제라고 볼 수 있다.

김정태의 책 제목은 물론 출판사가 정한 것이겠지만, 나 같으면 '말하라, 기억이여'Speak, Memory라고 했을 것 같다. 이 말은 러시아에서 태어나 미국에 망명한 소설가이자 대학에서 베케트를 강의했던 나브코프의 자서전 제목이다. 그는 평생 나비를 채집하면서 호텔에 살았는데, 그가 평생 해야 했던 일은 기억이 말하는 과거의 목소리를 적는 것이었다. 그는 기억을 적는 것이야말로 사람의 역사를 찾는 것으로 여겼다. 그는 이렇게 말한다. 당신의 삶이 우리의 역사라고. 이 말을 받아, 나는 이렇게 쓰고 싶다. 김정태의 삶이 한국의 근대 산악 역사라고. 그러나 그의 삶은 한낱 외로운 노래로 끝났다. 등반사에 관한 서술은 '산을 오르는 우리는 누구인가'를 묻는 사유의 산물일 터다. 높은 곳을 오르는 이는 누구인가, 산에서 내려온 우리는 지금 어디에 있는가, 그리고 이제 어디로 가야 하는가와 같은 등반 유산을 모색하는 과정일 테다. 그리하여 등반사를 공공의 장으로 이끄는 데 그 목적이 있다.

내가 이 책을 쓰게 된 이유는, 한국 등반·산악 역사의 폐쇄성에서 벗어나, 영원한 허위 속에 가두어둔 김정태라는 근대 산악계를 대표하는 거인을 끌어내어 바른 모습을 갖추도록 하기 위함이다. 비평과 같은 등반사 연구는 그러므로 확신보다는 회의하는 것이 먼저다. 김정태의 글이 그가 의도하고 공식적이기를 원했던 것이라면, 나의 이 책은 그것에 한정되지 않고 그가 의도하지 않은 것, 비공식적인 것에까지 관심을 기울였다.

김정태의 삶은 상처받은 삶이었다. 치유되지 않은 그가 산에서 내려와 느꼈을 쓸쓸함과 외로움에 빛을 보태고 싶다. 평생 그를 옥죈 현실의 잣대에서 벗어나게 하고 싶다. 그리고 그를 이용하고, 무시하고, 가두는 데 쓰인 학력과 경력 등의 기준들로 인해서 겪어야 했던 어두운 구석과 아픔을 같이하고 싶다. 무엇보다도 그로 인하여 생의 복판에서 자신을 왜곡하면서 겪어야 했던 김정태의 괴리감을 위로하고 싶다. 그렇게 된다면 젊은 날부터 산에 오르고, 한국 산악계에서 참여 관찰을 하면서, "나의 위치를 객관화하기 위하여 '참여 객관화' 작업을 한"[2] 나의 모든 것은 보상받는 셈이다.

기억의 산

이 책의 중심어는 일제강점기에 재조 일본인들이 주체가 되어 만든 '조선산악회'와 조선총독부의 '연성 등행' '제국주의' '알피니즘' '이이야마 다츠오' '이즈미 세이치' '김정태' '엄홍섭' 등이다. 지난 5년간 이 주제에 빠져들었다. 대학생 때부터 산을 등반했고, 산서를 집에서, 텐트 속에서 읽었다. 책으로 경험한 20세기 서양의 알피니즘은 경이로웠다. 산악영화제에 가서는 유명한 알피니스트들을 만났고, 알피니스트의 욕망에 대하여 질문하기도 했다. 대학에서 강의를 시작하면서부터는 산에 대한 글을 쓰기 시작했다. 그 사이 고산 등반에 성공한 우리나라 산악인들이 하나둘씩 산에서 사라졌다. 더 이상 그들을 볼 수 없게 된 즈음, 나는 산에서 내려와 산을 올려다보았다. 일제강점기에도 재조 일본인들을 비롯한 많은 이들이 산을 올랐다.

오랫동안 산에서 만난 이들에게 근대 등반에 관한 이야기를 전해 들었다. 산서를 즐겨 읽는 산서회 회원들을 만나 묻고 들었다. 그 다음에는 자료를 모아 자세하게 읽고 또 읽었다. 제국주의와 알피니즘을 연구하는 프랑스 사회학자들의 논문과 책들도 찾아 읽었다. 일어와 영어로 된 출판물도 구해서 읽었다. 그리고 나서도 글을 쓰기까지는 많은 시간과 공부가 필요했다. 원고를 모두 출판사에 넘기고, 교정을 끝마칠 무렵에 「책을 마치며」를 쓰기 시작했다.

패전 이후, 조선의 산하를 누비던 재조 일본 산악인들은 식민 지배에 대한 반성 없이 떠났다. 천황의 신민으로서 지녔던 내지인의 정체성은 한순간에 무너졌다. 조선을 떠나 일본으로 돌아간 약 100만 명의 일본인들 가운데, 산악인들도 있었다. 일본의 패전은 곧 일본 제국주의의 붕괴와 균열을 뜻했다. 북한에 거주했던 일본인들은 "소련군에 의해 거의 집단 억류 상태에 놓여 있었"[3]으나, 남한에 있었던 일본인들은 1946년 3월에 이르러 거의 모두 돌아갔다. 조선에는 이들 내지인을 지원하는 세화회世話會가, 일본에서는 '재외부형구출학생동맹'在外父兄救出學生同盟이라는 단체가 조직되었다. 재조 일본인들은 조선인들의 저항에 극단적이고 "집단적인 공포에 시달렸다."[4] 조선산악회의 중심인물이었고, 근대 산악운동에 커다란 영향을 미쳤던 이이야마 다츠오, 이즈미 세이치, 오쿠노 마사이 등은 조선 탈출에 대한 세세한 기록을 남기지 않았다. 자신들의 재산과 생명만이 중요했다. 산에서 내려오듯, 그들은 배를 타고 조국인 일본으로 돌아갔다. 그리고 생의 끝자락까지 식민지 조선에서 보낸 평화롭고 아름다운 시절을 추억했다. 그들이 기억하는 경성 즉 게이조와 조선의 명산은 제국 일본의 근대를 만끽한 풍요롭고 그리운 공간이었다.

경성제국대학을 졸업한 이즈미 세이치는 1945년 12월에 일본으로 돌아가, 하카타에서 귀환한 일본인 원호 사업에 종사했다. 그 후 메이지대학 조교수, 도쿄대학의 문화인류학 교수로 지냈다. 상류 가정 출신인 이즈미는 1915년에 일본에서 태어나, 1927년부터 1945년까지 18년간 경성에 살았다. 어린 시절부터 조선에 살았던 이즈미 세이치에게는 경성제국대학 시절에 만난 작가 오영진과 같은 조선인 친구들이 있었지만, 해방 이후 오영진의 친일 이력이 드러나면서 서로 만나지 못했다.[5]

1946년 1월, 일본으로 귀국한 이이야마 다츠오는 『방랑자 12만 킬로 미지에 도전한 탐험사진가의 반세기』[6]에서 정들었던 조선을 아름답게 회상했다. 그에게 조선은 일본의 한 영토였고, 자신의 뿌리였다. 그의 가족사는 거의 알려져 있지 않다. 1904년 일본에서 태어난 이이야마는 1910년에 조선으로 이주, 1925년부터 경성에 거주했고, 1945년까지 36년 동안 조선에서 살았다. 1927년에는 조선총독부 철도국에 취직, 백두산과 금강산에 올랐고, 1931년에는 조선산악회를 결성하면서 조선의 높은 산을 등반했으며, 1942년에는 백두산 등행 연성회를 이끌고 정상에 올라 동방요배와 만세 삼창을 했다. 그는 식민지 조선에서 조선인의 존재를 의식하지 않고 살았다. 그의 기억 속에 조선인이라고는 도봉산 자운봉에서 만나 등반을 같이한, 하야시 시게루로 불린 임무林茂뿐이었다.

망각의 산

이이야마 다츠오와 이즈미 세이치 그리고 오쿠노 마사이의 기억 속에 엄흥섭과 김정태가 차지하는 자리는 없었다. 그들과 인간적인 사교와 교류가 없었던 두 조선 산악인은 별 의미를 지니지 않은 존재였다. 문화인류학을 전공한 군속인류학자 이즈미는 제주도에 관한 책을 썼고, 경성제국대학의 학생이었을 때 「다섯 번째 아저씨: 화전민 이야기」[7]라는 작은 소설을 쓰기도 했던 터라, 조선에 대한 깊은 이해를 지녔던 인물로 알려져 있다. 1945년 12월에 일본으로 귀환한 이즈미 세이치는 1965년 11월과 1970년 10월, 두 번 한국을 방문해 동창생들을 만났다. 그리고 그해 11월에 급작스럽게 생을 달리했다.

이즈미를 예외로 한다면, 대부분 재조 일본 산악인들은 조선에 머무는 긴 세월 동안에도 조선어의 존재조차 알지 못했던 다른 재조 일본인들과 별 차이가 없었던, 탁월한 제국주의자들이었다. 1946년 1월에 일본으로 돌아간 이이야마는 조선과 일본 어디에서도 김정태를 비롯한 조선 산악인을 기억하지 않았다. 그는 귀환한 일본인들을 찍은 사진을 모은 사진집 『작은 귀환자』[8]를 출간해, 패전 후 일본으로 귀환한 이들의 고통을 기록했다. 일본으로 돌아간 일본인들을 '귀환자'引揚者, 히키아게샤라고 하는데, 이들은 본토에 민폐만 끼치는 존재로 사회적 낙인과 차별을 받았고, "전염병을 옮기는 바이러스 그 자체로 인식"[9]되었다. 그러나 이이야마나 이즈미는 쉽게 일본 사회에 귀환했다.

1945년 12월 미군정에 잡혀 반도호텔에 감금되어 심문을 받다가 탈출한 이이야마 다츠오, 그는 조선총독부 철도국 직원이었고, 제2차 세계대전 기간에는 해군 촉탁으로 이즈미 세이츠와 함께 뉴기니·몽고·만주 등 숱한 일본 제국주의 식민지를 누비고 다녔던 종군사진작가였다. 그의 기억 속에는, 귀환을 위해 경성에서 부산까지 가는 기차에서 검역·검문을 피해 자신이 찍은 많은 사진원판을 가지고 갈 수 있도록 도와준 방현(1919-2005)만이 남아 있을 뿐이었다. 방현은 세브란스 의전을 나왔으며 조선산악회와 일본산악회 회원이었고, 1942-1943년 백두산 등정을 함께했던 산부인과 의사다. 제국의 역사를 체험한 이이야마는 일본의 다음 세대를 위하여 사진원판을 반드시 가져가야 했다고 술회했다. 이처럼 그는 일본 제국이 다음 세대에도 유지되기를 기대했던 인물이었다.

방현이 이이야마의 탈출을 도운 것은 일본 제국주의의 잔재를 청산하기 위하여 일본인을 추방해야 한다는 이유 때문은 아니었을 것이다. 그 당시 조선인이 미군정의 송환체계에 따르지 않고 일본인의 밀항을 돕는 것은 범죄였고, 이러한 일로 체포된 사례는 많았다. 재조 일본 산악인들과 조선 산악인들과의 만남은 일그러진 만남이었다. 한국 근대 등반사는 여기서부터 시작되었고, 잘못되었다.

이이야마와 이즈미는 평생 교유했지만, 그들에게 엄흥섭과 김정태는 기억의 대상이 되지 못했다. 연성 등행과 같은 조선총독부가 주관한 친일 국책 산행에 참여했던 조선 산악인 김정태는 그저 힘이 센, 용감한 일꾼으로 불렸다. 그것 말고는 그들이 서로 마주칠 일은 없었고, 해방 이후에도 마찬가지였다. 재조 일본 산악인을 대표했던 이이야마 다츠오와 이즈미 세이치, 오쿠노 마사이 그리고 조선 산악인을 대표했던 엄흥섭과 김정태, 모두가 조선산악회와 일본산악회의 회원이었지만, 그들에게는 "만남의 단절과 심리적 괴리"[10]만 있었다.

1971년, 이이야마 다츠오가 한국에 다시 왔을 때, 제국주의 일본이 만들었고 잃어버린 조선과 그가 오른 금강산·백두산·북수백산·관모봉 등의 그리움으로 설악산에 올랐고, 그 감회를 사진작가 김근원에게 피력했다. 1972년에는 삼성의 초청으로 도자기 사진을 찍기 위해 한국에 왔다. 1973년에는 조선에서의 등반 회고록을 국내 잡지에 연재했다. 그 글에는 일본 제국주의가 조선에 자행한 식민지배와 전쟁의 고통이 아니라 떨쳐버릴 수 없는 식민지 조선에 대한 그리움이 담겨 있었다.

패전 후 일본으로 돌아가기 전, 이이야마 다츠오와 이즈미 세이치 같은 재조 일본 산악인들이 어떻게 자신들의 집과 가재 등 재산을 처리했는지는 알 수 없다. 1945년 8월 이후, 일본인 귀환 원호 단체인 세화회가 이들의 재산을 매입하고 위탁 보관했는지, 아니면 헐값에 팔았는지는 알 수 없다. 이들은 매우 여유롭게 조선을 빠져나갔다. 당시 미군정은 일본 귀환자들에게 1인당 1,000엔, 화물은 두 손으로 들고 갈 수 있는 정도로 제한했지만, 이이야마는 단속을 피해 충분하게 자신의 귀중한 재산을 가져갈 수 있었다. 부산을 거쳐 일본으로 귀환했던 이이야마는 자신의 책 『방랑자 12만 킬로 미지에 도전한 탐험사진가의 반세기』에서 이를 '조선의 탈출'이라고 썼다.

일본으로 돌아간 이이야마는 곧바로 일본에 주둔하고 있던 연합군 사령부 GHQ에 협력했다. 그는 1946년 1월 조선에서 일본으로 귀환한 후, 7월에 만주로 몰래 들어갔다. 그곳에 있는 일본 귀환자들을 사진에 담기 위해서였다.[11] 패전 후, 일본 정부는 국가에 고용되어 특정한 일을 수행함으로써 상실한 것을 보상해주는 '은급법' 恩給法과 같은 원호법제 혹은 전후 보상 제도를 시행하고 원호금을 지급했는데, 이이야마가 얼마나 혜택을 받았는지는 알 수 없다. 민간인이 아니었던 이이야마와 이즈미가 "침략 정책과 전쟁을 수행하는 과정에서 피해를 받은 공무원, 군인을 대상으로" 만든 이 제도의 혜택을 받을 수 있었던 것은 분명해 보인다. 이이야마를 비롯한 재조 일본 산악인들은 누가 전쟁의 가해자이고, 식민 통치의 피해자인지를 전혀 깨닫지 못한 이들이었다.

엄흥섭의 경우, 그는 행정 조직 말단에 있는 조선인을 이용해서 대민 지배를 꾀해온 총독부 통치 방식의 희생자였다. 일본의 전쟁 물자 생산기업의 하청업자였던 엄흥섭의 지배 대상은 조선 산악인들이었다. 엄흥섭은 일제의 문화적 통치에 저항하지 않았다. 등반 기록이 거의 없는 엄흥섭은 김정태보다 먼저 일본산악회에 가입할 수 있었다. 그가 일본산악회와 조선산악회에 가입한 바는 더욱 연구할 필요가 있다. 엄흥섭과 김정태는 일제강점기 내내 조국인 조선을 일본 제국의 일부라고 여겼다.

산을 내려온 김정태는 늘 '혼마치' '혼부라'라고 불린 충무로 번화가에서 일본인 이시이를 만나 놀았고, 산행을 준비했다. 해방 이후, 김정태는 조선총독부의 조선산악회를 아무런 저항 없이 이름 그대로의 조선산악회로 이어받았다. 그것은 김정태에게 특권과도 같았다. 당시 재조 일본인 단체의 재산 처리는 매주 중요한 사안이었다. 김정태의 기술처럼 '불러서 갔고, 주니까 받았다'라고 말하는 것은 어불성설이다. 해방 이후 "허술한 법망과 부족한 행정력, 그리고 미군정의 소극적인 자세로 인해 더 이상 손쓸 수 없을 정도로 심각한 상황"[12]이었던 그즈음, 1947년 7월 16일 미군정의 소규모 귀속재산 불하 방침이 발표됐다. 1949년 8월 대한민국 정부의 귀속재산 처리법 성안 과정과 조선산악회의 귀속 문제는 자세하게 규명할 필요가 있을 것이다.

재조 일본 산악인들이 조선 산악인을 무시했던 탓으로, 김정태는 해방 이후 일제강점기 조선에서의 등반 역사를 왜곡할 수 있었다.

그 극단은 엄흥섭과 김정태를 비롯한 조선 산악인들이 만들었다는 백령회를 일본 제국주의에 저항하는 단체로, 자신들의 등반 역사를 반일과 민족주의의 휘장으로 덧칠하는 데 있었다.

이이야마와 이즈미는 수목 산천이 수려한 조선의 산을 기억하는 반면에 조선 산악인은 잊었다. 김정태는 재조 일본 산악인들의 무지와 망각 위에, 해방 전후 알피니스트로서 자신의 존재 양태를 새롭게 구성할 수 있었다. 어린 나이에 등반에 입문했지만, 초등과 같은 기록들을 억지로 주장하고, 조선산악회에서 했던 친일 등반의 이력을 삭제하고, 창씨개명과 일본산악회 회원이었다는 것을 말하지 않았다. 해방 이후에는 일기장에 남긴 기록일 뿐인, 1940년 11월 3일에 있었던 인수봉 집단 등반의 진실을 왜곡하고 백령회를 강조하면서 민족등반을 주장하는 데까지 이를 수 있었다.

텅 빈 공간의 산

이러한 근대 등반사의 풍경은 우리에게 매우 고통스러운 과거이며 불편한 기억이다. 나는 일제강점기 등반사에서 구체적인 역사적 사건과 회피한 사실을 찾고자 했다. 일본 제국주의는 조선의 산을 왜, 어떻게 올랐으며 조선 산악인들은 그 사실을 어떻게 기억하고 기록하는지, 우리가 그동안 숨기고 왜곡한 것이 무엇인지를 살펴보고자 했다.

이 책은 일본 제국주의 브로커였던 재조 일본 산악인들 그리고 이들과 함께 산에 오르고, 해방 이후에는 산의 권력으로 자리 잡았던, '타츠미 야스오' 김정태를 중심으로 조선 산악인들의 서글픈 자기기만의 역사에 주목했다. 재조 일본 산악인들은 조선 산악인에 대해서 무지했고, 패전 후에는 망각했으며 침묵으로 이어졌다. 살아남은 조선 산악인들에게는 제국주의자들의 태도에 굴종했던 비굴함을 반일의 의지와 용기로 왜곡하는 피식민의 착종된 의식이 도사리고 있었다. 그것은 내러티브 방식의 차이가 아니라 역사적 인식의 부재를 뜻한다. 1942년부터 일본 제국주의 전승 기원 등행단에서 활동했던 김정태의 왜곡된 기록이 그 한 예다. 홍하일이 구체적으로 밝혀낸, 마천령–백두산 종주 산행에 함께했던 이이야마와 김정태의 기록이 서로 다른 것이 또 다른 예다.

그렇다. 이이야마의 기록과 김정태의 기록은 개인의 체험에 바탕한 해석이지만, 이연식의 지적대로, 그것을 한국 산악계의 "집단 인식이나 우리 사회의 공적 기억의 장으로 그대로 옮겨놓은"[13] 일은 매우 위험하기 그지없다. 우리가 그들이 남긴 회고록을 버텨가며 읽어야 하는 이유는 여기에 있다. 한국 근대 등반사는 이 땅의 산과 역사를 두동지게 하고, 삶과 등반을 끊어놓은 역사라고 할 수 있다. 산에서 길을 잃을 수 있듯, 일제강점기 조선 산악인들은 어디서부터 길을 잃었는지, 그때가 언제인지를 밝히기 위해서는 다종다양한 연구가 필요하다. 모리타 요시오森田芳夫가 쓴 『조선종전의 기록』과 자료편 3권[14] 같은 책이 한국 산악계에서 출간되길 기원한다. 한국 산악계에도 일본 제국주의의 산물은 많이 남아 있다.

끝으로, 한국 산서회 30주년 기념 세미나에서 이영준의 우람한

프랑스 오브락 마을의 바위.
"침묵과 고독 속에서, 사람들은 본질적인 것만을 듣지."

발제를 눈여겨보자. 제대로 "청산하지 못한 제국주의 등산 역사가 스며들어"[15] 지금까지 우리들을 지배하고 있다. 한국 근대 등반사, 그 자리는 어둡고 텅 비어 있다. 빈 공간이다. 이 공간을 글로 채울 의무가 작가에게 있다고 여기고 이렇게 썼다. 이 책 안에 역사적 사실의 오류가 있다면 그것은 전적으로 나의 잘못이다. 계속해서 수정, 보완할 것을 약속한다.

프랑스 남쪽, 르퓌이에서 콩크까지 순례길을 걷다 보면, 그리 멀지 않은 산골 마을 오브락에서 바위에 새긴 'Dans le silence et la solitude, on n'ented plus que l'essentiel.'라는 글귀를 만나게 된다. "침묵과 고독 속에서"Dans le silence et la solitude는 샤를 보들레르의 시집『파리의 우울』속「새벽 1시에」에 나오는 첫 번째 구절이다. 그 후, 작가 카미유 벨기즈가『침묵의 울림』이라는 책에서, 이 시구 다음에 "사람들은 본질적인 것만을 듣지"on n'ented plus que l'essentiel를 붙인 것으로 보인다.

이 길을 걸을 때, 처음에는 이 글귀를 읽고 아무렇지 않게 지나갔다. 그 뜻을 새길 한 치의 요량도 없었다. 그즈음 나는 침묵과는 먼 곳에 있었고, 고독과는 크게 친하지도 않았다. 눈과 발길은 저 앞으로 나 있는 길을 한 치라도 더 가야 했다. 시간이 흘러 브장송대학에서 안식년을 보내고 있을 때 한겨울 홀로 그 길을 걸었지만, 그때는 너무 추워 에둘러 갔던 터라 글귀를 보지 못한 채 지나갔다. 그 후, 우연한 순간에, 저곳을 가고 싶지만 갈 수 없다는 생의 지경을 알게 되었을 때, 그리하여 프랑스 친구들이 저곳을 다녀온 후 남긴 글들을 블로그를 통해 읽으면서 이 글귀가 새겨진 바위를 다시 발견했고, 가슴에 새기게 되었다. 이 글귀는 남은 삶을 이끄는 나침판과도 같다. 남은 삶은 고독과 침묵 속에서 살기.

2023년 4월
안치운

미주

산의 영원은 책의 현재가 되었다

1) 폴 리쾨르, 김한식 옮김, 『시간과 이야기 3』, 문학과지성사, 2004, 235쪽.

2) "Mais les cordes, piolets et crampons ne font pas l'alpiniste. L'alpinisme, c'est avant tout une attitude," Claude Gardien, *Les nouveaux alpinistes*, Editions Glénat, 2018, 264쪽.

3) 산에 올라 아래를 내려다보는 구축과 재구성에 의한 풍경론은 Martin de la Soudière, *Arpenter le paysage*, Les Éditions Anamosa, 2019를 참조할 것.

4) 이태준, 『무서록』, 범우사, 1999, 9-10쪽.

5) 같은 책, 9쪽.

6) 박태순, 『국토와 민중』, 한길사, 1983, 12쪽.

7) 앞으로 산 위에서, 산 아래에서 이 문장을 자주 말하게 될 것 같다. 저자는 프랑스 렌느 제2대학 미학과 예술철학 교수로서, 이미 산에 관한 두 권의 책을 출간했다. 하나가 다른 두 명의 저자와 함께 쓴 *Alpinisme et photographie 1860-1940*, Les Éditions de l'Amateur, 2006이고, 또 다른 하나가 몽블랑 15개 봉우리의 역사적 첫 등반을 기록한, *Mont-Blanc, premières ascensions: 1770-1904*, Les Éditions du Mont Blanc, 2012이다. 알피니즘 사진을 연구한 책이라니, 언제쯤 이 책을 구해 읽을 수 있을지 모르겠다. 책 표지에는 수직적으로 알피니

즘이란 단어와, 수평적으로 사진이란 단어가 바위 왼쪽에서 오른쪽으로 향하고 L자 모양을 이루며, 두 단어는 동격의 차원으로 '-와'(et)라는 접속사와 맞닿아 있다. 흐린 것이 세상이고, 검은 것이 바위이고, 때는 해 질 녘이다. 저자들의 이름은 가느다란 선으로만 보일 뿐이다. 큰 바위의 오른쪽, 아주 작은 한 존재가 베레모를 쓰고 하강한다.

8) 김영도, 『우리는 산에 오르고 있는가』, 수문출판사, 2012, 390쪽.

9) 폴 리쾨르, 『시간과 이야기 3』, 235쪽.

10) 같은 책, 237쪽.

11) 남상구, 『아직도 끝나지 않은 식민지 피해: 야스쿠니 신사 문제』, 동북아역사재단, 2020, 17쪽.

12) 정수복, 『비판사회학의 계보학』, 푸른역사, 2022, 330쪽.

13) 같은 책, 326쪽.

14) 박인식, 「클라이밍 1」, 『러빙 고흐 버닝 고흐』, 여름언덕, 2019.

15) 「클라이밍 2」, 같은 책.

16) 「클라이밍 3」, 같은 책.

17) 「클라이밍 6」, 같은 책.

18) 최원석, 『사람의 산 우리 산의 인문학』, 한길사, 2014, 574쪽.

19) John Long, *How to rock climb!*, Colorado, Chockstone Press, 1989, 150쪽.

1장 산의 실재와 환상

1. 산과 알피니스트의 삶

1) Delphine Moraldo, *L'esprit de l'alpinisme: Une sociologie de l'excellence du XIXe siècle au XXIe siècle*, ENS Editions, 2021, 24쪽.

2) 같은 책, 21쪽.

3) 이와 같은 알피니스트, 알피니즘에 관한 사회과학적 연구는 같은 책, 13-30쪽을 참조할 것.

4) Frank Smythe, *The mountain vision*, Hodder and Stoughton, 1941.

5) 프랭크 스마이드, 안정효 옮김, 『산의 환상』, 수문출판사, 1989, 272쪽.

6) 같은 책, 303쪽.

7) 같은 책, 34쪽.

8) 같은 책, 120쪽.

9) 같은 책, 131쪽.

10) 같은 책, 144쪽.

11) 같은 책, 34쪽.

12) 같은 책, 35쪽.

13) 이즈미 세이치, 김종철 옮김, 『제주도』, 여름언덕, 2014.

14) 신용하, 『3·1운동과 독립운동의 사회사』, 서울대학교 출판부, 2001, 547-548쪽.

15) 손경석, 『한국등산사』, 이마운틴, 2010, 48쪽.

16) 같은 책, 76쪽.

17) 손환, 「조선체육진흥회의 설립과 활동에 관한 연구」, 『한국체육학회지』, 제14권 제2호, 한국체육과학회, 2005, 39쪽.

18) 같은 글, 30쪽.

19) 「백운대 연성등반」, 『대한매일』, 1943. 1. 19; 「백운대를 답파」, 『대한매일』, 1943. 1. 25.

20) 영국의 알파인 클럽이 『The Alpine Journal』을 간행하듯, 일본산악회도 『산악』이라는 회지를 발행했다. 일본산악회의 태동에 이념적 푯대가 된 시가 시게타카(志賀重昻, 1863-1927)의 『일본풍경론』(1894)과 영국 성공회 목사인 월터 웨스턴(Walter Weston, 1860-1940)에 대해서는, 山崎安治, 『日本登山史』, 白水社, 1969을 참조할 것. 이 책의 맨 앞은 '일본 근대 등반의 아버지'라는 문구를 붙인 월터 웨스턴의 얼굴 사진과 『일본풍경론』 표지 사진을 담고 있다.

21) 강승혁, 「일본의 산악연구: 일본산악회의 초기 산악연구에 관하여」, 『산악연구』 1호, 국립산악박물관, 2019, 94쪽.

22) 소화 16년(1941년) 12월 24일 서울을 출발, 마천령-백두산을 종주하고, 소

화 17년(1942년) 1월 23일 경성역에 도착했다는 1942년 1월 25일자 『매일신보』 기사.

23) 윤건차, 「식민지 일본인의 정신구조」, 이형식 엮음, 『제국과 식민지 주변인: 재조 일본인의 역사적 전개』, 보고사, 2013, 83쪽.

24) 최남선(1890-1957)은 1926년에 출간한 『백두산 근참기』에서 장군봉이라 썼다. 조선조 영조 때의 실학자 박종은이 『백두산유록』에서 백두봉으로 쓴 것을 보면, 여러 이름이 존재했던 것을 알 수 있다.

25) 손경석, 「한국의 산악회 2」, 『산수』, 통권 2호, 1969년 7월호, 57쪽.

26) 같은 책, 96쪽.

27) 같은 곳.

28) 김정태, 「한국등산사 고찰 8」, 『월간 산』, 통권 162호, 1983년 4월호, 177쪽.

29) 藤木九三, 『岩登り術』, 三祥堂, 1925. 이 책의 내용은 일본 국립국회도서관에서 확인할 수 있다.

30) 이 책의 일본어 번역본은 『登山の指導と監督』, 町田立穂訳, J.C.C, 1932다. 제프리 윈스롭 영의 전기는, Alan Hankinson, *Geoffrey Winthrop Young: poet, Educator, Mountaineer*, Hodder&Stoughton, 1995가 있다.

31) 김정태, 「한국 산악운동의 민족적 주체성」, 노산이은상박사고희기념논문집 간행위원회, 『민족문화논총』, 삼중당, 1973, 384쪽. 1973년에 발표한 이 글은 생계형 친일파, 해바라기 친일 부역자의 민낯이 고스란히 드러난다.

32) 손경석, 『한국등산사』, 60쪽.

33) 김정태, 「한국의 산과 등산」, 『등산』, 1970년 2월호, 52쪽.

34) 김정태, 「한국 산악운동의 민족적 주체성」, 367쪽.

35) 손경석 평전 편찬위원회, 『우산 손경석 평전』, 산악문화, 2015, 5쪽. 『알피니스트의 마음』 불어 원본은 프랑스 산악도서 전문 출판사인 아르토 출판사에서 출간되었다. Jean Coste, *Ame d'alphiniste*, Edtions B. Arthaud, 1929.

36) 76번 단상.

37) 16, 17, 26, 27, 30, 32, 34, 39, 40, 41, 42, 43, 44, 46, 60. 63, 65, 69, 70, 71, 72, 73, 74, 81, 82, 87, 96, 101, 102, 103, 111번 단상.

2. 산의 그림자 같은 삶의 궤적

38) 김정태, 「한국의 산과 등산」, 『등산』, 1969년 10월호, 48-67쪽.

39) 김정태, 「한국 산악운동의 민족적 주체성」, 371쪽.

40) 같은 글, 384쪽.

41) 같은 글, 387쪽.

42) 손경석, 「한국 산악등반사의 발굴 2」, 『월간 산』, 통권 148호, 1982년 2월호, 177쪽.

43) 손경석, 「한국 산악등반사의 발굴 5」, 『월간 산』, 통권 151호, 1982년 5월호, 164쪽.

44) 김정태, 「한국등산사 고찰 1」, 『월간 산』, 통권 153호, 1982년 7월호, 173쪽.

45) 같은 글, 174쪽.

46) 김정태, 「한국등산사 고찰 2」, 『월간 산』, 통권 154호, 1982년 8월호, 173-178쪽.

47) 같은 글, 177쪽.

48) 김정태, 「한국등산사 고찰 3」, 『월간 산』, 통권 153호, 1982년 9월호, 175쪽.

49) 김정태, 「한국등산사 고찰 6」, 『월간 산』, 통권 159호, 1981년 1월호, 175쪽.

50) 김정태, 「한국등산사 고찰 2」, 178쪽.

51) 같은 곳.

52) 같은 곳.

53) 전우용, 『우리의 역사는 깊다 1』, 푸른역사, 2015, 300쪽.

54) 같은 곳.

55) 같은 책, 300-301쪽.

56) 징용은 일제가 군수산업에 노동력으로서 강제 동원한 전시인력 동원제도의 하나다. 일본에서는 1940년 후반에 확대되었고, 조선에서는 1939년 10월부터 시행되었다. 정혜경, 『징용 공출 강제연행 강제동원』, 선인, 2013, 63-86쪽.

57) 이 내용은 한국산악회 월보인 『산』에 실린 원로탐방 방현 편에 들어 있다. 대담은 손재식과 김외숙이 했고, 이 월보의 발행은 1996과 1997년 사이쯤이

다. 양두철, 박순만에 이어서 방현이 등장한다.

58) 김정태, 「한국 산악운동의 민족적 주체성」, 368쪽.

59) 이 책은 김정태가 남긴 유일한, 등반의 모든 것을 기록한 자서전이다. 1988년 1월 31일, 김정태의 죽음 이후 출간되었다. 사진작가 김상훈이 1969년 월간 『등산』 8월호부터 연재한 「한국의 산과 등반」을 거의 그대로 옮겨놓은, 기출간된 『등산 50년』(햇불사, 1976)의 판형을 달리해서 재출간했다. 김정태로서는 이 책의 출간을 알 수 없었다.

60) 김근원, 「산악 선배에 관한 소회: 김근원의 사진증언, 김정태 선생에 대하여」, 『사람과 산』, 통권 329호, 2017년 3월호, 232-239쪽.

61) 山と溪谷社 編, 『目で見る日本 登山史 』, 山と溪谷社, 2005, 216-217쪽.

62) 김정태, 「한국 산악운동의 생성과 발전」, 『월간 산』, 통권 83호, 1971년 7월호, 25쪽.

63) S와 C 표기에 관한 이와 같은 해석은 손경석의 책에서도 언급되었다. 『한국등산사』, 71쪽.

64) 이에 앞서, 대표적인 친일파 박석윤은 1927년 7월 24일 샤모니에서 출발해 7월 26일에 조선인 최초로 몽블랑에 오른 것으로 유명하다. 그는 조선총독부의 후원으로 도쿄제국대학을 졸업하고 영국 케임브리지대학교에서 수학했다. 최남선의 여동생과 결혼했고, 일제강점기의 『매일신보』 부사장이었던 언론인 겸 공작원이자 만주국 관료로, 1932년에 만주에서 활동했던 일본 제국의 정보·첩보공작 조직인 민생단을 조직해서 간도의 조선인 사회를 분열시켰다. 한국인 최초의 몽블랑 초등 기록은 지금도 한국 산악계에서 공인받고 있다. 박석윤이 남긴 몽블랑 등정기는 「우리의 산수미: 세계명승을 주유하고 와서」, 『별건곤』, 제 12-13호 합본호, 1928, 136-139쪽을 참조할 것.

65) 손경석, 『등산반세기』, 산악문화, 1995, 205쪽.

66) 김정태, 「한국 산악운동의 민족적 주체성」, 368쪽.

67) 손경석, 『등산반세기』, 10쪽.

68) 손경석은 "한국산악회의 전신이 백령회는 아니고, 중요한 멤버가 백령회 출신이었을 뿐이다"라고 썼다. 같은 책, 15쪽.

69) 김정태, 「한국 산악운동의 민족적 주체성」, 369쪽.

70) 금강산을 여행했던 일본인 부부가 운영하는 홈페이지에 게재된 '은령 연성회'에 대한 글을 번역해서 첨부한다.

"한마디로 단체훈련, 체위향상을 목적으로 한 '통제되어 행동하는 단체여행'이라는 말을 들으면, 도대체 어떤 여행이라는 건지 상상도 안 됩니다. 하지만 당시 분위기를 알 수 있는 좋은 자료가 있습니다. 잡지 『문화조선』 1942년 5월호에 소개된 기사입니다. 그것은 1942년 3월 20-23일 금강산에서 이루어진, 조선산악회 주최 은성 연성회라는 스키투어의 보고 좌담회였습니다. 주최자 중에는 이후 전후, 탐험가로 이름을 알린 이이야마 다츠오 씨나 민속학자로서 유명한 이즈미 세이치 등의 이름도 보입니다. 산 전문가로 풍부한 경험을 가진 두 분은, 외금강인 집선봉이나 세존봉을 탄 암벽등반 선구자로, 또 겨울의 금강산 스키를 창시한 존재이기도 하며, 연성회에서도 중심적인 역할을 했습니다.… 무엇이든 매우 규칙을 따르는 단체행동을 취했고, 그전까지의 스키어들의 행동과는 꽤 모양을 달리했다고 하더군요.… 이번 은령 연성회가 특히 규칙에 따라 행동하며, 질서정연하게 움직였던 것은 이전과는 전혀 다르죠. 지금까지는 각자 행동에 대해 딱히 제한을 두지 않았지만, 이번에는 굉장히 제한을 뒀어요.… 그럼에도 불구하고 매우 가정적으로, 편안한 기분으로 다녀왔다는 것은 최고의 성과였다고 생각합니다.… 경성을 출발할 때는 마침 부산행 열차가 도착해 있었습니다. 우리가 탈 열차의 승객들이 자리를 잡으러 앞다퉈 달려가는 가운데, 호령 일하 전원 정렬해 스키를 어깨에 메고, 2열 종대로 긴 플랫폼을 당당히 대오를 갖춰 걸어가는 그 정경은, 부산행 승객들의 시선도 빼앗았는데, 적어도 당시 일반 승객에게 시사하는 바가 있지 않았을까 싶습니다.… 출발해서 돌아올 때까지 전부 행군이라는 관점에서, 이동과정은 열차에 의한 행군이죠. 비로봉 정상까지는 도보 행군이고, 그 뒤는 스키로 하는 행군이에요. 이런 식으로 돌아올 때 다시 기차에 의한 행군을 한다는 마음으로, 일관된 규율에 따르자는 착안이었습니다.… 이런 시국에 모든 게 굉장한 국가목적을 향해 진지하게 움직이고 있기 때문에, 또 현재 능력을 유지하기 위해선, 즐기면서 하는 훈련 방법이 분명 효과적일 거라 생각합니다. ⋯ 1941년 가을에는 국민총력 조선연맹이라는 단체가 금강산에서, 종래의 경조 부박한 단련회와 그 결을 달리한다는 ⋯ 단련 모임을 만듭니다. 종래의 경조 부박한 단련회와 그 결을 달리한다는 기합이 들어간 말에서도, 역시 규율을 따르는 단체행동, 체위향상을 목표로, 전쟁완수에 도움이 되고자 했던 것은 틀림없어 보입니다."

71) 김정태, 「한국 산악운동의 민족적 주체성」, 377쪽.

72) 김정태, 「한국 산악운동의 생성과 발전」, 26쪽.

73) 김정태, 「한국등산사 고찰 9」, 『월간 산』, 통권 166호, 1983년 8월호, 176쪽.

74) 김정태, 「한국등산사 고찰 8」, 『월간 산』, 통권 162호, 1983년 4월호, 177쪽.

75) 김정태, 「한국의 산과 등산」, 50쪽.

76) 김정태, 「한국 산악운동의 민족적 주체성」, 377쪽.

77) 1965년 2월 22일, 발터 보나티가 단독으로 오른 겨울 마터호른 북벽 등반으로 그는 세계적인 등반가가 되었고, 그가 정상에서 남긴 말, 'Je suis seul avec ma fatigue'는 그를 등반가이자, 산악문학가로 만들어주었다. 이 문장을 직역하면, '나는 피곤함으로 혼자야'라고, 고독한 단독 등반의 어려움을 뜻하지만, 나는 '마터호른을 오른 피곤함과 더불어 난 혼자가 아니야'(Je ne suis pas tout seul avec ma fatique)라고 달리 읽곤 했다. Walter Bonatti, *Montagne d'une vie*, Flammarion, 1997. 이 책은 김영도 옮김, 『내 생애의 산들』, 조선매거진, 2012년으로 번역 출간되었다.

78) François Carrel, *Et vint le temps des mangeurs de cimes: encombrement sur les pentes de l'Himalaya*, Le monde diplomatique, 2009. 이 글의 번역본은 프랑수아 카렐, 「히말라야, 알피니즘의 성지에서 탐욕의 제물로」, 『르몽드 디플로마티크』 제11호, 2009, 22~23쪽. 제국주의와 알피니즘의 역사에 대해서는, Michel Raspaud, *L'Aventure himalayenne: Les enjeux des expéditions sur les plus hautes montagnes du monde, 1880-2000*, Presses Universitaires de Grenoble, 2003을 참조할 것.

79) 윤건차, 「식민지 일본인의 정신구조」, 45쪽.

80) 김정태의 일제강점기, 조선산악회와 함께했던 백두산 등정을 "적극적 민족

주의의 구현"으로 보고, 김정태를 "민족주의적·진화론적 등산관"을 지닌 인물로 보는 오영훈은 이렇게 썼다. "필자는 김정태의 회고 방식이 일본인들의 회고와는 상반되게 전투적 민족주의를 띠며, 한국 근대 등산의 원류를 한일 간의 경쟁으로 정의하려 했다는 사실 자체를 주목한다." 「20세기 초 외국인들의 등반이 국내 산악계에 미친 영향」, 『산악연구』, 2호, 2020, 84쪽. 이와 같은 오영훈의 주장을 비판한 글은 이 책의 「산의 역사 앞에 선 인간」을 참조할 것.

81) 김정태, 「한국산악회 창립전후 2」, 『한국산악』, 7권, 한국산악회, 1971, 14쪽.

82) 같은 글, 15쪽.

83) 김정태, 「한국산악회 30년사」, 『한국산악』, 11권, 1975-1976년 합병호, 한국산악회, 1976, 63쪽.

84) 김정태, 「한국산악회 창립전후 2」, 26쪽.

85) 같은 곳.

86) 같은 글, 26-27쪽.

87) 김정태, 「한국 산악운동의 민족적 주체성」, 381쪽.

88) 같은 글, 384쪽.

89) 손경석 평전 편찬위원회, 『우산 손경석 평전』, 497쪽.

90) 손경석, 『한국등산사』, 5쪽.

91) 『햄릿』, 5: 2: 366.

2장 일제강점기 조선의 산과 브로커들

1. 산과 권력

1) 1931년 10월 28일에 창립한 조선산악회는 기관지로 『조선 산악』을 네 번에 걸쳐 발행했다. 1호는 1931년, 2호는 1932년, 3호는 1934년, 4호는 1937년. 1호 회원 명단(55쪽)을 보면, 총 23명이었고, 조선인은 두 명 박래현, 고흥신이 있었다. 재조 일본인들 9명은 조선총독부의 철도국과 동양척식주식회사 경성지사 소속이었고, 회장은 경성제대 의학부 소속 나카무라 료조(中村兩

造)였다. 회원으로, 朴來賢(경성 응평상점), 福田 登(용산철도국 영업과), 本郷 鶴藏(용산철도국 기계과), 飯山達雄(용산철도국 영업과), 飯沼 貢 上三峯(철도 공업계), 伊藤春夫 鏡城(공립농학교), 池田 茂 京城 李王職, 石田 榮(용산철도 국 경리과), 加藤 要(상업), 筧 梁(총독부 수산과), 高興信(경성동척지사), 宮島 敏雄 京城 李王職, 前田 寬(용산철도국 기계과), 中村兩造(경성제대 의학부 교 수), 中江和一(상업), 野野村康平(상업), 西本秀雄(용산철도국 경리과), 岡田 茂 (철도국경성공무사무 소건축공사계), 下出繁雄(경성동척지사), 齊藤龍本(상 업), 仙波 泰 龍山進昌洋行, 宇土正雄(상업), 吉田正男(용산철도국 관리과), 그 후로 입회한 회원으로는 林茂, 寺師壽一, 箸尾文雄, 三谷行南, 森田定夫, 조선 인으로는 林實眞, 裵爽煥 등이 있었다. 이즈미 세이치와 오쿠노 마사이, 엄홍 섭은 (立岩嚴이란 이름으로) 1933년에 신입회원으로 입회했다. 『조선 산악』, 3호, 1934, 128쪽.

2) 박찬모, 「조선산악회와 지리산 투어리즘」, 『남도문화연구』, 23호, 순천대학교 남도문화연구소, 2012, 138쪽.

3) 김지영, 「일제의 금강산 국립공원 지정 논의로 본 제2의 자연으로서의 금강산 생산」, 『대학지리학회지』, 제56권 제3호, 2021, 308쪽.

4) 조선총독부 편찬, 박찬승 외 옮김, 『국역 조선총독부 30년사(하)』, 민속원, 2018, 1311쪽.

5) 친일문제연구회 엮음, 『일제침략사 65장면』, 가람기획, 1996, 74-75쪽.

6) 오창섭, 『근대의 역습: 우리를 디자인한 근대의 장치들』, 홍시, 2013, 268쪽.

7) 같은 책, 288-289쪽.

8) 박천홍, 『매혹의 질주, 근대의 횡단』, 산처럼, 2010, 288쪽.

9) "철도관료의 경우 첫째 특성상 전문성이 높고 타 조직으로 이동이 자유롭지 않은 폐쇄적 조직에서 장기간 근무했다. 일본인이 거의 독점한 조직으로 재 직기간도 1940년 7월 1일 과장의 경우 평균 18년에 달하고 있다. 초기 철도관 료는 통감부에서 조선총독부로 이동한 관료들이었다. 두 번째로는 조선철도 를 일본과 달리 스스로 운영하고자 하는 의식이 비교적 강했다. 조선철도국 의 만철위탁반대, '조선철도 12년 계획' 수립 등에서 그 모습을 찾을 수 있으

며, 자체적인 종업원 양성제도가 활성화된 것도 이와 같은 맥락이다. 세 번째로는 철도관료는 그 특성상 기술직이 많이 분포했으며 도쿄제국대학 출신도 약 60퍼센트를 차지하고 있다. 네 번째로 전문가의 비율이 타 부서보다 높았다. 철도의 특성상 전문직 임용이 높았는데, 특히 초기 철도건설기가 더욱 그러했다. 다섯 번째로 기술 관료의 임용은 1910년 이전 충원이 많았으며 철도작업국 출신, 경부철도 주식회사를 통한 임용으로 특정 인맥의 작용 가능성이 높았다. 마지막으로는 퇴직 후의 활동은 철도의 특성상 사설철도 임원 등으로 매우 제한되어 있었고 일부 관료 등이 기업 등에서 퇴직 후 활동을 계속했다." 이용상·정병현, 「일제강점기 철도관료의 이력 및 특징에 관한 연구」, 『한국철도학회논문집』, 제20권 제3호, 2017, 430-431쪽.

10) 박천홍, 『매혹의 질주, 근대의 횡단』, 80쪽.

11) 和田雄治, 「白頭山 探險記」(1-12), 『매일신보』, 1914. 2. 7-2. 22.

12) 일제강점기 일본인들의 등산, 등행, 등반에 관한 글은 박찬승, 「한국 근대 등산문화의 형성과 그 배경」, 『산악연구』, 2호, 국립산악박물관, 2020, 9-39쪽을 참조할 것.

13) 박석윤이 쓴 글, 「山水자랑: 우리의 山水美, =世界名勝을 周遊하고 와서」, 『별건곤』, 12·13호, 1928의 내용을 나중에 좀더 자세하게 분석할 필요가 있을 것이다. 1927년에 몽블랑에 오른 것을 일본 산악계의 몽블랑 등반 기록과 비교하고, 박석윤의 우위, 나아가 조선과 일본 가운데 서구 알피니즘 도입의 우선순위를 구분하는 것이 바람직한지는 의문이다.

14) 이용상·정병현, 「일제강점기 철도관련 조직의 변화에 관한 연구」, 한국철도학회 논문집, 제19권 제2호, 251쪽.

15) 같은 글, 253쪽.

16) 이용상·정병현, 「일제강점기 철도관료의 이력 및 특징에 관한 연구」, 424쪽.

17) 이 책자는 윤현명·김영준 엮고 옮김, 『조선의 풍경 1938』, 어문학사, 2018로 번역 출간되었다.

18) 飯山達雄, 『北朝鮮の 山』, 國書刊行會, 1995, 99쪽, 143쪽 참조할 것.

19) 조성면, 『질주하는 역사, 철도』, 한겨레출판, 2012, 194쪽.

20) 같은 책, 28쪽.

21) 윤건차, 「식민지 일본인의 정신구조」, 이형식 엮음, 『제국과 식민지의 주변인: 재조 일본인의 역사적 전개』, 보고사, 2013, 86쪽.

22) 같은 책, 87쪽.

23) 손경석, 『한국등산사』, 이마운틴, 2010, 48쪽.

24) 박천홍, 『매혹의 질주, 근대의 횡단』, 7쪽.

25) 일제 식민지 시기의 철도망 변화, 영업, 운전, 건설 등에 대해서는 이용상·정병현, 「일제강점기 철도관련 조직의 변화에 관한 연구」, 251-261쪽; 「일제강점기 철도관료의 이력 및 특징에 관한 연구」, 423-431쪽; 최인영, 「일제강점기 경원선 철도의 창동역」, 『도시연구』, 21호, 도시사학회, 2019, 37-68쪽; 이안호, 「철도 건설의 역사적 고찰」, 『대학토목학회지』, 50호, 대한토목학회, 2002, 34-41쪽; 김종혁, 『일제시기 한국 철도망의 확산과 지역구조의 변동』, 선인, 2017; 고동환, 『한국전근대교통사』, 들녘, 2015를 참조할 것.

26) 박찬홍, 『매혹의 질주, 근대의 횡단』, 203쪽.

27) 같은 책, 9쪽.

28) 같은 책, 10쪽.

29) 최인영, 「일제강점기 경원선 철도의 창동역」, 58쪽.

30) 김정태, 「한국 등반사 고찰 5」, 『월간 산』, 통권 158호, 1982년 12월호, 175쪽.

31) F. A 매켄지, 신복룡 옮김, 『한국의 독립운동』, 집문당, 1999, 157쪽.

32) 이 부분에 대해서는 김진덕의 블로그에서도 확인할 수 있다. "1942년 김정태는 메이지신궁 국민연성대회에 참가합니다. 그때 여비로 70엔을 수취했는데요. 왕복 티켓이 28엔(실제로는 44엔)입니다. 24일 암월(岩越, 바위를 넘는다라는 뜻의 창씨개명)은 백령회 회장입니다. 역시 읽은 대로 통 크고 마음이 따뜻한 남자입니다. 40엔을 거마비로 주고, 이시이 상이 10엔을 줍니다." "일본인 산악인들은 경쟁자였을 뿐일까요?: 이시이를 보면서," 등산의 재구성 블로그, 2021. 1. 12.

33) 함예재, 「총동원체제 일본의 국민체력동원과 메이지신궁대회」, 이화여자대학교 대학원 석사학위 논문, 2011, 11쪽.

34) 조성운, 「전시체제기 일본시찰단 연구」, 『사학연구』, 88호, 한국사학회, 2007, 1076쪽.

35) 당시 "나라를 잃었다는 국운의 비통에서 운수 행각이나 탐승 기록에는 남아 있지 않지만, 이름 없는 인사들의 은둔과 산행이 수없이 많았다는 점"을 김정태는 전혀 알지 못했다. 손경석, 『한국등산사』, 38쪽.

36) 石井吉雄, 「私の 發見 コース」, 『觀光朝鮮』, 제2권 제4호, 1940, 60-61쪽.

37) 권채린, 「근대적 자연 체험과 교양 담론」, 『우리어문연구』, 39집, 우리어문학회, 2011, 521쪽.

38) 기무라 겐지, 「재조 일본인 실업가의 전기에서 알 수 있는 것」, 이형식 엮음, 『제국과 식민지의 주변인』, 106쪽.

39) 김정태, 「한국 등반사 고찰 4」, 『월간 산』, 통권 157호, 1982년 11월호, 173쪽.

40) 손경석, 『한국등산사』, 76쪽.

41) 같은 책, 84쪽.

42) 같은 책, 70, 84쪽.

43) 에드워드 사이드, 장호연 옮김, 『말년의 양식에 관하여』, 마티, 2008를 참조할 것.

2. 알피니스트의 기억과 글쓰기

44) 『사람, 산을 오르다: 산악인 구술조사 보고서』, 1권, 국립산악박물관, 2016, 146-199쪽.

45) 오영훈, 「20세기 초 외국인들의 등반이 국내 산악계에 미친 영향」, 『산악연구』, 2호, 국립산악박물관, 2020, 67-87쪽.

46) "『등산 50년』은 김정태의 자서전적 등반사인데, 출간 시부터 문제점이 지적되었으나 자료 부족 등으로 갑론을박으로 그치곤 했다. … 등산사의 소중한 자료임에도 불구하고 이 같은 개인적 시각 또는 자신의 등반 기록에 편중되어 있다는 점이 아쉽다." 김정태가 당대 양정 산악부 지도교사였던 등반가 황욱을 자신의 책에서 아예 언급하지 않은 것을 비판한, 이규태, 「선구적 등반가 황욱과 김정태의 『등산 50년』」, 『사람과 산』, 2021년 2월호, 246-247쪽

을 참조할 것.

47) 김정태는 일기에서 일본어로, 1943년을 '皇紀 2603年'으로 표기하고, 7월 21일, "백두산 探究登行 鍊成隊 先發隊 出發, 京城府 新設町 辰海泰夫," 8월 1일에는 백두산 정상을 왜칭인 "大正蜂 頂上到着"이라고 썼다.

48) "13회 연성대회는 '황국민의 심신 연성에 힘써 그 성과를 봉납'함과 함께 '대동아전쟁에서 황군의 성과에 응하여 황국민의 사기와 체력을 널리 현양' 함을 취지로 삼고 있다. 뿐만 아니라 실시방침에서도 황국정신의 함양과 기초체력의 연성, 국방기능의 수련 등을 목표로 정하고 있어 신궁대회가 대동아전쟁 수행을 위한 준비 단계로서의 훈련장으로 변모했음을 확인할 수 있다." 함예재, 「총동원체제 일본의 국민체력동원과 메이지신궁대회」, 22쪽.

49) 일본 제국주의는 "1938년의 국가총동원법을 기본으로 하여 체력장 검정, 국민체력법, 건민운동 등 국가가 주도하는 국민체력동원을 목표로 한 정책들이 차례대로 시행되었다. 그리고 이러한 국민체력동원을 목적으로 한 국가적 정책을 가시적으로 이벤트화한 것이 바로 메이지신궁대회였다. 대회 창설에서부터 마지막 대회에 이르기까지 메이지신궁 경기대회, 메이지신궁 체육대회, 메이지신궁 국민체육대회, 메이지신궁 국민연성대회까지 총 4개의 명칭이 있었"다. 같은 글, 1쪽.

50) 구술문화에 대해서는, 월터 J. 옹, 이기우·임명진 옮김, 『구술문화와 문자문화』, 문예출판사, 1995를 참조할 것.

51) 김정태, 『천지의 흰눈을 밟으며』, 케른, 1988, 150쪽에 있는 사진 속 인물은 이이야마의 『北朝鮮の 山』, 國書刊行會, 1995, 106쪽 사진 속 인물과 동일인이다.

52) 테사 모리스 스즈키, 임성모 옮김, 『변경에서 바라본 근대』, 산처럼, 2006, 287쪽.

53) "1937년 10월에 일본에서 국민정신총동원연맹이 결성되었고, 1938년에는 조선에서도 국민정신총동원 조선연맹이 조직되었다. 일제는 1938년에 국가총동원법을 제정 공포했고, 1945년 전쟁이 끝날 때까지 전쟁 수행을 위해 조선인을 강제 동원했다." 김남일·서경석 외, 『분단의 경계를 허무는 두 자이

니치의 망향가』, 현실문화, 2007, 60쪽.

54) 경성제국대학 위생조사부, 박현숙 옮김, 『토막민의 생활과 위생』, 민속원, 2010. 이 책은 국민총력 경성제국대학연맹 소속, 경성제국대학 의학부 위생학 연구실 미즈시마 하루오 교수의 지도 아래, 4학년 학생 스무 명이 중심이 되어 조사하고 썼다. 이 가운데 조선인 학생은 두 명뿐이었다.

55) 강만길, 『일제시대 빈민생활사 연구』, 창비, 2018, 291-351쪽.

56) 京城帝國大學 衛生調査部編, 『土幕民の 生活・衛生』, 1942, 47쪽.

57) 김정태, 「한국산악회 30년사」, 『한국산악』, 11권, 1975-1976 합병호, 한국산악회, 1976, 17쪽.

58) 김정태, 「한국 산악운동의 생성과 발전」, 『월간 산』, 83호, 1971년 7월호, 25쪽.

59) 김정태, 「한국산악회 30년사」, 34쪽.

60) 같은 글, 35쪽.

61) 김정태, 「한국 산악운동의 민족적 주체성」, 『민족문화논총』, 삼중당, 1973, 376쪽.

62) 김정태, 「한국산악회 30년사」, 31쪽.

63) 경기고등학교 산악부, 『라테르네』, 2호, 1953, 13쪽.

64) 같은 책, 14쪽.

65) 김정태, 「한국 산악운동의 민족적 주체성」, 368쪽.

66) 같은 글, 376쪽.

67) 같은 곳.

68) 같은 글, 377쪽.

69) 같은 글, 369쪽.

70) 같은 글, 371쪽.

71) 같은 글, 384쪽.

72) 같은 글, 372쪽.

73) 같은 곳.

74) 같은 글, 373쪽.

75) 같은 글, 372-373쪽.

76) 같은 글, 373쪽.

77) 같은 글, 374쪽.

78) 같은 쪽.

79) 김정태, 「남기고 싶은 이야기들: 등산 50년」, 『중앙일보』, 1975. 11. 27, 5면.

3장 인수봉 등반 사진의 비밀

1. 혈맹이 통하는 암우

1) Delphine Moraldo, *L'esprit de l'alpinisme: Une sociologie de l'excellence, du XIXe siècle au début du XXIe siècle*, ENS Éditions, 2021.

2) 브라이언 보이드, 남경태 옮김, 『이야기의 기원』, 휴머니스트, 2013.

3) 배두일, 「한국산악문학상 20년, 산과 삶, 그 인식의 시야를 틔운 '한국산악문학상'」, 『사람과 산』, 2011년 11월호.

4) 야마노이 야스시(山野井泰史), 1965년생으로 우리나라에는 2004년과 2011년에 와서 강연도 했고, 그해 아시아 황금피켈상 평생공로상을 수상했고, 2021년 11월 프랑스 브랑송에서 열린 황금피켈상 시상식에서도 아시아 등반가로서는 처음으로 평생공로상을 수상했다.

5) 이이야마 다츠오, 김장욱 옮김, 「『北朝鮮의 山』에 실린 한겨울 마천령-백두산 종주기」, 『와운루』, 2호, 25쪽.

6) 「좌담회, 한국산악회, 김정태 20주기 추모식에 맞춰」, 『월간 마운틴』, 77호, 2008년 3월호, 245쪽.

7) 이 부분은 이 책 결론에 해당되는 「산의 역사 앞에 선 인간」을 참조할 것.

8) 「좌담회, 한국산악회, 김정태 20주기 추모식에 맞춰」를 참조할 것.

9) 손경석, 『등산반세기: 한국 산악운동 50년 야화』, 산악문화, 1995, 9쪽; 『한국등산사』, 이마운틴, 2010, 88쪽.

10) 한국산악회, 『한국산악회 70년』, 12-13쪽.

11) 이순우, 「서울의 이마에 새겼던 일제의 광기」, 『시사저널』, 2010. 9. 13.

12) 김정태,「한국의 등산사 고찰 11」,『월간 산』, 통권 168호, 1983년 10월호, 188쪽.

13) 일본제철은 1934년 1월 야하타 제철소, 와니시 제철소, 가마이시 제철소 셋이 합쳐져 출범한 회사였다. 1942년에는 조선인 공원과 학도, 여자 정신대, 근로 부국대를 보조적 작업 부문에 투입했다. 일제강점기 동안, 강제 연행한 조선인 동원 비율이 가장 높은 전범 기업이었다. 1945년 세계대전 이후, 일본제철은 분리 합병을 거쳐 1970년 신일본제철로 이름을 변경했다. 일본제철의 조선인 노무 동원의 역사적 사실과 조선인 공탁금액 등에 관한 자료는, 김호경 · 권기석 · 우성균,『일제 강제동원, 그 알려지지 않은 역사』, 돌베개, 2019, 185-207쪽을 참조할 것.

14) 김정태,『등산 50년』, 횃불사, 1976, 152쪽;『천지의 흰눈을 밟으며』, 케른, 1988, 132쪽.

15) 유순선,「1930년대 삼국상회의 내자동 삼국 아파트에 관한 연구」,『대한 건축학회 논문집』, 제37권 제1호, 대한건축학회, 2021, 118쪽.

16) 같은 곳.

17) 김은정,「일제의 한국 석탄산업 침탈 연구」, 이화여자대학교 박사학위논문, 2007, 75-76쪽.

18) 신용하,『일제 식민지정책과 식민지근대화론 비판』, 문학과지성사, 2006, 168쪽.

19) 배석만,「태평양 전쟁기 일제의 소형용광로건설사업 추진과 귀결」,『인문논총』, 제73권 제1호, 서울대학교 인문학연구원, 2016, 197쪽.

20) 같은 글, 207쪽.

21) 같은 글, 208쪽.

22) 같은 글, 227쪽.

23) 정안기,「일제의 군수동원과 조선인 자본가의 전시협력: 백낙승의 사례를 중심으로」,『동북아역사논총』, 46호, 동북아 역사재단, 2014, 239쪽.

24) 같은 글, 241쪽.

25) 김정태,「한국등산사 고찰 12」,『월간 산』, 통권 169호, 1983년 11월호, 161쪽.

26) 정안기, 「일제의 군수동원과 조선인 자본가의 전시협력」, 243쪽.

27) 같은 글, 259쪽.

28) 같은 곳.

29) 같은 글, 264쪽.

30) 김정태, 「한국등산사 고찰 12」, 161쪽.

31) 정안기, 「일제의 군수동원과 조선인 자본가의 전시협력」, 264쪽.

32) 대법원 2012. 5. 24. 선고 2009다68620 판결문 참조할 것.

2. 해석과 왜곡 사이

33) 조성운, 「戰時體制期 日本視察團 硏究」, 『사학연구』, 88호, 한국사학회, 2007, 1069-1070쪽.

34) 김정태, 「한국등산사 고찰 9」, 『월간 산』, 통권 166호, 1983년 8월호, 174쪽.

35) 김정태, 「한국등산사 고찰 12」, 159쪽.

36) 김정태, 「한국 산악운동의 생성과 발전」, 『월간 산』, 83호, 1971년 7월호, 25쪽.

37) 손경석, 『월간 마운틴』, 77호, 2008년 3월호, 245쪽.

38) 손경석, 『한국등산사』, 88쪽.

39) 이 책에 나오는 일문 번역은 이홍이, 우라카베 쇼이치(浦壁詔一), 아게타 유키네(上田ゆきね), 세 분이 정성을 다해서 해주셨다. 큰 도움을 받았다.

40) 지승준, 「동민회(同民會)의 정치적 성격과 4파 연합운동」, 『역사와현실』, 82호, 한국역사연구회, 2011, 258쪽.

41) 「창씨명자교환회, 동민회서 개최 준비」, 『매일신보』, 1940. 8. 21 참조할 것.

42) 『매일신보』, 1940. 11. 5.

43) 최재성, 「창씨개명과 친일 조선인의 협력」, 『한국독립운동사 연구』, 37집, 독립기념관 한국독립운동사연구소, 2010, 352쪽.

44) 같은 글, 349-351쪽.

45) 같은 글, 352쪽. 창씨개명에 대해서는 미즈노 나오키, 정선태 옮김, 『창씨개명: 일본의 조선지배와 이름의 정치학』, 산처럼, 2008을 참조할 것.

46) 정운현, 『친일파는 살아있다』, 책보세, 2011, 93쪽 참조할 것.

47) 일본 황실의 하부로 재편입된 대한제국 황실가족을 관리하던 부서. 당시 조선총독부 재무국 사계과가 발행한 「이왕가 예산관계 문서철」(1930-1939년)을 참조할 것.

48) 「천하절승의 금강령산 수호시설완비가 긴급」, 『동아일보』, 1938. 7. 13. 이 회의는 조선총독부 산림부, 철도국, 학무국장, 경무국장이 위원이었고, 회의는 오노 로쿠이치로(大野綠一廊) 정무총감이 주재했다. 그의 행적에 관한 자료는, 김지영, 「일제의 금강산 국립공원 지정 논의로 본 제2의 자연으로서의 금강산 생산」, 289-310쪽을 참조할 것.

49) 최현우, 「일제 말기 '조선문화공로상' 수여와 식민지 지배 성격」, 『동양학』, 제83집, 단국대 동양학연구원, 2021, 145쪽 참조할 것. 이영희, 「관광지 라이프사이클에 따른 수안보 온천의 활성화 방안」, 『대한지리학회지』, 제35권 제3호, 대한지리학회, 2000, 487쪽.

50) 김진덕, "백령회 10, 김정태가 엄흥섭과 이시이 상을 건너가는 방법," 등산의 재구성 블로그, 2020. 12. 1.

51) 김진덕, "백령회 9, 김정태는 1935년 1월 금강산을 갔다고 말하는 이유는 무엇인가?", 등산의 재구성 블로그, 2020. 12. 1.

52) 조장빈 외, 『일제강점기 산악회 조직 결성과 활동 양상』, 『산악연구』, 2호, 국립산악박물관, 2020, 102쪽.

53) 1935년 교토제국대학 산악부의 백두산 원정대에, 당시 조선총독부 철도국원이었던 이이야마는 원정대 명단에는 없지만, 등반을 돕기 위하여 화객수송원조라는 임무를 맡아 특파되었다. 등반 후 발행된 『교토제국대학백두산원정대보고』(1935)에는 이이야마의 등반기가 실려 있다. 일본의 유수한 대학 산악부가 조선총독부의 지원, 총감의 환영을 받으며 백두산을 비롯한 조선의 산들을 등반한 것은 1945년 전까지 계속 이어졌다.

54) 사진의 왼쪽이 엄흥섭인데, 기사의 설명문에는 잘못 쓰여 있다.

55) 1943년 백령회 주소록에는, 엄흥섭이 삼국상회 공장, 김정태는 무직, 유재선은 조선총독부 철도국 영등포역 화물, 현기창은 조선영화 배급사, 양두철은

양천공업소 자영, 채숙은 경기도 위생국 세균검사실, 방봉덕은 미나미 다방 자영이라고 표기되어 있다.

56) 『山岳』은 일본산악회가 1937년부터 1942년까지 연 2회 발간한 회지로, 김정태의 가입에 관한 자료를 찾을 수 없다. 일제의 전쟁 준비와 패전으로 이 회지는 1943년부터 1947년까지는 발행되지 않았다.

57) 이 당시 "북한산은 구파발과 우이동에서 올라갈 수 있었다. 구파발은 영천에서, 우이동은 창동역에서 시작되었다. 창동역에서 우이동을 통하는 코스는 도선사를 지나 북한산의 백운대에 오른 후, 북한산성의 대성문을 경유하여 시내의 효자동으로 내려오는 17.6킬로미터 구간이었다. 이 코스는 7시간 20분이 걸렸다. … 창동역에서 도보 한 시간 거리에 우이동이 있었다. … 1930년대 창동역은 도봉산과 수락산 등의 하이킹 창구로 활용되었다. 산을 찾는 사람들은 용산역, 청량리 등에서 경원선 철도를 타고 창동역에 모였"다. 최인영, 「일제강점기 경원선 철도의 창동역: 벚꽃놀이와 하이킹의 창구」, 『도시연구: 역사, 사회, 문화』, 21호, 도시사학회, 2019, 58-60쪽.

58) 백령회에 대한 김정태의 진술과 두둔진 진술은 백령회 회원이었던 고희성 인터뷰에 있다. 고희성은 1942년 여름에 백령회를 알게 되었고, 비밀결사도 아니고 "사상적"이지도 않았다고 했다. 조선산악회에서 회원인 조선 산악인들은 "개밥의 도토리 격"이었다고도 했다. 김정태는 일본인들과 자주 등반을 했고, 엄홍섭 회장의 죽음 이후, 다들 생계가 어려워, 1945년 6월 백령회를 자신의 수송동 집에 모여 해산했다고도 했다. 「창간 6주년 특집 1: 한국 산악운동 태동 70년, 고희성 선생 인터뷰」, 『월간 마운틴』, 2007년 10월호, 93-121쪽 참조할 것.

59) 손경석, 『등산반세기』, 9쪽.

60) 같은 책, 9-10쪽.

61) 같은 책, 10쪽.

62) 같은 책, 9-10쪽.

63) 같은 책, 9쪽.

64) 손경석, 「인물로 보는 한국등산사」, 『사람과 산』, 1997년 2월호, 247쪽.

65) 한국산악회,『한국산악회 70년』, 12-13쪽.

66) 강상중, 이경덕·임성모 옮김,『오리엔탈리즘을 넘어서』, 이산, 1997, 89-90쪽.

67) 우치다 준, 한승동 옮김,『제국의 브로커들』, 도서출판 길, 2020, 30쪽.

68) 같은 책, 541쪽.

4장 산 아래서의 삶

1. 친일과 산

1) Michel Raspaud, *L'Aventure himalayenne-les enjeux des expéditions sur les plus hautes montagnes du monde, 1880-2000*, Presses universitaires de Grenoble, 2003.

2) 일제강점기, 조선총독부는 1938년 조선체육회를 강제 해산한 후, 1939년에 조선체육진흥회를 결성했고, 이를 통하여 조선 체육을 통제했다. 손환,「조선 체육진흥회의 설립과 활동에 관한 연구」,『한국체육과학회지』, 제14권 제2호, 한국체육과학회, 2005, 29-42쪽을 참조할 것.

3) 1942년 제1차 등행에 관한 보고서가『등행』(조선체육진흥회국방훈련부 등행단, 1943)으로 출간되었다. 보고서 제자는 제8대 조선총독부 총독이었던 고이소 구니아키와 조선총독부 정무총감 다나카 다케오가 썼고,「등행운동과 국민연성에 관하여」를 단장이었던 시로야마(조선체육진흥회 창립 시 등행단장, 조선어망주식회사 사장)가,「장비와 급식에 대하여」를 이이야마 다츠오와 타츠미 야스오(김정태)가 썼고,『매일신보』사회부 부장이었던 홍종인이「동방족에 대하여」를 썼다(홍종인은『매일신보』1942년 7월 28일자에, 이 등행을 말하면서 말미에, "대동아전쟁의 발전에 따라 일본 민족의 우수성을 마음껏 히말라야에 표현할 날도 멀지 않을 것이다"라고 썼다). 이시이는「백두산 답사에 대하여」를, 이이야마가「동계 마천령 백두산 종주에 대하여」를 썼고, 궁성요배, 대정봉 정상에서 성전완수를 부르짖으며 만세하는 모습을 찍은 이이야마의 사진이 들어 있다. 이 등행 결성식 당시 명부에는 타츠미 야스오(김

정태)의 소속은 '석정공업소'로 표기되어 있다. 이 등반은 학술답사를 내걸었지만 실제로는 승전기원을 위한 것이었고, 이 보고서 곳곳에서 '내선일체' '천황 폐하 만세' 같은 친일행각을 확인할 수 있다. 손경석은 그의 책『한국등산사』에서, 이 등행을 "일제의 광란 속에 휘말린 민족의식의 결여, 무작위의 광란"이라고 정의했다. 보고서『등행』은 백두산 최고봉을 대정봉이라 썼다. 대정(大正)은 일본 대정 천황의 재위 기간에 사용했던 연호다. 2차 백두산 등행은 1943년 7월 24일과 8월 사이에 있었다. 조선총독부 2차 백두산 등행회에도 김정태는 참가했다. 고희성의 증언에 따르면, 2차 백두산 등행 때, 양정중학교 산악부도 참가했다(『매일신보』, 1943. 7. 24). 일제의 승전을 기원하고, 황국의 신민화를 강제한 1, 2차 백두산 등행의 출발은 1907년, 정미 7늑약이라고 하는 한일 신협약, 즉 일제강점의 전초가 되었던 불평등 조약이다. 대한제국의 군대의 해산, 사법권의 위임, 일본인 차관의 채용, 경찰권의 위임 등을 담고 있다.

4) 강만길,『일제시대 빈민생활사 연구』, 창비, 2018, 176쪽.

5) 같은 책, 275쪽.

6) 미즈노 나오키 외, 정선태 옮김,『생활 속의 식민지주의』, 산처럼, 2007, 96쪽.

7) 같은 책, 95쪽.

8) 국민정신총동원운동의 "근본방침은 황국 신민으로서의 신념을 확고하게 하여 내선일체가 되어 … 황도(皇道)를 선양하게 하는 데 있다 … 반도 동포 2,300만이 모두 황국 신민으로서 흔들림 없는 정신적 태세를 갖추고, 내선일체, 일치협력을 통해 시국의 급부에 부응하게 하는 것"에 있었다. 조선총독부 편찬, 박찬승 외 옮김,『국역 조선총독부 30년사(하)』, 민속원, 2018, 1296쪽.

9) 같은 책, 1297쪽.

10) 일제는 "그 출정자 중 용감한 황군 병사로서 전사상자(戰死傷者)를 내어 일반의 열광적인 감격을 불러일으키고 조선인의 황국 신민으로서의 지위 향상을 드러내 보였다"라고 선전했다. 같은 책, 997쪽.

11) "국민총력연맹은 1945년 7월 8일 조선국민의용대가 결성됨으로써 이에 합류하고 10일을 기해서 발전적으로 해산했다. 그동안 총력연맹은 전후 6년

동안, 정동연맹을 합산하면 전후 8년 동안에 걸쳐서 황민화, 총력운동을 비롯한 모든 국민운동의 최고봉으로 군림하면서, 2,600만 조선 민중을 애국반의 세포로 조직하여 이른바 국책의 제물로 헌상하기에 급급했다.”임종국,『실록 친일파』, 돌베개, 1991, 228쪽.

12) 미즈노 나오키 외,『생활 속의 식민지주의』, 126쪽.

13) 조선총독부 편찬,『국역 조선총독부 30년사(하)』, 1275쪽.

14) 같은 책, 1276쪽.

15) 1910년 8월 22일, 조선이 일본 제국의 식민지가 되자, 대한제국은 조선으로, 한성은 경성이 되고, 조선 총독이 지배했다. 이후 조선총독부 기구와 소속관서관제는 여러 번 개정되었다. 조경달, 최혜주 옮김,『식민지 조선과 일본』, 한양대학교 출판부, 2015, 15, 18쪽.

16) 미즈노 나오키 외,『생활 속의 식민지주의』, 116쪽.

17) 같은 책, 124쪽.

18) 1943년 즈음에, 일제는 성균관대학에 ‘명륜 청년 연성소’를, 이화여자전문학교에 ‘이화여자 전문학교 여자청년 연성소’를 설치했다. 이외에도 전국에 ‘조선 청년특별 연성소’ ‘조선여자 청년 특별연성소’ 등을 설치했다. 신용하,『일제 식민지정책과 식민지근대화론 비판』, 문학과지성사, 2006, 406, 418쪽.

19) 같은 책, 379쪽.

20) 京都帝國大學白頭山遠征隊 編.『白頭山: 京都帝國大學白頭山遠征隊報告』, 梓書房 1935을 참조할 것. 동북아역사자료센터에서 열람 가능하다.

21) 신용하,『일제 식민지정책과 식민지근대화론 비판』, 421쪽.

22) 임종국,『실록 친일파』, 167쪽.

23) 이기석,「한국산악회의 1952년 울릉도 독도 학술조사단 파견계획서」,『영토해양연구』14호, 동북아역사재단, 2017, 134-171쪽. 이 조사단은 독도에는 이르지 못했고, 울릉도 조사만 했다. 예산액은 당시 금액으로 29,579,000원이었다. 김정태는 당시『평화신문』사 기자였다고 썼는데, 이 파견계획서에만 적혀 있는 그의 직업이다. 조사단의 실적 내용은 당시 자료가 대부분 유

실되어 확인하기 어렵다. 송호열, 「1947년 독도 학술조사에 대한 지리적 고찰」, 『한국사진지리학회지』, 제25권 제3호, 한국사진지리학회, 2015, 33-50쪽을 참조할 것.

24) 정운현, 『친일파는 살아있다』, 책보세, 2011, 84쪽.

25) 임종국, 『실록 신일파』, 69-170쪽을 참조할 것.

26) 최유리, 『일제 말기 식민지 지배정책 연구』, 국학자료원, 1997, 17-122쪽 참조. 신용하, 『일제 식민지정책과 식민지근대화론 비판』, 341쪽에서 재인용.

27) 신용하, 같은 책, 343-344쪽.

28) 1940년 무렵에는 백령회 회원들도 조선산악회에 가입했다. 이에 대하여 손경석은 "왜 일본인의 조선산악회 회원이 되었는지, 그것이 하나의 위장이라면 후일의 등산 기록이 더욱 납득되기 어려운 조항이 있다"고 썼다. 손경석, 『한국등산사』, 70쪽.

29) 김승구, 「식민지 시대 독일영화의 수용 양상 연구: 1920년대 영화를 중심으로」, 『인문논총』, 64집, 서울대학교 인문학연구원, 2010, 5쪽.

30) 김금동, 「일제강점기 한국에서의 초기 독일영화 수용양상: 1910년대를 중심으로」, 『독어독문학』, 통권 117호, 한국독어독문학회, 2011, 27-28쪽.

31) 같은 글, 7쪽.

32) 같은 글, 8쪽.

33) 같은 글, 15쪽에서 재인용

34) 「독일 우파사 작품 몽불랑의 폭풍嵐, 아놀트 팡크 박사 원작 감독」, 『조선일보』, 1931. 8. 3.

35) 김금동, 「일제강점기 한국에서의 초기 독일영화 수용양상」, 16쪽.

36) 아르놀트 팡크 감독의 대표작은 다음과 같다. 『운명의 산』(*Berg des Schicksals*, 1924); 『성스러운 산』(*Der Heilige Berg*, 1926); 『위대한 도약』(*Der Grosse Sprung*, 『염소 소녀 기타』라고도 불림, 1927); 『피츠 팔뤼의 하얀 지옥』(*Die Weisse Holle am Piz Palü*, 아르놀트 팡크·G.W.파브스트 감독, 1929); 『몽블랑의 폭풍』(*Stürme über dem Mont Blanc*, 『눈사태』라고도 불림, 1930); 『하얀 열정』(*Der Weisse Rausch*, 『아를베르크의 태양』이라고도 불림, 1931).

37)『부산일보』, 1936. 9. 22.

38) 이 영화는 그 후, "산악과 빙산과 싸우며 책임감을 다하는 것을 그린 영화 『마의 은령』을 문교부 추천으로 26일부터 전국 초중학생에게 순회상연하기로 되었다." 「영화 『마의 은령』 초중학생에 상영」, 『동아일보』, 1946. 10. 26, 2면.

39)『운명의 산』(Mountain of Destiny, Berg des Schicksals, 1924). 산에서 죽은 등반가 아버지의 못 이룬 꿈을 아들이 도전하는 이야기. 오스트리아 등반가 출신인 배우 루이즈 트렌커가 등산가의 아들로 출연.

40)『성스러운 산』(The Holy Mountain, Der heilige Berg, 1926). 산속에 있는 오두막에서 엔지니어를 만나 사랑에 빠지는 댄서에 관한 영화. 그녀가 친구 중한 명에게 스카프를 준 후, 그 친구는 그녀가 자신을 사랑한다고 잘못 믿으며, 엔지니어는 그녀가 순진하게 친구를 위로하는 것을 보고 그녀가 자신을 배신하고 있다고 잘못 믿는 우여곡절의 이야기.

41)『신조선보』, 1945. 11. 27.

42)『한성일보』, 1946. 10. 31.

43)『부산일보』. 1948. 10. 24. 위 광고 기사는 국립중앙도서관 홈페이지에서『마의 은령』이란 검색어로 열람 가능하다.

44)『조선중앙일보』, 1933. 8. 26.

45)『동아일보』, 1933. 7. 1.

46) "『몽블랑의 폭풍』, 제작 1930년, 상영 1939년." 김승구, 「식민지 시대 독일영화의 수용 양상 연구」, 24쪽에 있는 도표 속 내용은 오류로 보인다. '몽블랑의 폭풍'을 '몽블랑의 왕자'로 잘못 쓰고 있다.

47) 김진덕, "김정태가 기억하는 일제 산악영화의 진실은?", 등산의 재구성 블로그, 2020. 11. 30.

48) 유민영,『한국연극의 아버지 동랑 유치진』, 태학사, 2015, 259쪽.

49) 안치운, 「친일연극 연구 정전 다시 읽기: 서연호의『식민지 시대의 친일연극 연구』와 유치진의 사례를 중심으로」,『한국연극학』, 77호, 한국연극학회, 2021, 27쪽.

50) 황현산, 『밥이 선생이다』, 난다, 2013, 84쪽.

51) 장경준, 『한형석 평전』, 산지니, 2020.

52) 부산역사문화대전을 참조할 것.

53) 이용우, 『미완의 프랑스 과거사』, 푸른역사, 2015, 24-25쪽.

54) 황현산, 『밥이 선생이다』, 84쪽.

55) 같은 책, 85쪽

56) 안치운, 「친일연극 연구 정전 다시 읽기」, 26쪽.

57) 임종국, 『친일문학론』, 평화출판사, 1979, 속표지 글에서 인용.

58) 친일연극과 친일연극인을 포함한 "친일 청산의 문제는 우리 사회 민주화의 문제이기도 하다. 검찰, 경찰, 법원, 국정원 등 국가 주요 기관에서 일제 잔재가 끊임없이 재생산되는 지점을 밝혀내고, 보다 민주적인 조직으로 바뀔 수 있도록 언론이 지속적인 역할을 해야 한다." 김용진 외, 『친일과 망각』, 다람, 2016, 281-282쪽.

59) 자크 데리다, 신정아 · 최용호 옮김, 『신앙와 지식/세기와 용서』, 아카넷, 2016, 215-262쪽; 자크 데리다, 배지선 옮김, 『용서하다』, 이숲, 2019, 21-45쪽.

2. 재조 일본인은 누구인가

60) 이즈미 세이치, 김종철 옮김, 『제주도』, 여름언덕, 2014.

61) 다카사키 소지, 이규수 옮김, 『식민지 조선의 일본인들: 군인에서 상인 그리고 게이샤까지』, 역사비평사, 2006, 190쪽.

62) 같은 책, 3쪽.

63) 같은 곳.

64) 菊地 暁, 「フィールドワークの同伴者: 写真家・飯山達雄の見た帝国日本」, 『生物学史研究』, 93호, 2015, 65-69쪽.

65) 다카사키 소지, 『식민지 조선의 일본인들』, 3쪽.

66) 이즈미 세이치는 제주도 외에 아이누, 몽골, 안데스 등을 답사하며 활발한 연구 및 저술 활동을 펼쳤고 메이지대학 교수와 도쿄대학 동양문화연구소 교

수 및 연구소장을 지냈다. 주요 저서로『잉카 제국』(1959),『안데스의 예술』(1964),『문화 속의 인간』(1970) 등이 있으며『잉카의 조상들』(1962)로 매일출판문화상을,『필드노트: 문화인류학·사색 여행』(1967)으로 일본 에세이스트 클럽상을 받았다. 국가와 공공에 대한 공적을 기리는 일본 훈장인 욱일중수장과 페루의 최고 훈장을 수상하기도 했다.

67) 이즈미 세이치, 최진희·김영환 옮김,『아득한 산들』, 한국산악회, 78-79쪽.

68) 같은 책, 215쪽.

69) 같은 책, 79쪽.

70) 조선총독부가 남긴, 조선산악회가 실행한 '조선산악회 백두산 등반대 정비 진행일람표'를 참조할 것. 이 일람표를 보면, 백령회를 설립했다고 하는 엄홍섭은 간사였다. 이 적설기 마천령 등반에서 엄홍섭과 김정태는 총무와 간사, 방현은 의료를 맡았다. 이시이의 출생연도는 찾을 수 없었다.

71) 이이야마 다츠오,『조선의 산』, 한국산악회, 1933;『북조선의 산』, 국서간행회, 1995.

72) 구로다 마사오,『登山術』, 大村書店, 1932. 이이야마는 1941년 12월에 한 마천령-백두산 종주기에서 구로다 박사가 이미 조선총독부 철도국의 초청으로 몇 번 조선에 온 적이 있었다고 밝히고 있다. 이이야마 다츠오,『북조선의 산』, 62쪽.

73) 기유정,「식민지 초기 조선총독부의 재조선일본인 정책 연구: 속지주의와 속인적 분리주의의 갈등 구조를 중심으로」,『한국정치학 연구』, 제20집 제3호, 2011, 192쪽.

74)『일본 제국주의 통계연감』『조선총독부통계연감』; 이규수,『제국과 식민지 사이』, 어문학사, 2018, 38쪽에서 재인용.

75) 같은 책, 43쪽.

76) 菊地 暁,「フィールドワークの同伴者: 写真家·飯山達雄の見た帝国日本」, 65-69쪽.

77) 이규수,『제국과 식민지 사이』, 27쪽. 재조 일본인들을 제국의 브로커라고 명명한 우치다 준(內田 じゅん)의 연구는 개항부터 패전 후 일본으로 귀환한

재조 일본인 연구의 새로운 전기를 마련했다는 평가를 받는다. 식민권력, 재조 일본인, 조선인 상층부 사이의 대립과 협력을 포함한 다양한 식민통치 방식을 그의 연구에서 확인할 수 있다. 우치다 준, 한승동 옮김, 『제국의 브로커들』, 도서출판 길, 2011을 참조할 것.

78) 「좌담회, 일본 산악계 원로 반산달웅(飯山達雄) 씨를 맞아」, 『월간 산』, 1971년 11월호, 26쪽.

79) 같은 글, 27쪽.

80) 같은 곳.

81) 기유정, 「식민지 초기 조선총독부의 재조선일본인 정책 연구」, 193쪽.

82) 같은 글, 207쪽.

83) 이이야마 다츠오, 『북조선의 산』, 33쪽.

84) 이이야마가 쓴 글에서는 아버지와 직업 그리고 왜 형제들과 함께 조선에 거주하게 되었는지를 전혀 언급하지 않았다.

85) 기유정, 「식민지 초기 조선총독부의 재조선일본인 정책 연구」, 208쪽.

86) 이즈미 세이치가 조선에 거주하는 동안, "군대에 가야만 했던 숙명을 생각하고 있었"다라고 쓴 것은 이런 이유 때문이었다. 반면에 이이야마 다츠오는 이 문제에 대해서 어떤 글에서도 언급을 하지 않았다. 이즈미 세이치, 『아득한 산들』, 83쪽.

87) 飯山達雄, 『バガボンド 12万キロ 未知に挑んだ探険写真家の半世紀』, 冨山房, 1962, 187-200쪽.

88) 같은 책, 192쪽.

89) 같은 책, 197쪽.

90) 김근원, 「산악 선배에 관한 소회: 김근원의 사진증언」, 『사람과 산』, 통권 329호, 2017년 3월호, 232-239쪽을 참조할 것. 이 증언에 따르면, 이이야마는 "철도국 직원인 것처럼 행세했고, 금강산, 백두산을 자유롭게 다닐 수 있었던 것은 그런 첩보활동 때문에 가능했고… 김정태와 1942년 겨울에 백두산까지 갈 수 있었던 것 역시 바로 일본의 첩보활동을 위함이었다. 그리고 경성제대와 함께 몽고 탐사까지 했던 것 역시 일본의 첩보활동에 쓰일 목적

으로 사진촬영을 했"고, "해방이 되고 미군정청에서 자신을 호출했"고, "이 일로 도망치다시피 조선을 빠져나갔고, 그길로 브라질의 내륙 깊숙한 곳인 아마존강 지역으로 도피생활을 했다"고 말했다.

91) "일제는 한반도 북부 지역을 병참기지로 활용하기 위해 '조선철도 12년 계획'(1927-1938)을 따로 수립했다. 이에 따라 1933년 도문선(웅기-동광진), 1937년 혜산선(성진-혜산)과 동해북부선(안변-고성), 1939년 만포선(순천-만포진), 1941년 평원선(평양-원산)이 차례로 완공되었다. 1910년 1,095킬로미터였던 한반도 철도망은 1938년 5083.9킬로미터, 1945년에는 6406.7킬로미터로 비약적으로 늘어났다. 러일전쟁에서 승리한 일제는 1907년 러시아로부터 남만주철도 경영권을 넘겨받는다." 백창민·이혜숙, 「일제의 '만철'은 왜 도서관을 운영했을까」, 『오마이뉴스』, 2019. 7. 25.

92) 조성운 외, 『시선의 탄생: 식민지 조선의 근대관광』, 선인, 2011, 205-250쪽.

93) 1909년 일제는 대한제국 강제병합을 앞두고 대한시설대강을 발표했다. 그 가운데 철도는 가장 시급한 것이었다. "대한 방침(對韓方針) 및 대한시설 강령(對韓施設綱領) 결정은 메이지 37년(1904년) 5월 30일 원로회의에서 결정, 같은 해 같은 달 30일 각의(閣議) 결정"된 것으로, 그 내용은 다음과 같다. "4. 교통 기관을 장악할 것.…경부철도, 이 철도는 한국의 남도를 종단하는 것으로 가장 중요한 노선이기 때문에 이미 정한 계획대로 속히 완성해야 한다. 경의철도…현재 이미 군사적인 필요 때문에 군대에서 그 부설에 착수했다.…경원 및 원산에서 웅기만에 이르는…이 철도는 급히 부설에 착수할 필요는 없으나 권리만은 국방상 필요하다는 명목으로 전쟁 중에 이를 획득하여 다른 나라가 이를 얻는 것을 미리 막아야 한다.…마산-삼랑진 철도, 마산포는 진해만을 끼고 있는 한국 남단의 가장 우수한 항만이다. 경부철도에서부터 지선을 놓아 이곳을 연결시키면 군사적·경제적으로 극히 유용하다. 이 때문에 작년 한국철도회사와 내약(內約)을 체결하여 이 선로 부설 및 영업권을 간접적으로 얻어놓았으나 아직 완전하다고는 말할 수 없다." 친일반민족행위진상규명위원회, 『친일반민족행위관계사료집1: 조약과 법령』, 선인, 2007, 47-49쪽.

94) 조성운 외,『시선의 탄생』, 231쪽.

95) 1930년 9월 만주사변 이후, 만주의 철도를 지키기 위해 만든 만철의 '철도 수비대'는 관동군으로, 만철의 철도 기술력은 제2차 세계대전 이후 일본의 고속철 신칸센(新幹線)이 되어 죽지 않는 유령처럼 등장한다. 이 당시 만주 경제개발 5개년계획을 수립하고 만주중공업개발주식회사를 만든, 만주국 관료였던 기시 노부스케(岸信介)는 이 경력을 내세워 A급 전범임에도 불구하고 1957년 일본 총리가 되었고, 그의 외손자가 아베 신조(安倍晋三) 전 일본 총리다.

96) 배은선,「일제강점기 철도종사원 양성교육과 철도도서관에 관한 연구」, 우송대학교 일반대학원 박사학위 논문, 2017, 169쪽.

97) 강효백,「한국 검사·일본 검사·조선총독부 검사」,『아주경제』, 2021. 3. 11.

98) 배은선,「일제강점기 철도종사원 양성교육과 철도도서관에 관한 연구」, 170-171쪽.

99) 김근원,「산악 선배에 관한 소회」, 232-239쪽을 참조할 것.

100) 이즈미 세이치,『아득한 산들』, 87쪽.

101) 전경수,『이즈미 세이이치와 군속인류학』, 서울대학교출판문화원, 2015, 3쪽.

102) 飯山達雄,「嚴冬の摩天嶺: 白頭山縱走」,『文化朝鮮』, 제4권 제2호, 1942, 62-64쪽.

103) 藤本英夫,『泉靖一伝, アンデスから 済州島へ』, 平凡社, 1994, 84쪽.

104) 飯山達雄,「決死で撮った満州引き揚げの実情」,『週刊読売』, 제27권 제37호, 1968, 43쪽.

105) 飯山達雄,『敗戦·引揚げの慟哭』, 国書刊行会, 1979, 1쪽.

106) 藤本英夫,『泉靖一伝, アンデスから 済州島へ』, 61쪽.

107) 윤건차,「식민지 일본인의 정신 구조」, 이형식 엮음,『제국과 식민지 주변인: 재조 일본인의 역사적 전개』, 보고사, 2013, 78쪽.

108) 飯山達雄,『バガボンド 12万キロ 未知に挑んだ 探険写真家の 半世紀』, 191쪽.

109) 윤건차, 「식민지 일본인의 정신 구조」, 79쪽.

110) 김정태, 「한국산악회 30년사」, 67쪽.

111) 이 책은 1971년에 『遙かな山やま』(新潮社)으로 출간되었다. 이 책은 이즈미의 마지막 책으로, 1967년 8월부터 1970년 6월까지 산악잡지 『아루프』(アルワ)에 연재한 글을 모은 것이다. 연재를 끝낸 후 6개월이 지난 후에 그는 세상을 떠났다. 책에는 연재된 글 가운데 뉴기니 부분에서, "대동아 전쟁의 분위기, 선무공작에 관련된 내용들은 일체 삭제되었다. 이는 표현욕구와 검열 사이의 타협점이 만들어낸 결과"라고 볼 수 있다. 전경수, 『이즈미 세이이치와 군속인류학』, 84-85쪽.

112) 전경수, 『이즈미 세이이치와 군속인류학』, 57쪽.

113) 이 부분에 관한 내용은, 이이야마가 이즈미와 함께 뉴기니 조사단에 함께 참가하고 쓴 글, 「寫眞と解說」, 『ニューギニア』, 朝日新聞社, 1958에 자세하게 들어 있다.

114) 이즈미 세이이치, 『아득한 산들』, 20쪽.

115) 같은 책, 117쪽.

116) 같은 책, 157쪽.

117) 박양신, 「1920년대 일본 식민정책학의 식민정책론: 식민지 본위주의와 자치주의」, 『일본비평』, 21호, 2019, 42-71쪽.

118) 中生 勝美, 「植民地大學の人類學者: 泉靖一論」, 『國際學研究』, 5호, 2014, 50쪽.

119) 이즈미 세이이치, 『아득한 산들』, 31쪽. 김정태도 이 책을 읽었다고 명시한 바가 있다.

120) 같은 책, 117쪽.

121) 같은 책, 53쪽.

122) 같은 책, 62쪽.

123) 같은 책, 94쪽.

124) 같은 책, 111쪽.

125) 전경수, 『이즈미 세이이치와 군속인류학』, 39-40쪽.

126) "급격한 사면의 화전에는 감자나 좁쌀 또는 피를 경작하는 것이 고작이었
다.… 옛날부터 화전으로 살아왔던 주민들을 화전민이라고 부르고 있었
다.", 이즈미 세이치, 『아득한 산들』, 74쪽.

이즈미가 지닌 화전민에 대한 감동은 "이윽고 화전민 오두막집의 가족들이
우리가 제대로 내려오고 있는지 걱정이 되어 불을 지피고 있었다는 것을 안
순간, 갑자기 뜨거운 무엇이 내 가슴속에서 복받쳐 올라왔다.… 그때부터
수차례 나는 이 오두막집을 찾아갔지만, 갈 때마다 가족같이 따뜻하게 대해
주었던 것을 기억한다." 같은 책, 76-77쪽.

127) 같은 책, 67쪽.

128) 같은 책, 70쪽.

129) 같은 책, 80쪽.

130) 같은 책, 87쪽.

131) 같은 책, 113쪽.

132) 같은 책, 118쪽.

133) 같은 책, 216쪽.

134) 같은 책, 221쪽.

135) 泉靖一, 『泉靖一著作集7, 文化人類学の眼』, 読売新聞社, 1972, 167-210쪽.

136) 中生 勝美, 「植民地大學の人類學者: 泉靖一論」, 59쪽.

137) 이즈미 세이치, 『아득한 산들』, 213쪽.

138) 같은 책, 215쪽.

139) 中生 勝美, 「植民地大學の人類學者: 泉靖一論」, 54쪽.

140) 같은 글, 55쪽

141) 飯山達雄, 『山族·海族: 西イリアンに見る文明社会の原型』, 日新聞社, 1970,
12쪽.

142) 中生 勝美, 「植民地大學の人類學者: 泉靖一論」, 56쪽

143) 飯山達雄, 『山族·海族: 西イリアンに見る文明社会の原型』, 7쪽.

144) 中生 勝美, 「植民地大學の人類學者: 泉靖一論」, 61쪽.

145) 같은 글, 62쪽.

146) 이즈미 세이치, 『아득한 산들』, 299-303쪽.

147) 이규수, 『제국과 식민지 사이』, 240쪽.

148) 이즈미 세이치, 『아득한 산들』, 351쪽.

149) 같은 책, 294쪽.

150) 같은 책, 228쪽.

151) 전시인류학 부류의 군속인류학자로서, 식민과학자의 역할을 한 이즈미 세이치를 정의한 바는, 전경수, 『이즈미 세이이치와 군속인류학』, 2-8쪽을 참조할 것.

152) 이즈미 세이치, 『아득한 산들』, 272쪽.

153) 같은 책, 396쪽

154) 전경수, 『이즈미 세이이치와 군속인류학』, 4쪽.

155) 같은 책, 5쪽.

156) 손경석, 『한국등산사』, 76쪽.

157) 김정태, 『등산 50년』, 횃불사, 1976, 112쪽.

158) 김정태, 「한국의 산과 등산」, 『등산』, 통권 8호, 1970년 2월호, 56쪽.

159) 『등행: 백두산 특집』, 조선체육진흥회등행단, 1943. 11. 10.

160) 이병례, 「일제하 전시 경성공립공업학교의 설립과 운영」, 『서울학연구』, 50호, 서울시립대학교 서울학연구소, 2013, 41쪽.

161) 같은 글, 36쪽.

162) 같은 글, 43쪽.

163) 일제강점기 재조 일본 산악인들의 식민자로서의 체험과 기억 그리고 패전 이후 귀환과 기억의 재생으로서, 그들이 남긴 자서전과 회고록 등에 관한 연구는 숙제로 남겨놓는다. 최근에 한국 역사학계에 재조 일본인들을 다양하게 연구한 저서들이 출간되고 있어, 연구방법론을 얻는 데 큰 도움을 받았다. 이 주제에 관해서 유용하게 읽은 책들은, 유선영·차승기 엮음, 『동아 트라우마』, 그린비, 2014; 김순전 외, 『제국의 식민지 역사 지리연구』, 제이앤씨, 2017; 한철호 외, 『식민지 조선의 일상을 묻다』, 동국대학교출판부, 2013; 이노우에 가쓰오, 동선희 옮김, 『메이지 일본의 식민지 지배』, 어문학

사, 2014; 허수, 『식민지 조선, 오래된 미래』, 푸른역사, 2011; 다카하시 도루, 구인모 옮김, 『식민지 조선인을 논하다』, 동국대학교출판부, 2010; 김백영, 『지배와 공간』, 문학과지성사, 2009 등이다.

3. 산의 역사 앞에 선 인간

164) 2020년 11월 27일 국립산악박물관 학술세미나(한국 근대 등산사 재조명)는 코로나19 바이러스로 인해서 취소되었다. 오영훈의 이 논문은 발표와 토론 없이 세미나 이전에 다른 발표 원고들과 함께 『산악연구』 2호, 국립산악박물관, 2020, 67-87쪽에 게재되었다. 씨를 뿌린다(semer, seminare)라는 어원을 지닌 세미나는 이 행사에서 아무런 역할을 하지 못했다.

165) 박찬모, 「조선산악회와 지리산 투어리즘」, 『남도문화연구』, 23집, 순천대학교 남도문화연구소, 2012, 144쪽.

166) 프랑수아 카렐, 「히말라야, 알피니즘의 성지에서 탐욕의 제물로」, 『르몽드 디플로마티크』, 11호, 2009. 8. 6.

167) 최원석, 「발간사」, 한국문화역사지리학회 엮음, 『한국인에게 산은 무엇인가』, 민속원, 2016, 5쪽.

168) 산과 도피주의에 관해서는 Yi-Fu Tuan, *Escapism*, The Johns Hopkins University Press, 2000; 이-푸 투안, 구동회·심승희 옮김, 『공간과 장소』, 도서출판 대윤, 1995를 참조할 것.

169) 프랑수아 카렐, 「히말라야, 알피니즘의 성지에서 탐욕의 제물로」.

170) 같은 글.

171) 같은 글.

172) 같은 글.

173) Michel Raspaud, *L'Aventure hymalayenne*, Presses Universitaires de Grenoble, 2003.

174) 이 주제를 중심으로 다룬 Michel Raspaud의 저서는 *L'Aventure hymalayenne*이다. 같은 주제의 Delphine Moraldo의 저서는 다음과 같다.

1. Delphine Moraldo, "La socialisation des grands alpinistes. Une étude

comparative France-Angleterre," in Michaël Attali(dir.), *L'ENSA à la conquête des sommets: La montagne sur les voies de l'excellence*, Presses universitaires de Grenoble, 2015.

2. "Analyser sociologiquement des autobiographies: Le cas des autobiographies d'alpinistes français et britanniques," *Sociologies*, Association internationale des sociologues de langue française, 2014.

3. "Les sommets de l'excellence. Sociologie de l'excellence en alpinisme, au Royaume-Uni et en France, du XIXème siècle à nos jours," *Sociologie*, Université de Lyon, 2017.

175) 오영훈, 「20세기 초 외국인들의 등반이 국내 산악계에 미친 영향」, 『산악연구』, 2호, 국립산악박물관, 2020, 67-87쪽.

176) 박찬모, 「『조선과 만주』에 나타난 조선 산악 인식」, 『한국문화이론과 비평』, 55집, 한국문학이론과비평학회, 2012, 308쪽.

177) 같은 곳.

178) 내가 참고한 서구알피니즘을 제국주의 산물로 보면서 비판하는 논문들은 다음과 같다. 프랑스 제국주의와 알피니즘은 "미답봉 정복을 제국주의 상징으로 여겼다"라는 내용을 담은, Anabelle Stephania Selway, "Pour la Patrie, Par la Montagne: Illustration de l'Imaginaire de la Conquête Dans Tartarin sur les Alpes d'Alphonse Daudet et Là-haut d'Édouard Rod," *Thesis and Dissertations*, Brigham Young University, 2010. 다른 문헌으로는, Claire Eliane Engel, *Les Ecrivains à la Montagne*, Librairie Delagrave, 1934; *Ces Monts Affreux*, Librairie Delagrave, 1934; *Histoire de l'alpinisme*, Je Sers, 1950.

179) 박승옥, 『상식: 대한민국 망한다』, 해밀, 2010을 참조할 것.

180) 오영훈, 「20세기 초 외국인들의 등반이 국내 산악계에 미친 영향」, 69쪽.

181) 같은 글, 74-75쪽.

182) 같은 글, 76쪽.

183) 최재성, 「창씨개명과 친일 조선인의 협력」, 『한국독립운동사연구』, 37호, 독립기념관 한국독립운동사연구소, 2010, 370-377쪽을 참조할 것.

184) 김교신, 「조선지리소고」, 『성서조선』, 62호. 성서조선사, 1934, 15-24쪽; 이
     은숙, 「김교신의 지리사상과 지리학 방법론: 조선지리소고를 중심으로」,
     『문화역사지리』, 8호, 한국문화역사지리학회, 1996, 37-46쪽에서 재인용.
185) 이런 해석에 반하는 것도 있는 것이 사실이다. 무레를 山을 일본어 식으로
     읽는 것으로 보아, 당대 일제강점기 아래, 일반적인 산행모임으로 해석하
     는 것도 가능할 것이다.
186) 「고교동문산악회 탐방: 양정고 산악회」, 『월간 산』, 2007. 5. 2를 참조할 것.
     김교신은 1936년 올림픽 마라톤에서 금메달을 딴 손기정의 담임교사였다.
     "금메달을 딸 당시 손기정님은 양정고보 학생이었고 김교신 선생은 그의
     담임선생이었습니다. 그는 직접 자전거를 타며 손기정 선수를 훈련시켰고,
     도쿄 예선까지 쫓아가서 그를 코치했습니다. … 손기정님은 금메달을 목
     에 건 후 이런 말을 했습니다. 우승의 성공은 작전에 있지 않고 정신에 있
     다…그 정신이란 바로 김교신 선생으로부터 배운 민족정신을 말하는 것이
     었습니다. 김교신 선생은 지리 선생으로 학과의 절반은 학문에, 절반은 민
     족정신 교육에 힘을 썼습니다." 「김교신 조와」, 『새마갈노』, 2019. 5. 27.
187) 박찬모, 「『조선과 만주』에 나타난 조선 산악 인식」, 307쪽.
188) 『중앙일보』, 1975. 11. 26.
189) 이 주제에 대해서는 박찬모의 몇몇 논문에 크게 도움을 받았다.
190) 오영훈, 「20세기 초 외국인들의 등반이 국내 산악계에 미친 영향」, 68쪽.
191) 같은 글, 72쪽.
192) 같은 글, 85쪽.
193) 같은 글, 70쪽.
194) 같은 글, 74쪽.
195) 박찬모, 「『조선과 만주』에 나타난 조선 산악 인식」, 310쪽.
196) "백두산 천지서 '대동아전쟁' 승리 기원. 백두산 … 제사가 사진과 함께
     기록돼 있는 문제의 책은 『백두산 등정』(당시 표기는 登行). 발행연월은
     1943년 11월로, 조선총독부에서 발간한 것으로 되어 있다. …백두산 천지
     에 올라가 '아마테라스 오미가미(일본의 국신) 만세 만세' 했는데 …백두

산 쇠말뚝 제사는 총독부가 자금을 지원하고 일본군부가 통신장비를 지원한 조직적 행사였다. 참가인원은 총 74명. 여기엔 관리, 기자, 사업가, 식물학자, 광물학자, 기상학자, 교수, 교사뿐 아니라 은행가, 철광업자 등 각계 주요 인사들이 총망라돼 있었다. 손씨는 "당시 '백두산 쇠말뚝 제사'에 참가한 한국인들은 조선산악회 소속으로, 학교 교사들과 자영업을 하는 사람들이 주류였다"고 말했다. "1931년 9월에 일본사람들이 '조선산악회'라는 것을 만들었어요. 당시 백두산에 간 사람들은 이 단체에 적을 둔 이들이에요. 일본사람들 입장에선 아주 믿을 만한 사람만 추린 셈이지." 손씨는 "흰옷 입은 사람 오른편 뒤쪽의 남자는 일본사람 시로야마(城山)"라고 말했다. "울산에서 어망 사업을 하던 주식회사 사장인데 그 사람이 (조선)총독하고 아주 친했어요. 한국에도 몇 번 왔다 갔지. 그 사람 사무실에 가면 백두산 사진이 (두 팔을 벌리며) 이만큼 커다란 것이 걸려 있었어요. 흰옷 입은 사람은 신관이고…" 이범진, 「특종 II: 백두산 쇠말뚝의 진실」, 『주간조선』, 2004. 3. 4.

197) "우리들은 민족적인 지각과 자립의 적극적인 신념에서 백령회의 은밀한 조직을 가지게 된 것이다." 「남기고 싶은 이야기들」, 『중앙일보』, 1975. 12. 13. 이와 반대되는 견해로는, "白嶺의 표지 제호를 특별히 덧댄 이유가 무엇일까? 원래 다른 이름은 아니었을까? 혹 조선산악회 한국인 회원들의 모임─금요일회가 아니었을까?" 백령회의 고 이재수 씨가 작성하고 보관해왔던 '白嶺'" 여름날 블로그, 2015. 1. 29.

198) "결론은 이렇다. 백령회는 1937년이 창립이어서도 안 되고, 김정태가 만들었다고 해도 안 된다. … 김정태의 『등산 50년』에는 1937년 이미 엄흥섭, 방현, 김정호와 함께 조선산악회에 입회했다. 40년을 전후해서는 백령회의 엄흥섭, 주형렬, 양두철 동지 등 백령회 소속의 멤버 대부분이 입회했다.… 라고 기술하고 있습니다. 백령회 창립이 1937년이라고 하는데"라고 하면서, 의문을 제기하고 있다. 김진덕, "백령회는 과연 김정태가 만들었는가? 등등 백령회의 허상에 대하여 1," 등산의 재구성 블로그, 2020. 11. 17.

199) 최중기, 「산악학 연구의 필요성」, 『산악연구』, 1호, 국립산악박물관, 2019,

14쪽; "한국의 근대 등반사를 어떻게 정리할 것인가?", 「한국산서회 창립 30주년 기념 심포지엄 보고」, 『산서』, 27호, 한국산서회, 2017, 304-316쪽을 참조할 것.

200) 김진덕, "백령회 9. 김정태는 1935년 1월 금강산을 갔다고 말하는 이유는 무엇인가?", 등산의 재구성 블로그, 2020. 12. 1.

201) 한국 근대 등반사를 연구하는 조장빈도, "선생의 유고집은 유려한 필체의 일어이고 첫 부분의 일기 몇 장만이 한글입니다. 선생은 고등보통학교를 나온 당시로선 인텔리라고 할 수 있습니다만, 초등학교 고학년 때 한글을 배웠습니다. 그때는 일제강점기라 상황이 그랬던 모양입니다"라고 썼는데, 그 외의 설명은 없다. 조장빈, "백령회 뺏지," 다음 카페 한국산서회, 2020. 9. 26.

202) "김정태는 1936년 인수B 코스를 초등하면서 일본인 산악인들에게 강하게 어필한다. 그 결과 이시이의 소개, 추천으로 조선산악회에 가입한다. 조선산악회에 가입하려면 회원 두 명의 추천이 있어야 한다." 김진덕, "백령회 10, 김정태가 엄흥섭과 이시이 상을 건너가는 방법," 등산의 재구성 블로그, 2020. 12. 1.

203) 이용대는 조선산악회에서 다시 조선산악회로 그리고 한국산악회로 이어지는 과정의 이름들을 아래와 같이 쓰고 있다. "한국산악회 회명의 변천도 눈여겨볼 만하다. 조선산악회 창립 당시의 회칙엔 영문회명이 'Corean Alpine Club'으로, 1947년 이후엔 잠시 'Korean Alpine Association'으로, 한국전쟁이 발발하기 한 해 전인 1949년에 쓰인 회명은 C.A.C나 K.A.A가 아닌 C.A.A란 이니셜을 쓴 적도 있다. … 1949년 5월 북한산에서 열린 제1회 학생단체 등산대회에서 3위 입상 팀에게 시상한 혁대 버클에 새겨진 회원장의 에델바이스 꽃문양 중앙엔 조선산악회의 영문약자를 C.A.A(Corean Alpine Association)로 각인한 것은 회명의 변천사를 살펴볼 수 있는 기회이기도 하다." 한국산악회 홈페이지를 참조할 것.

204) "한국산악회는 1945년 8월 15일 조국 광복과 더불어 진단학회에 이어 두 번째로 설립된 사회단체입니다. 1930년대부터 조선인들만으로 산악활동

을 해오던 백령회 회원들이 중심이 되어 해방을 맞은 지 한 달 뒤인 1945년 9월 15일 YMCA 강당에서 창립총회를 갖고 명칭을 조선산악회라 칭하고, 초대 회장에 민속학자인 송석하 선생을 추대했습니다. 조선산악회는 산악운동을 통하여 민족정신을 고양하고 국가지상의 이상을 실천하려는 원대한 포부와 이념을 갖고⋯ 민족해방 기념 등산회를 가졌습니다. ⋯ 광복 3년 뒤인 1948년 1월 한라산에 적설기 등반대를 파견했고, 8월 15일 대한민국 정부수립과 동시에 회 명칭을 한국산악회로 개칭했습니다." 한국산악회 홈페이지의 '연혁 및 역사'를 참조할 것.

205) 한국산서회 김장욱·조장빈은 경성제대 산악회에 관한 글에서, 백령회를 언급하며, "1935년경 인왕산 자락에서 활동하던 한국인 클라이머들은 1937년 근교산에서의 급격한 등반활동의 증가를 배경으로 1938년 백령회를 설립했고 이들의 선구적 활동은 해방 후 한국산악계의 초석이 되었다"라고 쓰고 있다. 김장욱·조장빈, "경성제대 산악회," 다음 카페 한국산서회, 2020. 9. 25.

한국산악회 소속 손재식은 "일제 치하였으므로 백령회의 활동은 비밀결사처럼 움직일 수밖에 없었다. 엄흥섭·김정태·양두철·주형렬·엄흥섭(동명이인)·이억윤·이원세·위형순 등이 창설 멤버였으며 방현·김정호·박순만·채숙·이재수·유재선·방봉덕·현기창·조동창·이기만 등이 2차로 참여하게 되었다. 여기에 당시 고교생이었던 엄익환·이희성·안종남 등도 백령회의 활동에 가세했다"라고 쓰고 있다. 김진덕, "백령회는 과연 김정태가 만들었는가? 등등 백령회의 허상에 대하여 1," 등산의 재구성 블로그, 2020. 11. 17.

206) 함예재, 「총동원체제 일본의 국민체력동원과 메이지신궁대회」, 이화여자대학교 석사학위 논문, 2010, 16-17쪽.

207) "고흥신은 동양척식주식회사 본사와 함북 나진지점 등에서 근무했으며, 해방 후에는 조선모직주식회사 이사장에 취임했다(국사편찬위원회 한국사데이터베이스). 임실진은 가입 당시 함경북도 주남보통학교 훈도로 재직 중이었으며, 이후 함경북도 경성제일심상소학교장으로 발령을 받는다

(국사편찬위원회 한국사데이터베이스 및 『동아일보』, 1938. 7. 3). 그리고 1940년에 발간된 잡지에 배석환은 재계·실업계 방면의 유지로 서울 장교의 지주로 소개되어 있다(「기밀실, 우리 사회의 제내막」, 『삼천리』, 1940. 9. 5). 한편, 이용대에 따르면, 창립총회에 참석한 임무는 한국인으로 그 당시 성대 예과 스키산악부와 경성제대 산악부를 창설할 때의 한 사람이었다고 한다(이용대, 「인수봉 초등, 기록되지 않은 등반과 기록된 등반」, 『mountain』, 2010. 11). 박래현과 관련한 기록은 찾을 수 없었다." 박찬모, 「조선산악회와 지리산 투어리즘」, 139쪽.

208) 같은 글, 138쪽.

209) 같은 글, 146쪽.

210) 같은 글, 145쪽.

211) 한국산악회 홈페이지의 '연혁 및 역사'를 참조할 것.

212) 김성욱, 「친일청산과 관련한 법적 문제」, 『아주법학』, 제2권 제1호, 2008, 79쪽을 참조할 것. 해방 이후 이 문제에 대해서는, 김성욱, 「재조선 미국 육군사령부 군정청 법령 제33호에 의한 소유권의 강제적 귀속」, 『법학연구』, 42집, 한국법학회, 2011, 91-115쪽을 참조할 것.

213) 이이야마 다츠오, 『조선의 산』, 한국산악회, 1943. 이 책은 국립중앙도서관에서 열람할 수 있다. 김정태의 책『천지에 흰눈을 밟으며』에 들어 있는, 김정태 소장이라고 쓴 사진들 대부분은 이 책에 있는 사진들이다. 그러니까 김정태는 이이야마 다츠오가 찍은 백두산, 금강산 등의 사진들을 이름도 밝히지 않고 사용했다.

214) 이이야마 다츠오, 『북조선의 산』, 국서간행회, 1995. 이 책도 국립중앙도서관에서 열람할 수 있다. (청구기호 : 981.1-이455ㅂ). 이이야마 다츠오에 관한 자료는, 이이야마 다츠오, 김장욱 옮김, 「『북조선의 산』에 실린 한겨울 마천령: 백두산 종주기」, 『와운루』, 2호, 2018, 14-43쪽을 참조할 것.

215) 김근원, 「산악 선배에 관한 소회: 김근원의 사진증언, 김정태 선생에 대하여」, 232-245쪽.

216) 菊地 曉, 「フィールドワークの同伴者: 写真家·飯山達雄の見た帝国日本」을

참조할 것.

217) 이이야마 인터뷰 기사, 『조선일보』, 1971. 11. 24.

218) 「좌담회, 일본 산악 원로 반산달웅 씨를 맞아」, 26-31쪽.

219) 같은 글.

220) 같은 글.

221) 조용만, 『한국신문화운동사』, 정음사, 1975, 194쪽.

222) 석정 공업소에서 석정(石井)은 이 연성단의 참여 명단 가운데 29번인 이시이 요시오(石井吉雄)가 운영하던 전쟁 물자 공업소로 보인다. 김정태는 「백령회 회고록」, 『라테르네』 2호, 1953, 13쪽에서 석정을 "우리들의 반려자로서 유일한 일본인이었던 석정 씨의 도움이 적지 않았었다"라고 썼다. "여유있는 재정적 능력으로서 협력하기를 아끼지 않았거든 … 우리의 전주 격이던 석정 씨는 군수공업에 다망해지게 되었고…"

김정태는 석정과의 첫 만남에 대해서 다음과 같이 썼다. "1935년 2월 서울역에서 밤기차를 탄 … 마침 간밤 기차 속에서 사귄 석정길웅(일본대 산악부)이라는 일본인 학생을 다시 만나게 되어 그에게 지도를 받았다." 「남기고 싶은 이야기들」, 『중앙일보』, 1975. 12. 3.

그렇다면 1935년 인연이 1942년 '백두산 탐구등행연성대'까지 이어진 것이다. 이 연성대에서 이시이는 기록을 담당했다. 김정태는 자신을 이시이가 경성에서 운영하는 공업소 소속이라고 대충 말한 것 같아 보인다. "우울한 의문 1942년 조선총독부 주관 백두산 등행연성회 조선인 참가자는?", 여름날 블로그, 2014. 11. 10.

223) 1942년 13회 대회부터는 대회의 명칭이 '메이지신궁 국민체육대회'에서 '메이지신궁 국민연성(鍊成)대회'로 바뀌었다. '연성'이라는 단어는 본래 연마(鍊磨)와 육성(育成)의 의미로 문부성에서 기존 교육의 혁신 원리로 새롭게 만들어낸 단어였다. 주로 교육현장에서 "황국민의 연성"이라는 어구로 표현되었는데, 이는 곧 '황국신민이 될 자질을 연마·육성'하는 것을 의미했다. 즉 신궁대회는 노골적으로 '체육' 경기의 요소보다 '연성'에 초점을 맞추게 된 것이다. 함예재, 「총동원체제 일본의 국민체력동원과 메이

지신궁대회」, 22쪽; 寺崎昌男, 『総力戦體制と教育: 皇國民 '錬成'の理念と實踐』, 戦時下教育硏究會, 1987, 5쪽; 厚生省, 『第13回錬成大會報告書』, 厚生省, 『明治神宮國民体育大會報告書』, 1940-1944를 참조할 것.

224) 오영훈, 「20세기 초 외국인들의 등반이 국내 산악계에 미친 영향」, 70쪽.

225) 같은 글, 73쪽.

226) 같은 글, 75쪽.

227) 이처럼 김정태의 인수봉 등정은 모호한 서술로 일관하고 있다. 인수봉에 처음 오른 때에 대해서도 연재하던 구술에서는 1929년이라고 했고, 책에서는 1930년이라고 수정하기도 했다.

228) 전우용, 『우리의 역사는 깊다1』, 푸른역사, 2015, 308쪽.

229) 같은 곳.

230) 오영훈, 「20세기 초 외국인들의 등반이 국내 산악계에 미친 영향」, 70-77쪽.

231) 박찬모, 「조선산악회와 지리산 투어리즘」, 135쪽.

232) 오영훈, 「20세기 초 외국인들의 등반이 국내 산악계에 미친 영향」, 73쪽.

233) 같은 글, 81쪽.

234) 같은 글, 86쪽.

235) 같은 글, 84쪽.

236) 같은 글, 85쪽.

237) 같은 글, 82쪽.

238) 박찬모, 「『조선과 만주』에 나타난 조선 산악 인식」, 308쪽.

239) 진단학회 수장이었던 조선총독부 조선사편수회는 일제 식민 잔재인 식민 사학의 산실이었다. 조선사편수회에서 수사관보와 촉탁을 지낸 이병도 (1896-1989)와 수사관보와 촉탁과 수사관을 지낸 신석호(1904-1981)는 식민사학을 뿌리내린 주류 강단사학계의 거두였다. 1925년 조선총독부 산하 조선사편수회는 『조선사』(35권)로 우리 역사를 왜곡·조작해 일제 식민 잔재인 식민사학을 만들어냈다. 해방되자마자 이병도와 신석호는 일제강점기 우리 역사와 문화를 왜곡·조작하는 데 공헌한 어용단체 진단학회를

다시 만들었다. 1934년 이병도를 비롯한 한국인으로 구성된 진단학회는 일제 식민사학을 추종한 친일파들이 만든 어용단체였다.

240) 오영훈, 「20세기 초 외국인들의 등반이 국내 산악계에 미친 영향」, 81쪽.

241) 같은 글, 81쪽.

242) 같은 글, 82쪽.

243) 같은 곳.

244) 前田寬, 「『朝鮮山岳』の創刊を 祝す」, 『朝鮮山岳』, 조선산악회, 1932, 2쪽.

245) 오영훈, 「20세기 초 외국인들의 등반이 국내 산악계에 미친 영향」, 311쪽.

246) 배성준, 「19세기 후반 영국 왕립지리학회의 만주와 백두산 탐사」, 『인문논총』, 제74권 제3호, 서울대학교 인문학연구원, 2017, 159-194쪽을 참조할 것.

247) 김정태에 관해서 이용대와 김근원은 이렇게 기억하고 있다. "그가 남긴 『등산 50년』(1976)은 내 서재 한쪽에 꽂힌 채 산을 향해 열정적으로 살다간 노등반가의 체취를 전하고 있다. 그는 1937년 한국 최초로 백령회라는 산악단체를 만들어 한반도 전역의 산에서 초등반의 발자취를 남긴 산악계의 선각자요, 서구식 알피니즘의 토착화에 기여한 주역이다." 이용대, 「산악인 이용대의 나는 오늘도 산에 오른다」, 『한국일보』, 2007. 12. 14.
"멋진 산사나이였지만 그의 경제적 소탈함은 또 그의 단점이 되었다. 그런 점이 그의 산악활동에 걸림돌이 되었고 대개의 사람들이 그를 폄하했던 것은 그의 경제적 실상에서 온 것으로 여겨질 수밖에 없었다. … 별로 도움도 되지 못했던 사람들은 왜 그렇게 그를 비난하는지 참 속이 많이 상했다. … 나는 주위에서 김정태 선생과 관련되어 안타까운 모습을 많이 보았다. 이이야마의 기록은 믿으면서 김정태 선생의 기록은 뒤집으려는 행태였다." 김근원, 「산악선배에 관한 소회」, 232-239쪽. '산악계의 선각자'라는 표현이 자못 의뭉스럽다. 김근원의 글을 보면, 김정태의 구술·기술에 대한 진위 논란은 당대에서도 많았던 것을 보인다.

248) 오영훈, 「20세기 초 외국인들의 등반이 국내 산악계에 미친 영향」, 83쪽.

249) 같은 곳.

250) 같은 글, 84-85쪽.

251) 조선산악회에 관한 연구는 박찬모의 글,「조선산악회와 지리산 투어리즘」, 136-146쪽을 참조할 것. 이 글에 따르면, "일제의 여러 정책에 동의하거나 협조할 수 있는 성향을 가진 조선인만이 참여할 수 있었으리라는 점을 유추해볼 수 있다. … 더욱이, 조선산악회가 만든 기관지『조선 산악』(1호)을 보면, '우리 조선을 위해 참으로 기쁜 일이다. … 나아가 국가의 평화와 민심의 양화, 국가의 부유에 이바지할 것이다'라고 축사를 쓴 이는 일본인 마에다(前田寬)였다. 일본인 그(들)에게 조선은 '우리 조선'이었고, 이 땅의 산악은 일본 제국주의를 위한 것이었을 뿐이었다."

252) 김정태,「한국산악회 30년사」, 28쪽.

253) 오영훈,「20세기 초 외국인들의 등반이 국내 산악계에 미친 영향」, 86쪽.

254) 최원석,『한국인에게 산은 무엇인가』, 5쪽.

255) 구인모,「국토순례와 민족의 자기구성」,『한국문학연구』, 27호, 동국대학교 한국문학연구소, 2004; 박찬모,「『조선과 만주』에 나타난 조선 산악 인식」, 308쪽에서 재인용.

256) 프랑수아 카렐,「히말라야, 알피니즘 성지에서 탐욕의 제물론」.

257) 이이화,『역사는 스스로 말하지 않는다』, 산처럼, 2004.

258) 황현산,『밥이 선생이다』, 난다, 2013, 84쪽.

259) 같은 책, 85쪽.

기억의 산, 망각의 산, 텅 빈 공간의 산

1) 손경석,『한국등산사』, 이마운틴, 2010, 51쪽.

2) Pierre Bourdieu, "Sur objectivation prticipante: Réponse à quelques objections," *Actes de la recherche en sciences sociales*, No.23, 1978, 67-69쪽; 정수복,『역사사회학의 계보학』, 푸른역사, 2022, 456쪽에서 재인용.

3) 이연식,『조선을 떠나며』, 역사비평사, 2012, 19쪽.

4) 같은 책, 26쪽.

5) 다테노 아키라, 이정환·오정환 옮김,『그때 그 일본인들』, 한길사, 2006, 437-

443쪽.

6) 飯山 達雄, 『バガボンド 12万キロ 未知に挑んだ探険写真家の半世紀』, 冨山房, 1962.

7) 이 소설은 이즈미 세이치의 저작집 7권에 수록되어 있다. 泉靖一, 『泉靖一著作集』, 全7巻, 読売新聞社, 1971-1972.

8) 飯山達雄, 『小さな引揚者』, 草土文化, 1985.

9) 이연식, 『조선을 떠나며』, 197쪽.

10) 같은 책, 29쪽.

11) "写真家・飯山達雄が見た 満州引揚者の 惨状," 裵淵弘ブログ, 戦争と記憶, 2021. 11. 3; 飯山達雄, 「死地満州に潜入して 終戦秘録」, 『文藝春秋』, 1970년 3월호, 220-236쪽을 참조할 것.

12) 이연식, 『조선을 떠나며』, 237쪽.

13) 같은 책, 212쪽.

14) 森田芳夫, 『朝鮮終戰の 記錄』, 巖南堂書店, 1964; 『朝鮮終戰の 記錄』 자료편 3권, 巖南堂書店, 1980.

15) 이영준, 「우리 등산의 개념과 시작」, 한국산서회 창립 30주년 기념 세미나 발제원고, 2016. 11. 12.

참고문헌

강동진, 『일제의 한국침략정책사』, 한길사, 1980.

강만길, 『일제 시대 빈민생활사 연구』, 창작과비평사, 2018.

고동환, 『한국전근대교통사』, 들녘, 2015.

고토 분지로 지음, 손일 옮김, 『조선 기행록』, 푸른길, 2010.

곽은희, 『유동하는 식민지』, 소명출판, 2018.

김백영, 『지배와 공간: 식민지 도시, 경성과 제국 일본』, 문학과지성사, 2009.

김순전 외 지음, 『제국의 식민지 역사 지리 연구』, 제이엔씨, 2017.

김정태, 「한국 산악운동의 민족적 주체성」, 노산 이은상 박사 고희기념논문집
　　　간행위원회, 『노산 이은상 박사 고희기념논문집』, 삼중당, 1973.

──, 『천지의 흰눈을 밟으며』, 도서출판, 케른, 1988.

김정효, 「일본 군국주의 신체 형성의 담론: 메이지 시대의 에피스테메를 중심
　　　으로」, 『한국체육학회지』 45, 한국체육학회, 2006.

김종혁, 『일제시기 한국 철도망의 확산과 지역구조의 변동』, 선인, 2017.

김호경 외, 『일제 강제동원, 그 알려지지 않은 역사』, 돌베개, 2015.

나가시마 히로키 외, 최혜주 엮음, 『일제의 식민지배와 재조 일본인 엘리트』,
　　　어문학사, 2018.

남상구, 『아직도 끝나지 않은 식민지 피해: 야스쿠니 신사 문제』, 동북아역사

재단, 2020.

남상우, 「푸코의 권력이론과 스포츠 : 규율권력과 생체권력, 통치성의 이해」, 『한국스포츠사회학회지』 22(4), 한국스포츠사회학회, 2009.

노형석, 『모던의 유혹, 모던의 눈물』, 생각의 나무, 2004.

다카사키 소지, 이규수 옮김, 『식민지 조선의 일본인들: 군인에서 상인 그리고 게이샤까지』, 역사비평사, 2006.

다카오카 히로유키, 「전쟁과 건강 : 근대 '건강 담론'의 확립과 일본 총력전 체제」, 『당대비평』 27, 2003.

다카하시 도루 지음, 구인모 옮김, 『식민지 조선인을 논하다』, 동국대학교 출판부, 2010.

도리우미 유타카, 『일본학자가 본 식민지 근대화론』, 지식산업사, 2020.

도미야마 이치로 지음, 심정명 옮김, 『시작의 삶』, 문학과지성사, 2020.

리진호, 『식민지 조선의 일본인 인명사전』, 지적박물관출판부, 2011.

미즈노 나오키 외 지음, 정선태 옮김, 『생활 속의 식민지주의』, 산처럼, 2007.

박경식, 『일본제국주의의 조선지배』, 청아, 1986.

박삼헌, 「근대일본 '국체'(國體) 관념의 공간의 공간화: 도쿄의 메이지신궁을 중심으로」, 『인천학연구』 11, 인천학연구원, 2009.

박천홍, 『매혹의 질주, 근대의 횡단』, 산처럼, 2003.

박태순, 『국토와 민중』, 한길사, 1983,

─── , 『나의 국토, 나의 산하』(전 3권), 한길사, 2008.

손경석 평전 편찬위원회, 『우산 손경석 평전』, 산악문화, 2015.

손경석, 『한국등산사』, 이마운틴, 2010.

손준종, 「근대일본에서 학생 몸에 대한 국가 관리와 통제」, 『비교교육연구』 14(3), 한국비교교육학회, 2004.

신용하, 『일제의 한국민족말살·황국신민화 정책의 진실』, 문학과지성사, 2020.

─── , 『일제 식민지정책과 식민지근대화론 비판』, 문학과지성사, 2006.

양대규, 「자전거부대의 역사와 미래전망」, 『군사논단』 9(1), 한국군사학회,

1997.

오창섭, 『근대의 역습』, 홍시, 2013.

요시미 슌야, 이태문 옮김, 『운동회 : 근대의 신체』, 논형, 2007.

우치다 준, 『제국의 브로커들: 일제 강점기의 일본의 정착민 식민주의 1876-1945』, 도서출판 길, 2021.

운노 후쿠쥬, 연정은 옮김, 『일본의 양심이 본 한국 병합』, 새길, 2010,

유선영, 『식민지 트라우마』, 푸른역사, 2017.

유선영, 차승기 엮음, 『동아 트라우마: 식민지/제국의 경계와 탈경계의 경험들』, 그린비, 2014.

이규수, 『경계인으로서의 재조 일본인 제국과 식민지 사이』, 어문학사, 2018.

이노우에 가쓰오, 동성희 옮김, 『메이지 일본의 식민지 지배』, 어문학사, 2014.

이대근, 『귀속재산연구』, 이숲, 2019.

이동진, 「민족과 국민 사이: 1940년의 체육행사에서 나타나는 만주국, 조선인, 공동체」, 『만주연구』 1, 만주학회, 2004.

이소마에 준이치, 심희찬 옮김, 『상실과 노스텔지어』, 문학과지성사, 2014.

이승일 · 김대호 외, 『일본의 식민지 지배와 식민지적 근대』, 동북아역사재단, 2009.

이안호, 「철도 건설의 역사적 고찰」, 『대학토목학회지』 50(2), 대한토목학회, 2002.

이용상 · 정병현, 「일제강점기 철도관련조직의 변화에 관한 연구」, 『한국철도학회 논문집』 19(2), 한국철도학회, 2016.

──, 「일제강점기 철도관련 이력 및 특징에 관한 연구」, 『한국철도학회 논문집』 20(3), 한국철도학회, 2017.

이즈미 세이치, 김종철 옮김, 『제주도』, 여름언덕, 2014.

──, 최진희 · 김영찬 옮김, 『아득한 산들』, 한국산악회, 2021.

이치석, 『전쟁과 학교 : 학교는 어떻게 아이들을 전장으로 내몰았나』, 삼인, 2005.

이학래, 『한국체육사연구』, 국학자료원, 1981.

이형식 엮음, 『제국과 식민지 주변인』, 보고사, 2013.

임종국, 『친일 문학론』, 평화출판사, 1979.

────, 『실록 친일파』, 돌베개, 1991.

자크 데리다, 신정아·최용호 옮김, 『신앙과 지식/세기와 용서』, 아카넷, 2016.

────, 배지선 옮김, 『용서하다』, 이숲, 2019.

전경수, 『이즈미 세이치와 군속인류학』, 서울대학교 출판문화원, 2015,.

전우용, 『우리 역사는 깊다』(전 2권), 푸른역사, 2015.

────, 『내 안의 역사』, 푸른역사, 2019.

전윤수, 「일본의 국민체육대회 변천과 특성 탐구」, 『한국스포츠리서치』 17(1), 한국스포츠리서치, 2006.

정수복, 『비판 사회학의 지성사』(전 3권), 푸른역사, 2022,

정운현, 『친일파는 살아있다』, 책보세, 2011.

정종현, 『제국대학의 조센징』, 휴머니스트, 2019.

정혜경, 『징용 공출 강제연행 강제동원』, 선인, 2013.

조경달, 『식민지 조선과 일본』, 한양대학교 출판부, 2019.

조선총독부, 박찬승 외 옮김, 『국역 조선 총독부 30년사』(전 3권), 민속원, 2018.

조원옥, 「전유된 1차 세계대전의 트라우마: 바이마르 시기 표현주의 영화와 산악영화」, 『독일연구』 26, 한국독일사학회, 2013.

최원석, 『사람의 산, 우리 산의 인문학』, 한길사, 2014,

최인영, 「일제강점기 경원선 철도의 창동역」, 『도시연구』, 도시사학회, 2019.

테사 모리스 스즈키, 임성모 옮김, 『변경에서 바라본 근대』, 산처럼, 2006.

하종문, 「군국주의 일본의 전시동원」, 『역사비평』 62, 역사비평사, 2003.

한국산악회 50년사 편찬위원회, 『한국산악사 50년사』, 도서출판, 한국 산악회, 1996.

한국 산악회, 『한국 산악회 70년』, 한국산악회, 2016.

한철호 외, 『식민지 조선의 일상을 묻다』, 동국대학교 출판부, 2013.

허수, 『식민지 조선, 오래된 미래』, 푸른역사, 2011.

홍은영, 「푸꼬와 몸, 그리고 보이지 않는 권력」, 『철학연구』 89, 대한철학회, 2004.

『観光朝鮮』 1(2), 1939.

『文化朝鮮』, 3(1-6), 1941; 4(1-4), 1942; 6(4), 1944.

飯山達雄, 『朝鮮の山』, 朝鮮山岳会, 1943.

─── , 『北朝鮮の山』, 国書刊行会, 1995.

泉靖一, 遥かな山やま, 新潮社, 1971.

藤木九三, 『岩登り術』, 三祥堂, 1925.

高岡裕之, 『總力戰體制と福祉國家: 戰時期日本の社會改革構想』, 岩波書店, 2011.

纐纈厚, 『總力戰體制研究: 日本陸軍の國家 總動員構想』, 三一書房, 1981.

橋川文三, 『昭和ナショナリズムの諸相』, 名古屋大學出版會, 1994.

今村嘉雄, 『日本體育史』, 金子書房, 1951.

大畑篤四郎, 『近代の戰爭』, 人物往來社, 1966.

加賀秀雄, 「‘明治神宮競技大会’の変質過程について」, 『総合保健体育科学』 19, 1996.

─── , 「わが国における近代スポーツの展開過程に関する実証的研究 : 明治神宮 競技大会の設立をめぐって」, 『名古屋文理大学紀要』 2, 2002.

─── , 「わが国における太平洋戦争への道とスポーツの歴史的動向」, 『東海保健 体育科学』 22, 2000.

─── , 「わが国における近代スポーツの展開過程に関する実証的研究: 明治神宮競技大会の戦時体制化をめぐって」, 『名古屋文理大学紀要』 3, 2003.

高岡裕之, 「日本近現代史研究にとってのスポーツ」, 『一橋大学スポーツ研究』 29, 2010.

權學俊, 「戰時下日本における国家主義的な身体管理と‘国民’形成に関する一考察」, 『日本語文學』, 2008.

Bernard Lahire, *L'esprit sociologique*, La Découverte, 2005.

Delphine Moraldo, "Les conquérants de l'inutile: Expression et diffusion d'un modèle de masculinité héroïque dans l'alpinisme français d'après-guerre," *Genre, sexualité & société*.

Eric Boutroy, *L'Ailleurs et l'Altitude. Alpinisme lointain et quête de la différence: une ethnologie de l'himalayisme*, Institut d'ethnologie méditerranéenne et comparative, Aix-Marseille, Université Aix-Marseille-I, 2004.

Frison Roche, *Histoire de l'alpinisme*, Flammarion, 1996.

FSGT, "*Surhomme ou champion?*", *Montagnes Magazine*, no 49, mars 1983, pp.22-23.

George Hoare et Nathan Sperber, *Introduction à Antonio Gramsci*, La Découverte, 2013.

Henri Brunschwicg, *Mythes et réalités de l'impérialisme colonial français. 1871-1914*, Paris, Armand Collin, 1960.

Lionel Terray, *Les conquérants de l'inutile, Des Alpes à l'Annapurna*, Gallimard, 1961.Paul Keller, *La Montagne oubliée*, Guérin, 2005.

Lucien Herr, "Quelques indications chiffrées sur les fédérations sportives françaises," *Sports et société*, approche socioculturelle des pratiques, Paris, Vigot, 1981.

Marcel Rouff, *L'homme et la montagne*, Emile-Paul Frères, 1925.

Michel Raspaud, *L'Aventure himalayenne: Les enjeux des expéditions sur les plus hautes montagnes du monde, 1880-2000*, Presses universitaires de Grenoble, 2003.

Olivier Hoibian, *Les alpinistes en France*, L'Harmattan, 2000.

Olivier Hoibian et Jacques *Defrance, Deux siècles d'alpinismes européens. Origines et mutation des activités de grimpe*, L'Harmattan, 2002.

Olivier Hoibian, "Jeunesse et Montagne, Fleuron de la révolution nationale ou foyer de dissidence?", in Arnaud Pierre, Terret Thierry, Gros Pierre et Saint-Martin Jean-Philippe (dir.), *Le sport et les Français pendantl'*

Occupation 1940-1944, L'Harmattan, 2002, pp.313-324.

Olivier Hoiban, *Les alpinistes en France, 1870-1950: une histoire culturelle*, L'Harmattan, 2000.

Olivier Hoibian, *Lucien Devies: La montagne pour vocation*, L'Harmattan, 2004.

Paul Keller, *La Montagne oubliée*, Guérin, 2005.

Paul Veyne, "L'alpinisme: une invention de la bourgeoisie," *L'Histoire*, Avril 1979.

Peter H. Hansen, "Albert Smith, the Alpine Club, and the invention of Mountaineering in Mid: Victorian Britain," *Journal of British Studies*, 1995, pp.300-324.

안치운安致雲

중앙대학교 예술대학 연극학과를 졸업하고, 프랑스 정부 장학생으로
국립 파리 소르본누벨대학교 연극연구원에서 연극학 박사학위를 받았다.
『교수신문』편집기획위원, 삼성문학상·대산문학상·경암학술상 심사위원,
프랑스 소르본누벨대학교와 브장송대학교 초빙교수 그리고 한국연극학회
회장을 역임했다. 연극평론가로 활동하며, 호서대학교 예술학부 연극학과 교수로
재직했고, 2023년 정년퇴임했다. 현재 세계대학연극학회 이사, 한국산서회 이사,
울주세계산악영화제의 세계산악문화상 심사위원, 한국산악학회 회원이다.
저서로『공연예술과 실제비평』『연극제도와 연극읽기』『연극 반연극 비연극』
『한국 연극의 지형학』『연극과 기억』『연극, 기억의 현상학』『연극, 몸과 언어의
시학』『베르나르-마리 콜테스』가 있고 산문집으로『옛길』『길과 집과 사람 사이』
『시냇물에 책이 있다』『그리움으로 걷는 옛길』등이 있다.

침묵하는 산
일제강점기 조선 산악인의 그림자

지은이 안치운
펴낸이 김언호

펴낸곳 (주)도서출판 한길사
등록 1976년 12월 24일 제74호
주소 10881 경기도 파주시 광인사길 37
홈페이지 www.hangilsa.co.kr
전자우편 hangilsa@hangilsa.co.kr
전화 031-955-2000~3 **팩스** 031-955-2005

부사장 박관순 **총괄이사** 김서영 **관리이사** 곽명호
영업이사 이경호 **경영이사** 김관영 **편집주간** 백은숙
편집 이한민 박희진 노유연 최현경 박홍민 김영길
관리 이주환 문주상 이희문 원선아 이진아 **마케팅** 정아린
디자인 창포 031-955-2097
인쇄 예림 **제책** 경일제책사

제1판 제1쇄 2023년 4월 28일

값 28,000원
ISBN 978-89-356-7821-1 03910